本书获得"北京市支持中央在京高校共建项目"资助

新结构
经济学新在何处

第一届新结构经济学冬令营
头脑风暴集

林毅夫　付才辉　王　勇 ◎ 主编

北京大学出版社
PEKING UNIVERSITY PRESS

图书在版编目(CIP)数据

新结构经济学新在何处:第一届新结构经济学冬令营头脑风暴集/林毅夫,付才辉,王勇主编. —北京:北京大学出版社,2016.3
(新结构经济学丛书)
ISBN 978-7-301-26957-2

Ⅰ.①新… Ⅱ.①林… ②付… ③王… Ⅲ.①结构经济学—研究 Ⅳ.①F014.6

中国版本图书馆CIP数据核字(2016)第040324号

书　　　名	新结构经济学新在何处:第一届新结构经济学冬令营头脑风暴集 XINJIEGOU JINGJIXUE XIN ZAI HE CHU
著作责任者	林毅夫　付才辉　王　勇　主编
责任编辑	郝小楠
标准书号	ISBN 978-7-301-26957-2
出版发行	北京大学出版社
地　　　址	北京市海淀区成府路205号　100871
网　　　址	http://www.pup.cn
电子信箱	em@pup.cn　　　QQ:552063295
新浪微博	@北京大学出版社　@北京大学出版社经管图书
电　　话	邮购部62752015　发行部62750672　编辑部62752926
印　刷　者	北京大学印刷厂
经　销　者	新华书店
	730毫米×1020毫米　16开本　23.75印张　349千字 2016年3月第1版　2016年3月第1次印刷
印　　　数	0001—5000册
定　　　价	58.00元

未经许可,不得以任何方式复制或抄袭本书之部分或全部内容。
版权所有,侵权必究
举报电话:010-62752024　电子信箱:fd@pup.pku.edu.cn
图书如有印装质量问题,请与出版部联系,电话:010-62756370

致　谢

新结构经济学夏令营和冬令营是北京大学新结构经济学研究中心面向全球青年学子推广和深化新结构经济学的两项常规教学研讨活动。在北京市共建项目的大力支持下,夏令营主要以上课和调研形式推广新结构经济学与中国经验,从2014年起至今已经举办了两届,培养了来自全球各地尤其是发展中国家的数百名学员;冬令营则采取专题研讨会的形式深化新结构经济学理论体系。本书选编了2015年12月16—19日北京大学新结构经济学研究中心举办的第一届新结构经济学冬令营头脑风暴的精彩内容,主要包括笔谈和会议讨论两部分内容。

其中笔谈部分首先要感谢财新网首席经济学家何帆博士的组稿,以及史晋川、鞠建东、黄凯南等学者的大力支持。感谢来自全球各地的百余名优秀华人经济学者积极参与了为期四天、从早8点到晚9点不间断的高强度头脑风暴,尤为令我们感动的是出于对新结构经济学的兴趣而闻讯赶来的上海中科院系统科学研究所的车宏安老师,他以八十多岁的高龄全程参与了所有的讨论。除此之外,每一场讨论都有从各地赶来的旁听者加入。这些热情洋溢的参会者对推动我国经济学理论自主创新的信心令我们印象深刻。讨论的议题涉及新结构经济学体系的方方面面,但我们只选编了部分内容以飨读者,在这里向没有全部收录发言内容的与会者和读者表示歉意,同时也感谢许多未留下姓名的旁听者提出了大量富有价值的问题。

我们还要感谢北京大学新结构经济学研究中心全体老师和北京大学国家发展研究院部分老师对冬令营的大力支持。新结构经济学研究中心的同事卢婧、卓唯佳、宫宁等承担了几乎所有的会务工作,徐佳君、陈曦等对冬令营提出了大量宝贵建议并领导安排工作,陈岗承担了发言稿录音整理修改的大量工作,也特别感谢新结构经济学研究中心的访问教授王勇博士全程参与会议筹办并应邀担任联合主编。非常感谢北京大学国家发展研究院的张晓波教授、余淼杰教授、席天扬博士、余昌华博士等应邀担任专场主持人。

本书的出版得到了北京大学出版社经济与管理图书事业部林君秀主任和郝小楠编辑的大力支持,她们不但全程参加了冬令营讨论会,而且在书稿框架设计上提出了诸多建设性意见,一并表示感谢。

编　著

2016 年 2 月

目录

序幕　i

　　史晋川:新结构经济学对中国当代经济学发展的意义　　i

　　鞠建东:经济结构与经济学的第五次革命　　iii

第 1 部分　回顾与反思

1.1　经济增长理论的回顾与反思　　003

　　陈昆亭:一致增长理论的回顾与反思　　003

　　　　评论与问答　　014

1.2　结构变迁理论的回顾与反思　　026

　　张斌:从制造到服务　　026

　　　　评论与问答　　031

第 2 部分　立意与重构

　　林毅夫:新结构经济学——第三波发展思潮　　037

　　　　评论与问答　　066

　　王勇:新结构经济学的理论建模　　070

　　陈斌开:新结构经济学的经验实证　　080

　　　　评论与问答　　090

　　黄凯南:新结构经济学的理论贡献和现实意义　　100

第3部分 视角与应用

3.1 新结构经济学在经济增长领域的新视角与新应用 107
  付才辉：在基本新古典增长模型中引入新结构的思路 107
    评论与问答 113
  陈蒋辉：生产函数的替代弹性测度与讨论 114
    评论与问答 118
  林炜：最优创新结构的理论与实证讨论 120
    评论与问答 122

3.2 新结构经济学在产业经济领域的新视角与新应用 124
  华秀萍：产业政策的旷世之争论 124
    评论与问答 132
  韩永辉：产业政策法规推动地方产业结构升级了吗？ 133
    评论与问答 139
  赵秋运：基础设施、产业升级与超越凯恩斯主义 140
    评论与问答 146

3.3 新结构经济学在金融经济领域的新视角与新应用 149
  张一林：最优金融结构的理论与实证研究思路 149
    评论与问答 154
  刘贯春：经济增长进程中金融结构的边际效应演化分析 158
    评论与问答 165

3.4 新结构经济学在劳动经济领域的新视角与新应用 167
  林志帆：最优人力资本结构的理论与实证研究思路 167
    评论与问答 173
  张丹丹：中国的人力资源禀赋的问题 175
    评论与问答 181

3.5 新结构经济学在区域经济领域的新视角与新应用 186
  茅锐：产业结构与中国区域经济收敛 186

　　　　评论与问答　　191
　　　申广军：经济开发区、地区比较优势与产业结构调整　　193
　　　　评论与问答　　199
　　　李鲁：新结构经济学视野下中国园区经济绩效与转型　　202

3.6　新结构经济学在国际经济领域的新视角与新应用　　207
　　　金刻羽：产业结构与国际资本流动的相关研究讨论　　207
　　　　评论与问答　　218
　　　苟琴：资本账户开放与经济增长　　227
　　　　评论与问答　　232
　　　林楠：新结构经济学视角下人民币汇率问题研究　　234
　　　　评论与问答　　237

3.7　新结构经济学在环境经济领域的新视角与新应用　　239
　　　王坤宇：新结构环境经济学理论与实证研究探讨　　239
　　　　评论与问答　　245
　　　王冬：能源结构转型与经济结构变迁建模方法探讨　　249
　　　　评论与问答　　254

3.8　新结构经济学在制度经济领域的新视角与新应用　　257
　　　张乾：产业政策实施的机制设计讨论　　257
　　　　评论与问答　　263

3.9　新结构经济学在转型经济领域的新视角与新应用　　268
　　　徐朝阳：发展战略、休克疗法与经济转型　　268
　　　　评论与问答　　273
　　　邢海鹏：政策设计中适应性序贯实验的逻辑　　276
　　　　评论与问答　　280

3.10　新结构经济学在周期理论领域的新视角与新应用　　286
　　　朱军：技术结构冲击与经济波动的理论与实证讨论　　286
　　　　评论与问答　　291

3.11 新结构经济学在国际发展领域的新视角与新应用   296

    徐佳君：新结构经济学视角下探索国际发展理论与实践的新动向   296

        评论与问答   300

    高蓓：新结构经济学对多边开发银行发展理念的影响   305

        评论与问答   309

    于佳：新结构经济学视角下的中非合作案例   313

第4部分　思索与前瞻

    王勇：新结构经济学对一般均衡理论的新启示   319

    陶勇：新结构经济学的数学基础：泛函微积分   324

        评论与问答   329

    付才辉：新结构经济学的理论原点：最优(总量)生产函数理论   331

        评论与问答   337

结　语   338

    付才辉：新结构经济学学科建设的意义与建议   338

    林毅夫：新结构经济学大道上后来者需要注意的事项   347

附　录　第一届新结构经济学冬令营参会者名录   362

序　幕

史晋川：新结构经济学对中国当代经济学发展的意义①

新结构经济学提出了新的理论命题和分析框架，其对中国当代经济学发展的意义可以从以下三个角度来评价。

第一，新结构经济学的提出，表明了在经济学的发展过程中，特别是在发展经济学的演进中，中国经济学家的话语权在提升。林毅夫教授有三方面的背景：第一，林老师在传统经济学的重镇芝加哥大学接受过系统的西方经济学的训练，具有深厚的经济学分析功力；第二，林老师在80年代回国后亲身见证了中国大规模的制度变迁，参与了一些重要制度设计的决策，具有丰富的政策实践经验；第三，林老师又以发展中国家的经济学家的身份担任了世界银行的首席经济学家，具有国际发展的视野。这三方面综合起来，共同促成了林老师提出的理论在经济学发展中的独特性和重要性。

第二，新结构经济学的理论框架体系，既利用了一些经济学中最经典的概念，比如比较优势、要素禀赋，同时也提出了新的概念，比如企业的自生能力。我们回顾经济学理论的重大转变，会发现每次转变都伴随着新的概念的提出。边际主义革命提出了边际成本的概念，新制度经济学提出了交易成本的概念。因此新结构经济学的特点，也符合历次经济学理论重大转变的规律。

第三，新结构经济学对于以往的经济理论和经济政策有深刻的反思。

---

① 本文系新结构经济学系列笔谈，原文刊载于2015年12月财新网财智研究。

经济学研究最基本的逻辑是研究在约束条件下的选择。不同国家和地区在不同发展阶段面临着不同的约束条件，特别是发达国家和发展中国家在制度、技术各个方面面临的约束有着很大不同。而在新结构经济学之前对发展中国家的经济研究，往往忽略了发展中国家的许多约束。林老师的新结构经济学强调了这些约束对于发展中国家政策选择的重要意义。这种对经济学根本思维方式的回归，对理解发展中国家的经济发展有着尤为重要的作用。

同时也必须坦诚地认识到，新结构经济学虽然已经提出了自己的概念、问题，构建了初步的研究框架，但是目前仍然处于一个理论学派发展的初级阶段，要成为一种长期有影响力的思潮，还需要有大量新的理论的、实证的研究跟进。

新结构经济学研究中心的成立，有助于新结构经济学吸引经济学界，特别是发展中国家的经济学界的高度关注。通过这个机构举办的各种政策、学术活动，能够吸引大量的学界力量、政策界资源，使新结构经济学的理论有更大、更快的发展。

而新结构经济学研究中心选择在当前这个时点上成立，也有特别的意义。中国经济在目前阶段面临着较大的下行压力，也正在产业转型升级的关键阶段。中国近中期正面临着许多发展和增长的约束，未来是否能够成功进入高水平发展程度的经济体，还存在诸多不确定因素。这个大背景既为新结构经济学提出了许多挑战，同时也为其成长提供了巨大的空间。新结构经济学能否很好地回应这一阶段中国发展中出现的问题，为解决这一阶段阻碍发展的因素提出相应的决策建议，直接关系着新结构经济学能否成为一个长期有影响的成功学派。

具体从理论框架方面来说，新结构经济学强调从要素禀赋视角切入分析问题。但是我觉得目前新结构经济学中对禀赋这一概念的界定还可以进一步扩展。

我研究过温州模式。温州经济在改革开放后经历了迅速的发展，但是之后也陷入了增长减速的困境。这里面的关键是温州市场活动中的合约机制，是建立在亲缘、血缘等关系基础上的人格化的交易机制。而民间金融规模的扩大,使得原来的人格化交易机制无法维持。如果不能及时转向法制基础上的交易机制,那么就会陷入困境。这个例子试图说明,在资本、土地等自然要素禀赋外,可能还需要引入历史、文化的禀赋。温州模式基于人格化的合约机制,与当地文化有着重要关系。浙江发展的模式,也与其历史上的经商文化有着重要关系。这些历史的、文化的禀赋在某些阶段能够促进发展,但如果不能很好地加以利用,在另一些阶段反而会成为经济发展的阻碍。目前新结构经济学对禀赋的理解还与主流经济学的分析框架比较接近,因此我建议更多地引入制度经济学的分析框架,扩展对禀赋概念的界定。

鞠建东:经济结构与经济学的第五次革命①

结构:物理学和经济学的一个比较

什么是经济结构?可以用物理学和经济学的比较来说明。物质世界的基础是原子,原子按某种结构构成分子,分子构成物体。物质世界并不是一堆原子的随机游动,物体不能等同于"相同原子"或"代表性原子"的堆积。然而在经济学里,微观和宏观的主体在很长一段时间里没有区别,都是"一个"消费者和"一个"厂商,只不过宏观模型会在前面加一个"代表性"。一直到20世纪七八十年代,虽然微观和宏观经济学在讨论不同的问题,但二者在建立模型上区别不大。不讨论消费者和厂商异质性的宏观经济学,就相当于只讨论"代表性原子"的物理学。

结果是,宏观模型和真实经济有很大的差距。真实经济应该是有结构的。异质的经济行为主体(agents)组成了经济系统的组织,比如说家庭、企业、行业、产业等,这些组织都有相对固定的结构。离开结构,我们对经济系统的理解就还处于思辨阶段。只有讨论了结构,经济学才真正成为科学。

---

① 本文系新结构经济学系列笔谈,原文刊载于2015年12月财新网财智研究。

结构分析的时代终于到来

分析经济结构就是分析经济行为的个体（原子）如何加总为经济系统（物体）。有结构分析的当代经济学会变成有结构的物理学。那么，为什么经济学的结构分析需要一直等到当代？

传统经济学是讲故事。例如，斯密讲市场是一只"看不见的手"，马克思讲资本家剥削工人，这都是讲故事。20世纪四五十年代，萨缪尔森开始将数学模型引入经济学。建模是制定一个逻辑框架，但还是讲故事。慢慢地，经济学用最优化理论来讲微观和宏观世界里的故事，即消费者和厂商如何在约束条件下做最优选择。80年代以前的经济学主要是思辨经济学，数学模型帮助逻辑思辨，但数学模型并不像物理学那样将理论紧密地联系到实际数据。

一个原因在于，异质经济行为主体的宏观经济学模型太复杂，此前的计算能力不足以解这样的模型。到了90年代以后，随着计算机的发展，才逐渐可能解出宏观模型的一个模拟值。另一个原因是，此前概念的创新不够。科学家在讨论物理世界时会创造概念，例如能量（energy）。经济学一样也需要创造概念。例如，全要素生产率（TFP）这个概念就为异质企业、动态随机一般均衡（DSGE）模型等研究作了准备。没有概念的创新，经济学家就没有好的方法给企业排序。

因此，经济结构分析之所以在当代才诞生，是因为它有技术和学科发展上的限制。马克思强调过经济学要用数学，经济学要讲结构。我认为，真正讨论经济结构是从马克思开始的。但在马克思那个年代，结构分析走不远，因为没有足够的概念，也没有计算能力，经济理论没法像物理学一样可以检验和证伪。

经济学的第五次革命

经济学有五次革命。第一次革命是亚当·斯密和马歇尔建立了主流经济学的一般均衡理论。第二次是马克思发起的。人们通常只讨论马克思的剩余价值理论和劳动价值理论，却忽略了他对经济结构的探讨。第三次革命是凯恩斯建立了经典宏观经济学。第四次是理性预期的革命,革命创造了一些分析工具,比如全要素生产率、DSGE 模型等,并在思想上认为技术进步是经济增长最重要的推动力,为第五次革命作了准备。

经济学即将迎来第五次革命。这首先是一场技术革命。经济学终于有可能将真实经济模型化,让所有企业和消费者的数据能在模型中得到有科学意义的反映和分析。在大数据和计算机技术基础上,未来 20 到 50 年间,有可能实现经济模型和实际数据对接,几乎所有的经济活动都可以在经济模型中得到模拟、刻画和分析,经济政策的作用也可以直接识别。

但仅仅有技术是不够的,只有理解了经济结构,才有第五次革命。经济结构是异质经济行为主体之间相对稳定的关系和分布。虽然个人或企业在时间维度上(未来)是不确定的,但是人群或企业群的分布是稳定的,基本上服从帕累托分布(二八定律)。这种分布的稳定性使得宏观经济学具有自然属性。一个例子是,尽管个人的生死不确定,但一个人群的出生率和死亡率却具有自然属性,一个国家的人口变化也可以做相当准确的预测。正是由于人群、企业分布的相对稳定性,经济结构及其变化具有一定的自然属性,有规律可循,可以在一定程度上被预测。

今天的宏观经济学模型是根据分布将个体加总到总体。例如,所有消费者的偏好或收入服从帕累托分布,将其加总成宏观需求;所有厂商的全要素生产率服从帕累托分布,加总成总供给。经济结构不仅有单层结构,还有多层结构。除了有异质的消费者和厂商,还有异质的行业和地区等等,如何将这些异质的经济行为主体加总到总体经济,是经济结构分析的核心内容。

经济结构就像人们看世界的方式,是多种多样的。林毅夫老师强调要素禀赋的结构。除此之外,行业还可以根据产品功能、技术比较优势、技术密集度、制度依赖度、政策依赖度、上游度(在全球价值链的生产环节)来进行排序,形成不同的行业结构。未来的 10 年或 20 年间,经济学家会达成共识:哪些结构对我们理解社会是至关重要的。

经济学的第五次革命是以经济结构为中心的技术革命。如果这次革命能够成功,真实经济与虚拟经济模型将跃向具有实质意义的统一;可以实现计划与市场的结合,像今天的全球生产链一样做到市场中有计划,计划中有市场；通过在数据基础上建立社会福利函数，能够取得社会进步评价的突破，为人类社会发展提供科学的、可以评估的方向；还可以实现经济政策的模拟；揭示宏观波动自然属性。只有在第五次革命之后，经济学才真正成为科学，而不仅仅是思辨的学问。

经济学的第五次革命极有可能发生在中国，因为在今天的中国，每个省、市、区都想做经济结构的调整，都需要动态结构分析的方法。新结构经济学作为结构分析的一个分支，起步比其他人都早，应该成为经济学第五次革命的主要推动力量。

第1部分
回顾与反思

1.1

经济增长理论的回顾与反思

陈昆亭：一致增长理论的回顾与反思

本文汇报两个方面内容：第一部分是简单介绍一下一致增长理论（Unified Growth Theory）的产生和发展，并简单介绍我们在这方面的一个研究。第二部分是近期关于内生可持续增长问题的一个研究。这两个方面的研究，特别是第二个研究和新结构经济理论应该有很大联系。实际上，新结构经济理论最重要的思想内涵——内生结构变化机制，正是一致增长理论和内生可持续增长理论致力于探讨的重点。

一致增长理论回顾

首先简单地回顾一下一致增长理论产生和发展的背景。从很长时期来看经济发展，早期经济发展的相对增长速度是非常慢的，那时比较合适的解释是马尔萨斯理论，它可以比较好地描述那时候总体的经济发展的特征。大约1750年之后发生了我们现在称之为"工业革命"的事件，以英国为先的欧洲国家工业经济迅速发展，并逐步引领世界其他经济逐步进入工业化进程，从而引发了人类少有的指数型快速增长的阶段。有人说马尔萨斯是一个悲剧式的人物，他的理论写成之时正是其理论不成立的开端，工业革命就要发生了。

描述现代经济增长阶段特征规律的理论称为现代增长理论，包括新古典增长理论、内生增长理论，都是描述解释现代快速增长现象的。到了新千年前后,有一批大牛(如 Oded Galor、R. E. Lucas 等)提出:现代的理论无法解释以前的现象,而以前的理论也无法解释现代的现象,那么能不能用一个框架、一种理论系统一致地解释整个经济发展的过程?

这正是一致增长理论最初的想法,希望找到一种方法整体一致地解释长期经济发展内在的一般性的、系统一致的规律。蔡昉教授发表过叫作"贯通"的增长理论,我想他那个想法应该是一样的思想,也是用一种模型来系统解释总体发展的规律。[1]

一致增长理论模型大概的方法,按照我的理解有几个思路,如果按照主要的影响因素这条线来分的话(这样简单但不一定合适,大家可以按照自己的想法来分),其基本思路就是引进人口内生这样一种机制。我们知道增长的模型,最基本的 Solow、Ramsey,到内生增长模型,就是把一些特定的要素不断内生,比如说先是储蓄内生,接着技术内生。现在一致增长理论模型进一步把人口也内生了。这方面代表性的研究是 Galor(2000)和 Lucas(1998)等。

Galor 以及后来 Peter Howitt、David Weil 等的研究提出了工业化过程中,高技术劳动需求增加,提升劳动再生成本,从而降低家庭供给新生劳动数量以换取质量提升的内在机制,很好地解释了后工业化进程中人口下降的现象,当然也解释了社会劳动结构在不同经济发展阶段的内在变化规律。Lucas 的这篇文章有点不同,他讲的是更长期的问题,试图从农牧经济到私有经济然后到工业经济等等,探寻整个发展过程的家庭、劳动的内生结构变化的规律,差点把原始社会也整进这个过程,我觉得也是非常漂亮。

另外一个机制从贸易的影响讲,这方面具有代表性的包括 Galor 等(2004)以及 Stokey(2002)等的研究,后来可能还有很多。Stokey 的这篇文章主要是研究 1750 年到 1850 年工业革命转轨的过程,她通过引进一个重要的贸易是否占优的这样一个参数(我的理解,这算是外生的贸易机制),通过这个参数的影响来解释工业化和贸易对工业化的影响,基本的结论和刚刚

---

[1] 蔡昉,《理解中国经济发展的过去、现在和将来——基于一个贯通的增长理论框架》,《经济研究》,2013 年第 11 期。

提到的 Galor 的文章一样：贸易是双刃的。贸易使得工业化水平原本比较强的经济工业化水平更强，使得工业化原本比较弱的经济工业化水平更弱。

这一结论有数据可以证明。在 1750 年之前，中国、印度等很多国家的工业化指数水平同发达经济是差不多的，基本都在 8 左右。但是工业革命之后，印度和我国的工业化水平下降到了 3 和 4，而美国等发达国家已经到了一百多。所以说，贸易有双刃效应。这样一种分流的解释机制还是比较清晰的。

另外其他方面的解释机制还有从要素贡献的角度，比如说资本、技术甚至地理文化等很多因素，这些因素会有不同的影响。这些方面也有不少研究。

综合起来看，近年来一致增长框架下注重的主要因素有技术、人口、资本积累、贸易、地理条件、文化制度等。这些因素都是比较有影响的。而这些方面的文章大多是只强调一种因素，把多种因素放在一起系统研究相互联系、相互作用、相互影响的文章几乎没有。

第二种划分的方法是以纵横向问题为线，比如说纵向发展规律方面的研究为一方向，另外一个方向就是横向差异方面的，如关于大分流的问题。这个不光是经济学家在研究，历史学家甚至政治家也很关注。像加州学派的代表性人物彭慕兰，在其著名的《大分流》中讲了三种引起工业革命前后东西方分流的原因：新大陆、外部关联和地理位置（煤矿的位置）。Stokey 强调贸易的影响，还有一些研究比较强调技术等等。

这方面我们也做过一个研究，使用一致增长的框架把文化、新大陆、资本、技术、贸易这几种因素同时融入到一个模型里面。① 我们的基本观点是，引致东西方分流的最初始、最重要的因素，既不是资本、贸易、技术，也不是新大陆，而是文化。文化决定了最初的资本积累的原动力，比如说重商主义、资本主义精神。文化决定创新的倾向、强度，文化决定制度的方向。

---

① 陈昆亭、周炎，《富国之路：长期经济增长的一致理论》，《经济研究》，2008 年第 2 期。

这篇文章的模型引进了一个文化参数叫作资本主义精神。我们利用这个模型推出了一个定理,给出结论:资本主义精神对资本的原始积累有正效应的条件是农业部门边际回报率有较大的提升。这是一个很关键的条件,如果没有农业部门边际回报率的较大提升,那么资本主义精神很可能根本不构成对原始资本积累的正效应。即便有很强的资本主义精神,也不会导致资本积累正向快速增长。我们这个结论可以得到数据支持,数据显示,英国在获得了新大陆之后,人均土地面积大大增加,这样农业边际回报率也就有很大的提升。数据也证实了那时候英国的农业边际回报率有大幅上升。为什么这是一个很重要的条件呢?有了这个条件之后,资本主义精神就变得有意义、有价值了。

那资本主义精神是什么?这就和当时的文艺复兴联系在一起了。文艺复兴过程中,新教革命大大推动了人文主义精神、科学精神、重商主义精神的发展。这些文化方面的变革是如此重要,不但为此后工业发展所需要的技术进步做好了理论方面的准备,还为资本积累达到足够激励技术进步内生性发展所需的水平做好了重商精神,即资本主义精神建立方面的准备。且机缘巧合,恰逢新大陆的发现,使得资本主义精神产生了对资本积累的正效应。

实在是碰巧了,英国走上工业革命这样一条偶然的道路。一个是新大陆带来的土地面积增加,一个是黑死病造成的人口下降,再加上文艺复兴的推动,这些因素加起来导致了英国的资本主义精神在那个时代具有不同寻常的意义。这是我们证明的一个部分。

模型的另外一个结论指出,资本积累一定要达到一个门限水平,才可能发生内生的技术进步。如果资本没有达到一个门限水平,就不可能实现技术的持续进步。也有数据证明,人类总体的技术水平,原本一直是比较水平的,到了某一个点(工业革命之中)后才突然直线上升。

贸易在我们这个模型里面是双刃,就是贸易导致了一个高水平的均衡和一个低水平的均衡,二者相差越来越远。

这样一个一致增长的理论框架,我们一直觉得还是比较漂亮的,因为它是第一次把多因素融合在一起,系统地解释了整个经济从工业革命为什么能够发生、是怎样发生的、到底哪个因素是第一位的,到各因素之间是如何相互关联、相互作用的等一系列重要问题。

内生可持续增长模型

本文第二个部分要介绍的内生可持续增长模型主要包括这样几个部分:问题的提出,一些观察,还有一些模型和理论。

首先是问题的提出,也就是说,长期内生经济增长是否是稳定可持续的? 不同的发展阶段有什么样的特征? 发展中经济要走怎样的道路?

为什么是提出这些问题呢? 传统的内生增长理论告诉我们,其平衡增长路径上的发展是稳定的、唯一的一个均衡。这意味着经济最终收敛到一个稳定增长的均衡——平衡增长路径。这仿佛是在告诉我们,只要我们的经济能够进入到这个均衡,那么就可以持续保持稳定增长。但现实是不是这样? 不是的。那么原来为什么大家都没注意到这些问题呢? 原来发达经济确实发展得很好,只是到最近二三十年才逐渐发现不是这么回事,发达经济开始出现问题了,开始偏离这样一种趋势。而且发展中经济和落后经济也有很多问题,主要的表现是,很多发展中国家会进入中等收入陷阱,不少穷国甚至还没发展起来就进入了陷阱。可以说,经济在任何时候都有可能进入陷阱,这个观点跟林毅夫老师的新结构的观点是一致的,即主要取决于这个经济的宏观经济结构。

于是我们提出一个问题,内生增长理论到底是否是稳健的? 回顾一下60 年代,新古典增长理论在那时候有一个观察,就是卡尔多事实。观察的一个重要发现是资本边际回报率不是递减的。按照新古典传统理论边际回报率应当是下降的,但是实际中观察到的并不是这样。有些人在那个时候就对新古典经济学理论有了怀疑,所以内生增长这个思想的萌芽在当时就出现了。到了 90 年代新的观点比较多,观察得也比较细,但是总体上理论方面大的突破不多,主要是内生增长理论的成熟。内生增长理论有几个分支,一个是技术进步内生,一个是卢卡斯的人力资本内生,还有一个是创造性破坏思想下的创新过程内生,等等。

到今天又过了二三十年,现在我们再来观察,看有没有新的发现,能不能对理论提出一些新的思考。

首先在理论方面,在这 30 年中,内生理论朝向一致增长理论有一些发展,但是内生增长理论基本的结论没有大的变动。实际上已经有不少的学者开始研究内生增长的稳定性,以及规模回报等这样一些假设对增长的影响,包括内生增长的均衡是否是唯一的。这方面有不少研究已经问世,但是没有形成系统的理论,也不够成熟。

现在我们来进行 30 年后的新的观察。图 1 是代表性发达经济的长期发展趋势。我们可以看到发达经济大多数已经有走平的趋向。图 2 是几个发展中经济。其中最上面的一条线是日本,我们把日本放在这张图上不是说它还在发展中,而是为了拿一个发达经济代表比较一下,这样可以明显地看出来,日本经济有一个走平的趋势,发展中国家有的则保持了上升的趋势。图 3 是具有代表性的穷国,基本上人均收入水平在 3 000 美元以下。可以看出也有不少经济还没有进入快速发展轨道就已经进入比较趋平的状态。

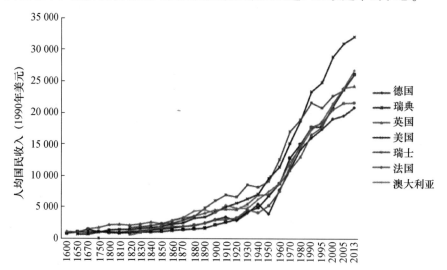

图 1　主要发达国家的经济增长趋势

资料来源:2005 年之前的数据来自 Maddison(2007),2013 年的数据来自 IMF 数据库。

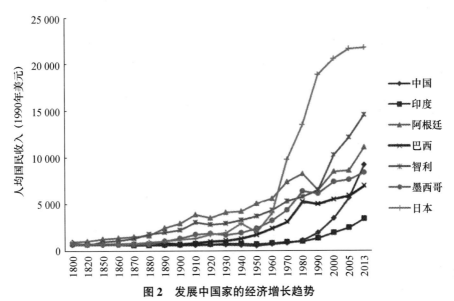

图 2　发展中国家的经济增长趋势

资料来源:2005 年之前的数据来自 Maddison(2007),2013 年的数据来自 IMF 数据库。

图 3　落后国家的经济增长趋势

资料来源:2010 年之前的数据来自 Maddison(2007),2011—2013 年的数据来自 IMF 数据库。

图4是中国资本边际回报率统计的结果。这个方法是清华的白重恩等给出的,他们的估计做到2005年。我们的学生把它延长了一点,到2012年。可以发现一些基本的信息:第一,1990年之前,平均的资本边际回报率达到了25%—30%这样一个水平,总体上不是下降的,而且略微有一点上升的态势,至少可以看成是水平的。1990—2007年间也基本上可看作是水平的,到了2007年、2008年之后则开始下降。最后将稳定在哪里?我们的想法是,是否在达到某个水平之后会进入稳定?我们估计是有可能的,那样就真的是新常态了。持续下降不是常态,一定要稳定下来才是新常态。

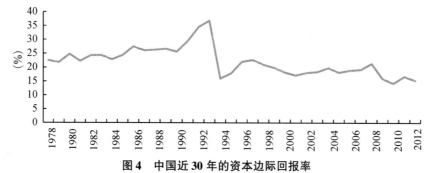

图4　中国近30年的资本边际回报率

资料来源:数据来源于历年《中国统计年鉴》、统计局网站等。图中资本边际回报率的估计方法参考了白重恩、谢长泰、钱颖一(2006)的方法,数据延长到了2012年,1978—2005年间的估计结果与白重恩、谢长泰、钱颖一(2006)中的估计结果基本接近。2005—2012年间的结果没有可以对比的研究,我们的估计结果显示出下降的趋势。

总体来看,我国基本上呈现的是阶段性水平不减、长期阶梯下降。长期而言,我们跟发达经济的观察不一样,发达经济是长期基本上保持水平的,我们是阶段性水平、长期阶梯下降。这就不好判断了,我们到底算什么,算进入内生增长状态了吗?如果我们进入内生增长状态的话就应该长期保持水平。如果说实际上有一个中长期的下降,那就说明我们的经济还没有进入内生增长的平衡增长状态。

基于上述这些观察,我们有一些粗浅的思考。关于长期经济增长的一般规律,我们希望提出一个一致增长的方法来进行系统的解释。

我们建立了一个三部门的模型,包括农业部门、工业部门、技术生产部门。为什么是三个生产部门呢?既然是研究长期,从长期发展的规律来看,都是从农业经济发展到工业经济,再到内生增长的这样一个过程,所以肯定要有农业部门;农业经济逐渐向工业经济转化,当然要有工业经济。现代又引入了知识生产部门,这是发展的一个总体趋势,我们把它引进来,就是要研究内生增长经济的这个阶段。这样长期的发展阶段可以划分为三个。

假定经济中有两种商品,农业产品、工业产品。工人划分为两类,非技术化的和技术化的。技术化的劳动可以参与工业生产,也可以参与创新或者研发部门的工作。

模型可以得出基本的结论。在三个部门都退化为规模报酬不变这样一个技术的情况下,模型经济的结果也退化为存在一个唯一的渐进均衡,也就是平衡增长路径。这就跟一般内生增长的理论框架得出的结果是一致的。

现在我们允许工业部门和知识生产部门是非常数规模回报技术,比如在工业部门假定它是规模报酬递减的,在知识生产部门假定是规模报酬递增的。为什么说工业经济规模报酬可以是递减的呢?这个不予过多解释,大家应该都理解。知识生产部门规模报酬递增的假设得到了很多理论的支持。我们引入这一假设之后,得到的结果会很不相同。基本的结论里面,我们可以得到均衡是不唯一的,会存在多种均衡,而且内生增长的路径是不稳定的,同时均衡的增长率会依赖一些比较重要的条件。比如我们可以引入一个固定的教育成本参数,还有劳动回报率,即实际工资,这两个都是非常重要的影响均衡增长率的要素。

模型的一个重要结论是,在内生增长阶段要实现正的可持续的增长,要求实现两个条件:一是部门之间要实现协调,我们称为相容性条件。这是一个最基本的条件,结合当前的国家经济发展也提的比较多。这说明协调发展的这一观点从理论上是合理的。另一个更加重要的条件是,知识生产部门规模报酬递增的强度足以抵消商品生产部门规模报酬递减的程度,这样才能够实现经济可持续的增长。这是一个动态的效应。我们可以看到在动态方程中,不同的变量都是劳动的函数,因而动态转移的过程就可以看作是劳动转移的过程。实际上,在工业化初始阶段,经济发展主要是以劳动者转移作为主要发展动力的。

模型的另外一个重要结论是,在内生增长阶段存在多重均衡,即多个方向和多个路径。从整体上看，比较好的发展路径，即理想的路径是可持续发展的。也就是说，在经过一个转轨的阶段之后，能够进入一个可持续的发展模式，即一个可稳定持续增长的、理想的平衡增长路径，各个主要变量按照相同的比例增长，这是一种较好的路径。这样的转移过程就是一个成功的动态。相比之下，一个不成功的转移动态就是，在工业化过程中到了一定阶段就不再增长了，未能进入持续增长的路径。

这种不成功的转移动态所呈现的现象在整体发展阶段的任何地方都有可能发生。根据这个理论，我们把长期经济发展的总体动态概括为三个阶段。

第一个阶段是初始工业化阶段。在这个过程中，主要的增长动力源泉是劳动的转移。

第二个阶段是后工业革命阶段。后工业革命阶段，劳动转移的过程已经完成了，没有多余的人口可以转移了。在这个阶段仍然会维持较高的增长率，从模型分析它的增长源泉，主要是人口数量的下降，换取质量的上升。对于这个判断，我们考察工业经济发展的实际路径后认为也是符合实际的。发达经济到了后工业革命阶段基本都出现了人口下降的事实，这一事实曾经引起经济学家大量的追踪与研究，如 Lucas、Galor 都解释了人口为什么会下降，就是因为工业化生产需要的劳动是不一样的，更多的是高质量劳动，即人力资本水平比较高的人，而不再需要更多的非熟练劳动力。结果就是社会的需求引致家庭劳动供给部门决策发生了变化。它通过供给高素质的劳动，减少生育数量。Howitt 的内生增长模型也有类似的解释。

我们的模型也能解释后工业革命阶段人口数量下降、劳动素质提升的主要特征。也就是说，前两个阶段主要的增长动力都来自劳动，只不过前一个阶段是来源于劳动数量的转移，第二个阶段是来源于数量的减少和质量的上升。

第三个阶段是内生增长阶段，是我们这个研究最关键的部分。因为前面的阶段很多研究都讨论了，但是基本上没有多少研究讨论后工业革命阶段之后会怎么样，我们把这个叫作"后后工业革命"，也就是后工业革命之后的阶段，或者叫内生增长阶段。但有些经济到了后工业革命之后不一定能进入内生增长路径,实际上,这种经济并没有经历内生增长阶段,所以称为"后后工业革命"阶段可能更有一般性。关于这个阶段的专门系统的研究不多。我们在此大胆地做出了一个估计,把这个阶段叫作真正的知识经济增长的阶段,这是一个不再能够依靠劳动作为主要要素、主要动力,而是要依赖知识经济的创新作为动力源的一个阶段。

我们的模型有多种均衡的存在,包括相关条件。第一个阶段主要是一些劳动特征的描述;第二个阶段,我们的模型机制能够解释为什么在后工业革命阶段,它仍能够维持增长,在这个阶段增长源泉主要是人口的下降、质量的提升,这是一种机制;第三个阶段是唯一一个不稳定的阶段,前两个阶段可以说基本上是稳定的,没有太大的变化因素,只要进入工业化的进程,那么劳动的转移肯定要发生,劳动数量到最后一定会下降,所以这个两个阶段的增长是一定的。也就是说,在此期间,政策无论怎样变化都影响不大,肯定会有增长。但是到第三个阶段就不一样了。因为均衡在这个阶段具有不稳定性,存在多重均衡,所以到了这一关键阶段,能否实现可持续的增长是有条件的,政策行为不当,会影响到发展的路径方向。

特别重要的是,我们的模型预测,决定是否可以实现可持续发展的条件不是在第三个阶段实现的,而是在第二个阶段逐步实现的,所以我们必须要在第二个阶段就把政策先配置好,才能够在第三个阶段具备进入可持续发展路径的资格。否则等到第三个阶段再行动就已经晚了。这是因为决定第三个阶段的微观基础方面的关键因素都是在第二个阶段逐步形成的,而不是一蹴而就的。这就好比一个青年学生,要在大学阶段出类拔萃,需要在高中阶段打好学习基础一样。这个理论研究对于我们当前的发展很有启发,这就是一些均衡条件。

最后回到我们国家,目前发展到了哪个阶段？我国的发展和其他国家有些不一样,我们在这里也提出支持这种说法的一种解释。我国近年的发展,我们把它形容为"手动加自动"。为什么叫"手动加自动"？如果纯粹是自动的话,就是完全靠市场自身发展,就如同其他国家自己发展的顺序和进程。但是我们不是,我们还采取了"手动",比如计划生育政策。计划生育政策强制地把人数迅速降下来,使得我们的发展在同一阶段同时有两个机制的叠加，一个是人口转移的机制，另一个是人口下降的机制，两个机制一叠加，我们的增长速度就特别快，但是时间比较短，这是我们的增长理论框架所提供的解释。但是这个问题非常复杂，这里的研究还有待进一步发展。

评论与问答

鞠建东：我有几个评论。第一，陈教授的知识经济阶段我认为非常有意思，Lucas 对于后后工业化阶段有过探讨，他是把 E-K 模型做了一个扩展，加入了 ideas 的变量。他认为在空间里面有 ideas 在飘，你看不见但是它存在，然后它以泊松分布到达你的头脑里面去。Ideas 以泊松分布到了头脑里面去，再以帕累托分布去形成 E-K 模型里生产率的上升，去推动经济发展。所以我的第一个评论是，是不是可以和 Lucas 的探讨结合起来。他实际上也是在探讨，当没有人口增长的时候，经济还是会增长的。因为还有一个源泉，ideas。但是 ideas 什么时候会用完，我说那是两三百年以后的事情，所以我们还有一堆 ideas 在天上飘。

第二，特别重要的是你提到的这个以人力资本作为推动的经济增长。知识经济推动的增长，是和我们现在的结构调整非常相关的，当经济增长不再是以劳动力的增加来推动，而是变成以有效劳动力的增加和劳动力质量的提升来推动的时候，社会的、经济的中心变成以知识、人力资本的增长为中心。在这种情况下，经济发展的核心问题很可能既不单纯是供给侧也不单纯是需求侧，而变成了以人力资本为中心。如果我们只是强调古典模型里面的供给问题或是需求问题，可能就没谈到核心问题。我们的经济制度由物质资本推动到人力资本推动这样一个结构的调整，是不是可以完全由中央政府加市场来实现，这是需要讨论的。这就又回到结构问题了，是单层机构还是多层机构？单层机构是一个中央政府带所有的企业一起进行结构调整。当以前的机构已经是一个块块和条条的多层机构，现在是不是还要发挥地方政府的主动性？

第三，实现由物质资本推动向知识经济、人力资本推动的调整，在结构上是非常重要的。如果我们认为有多层机构的必要性，同时由中央政府和地方政府来推动整个经济向以人力资本为中心的转移，使得地方政府之间有竞争来进行经济结构调整。也就是说，当你的思路变化的时候，到底以什么样的方式来推动经济增长？如果我们不认识清楚的话，我们的调整可能是有问题的。

但是，和这个相联系的，我们正在进口的很多制度本身很可能并不适合我们当前的这个阶段。比如说知识产权保护。因为你的知识经济本身和原来的物质资本是完全不一样的。知识、人力资本是公共品，对知识产权保护过度，会抑制经济的增长。如果你完全从美国引进 TPP 的条款，引进过度的知识产权保护，很可能不适合我们国家目前正在转变的阶段。我觉得强调以人力资本为中心，可能比强调需求侧或供给侧更加基本，因为推动经济增长的力量是人力资本。

最后我想说，这个模型里面是平衡增长。我们更强调，平衡增长里面可以把不同行业的结构也放进去，那就更好了。因为在经济增长的同时，有些行业在下滑，有些行业是上升的，完全靠非熟练劳动力的行业在下滑，完全靠知识推动的行业在上升。那么自然地会要求有不同的制度，有不同的经济增长方式，我觉得这非常重要。

张斌：我接着鞠老师来讲，idea 怎么来，为什么会有这么多 idea 产生来推动经济增长？我自己的感受，密度很重要。如果人分散在农村里，差异不是很明显，新的 idea 很难出来；但是住在城市里，很容易看到对方，也很容易交流。当你看到对方跟你不同的时候，你可能有一些嫉妒心理，这带来了竞争，总想与众不同的竞争带来了新 idea 的原动力。还有就是多样性，有多样性，人才相互学习。怎样才有多样性呢？城市的密度很重要，开放也很重要。特别是在赶超阶段，贸易开放就特别重要，它既带来了多样性，也很容易让 idea 传播。这是我的一些不成熟的想法。

接下来我想从两个现象开始说起，跟中等收入陷阱有关系。第一个现象，如果一个经济体非常按部就班地完成了一个标准的工业化过程。我说的不是苏联的工业化模式，上来就搞工业化，然后到重工业，而是像闻一老师总结的那样，从乡镇手工业到劳动密集型工业，然后到动力机车，包括基础设施，再到机械设备，这是绝大多数高收入国家所经历的市场化的工业化标准过程。如果说一个国家标准化地完成了这样一个工业化过程，这个国家应该就会成为高收入的国家，工业化的完成就是与高收入国家画等号的。大家可以试着举出反例，哪些国家标准地完成了工业化，又没有成为高收入国家。第二个现象是，高收入国家中，除了新加坡外，都是民主国家——新加坡是法治国家。把这两个现象放在一起可以看出，完成工业化后成为高收入国家，民主和法治这些东西会比较重要。为什么在完成了工业化之后，再往更高的收入阶段走，民主和法治会更重要，这就要从一个带有结构的经济学理论去理解。因为我们在看结构的时候知道，工业化完成之后，下面一个阶段的经济发展主要是人力资本密集的服务业。就像鞠老师所说，这些服务业对政策的依赖比较强。政策大概分成两类，一类是很多由政府部门来做的公共服务；还有一类是政府的管制政策。人力资本密集型服务业的发展，如果我们仔细来看，包括公共服务在内，它跟民主和法治的关系非常密切。政府在提供公共服务的过程中有两个问题，一是政府如何知道社会公众需要什么，为什么公众需要的是别的公共服务，而不是更多的桥、路、机场？这是信息问题。第二个问题，政府凭什么要给公众提供好的公共服务？要解决这两个问题，在西方就要靠民主问责，问责过程一方面解决了激励机制问题，同时它也告诉了政府社会公众最需要什么。

还有公共管制政策。公共管制政策要在供求端和需求端同时去改。在一个社会的社会资本比较弱、比较差的时候，人们相互之间信任度不高，对公共管制的需求是较高的。比如说医院，患者不信任医生按照合理的性价比提供服务，自然而然要求第三方来做监督，这就是管制政策需求。社会资本越低，政府管制需求越高。怎样提高社会资本，怎样提高人与人之间、人与企业之间、人与政府之间的信任度？我想这个信任度的重要来源就是边界问题，这其实就是法治问题。还有公共管制的供给端。这要牵涉一些政府理念的问题，还有一些利益集团的问题。需要很好的法律去设计规则来约束。

徐朝阳：非常感谢陈教授的精彩报告。关于一致增长，我的理解就是现代的经济增长理论都是基于卡尔多事实的。解释的多数是BGP（平衡增长路径）。但是实质上如果我们把这个数据推到工业革命前后，你会发现，BGP

在很长一段时间其实是不存在的,比方说储蓄率,一直都是上升的,工业革命前是上升的,之后降下来,然后再达到稳态,经济增长速度也是这样的。所以当历史放得很长的时候,BGP是不存在的。因此,如果我们要解释很长时期的历史的经济增长现象的话,其实现代基于Ramsey模型的经济增长理论是无能为力的。我们需要一些一致增长理论来研究历史的一些问题。

但在我们看来,最重要的一个历史问题就是工业革命是怎样发生的。我当时看过一些文献,发现很多文献的一种做法就是,工业革命之前是运用一种技术,这种技术是比较低端的,工业革命之后运用另一种技术。但是基于工业革命之前的那个要素,可能就没有动力去用工业革命之后的那种技术,然后我们就想在什么时候有一个拐点,去用工业革命的那个技术。我们的看法是,工业革命那个时候的技术,其实在工业革命之前并不一定是存在的,那些技术的一些雏形是有的,关键在于人们有没有动力去把它们研发出来。

林毅夫老师有自己的一些思考,他觉得工业革命之前,技术都是"干中学"。像中国这样的国家,人多,集体智慧是无穷的,慢慢地口口相传,可能就产生了很多经验,人多传播效果也好,中国的技术就相对比较发达一些。而工业革命之后,你要用的技术往往不是"干中学"弄出来的,工业革命之后的技术比较高端,需要靠R&D去研发,那么怎样才能产生R&D呢?林老师有他的一套理论,他认为中国古代是科举制,聪明的人兴趣主要在诗词歌赋方面,没有兴趣去搞R&D。这个理论林老师写了文章,也有不错的发表,但是这个观点质疑的人很多。国外这方面的研究做得很细,像彭慕兰的《大分流》。我发现,要把这些问题搞清楚,仅仅靠经济学家是不够的,你得是一个哲学家,你得是一个历史学家。这个研究挑战太大,所以陈老师还在坚持这些研究,我非常钦佩。研究这些非常长期的问题,是需要非常大的韧劲的,也可能要坐很多年冷板凳才写得出一篇文章,所以我不敢做这个东西。今天听了陈老师的演讲,我觉得受益颇丰。

我觉得有个困难,以研究工业革命的框架,是不是适合研究现代中国社会的经济发展?当然我们知道,现代中国社会就是新中国成立以后,虽然我们的经济发展水平跟英国工业革命以前一样,但是我们现在的增长模式跟那个时候不太一样。工业革命以前,是用一套完全不同的生产体系,一套完全不同的新的技术替代旧的。而且这一套新的技术体系是需要去研发出来的。而现在的中国,我们有没有工业革命呢?我的看法是没有,因为我们需要用的技术、需要用的产业其实已经有了。工业革命的时候你是需要去研发,你要把蒸汽机弄出来,要把纺纱机弄出来。而现在我们中国是有了,这个时候的研究就是结构变迁。这用现代的理论大概是可以解释的。比如说,中国改革开放之前很落后,那个时候的结构变迁就是,如果我们在农业上能搞好一点点,把农业的 TFP 提上去,用新的技术,农业生产率提高了,结构变迁的模型就可以解释后面为什么会有工业的发展。因为农业技术提高了以后,在各种各样的偏好下,我们就可以知道,我们对工业品有需求了,然后技术在那里了,工业就直接上来了。而在工业革命的时候,你需要讨论各种各样的问题,比如你有没有动力去研发这样的新技术,这个我觉得是有差别的。

付才辉:工业革命的时候,英国搞的纺织业跟今天我们搞的纺织业是一回事吗?当时人家的纺织业已经是世界最先进的技术,但中国现在的纺织业是很低端的了。这里面有一个很重要的维度,鞠建东老师在概括行业定义的时候,漏掉了新结构的一个共通的很重要的属性,就是后发优势的属性。正如陈老师刚才提到的,有经济史学家说,人类历史发生了两件事,工业革命前,工业革命后。工业革命后最前面的发达国家就到了最前沿的地方去了,一大堆发展中国家现在还处于前沿内部。在前沿内部就有后发优势,它们的结构变迁、增长模式跟那些处于前沿的国家的性质是一样的吗?哪怕它们也有结构变迁,但是它们的结构变迁的属性和方式跟前沿内部的国家是不同的。即便通过一致增长理论把针对各个阶段的理论串起来,其实也无法刻画后发优势这个对发展中经济体至关重要的属性。

黄昊:我刚才听完你的研究,很感兴趣。你把经济增长的原因归为文化,归为企业家精神。但是前面的东西我更感兴趣。你说发现新大陆之后,经济面积增加了,粮食产量增加了,导致了结构变迁。我想到一个问题,人是理性的,如果在中国,人也是理性的话,中国也会出现这个资本主义精神。所以我想问的是,会不会不存在文化制约精神的源泉,而发现新大陆才是经济的最终动力?

陈昆亭:经济增长的源泉归为文化的问题,实际上我在文章里面解释清楚了。里面重要的一个问题就是工业革命有没有可能先发生在中国,我们认为没有可能。为什么?重要的原因就是我们国家的文化,早期的文化是不支持这种可能的。我们三教九流里面,最末一流是搞技术的,所以过去的潮流文化是不支持创新的,这个精神,包括挣钱,都被看作是人所不齿的事情。另外,你说的新大陆这个问题,我们基本的结论是,新大陆对英国是有意义的,因为它土地狭小,突然得到一块新大陆,对它的边际农业产出确实是一个很大的提升,但对我们国家没有作用,因为我们过去是人口较稀的,大部分地方是没有人的,地方却非常大,而且当时是郑成功先发现了新大陆,但是政府并不重视,后来才被人家发现了。理性人的概念跟这个状况没矛盾。

鞠建东:我的理解是,理性人假设跟这个是不矛盾的。理性人是最优,不是比谁钱多。所以理性人假设还是那个假设,只是比的东西不一样了。

张一林:我谈谈我个人的感受。前面有老师讲到 idea 的问题,问它是从哪里来的,我们可能没有办法回答这个问题。Idea 就跟空气和水一样,它是客观存在的。也就是说,正如张斌老师非常关键地提到,要把 idea、把人力资本变成生产力,很重要的一点是法治问题。我也觉得在目前的中国,法律问题可能比经济问题还重要。比如说我们现在面临的很多问题,有食品安全,有医患冲突,比如现在政府与社会资本的合作,都是回到法律问题。由于法律的不完善而造成信任的问题,我有非常深的感受。我的一个问题就是,在中国目前的阶段,如果我们要改变法律,而这个法律又是在原来的环境下内生出来的,我们现在谈依法治国,要做一些新的法律调整的话,会不会伤到我们原来的利益集团?

张斌:刚才你说法律的问题,其实我今天的核心意思是在推导框架里面去看这个问题。过去我们讲这种东西什么时候都重要,但是我们现在讲它对于经济增长而言,阶段不一样,重要性也不一样。我自己的感受是,我们在现在这种从制造业往服务业转型的阶段,它可能成为一个最大的瓶颈,而且我们要进一步研究它中间的机制是什么样的,不能泛泛地说制度增长的问题,得把背后的知识性问题说清楚,这对于我们考虑政府的问题是有帮助的。

陶勇: 四位老师都是内生经济增长研究的专家,我作为一个初学者,在这里也有一个问题。我看到大家讨论的叫作"统一经济增长理论",从各位老师的表述中,我大致明白应该是想找到对技术起源的统一解释。从鞠老师的解释中,我大概知道有一种思想叫作知识的随机分布,但是在这里我仍旧不知道技术起源到底是什么。我曾经从规模报酬不变的柯布-道格拉斯型生产函数推导出一个技术公式,这个技术等价于阿玛蒂亚·森的社会选择自由,我不知道这与统一经济增长理论是否存在联系。最后我希望有老师能够尝试解释一下李约瑟问题。

徐朝阳: 我没有系统研究过。李约瑟之谜归结到中国就是为什么没有发生工业革命。我记得很早以前看过一个纪录片叫《圆明园》。那里面有一个案例,就是乾隆皇帝斥巨资从欧洲引进了人才技术材料,在圆明园仿造凡尔赛宫建了一个大喷泉。喷泉很先进,抽水设备是自动的,抽水到高处再喷出来。后来这个喷泉坏了,坏了也不修,乾隆皇帝说我这儿太监多得是,我让太监提水就行了,不用那些设备。这个故事反映出,为什么先进的技术在中国没有市场,因为当时中国人特别多,劳动力极为便宜,那些先进的设备过于昂贵,还不如用人方便。后来英法联军入侵北京的时候,从圆明园地库里翻出很多先进的技术装备。

英国鸦片战争把中国打得落花流水,他们船坚炮利,这是一个方面,但是船坚炮利的技术中国是不是一定没有呢?也不是。就在乾隆皇帝八十大寿的时候,英国的马嘎尔尼要向乾隆皇帝进献全套的枪炮技术,把武器给你,把图纸给你。中国和俄罗斯的通道也是存在的,俄罗斯的皇帝也经常把最新的武器送给中国的皇帝。中国皇帝什么技术都有,但是他只用来打猎,不用来装备军队。为什么不装备军队?想想也有一定的道理。因为中国幅员广阔,必须要有八十万的常备军,分散到全国各个地方,镇压不同地方的农民起义。如果八十万人全部装备先进的武器,装备不起。以当时中国的收入水平,也就福康安装备他自己的卫队而已——福康安卫队其实武器装备很先进,但是人数有限。说实话,用土枪、弓箭和比较落后的枪炮,对付北方游牧民族的骑兵就够了,他又看不到英法联军那么远。在这种情况下,实际上中国没有太大的动力去用新的技术,我觉得这就是工业革命没有在中国发生的一个视角。当然早就有很多人在做这件事情,我只是倾向于接受这种观点。

华秀萍:我本人也做过一些金融史的研究,所以我对陈老师这篇文章有一些不同看法。你的文章写得很好,布局也很恢弘,里面提到的因素是多因素,在我看来因素也稍微多了一点。我就提一个很关键的因素,就是你提到的文化的因素。文化的定义是很广泛的,然后你提到了一个很关键的点,就是中国和英国的重商主义,这一点其实无论是在中文的还是在英文的文献里都是有很大争议的。谈到重商主义的话,其实我们知道,中国虽然有科举制,有很好的知识分子阶层,但是中国的几大商帮自宋开始实力就是非常强的,只是他们的活动没有被很好地记载下来,这并不代表他们不重商。中国的温州商帮、宁波商帮有浙江学派,包括晋商学派、潮汕学派,他们的重商主义程度都是非常强的。甚至有人把温州跟英国等其他国家的重商主义做过一些对比,认为温州的重商主义倾向要远远超过国外的重商主义。所以我觉得你光用重商主义来解释工业革命为什么没有发生在中国,在学术界应该会争议比较大。

对于宁波帮百年的历史变迁,我们也做过一些研究,我个人觉得,除了重商主义的所谓文化因素以外,其实在西方的文献里他们更强调的,除了张斌提到的制度因素和法治因素外,一个重要的因素是哲学启蒙。有一篇很好的文献就直接提出,当年英国之所以发生了工业革命,一个核心的因素就在于他们有很好的哲学启蒙基础。这篇文献也列了很多条件,对这些条件他们也做了一些浅显的描述,我把这些条件跟中国做了一下对比,遗憾的是,我觉得中国的哲学启蒙还远远没有开始。所以我们的责任比较大,这是我的一点看法。

徐佳君:陈老师,您的演讲跟我们的研究思路有一个契合点,我们强调经济结构的变化,在研究这一块的时候,有一个发展阶段的重要性。这三个阶段每一个都有质的不同,所以它背后的动力机制可能是不一样的。这是我们在研究经济结构时非常重要的一个切入点和方法。接着引到张斌老师这边,您在评论的时候说,在不同的发展阶段,经济结构不同,导致有效的制度形态可能是不一样的。就您提到的从资本密集到人力资本密集阶段过渡的情况,它对民主和法治的强调是不一样的。我想我的问题更多的是一个前瞻性的,如果我们再往下推进议程的话,我们有一些核心的概念,或者是一个分析框架,可以深入去做实证方面的研究。我觉得这在国际发展领域是非常重要的,因为目前主流的想法是制度是放之四海皆准的。也就是说,很多时候,他们并没有把经济结构和发展阶段的重要性考虑在里面。所以世界银行到非洲的时候,他就会说,你要采取这样的一个自由化、去管制化的制度形态。所以我想这更多的是一个前瞻性的问题。

彭波:第一个问题我是想跟陈昆亭老师讨论一下,因为我原来也是学经济史的,你看重文化的作用,我也非常认同,但是文化的东西,明显至少不完全是内生的。如果就文化对经济的阻碍作用来说,基督教对经济的阻碍作用明显要大于儒家文化。孔子的弟子子贡也是个商人,儒家虽然不是很看重工商业,但是他至少不反对工商业,儒家也没有完全说借钱不能收利息。儒家文化对工商业、对经济发展的阻碍作用,应该是比不上宗教性的制约。

但是到了中世纪以后,有一个新教出来了,它是基督教在新的基础条件下对自己的改造。所以说文化本身也是不断变化的,如果按照很多人的调研,亚当·斯密受法国重农学派的影响,重农学派受中国的影响,也就是说,实际上欧洲的文明受中国文化的影响。你说中国不可能产生工业化,但这一点目前中国经济史学的研究是不认同的。清华大学李伯重教授还有芝加哥学派有一个说法叫作早期工业化,他们认为中国在近代之前早就有工业化了,唯一的差别在于没有化石能源,没有煤炭这些东西,但是工业的组织对市场的把握,中国跟西方比,一点都不差。彭慕兰讲,1750年左右的时候,比较东方和西方,东方一点都不比西方落后。这就是说,由文化导致了近代以后的中国不可能产生工业化,这个问题在历史上是站不住脚的。你讨论历史,但是历史问题比较短。

第二个问题是李约瑟之谜。李约瑟之谜要证明的是两个逻辑的问题,第一个小的逻辑叫作"强者恒强",成绩好的学生下一次考试考得好的比例比较高,力量大的人下一次做事成功的概率也比较高,这是一个小的逻辑。

第二个大的逻辑叫作周期性是无处不在的,《道德经》讲物极必反,盛极则衰,就是这个道理。中国是怎么落后的呢？好像不可理解,但是从大的逻辑、大的规则来讲,先进的必然要落后,落后的必然要往前走。从更大的逻辑讲,李约瑟问题是不成立的。中国领先了两千年,永远都比别的国家强,这是不可能的。

陈昆亭：第一,关于文化重商主义,我们国家也有,但是为什么没有工业革命？单纯的重商主义是不够的,我的文章里面的研究,有一个非常重要的机制,是需要农业部门的边际产出水平有一个很大的提升,这是一个条件。有了这个条件以后,文化才能发生作用,重商主义精神这些东西才能够变成资本积累的正效应,否则它是负效应。也就是说,如果没有农业部门边际回报率的大幅度提升,重商主义没有用,以前中国没有这样大幅度的农业部门的边际提升,现在我们有了,所以我们现在可以了。

第二,文化不是内生的。文化本身就是受外来影响的,包括基督教也不是在欧洲产生的,至少不完全是内生的,是变化的。我赞同你的观点,是长周期的问题,一个非常长的周期,所以有类似"分久必合,合久必分"的问题。你说"盛极则衰"有一定道理。你说文化是否是内生的,我没有研究,我觉得这是一个很好的题目。在我这个模型里面,文化不是这样,我把它当成一个外生的条件,是中国和欧洲的一个对比,而为什么中国没有可能先发生工业革命,而欧洲有可能,在我的文章里面,基于刚才的问题认识是一致的,也讲清楚了。

第三,技术在中国不缺乏,重要的是技术产生的机制。卢卡斯有关 idea 的文章有好几篇,我们也跟踪了。他的确提出了一个很好的思想,就是技术产生的机制有很多,不是一个方面,也就是说,是在工作中自然形成的。要对知识技术进步进行分类,可以笼统地划为两类,一类就是随机产生的,像牛顿这样的巨匠的诞生,是随机事件,这是知识产生的一种模式。另一类叫作交流,或者是研发,有专门进行研发的机构,这是一种机制上的不同。所以这个问题非常有意思,我们的研究也落实到这个问题的话,对我们国家未来的发展特别重要,我们的政策方面,确实应该根据不同的知识进步模式有不同的经济政策。

张斌：刚才佳君讲的我非常同意。因为我自己不是做理论，而是做政策导向的。但是做政策导向时很多问题需要我来回答。很多问题在不同的发展阶段、不同时期的匹配程度，单独的模型是说不清楚的，如果能把结构性的东西放进去，我们对很多机制、对很多问题的理解，可能会更清晰一点。而现在的分档文献里面，就目前我们能看到的是不够完整的，不能够很好地回答这个问题。

鞠建东：我们现在进入了一个新的阶段，知识经济的阶段。实际上知识经济阶段对中国是一个挑战，对全球都是个挑战，这是第一个问题。第二个问题就是我们的文化，我们的文化是不是能支撑知识经济的阶段？我们通常讲文化的时候，都是讲传统文化，但是大家忘掉了，中国的文化是两部分，一个是传统文化，一个是革命文化，革命文化是从五四运动开始。这两个部分，传统文化更多的是讲包容性，天地合一，从孔子开始注重教育，这些对知识经济都是一个很大的推动。同时，革命文化也是非常重要的，因为革命文化是创新。我们可以在很多人的著作里面，比如说孙中山、毛泽东、邓小平，看到他们讲扬弃，讲创新，所以革命文化也是非常重要的。正是因为我们有传统文化加上革命文化，所以我觉得我们在文化上是有准备去进入新的阶段的。但是中国文化本身，通常是从上而下、从总体到个体的，它缺乏从个体到总体的文化，缺乏民主制度的培育和发展，这是一个文化的发展。所以我觉得除了传统文化加革命文化，我们还必须引进现代西方文化这些从下而上的成熟的制度的文化，才能推动我们新的制度的发展。所以无论是回归到儒学，还是回到革命文化，或者完全引进西方的民主文化，我觉得都是不够的。

陈昆亭：说到文化，其实 Oded Galor 和他的学生有一个关于文化的专门研究，有兴趣的话可以跟踪。这个论文里面讲到了文化传播、传承的重要机制，对刚才说的问题非常有意义。其实我们国家从辛亥革命到"文化大革命"，都是一系列文化的变革。它里面重要的思想是说，文化的冲击跟经济体的大小有关系。对一个大的经济，一个小的冲击的影响会很小，其实类似的文化冲击，我们国家跟日本几乎是同时发生的，日本成功了，率先进入工业革命，我们却没有成功。我们迟迟没有进入工业革命，这一点可以解释。

王勇：作为主持人，其实我有很多想问的。因为你们讲的是增长理论，然后又谈论到 Lucas、Becker 的很多工作，他们又是我的导师，但是回到新经济结构学的话，比如说张斌提到了民主的问题，公共选择的问题，还有管制的问题，然后在不同的发展阶段，人的需求结构是不一样的，需求结构不只是说消费品，还有对民主的需求，或者是其他各种各样的需求。不同的政治制度下，创新的能力也是不一样的，所有这些东西会影响到技术。这是一个观点，大家都意识到了。陈老师刚才也讲了很多，一致增长理论其实不是陈老师提出来的一个新名词，有一本教科书就叫作 *Unified Growth Theory*，刚才朝阳也提了很多东西，就是说用统一理论再看中国的历史，怎么样和中国的特定的制度结合起来，我觉得这里面还有很多有意思的东西要做。

1.2

结构变迁理论的回顾与反思

张斌：从制造到服务

我给大家报告三部分内容，对这些内容有兴趣的可以参考我最近在《比较》杂志上发表的文章《从制造到服务》。[①]第一部分是结构转型的国际经验。这个部分会少讲一点，因为经济结构转型的国际经验也好，理论也好，大家如果要听的话应该听王勇讲。我看他专门开一门经济转型的课，他的准备工作做得非常好。第二部分我会用中国的数据，看现在中国经济是不是已经到了典型的经济结构转型拐点。最后一部分，也是我今天来的主要目的，是提几个问题。

随着经济增长，一个国家从穷到富的过程会经历两次大的转型。第一次从农业主导到工业主导，第二次从工业主导到服务业主导。所谓主导，不光是增加值的份额占比，也包括就业的份额占比、消费的份额占比。从各个指标上，你都能够看到这样一个规律性的现象。在一定收入门槛之前，工业部门份额加速增长，但是一旦过了这个收入份额的门槛，工业部门份额就开始下降，工业部门增速慢于GDP增速。

根据这些国际经验稍微做一点梳理，确定一下主要发达国家在什么时间、什么收入水平上完成了这种经济结构转型。最开始是在北美，美国、加拿大，时间是五六十年代；然后是英国、法国、日本和西欧同时发生这种转

[①] 张斌，《从制造到服务：经验理论与中国问题》，《比较》，2015年第5期。

型,时间是60年代末到70年代初;再往后是南欧,70年代中后期;之后是东亚"四小龙",从80年代中期到90年代初。发达国家到了一定收入水平之后,开始经历这个转型。这个收入水平大概是多少?按照1990年不变价国际元计算,大概在8000到9000,有些国家可能是7000多,有些国家到1万,多数国家是在8000到9000国际元的时候开始经历这个转型。还有一个值需要看一下,就是工业增加值份额会有一个峰值,最高是到多少?最高的德国达到了53%,最低的城市经济体香港是34%,均值大概在41%左右。

对结构转型现象,大概有两种解释。一种是从不同部门的技术差异角度解释,另一种是从偏好随着收入增长变化来解释。这个我也不多说了。

看完了国际经验之后,我们就面临一个问题:中国现在是不是处于这个转型期?为什么提出这个问题?我大概是在三年之前开始关注这个领域的研究,当时就是想解释为什么中国经济增速持续下降,从周期性的角度总是觉得解释得不够透彻。那会不会有更长期的、转型的因素在里面?我从那个时候开始接触这个领域,然后就去看了中国是不是正处在一个结构转型拐点期。是不是处于拐点期大概有几类指标,第一是看收入,收入水平大概处在这样一个位置上,就是8000到9000国际元。第二是看一些结构类的指标,文献里面现在大概就看几个指标,一个是增加值的占比,包括名义增加值的占比、真实增加值的占比;再就是看分部门的就业占比;还要看消费,消费当中的工业品占比是不是处于驼峰状的下降阶段,对服务业的消费占比是不是处在上升阶段。

我们先看一下这些指标。从收入水平上来看,中国2010年人均GDP大概是在8000国际元,2014年是1万多一点。从收入阶段上看,中国大概处于转型拐点期。接下来看增加值份额,名义增加值和真实增加值的情况是不一样的。按照名义增加值计算,拐点大概是在2007年、2008年。工业部门增加值是趋势性的转折点,它一旦下降,就不是那种周期性的下降,而是趋势性的下降。现在经济下行最主要的还是工业部门的下行,这里面有周期性的力量是没错,但趋势性的力量也在发挥很强的作用。真实工业增加值的转型时间大概是在2012年。

再看就业,我们看一下农民工的数据,据说这个数据还不错。我们看到就业份额拐点大概是在2012年,制造业就业份额开始下降,服务业就业份额上升。

再看消费,我们现在公布的消费支出数据里面,服务业和制造业有些支出区分得不太清楚。我们把那些分不清的放到一边,拿能够看得清楚的制造业和服务业消费支出做一个区分。可以看到这个拐点也出现了,大概在2010年之后,服务业消费支出占比上升了,工业品的消费占比是在下降。

把收入的数据和所有文献里面提到的结构性的数据全部拿在一块,这么多角度的数据给我们的指向是一样的。有些数据可能不太精准,比如人均GDP的数据可能不是特别准确,一个数据可能出错,但是不可能所有的数据都出错。我们有信心说中国经济正处在结构转型的拐点上,制造业份额下降,服务业份额上升。大概是在什么时间?我觉得可能就在2010年前后的一两年,也可以说是在2010年到2012年这一期间,出现了这个转型的拐点。

还有一个证据,需求收入弹性的变化。中国主要的工业品在经历需求收入弹性的趋势性下降。大部分产品弹性都低于1了,汽车现在大概还比1多一点,但也在下降通道上。

中国是不是过早地去工业化了?中国的人均GDP只有美国的20%,在这个阶段去工业化是不是早了一点?我自己觉得,看绝对的水平比看相对的水平要好。为什么?第一,看绝对水平,你看到国际上有非常明确的规律,但是看相对收入水平,你看不到什么规律。第二,驱动结构转型背后的力量是什么?一个是技术,一个是偏好变化。而技术跟偏好更多联系的是绝对的真实购买力。然后再看我们的工业增加值份额的峰值大概是多少,中国的峰值是41%,这其实是跟发达国家经验非常吻合的,接下来发生转型是很标准的动作。我不认为我们现在是过早地去工业化。

下面我就来说问题了,这也是要求教各位的。第一个问题,怎么去认识结构转型、经济增速下降和中等收入陷阱?碰到研究增长问题的人,我都希望能够问他一个问题,结构转型会不会带来经济增长下降,或者更具体地说,以中国这样的情况,当工业化到了一个峰值之后,开始走下坡路的时候,它会不会让经济增长速度下降?我讲的不是一个稳态的问题,而是一个过渡期的问题。我们看一下经验,把其他国家转型拐点前后十年的经济增长速度作比较,百分之七八十的国家增长速度在转型拐点以后显著下降。日本下降得非常突出,后十年和前十年相比平均经济增速下降了四个多百分点。大部分国家在工业化高峰期以后增长速度开始下降。为什么?文献里面到现在也没有看到一个很好的解释。文献里面会讲到结构转型与加总生产率的关系,也会讲到结构转型与劳动投入的关系。回到中国的结构转型,经济增速下降究竟是来自哪里?是劳动力投入减少了,资本投入减少了,还是资本配置减少了?这是我们需要澄清的问题。

第二个问题,结构转型的两个驱动力,一个是技术变化,一个是偏好变化,就中国而言,究竟哪个力量更重要?这个问题到现在还没有看到研究。我觉得如果有这方面的研究的话,可能对我们理解现在的经济现象很有帮助。

第三个问题,转型期的 TFP 为什么会受影响?政府很多政策导致资源错配,刺激政策不当,这是一种解释。还有一种解释,我们可以假设经济当中,有一个制造业部门,有一个服务业部门。制造业是标准化程度很高的部门,而且制造业国际接轨程度高,总的来说接近于完全竞争的市场。服务业是市场失灵比较严重的部门。服务业更接近于垄断或者垄断竞争市场结构。如果说一个经济从制造业向服务业转型,同时经济当中的垄断程度提高。这会不会影响资源的配置和 TFP?

第四个问题是我非常有兴趣的一个问题,但是我不知道答案。看工业部门的发展,会看到一个次序的轨迹。比如鞠老师他们那篇论文,你能看到从劳动密集到资本密集的先后次序,可以看到乡村手工业、劳动密集型,然后基础设施、重工业的发展次序。那么服务业呢?从发达国家的经验来看,劳动密集型服务业的份额不仅没有上升,反而下降了。服务业的发展更多的是人力资本密集型的发展。人力资本密集型的服务业发展当中有没有次序上的规律?医疗、教育,生产性的服务业,发展中有没有什么规律性的先后次序?

最后说一点对当前改革和政策的体会。从十八届三中全会以及最近一系列的政策文件中,你会看到政府在经济问题上的认识总的来说是比较清楚的,但是出台好的政策很难。现在讲供给侧改革,去年讲的不比现在这个差。十八届三中全会以来,我觉得水平都挺高的。为什么说得好,做不下去,这是需要研究清楚的问题。我说一种比较能够说服我自己的解释。当前社会面临着非常严重的价值观对抗——物质价值观和后物质价值观的对抗。物质价值观讲的是 GDP, GDP 统领一切,经济增长非常重要,经济稳定非常重要,决策层在主观上就认为汇率稳定很重要。还有一些有形的基础设施,五十层的大楼、一百层的大楼,这些都是物质价值观很看重的东西,包括国防要强大。我自己过去很多年是做汇率问题的,我体会最深的是花大量的政策资源去支持汇率的稳定,然而为什么要保持稳定说不清楚。为什么会有物质价值观？这跟人的收入水平有很大关系,特别是你小时候的生活水平,不是你的收入水平,而是与你父母的生活水平有关。如果说你小时候生活状况不太好,挨过饿,物质上比较匮乏,一般你就会比较注重物质价值,就会对这种价值观比较认同,这种价值观会要求政府把更多的资源用于经济发展,所以会说发展才是硬道理。中国几代人都非常认可这个理念。包括集中力量办大事,其实都是属于物质价值观的体系,而价值观是一个根深蒂固的东西。

另外一种价值观是后物质价值观。有一个富爸爸,不是特别担心物质匮乏,按照标准的定义,这种价值观的人群会要求美丽城市。什么是美丽城市或美丽乡村？就是自然环境要好,空气要干净,会强调自然环保。物质满足了,会要求他个人的想法的表达,言论上的自由,个性化的社会,包括参与各种活动的权利。

这两种不同的价值观对于我们的管制政策和公共服务来说非常重要。存在一种比较理想的良性循环:首先是收入提高,有了收入提高之后,物质价值观与后物质价值观会有一个代际转换,这个转换时时刻刻都在发生。价值观发生了变化以后,对社会的信任度提高了,一个直接后果就是,一方面对管制的需求会下降,另一方面民主问责诉求提高。民主问责制度能够解决信息问题和激励机制难题。这两个难题解决了之后,就打开了服务业发展的瓶颈。接着会看到更合理的资源配置,这又会进一步带动走向良性循环。这在十年前、二十年前可能还没那么重要,那个时候我们的瓶颈更多的是资本积累,发展工业,而现在不是,现在的瓶颈出现在人力资本密集型服务业,需要的是好的公共服务和管制政策。

市场分分秒秒都在转型,企业家也在转型,因为不转型就活不下去。企业家虽然从来不讲转型,但是他们一直都在做转型。政府天天都在讲转型,但是很难做转型,这是因为有这样一个大的价值观冲突。你让他往一个方向偏,其实很困难。政府该怎样做?一种做法是有一个统筹的规划,顶层的设计,全面铺开,协调推进。我现在越来越担心,在目前的收入水平和价值观冲突的情况下,这种方案几乎是不可能实施的。这不是改革,这是革命。你要把那些相信物质价值观的人全部都打倒,那怎么行?社会上那么大一群人还是根深蒂固的物质价值观,而且过去也是靠着这个观念成功的,靠中央政府由上而下推做不通。

所以我现在更相信由下而上的、分散的实验和改革。价值观冲突在某些区域,比如某些县,小地方可能就可以解决。中央政府应该做什么?如果面临价值观对抗,如果不能做很多事,一届政府能做好一件事那就很了不起了。一届政府做好医疗,一届政府做好教育,我们基本上就是发达国家了。这是政府的侧重点的问题,这些想法不应该在学术会上讨论,但其实是很值得研究的问题。

评论与问答

问:第一个问题问张斌老师,你觉得当前的发展阶段,中国的服务业赶超工业是必然还是一种制度的扭曲?

张斌:韩国是一个特别值得研究的例子。为什么?就是因为它特别,所有发达国家的经济转型,只有韩国在制造业份额到了高点之后没怎么下去,一直保持在比较高的位置上。不能说中国就一定要服从其他那些国家的规律,中国不会走韩国的路。为什么韩国是这样的?文献里面讲得比较多的是韩国的国际贸易,这个特别值得研究。贸易对中国的结构转型是什么影响?这是非常重要的视角。但我还是坚持我们现在处于转型的阶段,我们从收入水平到其他份额上都能看出这一点。

即便是看韩国,制造业份额到了那个临界的时候也不会再涨,已经基本上到了瓶颈,不会再往上提高。中国的数据基本上还是支持制造业份额往下走。世界对于韩国而言很大,它的出口潜力、市场份额的提高余地是比较大的。但是对于中国而言,很多低附加值产品出口就不行了。我以前做了一个中国出口增长下降原因的解释。过去几年中国出口增速下降,四成是因为外部需求下降,六成是因为市场份额下降。市场份额为什么下降?解释来解释去,有很多因素,但是最重要的因素是收入水平。收入水平就是工资,工资的提高,收入水平的提高,使得你在很多产品市场上的份额增长可能要下降。到了这个收入水平,工业部门被两头夹击,一个是国内需求结构变化带来的需求下降,另一个是国际市场上迫于成本压力很难再大幅提高市场份额。最后,我觉得需要补充的一点是,从强调制造到强调服务,并不是说制造业不重要。很多国家在制造到服务的转型当中,制造业数量增速放慢了,但是质量在提高,甚至提高得更快。

为什么更好的服务业跟更高级的制造业是一个匹配关系?这是一种现象,原因是什么,怎么去理解,我觉得是一个很好的研究题目,里面的具体机制我们并不是特别清楚,新结构经济学应该把这个题目说清楚。现在我们跟做政策的人去讲,你应该重视服务业,不要那么多优惠措施给工业部门,应该让工业部门和服务业部门有一个公平的环境,如果能够证明其实发展服务业能够缓解或者说解除很多工业部门升级的瓶颈的话,那就很有说服力,这其实是在政策上非常有研究价值的问题。

问:想问都阳老师,如何看待当前我们国家工业化反哺农业这个问题?

都阳:我很简单地讲三句话,第一,我觉得由于结构变化,中国已经到了重塑工业和农业、城市和乡村关系这样一个时候;第二,就是刚才张斌说的,怎样去完善一个公共的服务体系,解决一些最基本的问题,比如说教育、医疗;第三,实际上农业本身也是一个产业,它有自己的自生能力,关键是我们能不能发挥、发展新结构经济学所讲的它的要素禀赋本身的优势,而不一定要通过补贴这种生产方式来做。

赵瑞丽:我想问张斌老师一个问题,目前我们都在讲经济结构转型,我觉得转型的话,大家目前的一个方向就是从低复杂度到高复杂度,从低附加值到高附加值,是不是还有其他的形式?以目前我国的这样一个要素禀赋,包括技术水平,是否支持这样的经济结构转型?因为目前扶持比较高端的一些产业,比如说我们想建立一些新能源产业,就必然要关掉那些污染比较严重的,让那些复杂度比较低的退出市场。那么首先就有一个问题,目前这个要素禀赋结构是否支持这些比较高级的产业的发展?第二个问题就是这样一个经济转型是会带来一些成本的,那么这些退出市场的行业和企业又该如何考虑?

张斌:我不确定我百分之百理解你的问题。你问的一个是技术的问题,另一个是转型成本的问题。技术问题你看结构转型文献里面大部分研究都不太考虑,技术是外生的。

我刚才讲到中国的问题,为什么我说到了这个转型拐点,其实工业结构只是一个抽象的指标,但是工业结构,包括工业增加值的占比,背后反映的是什么现象?反映的其实就是你的技术能力、人力资源能力。可以用两种方式看这个问题。从文献里面看,第一一般是看份额,第二看工业发展到了一个什么程度。因为工业化基本上有一个很标准的动作,从乡村工业、劳动密集型工业到装备制造,现在装备制造也已经成规模了,我们已经做到了。这就说明技术能力、人力资本,包括组织市场结构都是做支撑的,工业占比这个数据背后其实有很丰富的信息。我不觉得技术是一个问题。

第二,转型成本其实是一个很需要研究的问题,有一点供你参考。文献里面讲美国经验的时候是这样的,美国前两年危机之后也在讲结构转型。很多人就会讲,结构转型会带来摩擦失业。但是做实证的人发现,好像这个问题没有想象的那么严重,也就是在结构转型期间,并没有因此带来摩擦失业的明显增加。这是他们研究的一个结论,但是这个结论是不是能放到中国来,还需要再研究。

徐朝阳:关于技术,我可以补充一点。大家可以看这个超大的液晶屏幕,液晶屏幕是夏普的,日本生产的。中国现在也能生产这种液晶屏幕,就是北京的京东方,还有深圳的华星光电,这两家企业是怎么发家的?京东方就是把韩国现代的一个破产的厂买下来,请韩国的专家过来,然后慢慢地把这个技术掌握了;华星光电是到台湾去挖了人家几百名工程师,然后把这个产业做起来了。

所以当有资本的时候,实际上刚开始你可以从国外买技术、买人员,然后你自己的人力资本如果跟得上的话,产业升级这个技术就可以解决。但是如果你自己没有足够的人力资本,所有的人必须得从外面聘请的话,你这个产业还是做不起来。别人提供的是种子技术,你自己要有足够强的人力资本跟上去,这样你的产业就做起来了。

钟廷勇:我想问一下张斌教授,现在大家的共识就是中国的经济转型,一定要转。那么在推行的过程中,这个转型到底是由政府来推动,还是市场自发自然地形成的。如果是政府推动来实现的,或者说当前政府也意识到这个情况,然后在推行这种转型的过程中也采取了一些政策和措施,为什么在推行的过程中还是会进行不下去?转型的一些成功性、关键性的因素是什么?

张斌:经济转型只是个结果,背后的力量我们刚才讲了很多,技术和偏好的变化。不管原因是什么,我们现在已经到了一个阶段,我们可以把这想成一个水流。政府是什么?政府是水闸。总的来说,政府还是在抵抗这个水流,因为政府的黏性很强,而市场是每分钟都在变化的,不变化不能生存。市场需要转型,但是政府要卡住,这不是说政府不好,而是因为社会上很多人始终觉得不应该放开市场。那要怎样去解决这个问题?政府说一下子把它全部放开,这是不现实的,会带来巨大的社会动荡。我更相信一些由下而上的、试错性质的改革。政府要做的是什么?不要按得太紧,不要逆着潮流往回推。政府也不需要多大的动作,多给市场和基层政府一些机会,能够做到这一点,我觉得就已经是一个很平缓的过渡,就很好了。

中国有这种问题,发达国家也都有这种问题。你看美国的民主、英国的民主是什么时候发生的?这个过程不是一蹴而就的,英美的民主进程是在工业化完成之后才有更进一步的推进,那个时候也有很多社会矛盾出来,但是不得不这么做。我是比较倾向于一种比较温和的、由下而上的,政府多给一些向前的机会,多做一些尝试,这样一点点试出来的结果。

第 2 部分
立意与重构

林毅夫：新结构经济学——第三波发展思潮

非常高兴有这个机会跟大家交流一下我对新结构经济学的一些想法，包括我们为什么要反思发展经济学，为什么要提出新结构经济学，它的理论内涵是什么，它给经济学家带来了什么机会。

为什么需要进行反思？

为什么要反思？任何理论都是为了帮助人们认识世界，改造世界。理论如果不能够帮助我们认识世界，也就是不能解释理论所要解释的现象为何产生，或是根据理论所做出的政策选择不能达到预期的效果，也就是不能帮助我们改造世界，那就应该对理论进行反思。从这个角度来看，发展经济学从提出来以后一直都处在反思的过程当中。

发展经济学是第二次世界大战以后，为了发展中国家的战后重建，以及新摆脱殖民统治或者半殖民地地位的国家进行现代化建设的需要，而从现代经济学中独立出来的一个新的子学科。当时提出的理论后来被称为结构主义。

那时的看法是一个发展中国家战后重建和现代化的目的是希望成为一个现代化的发达国家。发达国家的生活水平高，国防军事力量强；发展中国家正好相反，收入水平低，国防实力差。结构主义的解释是发达国家拥有先进的资本很密集的产业，那些产业使发达国家劳动生产力和收入水平高，国防实力强。反过来讲，发展中国家所拥有的产业是农业或是自然资源产业，劳动生产力水平低，而且，这些产业不能生产枪炮，所以国防实力差。这种观察自然是正确的，当时发达国家和发展中国家的差异确实是如此。

那么，想成为现代化的发达的国家，当然就必须拥有现代化、先进的资本密集型产业，唯有如此，劳动生产力水平才能高，国防实力才能强。但是问题是，为什么发展中国家不去发展那种产业？结构主义的看法是因为市场失灵，各种文化的、体制的原因造成落后社会里的人民对价格信号不起反应，没有储蓄的习惯，资本积累少，由于这些原因，靠市场配置资源不能发展起现代化资本密集型的先进大产业。

这种观察好像也很合乎现实，因此按照结构主义的看法，应该由国家直接动员和配置资源以克服市场失灵来发展现代化的资本密集型大产业。过去这种现代化的工业产品在发展中国家是进口，现在要自己生产，所以，结构主义所提出的政策建议被称为进口替代战略，有些国家则称之为重工业优先发展战略，社会主义国家推行的斯大林模式实际上就是重工业优先发展战略。

结构主义似乎能够帮助我们认识世界，但是根据这个认识所做的改造世界的努力的实际结果怎样？一般都会有几年投资拉动的经济快速增长，但是等这些产业建立起来以后，经济就开始停滞，接着危机不断，跟发达国家的差距不仅没有缩小，反而不断地拉大。

由于根据结构主义改造世界的努力失败，到了70年代以后，结构主义为新自由主义所取代。新自由主义认为，发展中国家之所以跟发达国家的差距不是越来越小，而是越来越大，是因为发达国家有现代化、完善的市场经济体系，发展中国家则存在大量的政府干预，企业国有，政府对价格进行扭曲，直接配置资源，造成资源错误配置和寻租腐败行为等等，导致经济发展绩效差。按照这种认识，发展中国家如果要发展好，就应该进行私有化、市场化、自由化，把产权界定清楚，让价格由市场竞争来决定，资源由市场在国内国际自由配置，政府的作用应该限定在维持宏观稳定，财政必须平衡。这个理论好像也能够把发展中国家为什么经济发展绩效不好解释得很清楚，但是按照新自由主义的华盛顿共识进行转型的国家，经济普遍出现崩溃、停滞,危机不断。而且在八九十年代,整个发展中国家的平均增长率比在六七十年代低,发生危机的频率则比六七十年代要高,所以,跟发达国家的差距一样继续扩大,同样没有达到预期的效果。

在第二次世界大战以后的这段时间里,有少数几个经济体经济发展是比较好的。首先是日本跟亚洲"四小龙",它们的经济在五六十年代快速发展,但是它们推行的政策在五六十年代主流的结构主义看来也是错误的。

结构主义认为要赶上发达国家就应该发展跟发达国家一样的产业,但是日本和亚洲"四小龙"却是从传统的劳动力密集的小规模产业开始做起,而不是直接去发展现代化的资本密集型大产业,推行的不是进口替代,而是发展那些传统劳动密集型的中小制造业进行出口,对那些发达国家的先进的产品则继续进口。这种出口导向政策当时被认为是错误的,认为按照这样的方式发展将永远也赶不上发达国家。可是现在看来,实际上缩小跟发达国家差距的却正是那几个推行从主流理论来看是错误政策的国家。

到了80年代以后,所有发展中国家都在进行改革开放,绝大多数发展中国家都遭遇到经济崩溃、停滞,危机不断,只有中国、越南、柬埔寨以及从70年代开始转型的毛里求斯等国取得了经济稳定和快速发展,它们都不是按照华盛顿共识的"休克疗法"进行转型,而是采取了渐进、双轨的方式:一方面保留扭曲,对原来优先发展的产业继续给予保护补贴;另一方面放开一些原来受到抑制的劳动密集型的传统产业的准入,并且设立了工业园、经济特区来帮助它们发展。这种渐进、双轨的转型,在上世纪八九十年代被认为是比原来计划经济还糟糕的转型方式。但是现在少数几个在转型过程中取得了稳定和快速发展的国家,推行的却正是这种从理论上来看是最糟糕的转型方式。

这些比较成功的经济体还有一个特性,它们都是市场经济或是转向市场经济,就像新自由主义所认为的那样;但是,在发展或转型中,政府就像结构主义所主张的那样,都发挥了积极有为的作用。

我前面讲,理论的目的是帮助我们认识世界,从认识世界来讲,似乎结构主义和新自由主义都能帮助我们认识世界,解释所观察到的现象产生的原因。但是按照这样的认识去推行政策的结果都是失败的。反过来讲,成功的那几个经济体,采取的政策跟主流理论的主张正好相反,而且,它们既有市场也有积极有为的政府,所以,它们的成功不能用新自由主义或结构主义中的任何一个来解释。这就是为什么我们需要进行反思。

世界银行对发展经济学来讲,既是各种发展理论的提出者,也是实践者。比如说,Rosenstein-Rodan 在 1943 年发表的东欧和南欧工业化问题的论文被认为是发展经济学的创始之作。1945 年世界银行成立,他是首任研究部主任,当时世界银行没有首席经济学家,研究部主任是发展理论和政策的最高负责人。世界银行自成立以后一直到 70 年代基本上是按照结构主义主张来帮助发展中国家的。

1972 年世界银行设立了首席经济学家,第一位首席经济学家 Chenery 是哈佛大学的教授,也是结构主义者。1982 年就任的第二位首席经济学家 Anne Krueger 则是新自由主义的旗手,她最有名的文章是 1974 年发表的《寻租社会的政治经济学》,认为因为政府的干预,创造了租金,导致了寻租,寻租的损失远大于资源错误配置的损失。所以,她主张取消各种政府的干预。从 80 年代初开始,世界银行的整个政策就转向了新自由主义。原来主张结构主义的人都被换掉。

世界银行是世界上最重要的发展机构,从 50 年代一直到 90 年代,世界银行的工资比一般大学教授的工资高了一倍以上,所以非常有吸引力,那时大学刚毕业对发展有兴趣的人基本上都集中在了世界银行。但是在世界银行的协助下取得成功的发展中国家非常少。按照世界银行的一项研究,从 1950 年到 2008 年,两百多个发展中经济体里能从低收入进入到高收入的只有两个:一个是我们的台湾,一个是韩国。从中等收入进入到高收入的只有 13 个,当中有 8 个是西欧周边的欧洲国家或者是石油生产国,西欧周边的欧洲国家跟发达国家的差距本来就非常小,石油生产国成为高收入国家则是因为石油的自然禀赋。其他五个则是日本和亚洲"四小龙"。也就是说,即使有像世界银行这样的国际发展机构的帮助,对发展理论非常熟悉,又有金融资源来支撑根据理论所制定的政策,发展中国家也有很多在美国留学回来的部长去推动它们国家的发展,但是,效果仍非常差,有 180 多个发展中经济体自二战以来,一直没有摆脱低收入或中等收入陷阱,没有真正缩小跟发达国家的差距。

世界银行既是发展理论的提出者,也是实践者。在实践过程中,也会有不断的反思。最著名的有1993年出版的《东亚的奇迹》,总结东亚经济体成功的经验,是因为推行了出口导向的政策,而且政府是积极有为的,跟原来的结构主义主张的进口替代不一样,也跟新自由主义主张的政府不应该发挥积极有为作用的主张不同。第二本是2004年出版的《苏东转型十年的教训》,发现每个国家情形不太一样,没有包治百病的万灵药(no one size fits all),而华盛顿共识则是一个试图包治百病的政策处方。最新的一本是2008年由诺奖获得者 Michael Spence 和 Robert Solow 领衔,二十几位发展中国家懂经济又有实践经验的官员参与的增长委员会出版的《增长报告》,对第二次世界大战以后,13个取得了年均7%或更高速度、持续25年或更长时间高速增长的经济体的成功原因的研究。研究发现,这些成功的经济体有五个特征:第一,它们都是开放经济;第二,它们的宏观经济都比较稳定,不是经常有危机;第三,它们都具有高储蓄和高投资;第四,它们都有有效的市场;第五,它们都有一个积极有为的政府。这五大特征跟过去主流理论的政策框架都不太一样,因为它既有市场,也有政府。这个报告推出以后引起了很多关注,它非常强调结构变迁,认为经济发展表面上看起来是收入水平不断提高,但实际上收入水平不断提高的背后是结构的不断变动。

Michael Spence 在这本书出版了以后,经常被邀请到各种场合去作报告,很多国家的领导人也请他去做政策咨询,但是 Michael Spence 却说经济发展只有药材没有药方。中国人常讲药的用量不对补药可以变成毒药,如果只有药材没有药方,政策执行者怎么去遵循? 所以,这本报告固然是一个进步,但从认识世界、改造世界来讲,还远远不足,还要继续反思,新结构经济学则是这种反思的结果。

新结构经济学的主要内涵

在提出新结构经济学的时候,我常在国内外的各种论坛上倡导要回归到亚当·斯密,但我讲的回归到亚当·斯密不是回归到亚当·斯密在《国富论》中所提出的理论主张,而是回归到亚当·斯密的研究的方法。实际上亚当·斯密在《国富论》的标题中已经把他的研究方法讲得非常清楚了——*An Inquiry into the Nature and Causes of the Wealth of Nations*，也就是"对国家财富的性质和原因的探索"。

实际上，除了一些属于方法论的计量经济学之外，大部分经济学的新的理论的进展，都是这些提出新理论的经济学家对所研究的现象的性质和原因探索的结果。不管是新的增长理论，还是理性预期学派，或是交易费用等等，这些新的理论进展无一例外，都不是从原来的理论推论出来的。任何提出新理论的人，都是直接面对现象，去了解这个现象的本质是什么、背后的决定因素是什么。亚当·斯密非常高明，在他著作的书名上已经把他的方法论讲得一清二楚。我们常讲"授人以鱼不如授人以渔"，给人家一条鱼，不如教人家怎么去钓鱼。学习上也是如此，学一个现成的理论，不如学习怎么提出新的理论。

经济学也是一样。到底是从书本上去跟人家要条鱼好，还是在读书的过程当中学会钓鱼的本领好？当然是学会钓鱼的本领。所以我倡导回归到亚当·斯密，指的是回归到亚当·斯密的方法论。在这一点上，各位一定要记住，任何现成理论都是提出这个理论的人对他所观察的现象的本质和原因的描述，所以应该学的是方法，而不是他的结论，否则就成了刻舟求剑。对于这一点，国内的知识界特别要谨记在心，因为我们容易去学结论而忘了去了解这个结论是怎么得来的，去了解我们现在所要了解或解决的问题的本质或原因是否已经变化。

那么要反思发展经济学，就要从现代经济增长的本质是什么、原因是什么着手来探索。高速持久的经济增长是现代才有的现象，根据麦迪森和其他经济史学家的研究，在18世纪之前，即使在当时人均收入水平最高的西欧，人均GDP的增长每年也不过0.05%，要1400年才翻一番，当然世界上其他国家其他地区也都一样。从18世纪一直到19世纪中叶，人均GDP增长速度突然间上涨了20倍，从每年0.05%变成每年1%，人均GDP翻一番所需要的时间就从1400年变成了70年。从19世纪中叶到现在，人均GDP增速又翻了一番，变成2%，所以人均GDP翻一番的时间就从70年变成35年。这一变化是18世纪中叶的工业革命后，科学技术日新月异、经济发展一日千里的结果。这样一个翻天覆地的变化背后就是结构的不断变迁,也就是现有的产业中技术不断创新,在现有的产业里每个劳动者能生产出来的东西量越来越多质越来越好,同时,新的附加价值更高的产品、产业不断涌现,可以把劳动和各种资源不断从附加价值比较低的产业重新配置到附加价值更高的产业中去。也正是这种技术结构、产业结构的不断变迁,让劳动生产率的水平可以不断提高。随着技术的不断创新、产业的不断升级,生产的规模和市场交换的范围越来越大,同时,交易的价值越来越高,而且交易的人逐渐变成彼此不熟悉的人,所以就必须写一个合同,而且必须有合同的执行,于是法律就必须不断完善。并且,随着现代经济的增长,资本的需求和风险越来越大,所以,必须有完善的金融体系,去动员资金、分散风险。这就是马克思所说的经济基础不断变动、生产力水平不断提高、作为上层建筑的硬的基础设施和软的制度安排不断与之相适应的完善以降低交易费用的过程。

上述就是现代经济增长的本质,它表面上看是收入水平的不断提高。收入的增长就像是一座森林,森林的顶端高低起伏,顶端之下则是各棵树木枝干的不断去旧换新,以及旧树新树的不断替换的过程。要研究现代经济增长就要研究结构为什么不断变化,它变化的原因是什么。

那么,为什么称为"新结构经济学"? 我是主张用新古典的方法去研究现代经济增长的本质和决定因素,也就是研究经济发展过程当中的经济结构以及结构不断演变的决定因素是什么。每个国家在不同的时期结构是不一样的,它的决定因素是什么? 随着时间的进展,结构在不断变动,是什么因素在推动结构的变动? 按照现代经济学的命名原则,如果用新古典方法来研究这些问题,那应该取名为"结构经济学"。因为用新古典的方法来研究农业问题的叫"农业经济学",研究金融问题的叫"金融经济学",那么,用新古典的方法来研究结构问题就应该取名为"结构经济学"。但是因为发展经济学刚出现时主流的理论是"结构主义",为了区别于此,所以称为"新结构经济学"。实际上,Douglas North 也是这样,North 在上世纪 60 年代开始倡导用新古典的方法来研究制度和制度演变的决定因素时,应该称其研究为"制度经济学",为什么叫"新制度经济学"? 因为在 20 世纪初美国有一个制度学派,为了区别于"制度学派",所以称为"新制度经济学"。"新结构经济学"也是这样。

新结构经济学的主要内涵是什么？我主张以每一个经济体在每个时点的要素禀赋及其结构作为观察的切入点。每一个经济体在每个时点上所拥有的资本、劳动和自然资源是给定不变的，但是，随着时间是可以变化的。新结构经济学的核心观点是什么？就是每个经济体在每个时点的产业、技术结构是内生的，内生于这个时点的要素禀赋结构。

在这一点上我承认是受到马克思主义的影响，马克思主义认为经济基础决定上层建筑。但什么是经济基础的基础？马克思主义没有说。我认为经济基础的基础就是要素禀赋及其结构。马克思主义只是讲到生产方式、生产技术，新结构经济学则进一步研究了生产方式、生产技术的决定因素是什么，所以，新结构经济学既受到马克思主义的影响但是又发展了马克思主义。

我为什么要从要素禀赋及其结构来研究发展？因为每个时点的要素禀赋其实就是在这个时点上的总预算——总共有多少资本，有多少劳动，有多少资源可以使用？并且，不同经济体拥有的资本、劳动、自然资源有相对不同的丰富程度，有的资本比较多，有的劳动力比较多，或是自然资源比较多，多的要素就相对便宜，少的就相对贵。其实经济学家分析问题，到最后不是讲收入（预算）效应，就是讲替代（相对价格）效应。前几天我去参加张五常先生的八十岁生日庆祝会，张五常先生讲经济学只有一句话——替代效应。那是因为他研究的是比较微观的问题，所以只要考虑替代效应就可以了。我们研究的则是长期的动态问题，除了替代效应，还要考虑预算或是所得效应。要素禀赋及其结构就同时决定一个经济体在每个时点上的总预算和相对价格，这是经济学分析中的两个最基本的参数。所以，新结构经济学主张在研究发展问题时，以每个经济体在每个时间上给定的要素禀赋及其结构作为切入点来进行分析。

每个国家在不同的发展程度上，资本、劳动和自然资源的相对丰富程度是不一样的，相对价格也不一样，导致比较优势和最优的产业结构不一样。如果进入的产业跟要素禀赋结构的特性相符合，要素生产成本会最低。比较发达的国家为什么都在资本相对密集型的产业进行生产？因为它们的资本相对丰富、相对便宜，所以在资本密集型的产业要素生产成本比资本相对稀缺、劳动力或自然资源相对丰富的国家低。反过来讲，发展中国家为什么都是在劳动密集型产业或者是自然资源密集型产业进行生产？因为在这些国家劳动力或自然资源相对多、价格相对低，所以这种产业的要素生产成本低。

也就是说，比较优势是由要素禀赋结构来决定的。当然比较优势也会受到其他因素的影响，例如技术或专业化等，产业结构也会受到家庭偏好的影响。那些因素会影响同一发展程度的国家的比较优势和产业结构，但是，发展经济学主要研究的不是同一个发展程度的国家的产业结构的差异，而是不同发展程度的国家的产业结构怎么决定，以及一个国家的产业结构如何随着发展程度而变化，所以，那些因素可以先舍弃掉。

在每一时点上的要素禀赋结构决定一个国家在那个时点上的比较优势，如果这个国家的产业都符合比较优势，那么，这个国家在那个时点的要素生产成本最低，应该最有竞争力。所以这样的产业结构应该是最优的产业结构。从这样一个简单的切入点，我们就可以推出不同发展程度的国家的最优产业结构是不一样的，这也就可以解释发达国家为什么集中在资本密集型产业，发展中国家都集中在劳动密集型或资源密集型产业。

结构主义是从市场失灵来解释不同发展程度的国家产业结构的差异，新结构经济学则是从产业结构内生于要素禀赋结构来解释。研究经济发展的目的是希望发展中国家将来的收入水平能够和发达国家一样高，那产业结构当然就要跟发达国家一样，在这一点上新结构经济学和结构主义是一样的。但是，从新结构经济学来说，要像发达国家那样拥有资本很密集的产业，由于产业结构内生于要素禀赋结构，那就必须先积累资本，如果资本的相对丰富程度跟发达国家一样，那最优产业结构当然就是资本相对密集的产业。因此，经济发展的最终目标是提高收入，中间目标是提高产业结构，但切入点是什么？提升要素禀赋结构。必须让每个劳动力所拥有的资本不断增加，随着资本的不断增加，经济规模越来越大，为了降低交易费用，在发展过程当中除了提升产业结构之外，还必须改善各种软硬基础设施，比如硬的交通基础设施和软的制度安排来降低交易费用，这是个动态的过程。

上述认识可以解释什么叫"收入陷阱"。所谓收入陷阱其实无非就是一个国家的要素禀赋结构、产业结构变动太慢，导致它的收入增长速度不能高于发达国家的增长速度，从而跟发达国家的收入水平差距不能缩小。低收入国家可以有收入陷阱，中等收入国家也可以有收入陷阱。

从这个很简单的切入点所得出的一个引论是，要打破收入陷阱就要最快速地积累资本。资本是什么？资本是在生产过程当中所创造的剩余，不消费掉，把它储蓄下来作为下一期生产的投入。怎么样才能够创造最大的剩余，而且有最高的积极性去积累？其实，从这个推论马上可以得出需要有最优的产业结构，也就是按照要素禀赋结构来选择产业跟技术。如果按照要素禀赋结构来选择产业和技术，那样的产业结构就是最优的，要素生产成本就是最低的。如果软硬基础设施也与产业结构相适应，交易成本也最低，在国内国际市场应该就会有最大的竞争力。有最大的竞争力对于各个企业来说就是能够创造最大的利润，对于整个社会来讲就是能够创造最大的剩余。而且，按照比较优势来选择产业，投资的回报率会最高，积累的积极性也会最高。创造的剩余最大，积累的积极性又最高，资本增加的速度就会最快，要素禀赋结构提升的速度也会最快。

在发展中国家如果按照比较优势发展，产业升级一定是在国际技术、产业边缘之内的技术和产业升级，还可以有后发优势。技术创新的成本和产业升级的成本比发达国家更低，速度可以更快。在这种状况之下，资本的回报可以长期维持在比较高的水平，资本积累的速度也会高于发达国家的速度，因此，要素禀赋结构就会不断向发达国家逼近，产业结构也可以向发达国家逼近。在这个动态过程当中还必须不断地去完善各种硬的基础设施和软的制度安排。虽然切入点非常简单，但它的引论却是非常丰富的。

经济学家说按照要素禀赋结构决定的比较优势来选择产业，这是经济学家才懂的语言。企业家其实并不关心比较优势，他们关心的是利润，利润决定于产品和要素的价格。因此，要企业家自发地根据国家的比较优势来选择技术和产业，要有一个前提，就是各种要素的相对价格必须能够充分地反映这个国家要素禀赋结构的情形。到现在为止，只有在竞争性的市场中才能够产生反映要素禀赋结构中各种要素相对丰富程度及其动态变化的相对价格信号,也就是说,要按照比较优势发展经济,前提是要有一个完善的市场制度,也就是要有一个有效的市场。

那么,为什么成功的国家都有一个积极有为的政府?原因是经济发展不是资源的静态配置,而是一个经济结构动态变化的过程。在经济结构动态变化的过程中一定要有第一个吃螃蟹的人,这个人如果失败了,就告诉了大家这样的技术、产业不合适,大家不要采用;如果成功了,就相当于告诉大家这个技术、产业符合新的比较优势,大家会跟进来,竞争就来了。失败的话,他负担了失败的所有成本,成功的话,由于竞争他不会有高于其他跟随者的垄断利润。成功的收益和失败的成本之间是不对等的,在这种状况之下,谁愿意做第一个吃螃蟹的人?要是大家都不愿意做第一个吃螃蟹的人,怎么才会有新的产业、新的技术出现?所以,对第一个吃螃蟹的人所创造的外部性必须有所补偿。并且,第一个吃螃蟹的人即使进入的产业是对的,他的成功还决定于交易费用的下降,交易费用的下降又决定于硬的基础设施和软的制度环境包括金融安排等的相应完善。这些完善不是单个企业家能够内部化的,有些可能需要由其他企业提供。但是其他企业怎么会跟你配合?那就只能由政府去协调,有些干脆就必须只能由政府来提供,比如说法制环境等。所以,在经济发展、结构变迁的过程当中,为了让整个经济能够快速地、动态地变化,就必须有一个有为的政府,根据比较优势的变化来引导企业选择新的技术、产业并完善相应的软硬基础设施。

所以,虽然Michael Spence讲经济发展的成功只有药材,没有药方,但其实是有药方的。药方就是按照新结构经济学所建议的按照要素禀赋结构决定的比较优势来发展经济。但按照比较优势发展有一定的前提,首先是必须是有效的市场,其次是要有有为的政府,这两个就是《增长报告》中所总结的成功经济体的第四个和第五个特征。如果按照比较优势来发展结果会怎么样?当然是开放经济,符合比较优势的就多生产并且出口,不符合比较优势的就少生产并且进口,而且在产业升级、技术创新的过程当中,后发国家还有后发优势,这就是《增长报告》中成功经济体的第一项特征。按照比较优势发展的话,宏观经济也会相对稳定,为什么?因为产品有竞争力,而且不需要政府补贴,在这种状况之下,经济有竞争力,内生的危机会比较少。

并且如果遭遇到国际危机的冲击,因为政府的财政状况好,外汇储备比较多,所以进行反周期政策的能力也比较强,因此,宏观会比较稳定,这是《增长报告》中成功经济体的第二项特征。第三项特征,高储蓄、高投资前面已经讨论过了,按照比较优势发展能够创造最大的剩余,而且投资的回报率会最高,因此,资本的积累会最快,储蓄最高、投资最大。所以,实际上经济发展成功是有药方的,这个药方就是按照要素禀赋所决定的比较优势来发展经济。

新结构经济学的这个增长的药方也是和《东亚的奇迹》的发现是一致的。如果按照比较优势发展,当然会是出口导向型的经济,而且,在发展过程当中必须有一个有效的政府去克服各种市场失灵,所以《东亚的奇迹》的发现和新结构经济学的政策主张是一致的。

从新结构经济学的视角来看结构主义的失败就很清楚了,结构主义应该讲用意是好的,是想建立起一个现代化的产业结构,但它忽视了产业的内生性,要去发展的产业是违反比较优势的,从而导致在开放竞争的市场当中,要优先发展的产业中企业的要素生产成本会高过在这个产业有比较优势的国家;而且,发展中国家的交易成本也一定会比在这个产业具有比较优势的发达国家高。在这种状况之下,总成本会高于具有比较优势的发达国家的同一产业的成本,在开放竞争的市场当中,这样的企业肯定是不能盈利的,换句话说就是没有自生能力,除非国家给予保护补贴,否则这种产业就不能自发建立起来。这种保护补贴会导致资源的错误配置,而且,也会产生由政策创造的租金和寻租的行为,所以它们的效率就会低。

新结构经济学也可以解释为什么华盛顿共识会失败。新自由主义的华盛顿共识目的也是好的,是要建立一个完善的市场经济体系。谁都不能说完善的市场经济体系不重要,尤其是学过现代经济学的人都知道,只要有价格扭曲,只要有政府保护补贴的干预,一定会有资源的错误配置和寻租行为,一定会有效率的损失。所以,以消除政府的干预为目的的新自由主义的华盛顿共识很有说服力。但这个共识忘了原来在结构主义下所形成的干预和扭曲是有目的的,是内生于保护补贴那些违反比较优势的优先发展产业中缺乏自生能力的企业的需要。如果把保护补贴都取消掉,那些企业会大量破产,导致大量失业,造成社会和政治不稳定,没有社会和政治的稳定,经济发展就不可能,这是一方面。另一方面,那些优先发展的产业是跟国防安全有关的,比如说俄罗斯今天如果从收入水平和经济规模来看,只是二流国家,但它为什么是八国集团成员之一,为什么敢在乌克兰问题上跟欧洲、美国叫板?因为它有很坚强的国防。所以,俄罗斯不能让那些产业垮台,垮台了现代的国防就没有了。所以,在推行了华盛顿共识的"休克疗法"后,那些政府为了维持社会稳定,也为了国防安全,又从后门偷偷地把各种保护补贴以更加隐蔽、更加扭曲、更没有效率的方式引进。最明显的就是东欧国家,尤其是俄罗斯,它大型的企业都私有化了,过去认为这些企业效率低是因为它是国有的,但是现在大量的研究证明,俄罗斯的八大工业寡头垄断集团现在拿到的保护补贴比在国有的时候还多。关于这一点,我在八九十年代就跟国内外许多经济学家争论过,当时大部分经济学家的看法是国有企业有预算软约束,因为它是国有,但我当时认为,国有企业有预算软约束是因为它有各种政策性负担,包括维持大量就业的社会性负担和国防安全的战略性负担,只要有政策性负担,又不能让它倒闭的话,政府就要给予政策性补贴,私有化以后寻租的积极性只会更高。现在有大量的实证研究证明了这一点,俄罗斯是这样的,东欧是这样的,拉丁美洲是这样的,非洲国家也是这样的。有更多的隐蔽性扭曲,那当然效率就更差了。并且按照新自由主义,政府不应该去引导新的产业的发展,没有政府帮助克服外部性和协调的问题,新的产业就很难出现,拉丁美洲的智利就是典型的例子。智利被认为是华盛顿共识改革的模范生,但是推行了华盛顿共识改革三十多年来没有任何新的产业出现,旧有的产业却不断消亡,就业和收入分配问题越来越恶化。由于其他发展中国家在推行华盛顿共识的改革后,原来的赶超产业垮了不少,政府又没有在制造业的发展上扮演因势利导的角色,去工业化成为发展中国家在上世纪八九十年代的一个普遍的现象。

新结构经济学也可以解释为什么渐进、双轨的转型成功了。渐进、双轨的转型就是说,对于过去优先发展的那些不符合比较优势的产业中缺乏自生能力的企业继续给予转型期的保护补贴,那就维持了稳定;同时对原来受到抑制的、符合比较优势的产业给予开放准入,而且进行因势利导。比如说交通基础设施差,那就设立特区或工业园,在特区、工业园里做到几通几平;营商环境差,那就在特区、工业园里实行一站式服务。所以说,虽然整个国家的基础设施和营商环境是差的,但是在特区和工业园却有好的基础设施和营商环境。发展的产业符合比较优势,要素生产成本跟交易成本都是低的,当然马上就有竞争力,产业和出口都发展很快。这也就是为什么按照世界银行的营商指标和跨境投资指标中国一直排在后面,但是,中国的经济发展很快,吸引的外资也是全世界的发展中国家中最多的。随着经济快速发展,资本积累非常快,原来不符合比较优势的产业越来越多地符合了比较优势。企业有了自生能力,就可以把原来那些保护补贴逐渐取消掉。所以双轨渐进式的改革在上世纪八九十年代被认为是最糟糕的改革,其实了解到原来的保护补贴的内生性以后反而成为最有效的改革方式。

上述新结构经济学关于发展和转型的这些看法,能不能在实证资料上面得到比较严谨的检验?在2007年的马歇尔讲座上,我提出了五个可以检验的假说:第一,如果采取违反比较优势的战略就会有很多扭曲;第二,如果采取违反比较优势的战略,短期可能有投资拉动的经济增长,但是,在一段较长的时间里,发展的绩效就会较差;第三,采取违反比较优势的战略,在一段较长的时间里经济波动会比较大;第四,采取违反比较优势的战略,需要穷人去补贴投资于优先发展产业里的富人,收入分配会不公平;第五,在向市场经济转型的过程中,一个国家越是能够创造条件来方便以前被压制的劳动密集型产业的发展,它的总体经济增长就会越好。在马歇尔讲座中我构建了一个技术选择指数(TCI)来衡量一个国家产业选择和比较优势的差距,并用1962—1999年的跨国数据来检验上述五个假说,结果这些假设都没有被证伪。有兴趣的同学可以进一步参考我根据马歇尔讲座出版的《经济发展与转型:思潮、战略与自生能力》。

新结构经济学的产业政策

理论存在的目的是认识世界,但更重要的目的是改造世界。而且,只有能够改造世界,才能说这个理论是正确的。在这一点,我赞同王阳明知行合一的哲学。"知为行之始,行为知之成",只有能够在根据理论所采取的行动中,取得预期的效果,才能说这个理论真正帮助我们认识了世界。我们知道理论基本上都是瞎子摸象,只有在实践当中得到理论预期的结果,才能说这个理论是对的。这是我们做理论工作的人应该谨记在心的。以前在给学生讲方法论时,我常讲,一个现象只要可以用一个内部逻辑自洽的理论来解释,就代表它可以用无数多的内部逻辑自洽的理论来解释。所以,不能满足于学到的理论或是提出的理论能够解释现象,更重要的是理论必须能够改造世界,这才是真正有用的理论,也是学习理论或是提出理论的目的所在。

按照新结构经济学的理论,在有效的市场中,政府必须发挥有为的作用,来克服在经济转型升级中的外部性和协调的问题。政府的资源是有限的,执行能力也是有限的。按照华盛顿共识,新自由主义的看法是政府应该把全国的基础设施都建设好,把全国的各种法制、营商环境都完善好,不应该对任何地区或产业有偏向。这种想法有一个问题,除了我前面讨论的原来的扭曲有内生性外,发展中国家基础设施普遍不好,要把全国的基础设施都完善,有那么多资源吗?如果没有那么多资源,就必须按毛主席所讲的,"伤其十指不如断其一指",应该集中力量把一个区域搞好,降低其交易费用,这个区域的经济就能够快速发展,然后,星星之火可以燎原,从一点发展带动全面发展,这是个很实事求是的哲学思想。

按照这种策略使用资源,必须了解应该在哪儿建立工业园,在要建的工业园中到底要发展什么产业。发展的产业应该符合比较优势,这种针对特定产业在特定地区提供因势利导的努力就是所谓的产业政策。从历史经验来看,我没有发现没有产业政策而取得成功的国家,当然更多的是实行产业政策失败的国家。但是,不能因为实行产业政策失败的国家那么多,就叫政府不要有产业政策了。因为政府要是没有产业政策,同样会造成经济发展不成功。所以,作为学者有责任去认识为什么有些产业政策成功,而绝大多数的产业政策失败,然后,帮助政府提高产业政策成功的概率。

我发现绝大多数产业政策失败是因为违反比较优势,这有两种可能性:发展中国家违反比较优势,通常是过度赶超,想去直接发展发达国家的产业。发达国家的产业政策失败的原因正好相反,有些产业已经失掉比较优势了,比如农业或是一些加工业,但是为了维持就业,政府还给它很多支持。

这两者都是违反比较优势的表现。违反比较优势的结果会怎么样？企业没有自生能力，就必须使用保护补贴，从而导致两个结果：一个是资源错误配置，一个是寻租腐败。在这种状况下，产业政策当然会失败。

产业政策要成功，从新结构经济学的角度来讲，就是要帮助企业进入到一个要素生产成本比较低的行业，也就是具有比较优势的行业。但国际上的竞争是总成本的竞争，总成本还包括交易成本。交易成本取决于交通基础设施、法制环境、金融环境是不是合适。如果不合适，交易成本会特别高。因此，即使这个产业是符合比较优势的，要素生产成本低，但交易成本太高，总成本也就居高不下，还是没有竞争力。这样的产业称为具有潜在比较优势的产业。产业政策的目的是什么？就是把那些具有潜在比较优势但因交易成本太高而没有竞争力的产业，经由政府帮助改善基础设施和金融、法制环境，把交易成本降低。如果能把交易成本降低，这个产业马上就能从具有潜在比较优势变成具有竞争优势，这是产业政策的目的。

对于像中国这样的中等收入国家，怎样来界定其潜在比较优势？我把像中国这样的中等收入国家的产业分成五大类：

第一类是追赶型产业。这类产业跟国际上发达国家的产业还有差距。以中国为例，中国是按照联合国的标准唯一一个各种产业部类都齐全的国家。但是，中国在2014年的人均GDP水平是7 600美元，美国是53 000美元，德国是45 000美元，日本是38 000美元，韩国是24 000美元。这些国家有的行业我国都有，但是我国相同行业的劳动生产率水平比较低，代表技术和附加值水平比较低。我国的产业实际上还是在追赶的阶段。这类产业就是追赶型产业。

第二类是领先型产业。有些产业发达国家已经失掉比较优势而退出，我们的产业在国际上已经处于领先或接近领先地位，像家电、摩托车等产业即是。

第三类是退出型产业。这些产业过去符合比较优势，现在失去比较优势，需要退出。

第四类是弯道超车型产业。由于现代科技的特性，有些产业的新产品、新技术的研发周期短，以人力资本投入为主，其代表是互联网和移动通信设备,比如小米手机,半年一年就研发出来了。它的研发以人力资本为主,我国具有创新才能的人力资本跟发达国家其实没有多大差距,我国跟发达国家的差异主要是在物质资本上,而且,我国有13亿人口,具有齐全的产业类别和广大的国内市场,对这一类型的产业,我国可以实现弯道超车,跟发达国家直接去竞争。

第五类是国防安全产业。这类产业跟弯道超车型产业正好相反,资本投入特别大,研发周期特别长,不符合我国的比较优势,其存在是为了国防安全的需要。

这五大类产业所需要的产业政策是不一样的。对于第一大类,历史上所有成功的国家在追赶期都有产业政策,这些产业政策的一个共同特性就是以要素禀赋结构相似、人均收入水平差距不大、发展快速的国家的成熟产业作为追赶的对象。产业政策基本上是帮助国内企业进入这些作为参照系国家的产业。反过来讲,发展中国家失败的产业政策,都是以人均收入水平差距太大的国家的产业为追赶的目标。为什么要找一个要素禀赋结构接近、收入水平差距不大的国家的产业作为参照?因为要素禀赋结构相似、发展程度差距不大,比较优势也就会相似。这里如果要发展资源土地密集型产业,就必须有那种自然资源。而如果是一般制造业,那么只要看资本跟劳动的比例就可以了,这是第一点。第二点,如果一个国家能够维持二三十年的快速发展,那就代表这个国家的产业基本符合其比较优势,那么,经过二三十年的发展,随着资本不断积累,原来符合比较优势的产业就要逐渐失掉比较优势,而作为参照系的国家失去的比较优势,正好成为追赶国家的潜在比较优势。

根据上述思路,新结构经济学提出了"增长甄别和因势利导"的两轨六步法,首先甄别什么是具有潜在比较优势的产业,然后通过因势利导让企业进入具有潜在比较优势的产业。

第一步,找到那些高速增长、要素禀赋结构相似、人均GDP比国内高一倍左右,或在20年前是同一个水平的国家,看它的成熟的可贸易产品是什么,那些成熟的可贸易产品很可能就是这个国家具有潜在比较优势的产业。这一点非常重要,可以避免两种错误:第一种是政府太冒进,第二种是政府被国内的企业所绑架。因为国内企业有可能为了寻租,就对政府讲,这个产业非常重要,没有它就没有现代化,但其实它可能是违反比较优势的。违反比较优势,政府就必须进行大量的保护补贴,即使把它建立起来,那些保护补贴也必须一直存在。所以,要避免这两种错误。

第二步,如果已经有了一个具有潜在比较优势的产业的列表,那再来看国内有没有一些企业已经发现了这个机会,进入了这些产业。如果国内已经有企业进入了,照理说,要素生产成本低,竞争力就应该强,但为什么在国际上仍不能跟其他国家竞争?一定是因为交易费用太高。在这种状况下,政府就应该分析交易费用高的原因,然后帮助企业把交易费用降下来。

第三步,如果国内没有企业进入这些产业,或是从事出口的企业很少,那么政府可以通过招商引资把作为参照系的国家的企业吸引过来。同理,这里要素成本低,国外的企业会有积极性来,但现在为什么不来?很可能是因为它不知道你这个国家,或是这个国家的交通基础设施、营商环境太差,交易成本太高。在这种情况下,政府要做的就是招商引资,同时改善交通基础设施、营商环境等,把交易费用降下来。另外,也可以在国内设立孵化器来培育这些产业。

第四步,每个国家都可能有一些特殊的禀赋,这些禀赋可能生产出在市场上有需求的产品。另外,现在的技术变化太快,有很多技术、产业在20年前根本不存在,如果国内的企业发现了新技术、新产业带来的机会,并且表现出获利的能力,在这种状况下,政府应该针对这些产业帮助企业把交易成本降下来,让它能够发展得更好。这里最明显的例子是20世纪80年代印度的信息服务业。在此之前是没有信息服务业的,但80年代的时候,印度的一些企业家发现可以帮美国的企业做信息外包,刚开始的时候是用卫星通信,所以交易成本很高,后来印度政府发展光纤通信,交易费用大大下降,印度的信息服务业就变成印度最大的、最有竞争力的产业。

第五步,发展中国家一般交通基础设施和营商环境不好,如果有能力在全国都改善当然最理想,但实际上,政府的资源有限。在资源有限的约束下,政府可以通过"集中力量办大事"的方式,设立工业园或者经济特区,集中力量先把工业园、经济特区做好,让具有潜在比较优势的产业可以很快地发展起来,成为具有竞争优势的产业,并且用这种方式也可以很快形成产业集群,进一步降低交易费用。

第六步,就是对先行企业的外部性的补偿。外部性补偿可以是给予税收优惠;在有资本管制的国家,可以让先行企业优先得到外汇;在有金融抑制的国家,可以让先行企业优先得到贷款。这种优惠和结构主义的产业政策的保护补贴有何差异?结构主义的产业政策想要发展的产业是违反比较优势的,企业是没有自生能力的。因为没有自生能力,即使把它建立起来,还要进行长期保护补贴。新结构经济学因势利导的产业政策所要帮助的企业是有自生能力的,政策优惠只是解决外部性问题,这种优惠通常数额少,而且是一次性或者是短期的。

上述是追赶型产业的产业政策。

对于国际领先型产业,政府的产业政策应该如何来做?国际领先型产业的新产品、新技术必须自己研发。发达国家因为所有的产业技术都是国际领先的,所以所有的产业都必须自己研发新产品、新技术才能获得技术创新、产业升级。发达国家的研发是怎样做的?研发是研究(Research)和开发(Development),研究的产出基本上是公共产品,所以发达国家的研究很多是由国家扶持的。像美国的国家科学基金、国家健康研究院,由它们提供资金来支持基础研究,研究出来的成果属于公共知识,各个企业再根据这些知识去开发新产品、新技术。即使是发达国家,能够用来支持研究的资源也是有限的,所以,必须对要支持的基础研究有所选择。也就是说,必须根据这些基础知识的突破对新技术、新产品的开发有多大的帮助,这些新技术、新产品对经济的发展有多大的贡献,来决定基础科研资金的配置。所以,发达国家并不是没有产业政策,只不过它的产业政策和追赶型产业政策中政府发挥作用的地方不同。在2011年美国出版了一本非常畅销的书叫《企业型政府》,在这本书里面,作者经过大量的实证研究发现美国现在在国际上处于领先地位的产业,它早期的研究基本上都是政府支持的。所以,并不是发达国家没有产业政策,只不过它是国际领先型产业的产业政策,跟追赶型产业的产业政策不一样而已。我们作为发展中国家,有些产业在国际上已经处于领先地位了,这些产业同样必须有产业政策的支持。政府要做的是支持与这些产业新产品、新技术开发有关的基础研究,来帮助这个产业中的企业更好地开发新产品、新技术。另外,也可以跟发达国家一样,以专利、政府采购等方式来保护知识产权和帮助企业迅速扩大新产品生产的规模。

对于退出型产业,也就是已经不符合比较优势的产业,应该怎么退出?除了跟国防安全或者是民生有关的之外,可以帮助一些有条件的企业进入到经营品牌、产品设计、市场渠道管理的微笑曲线的两端;对于绝大多数的加工企业,帮助它们转移到海外生产成本比较低的地方,也就是现在常讲的"抱团出海",帮助接受国筑巢引凤、招商引资,使这些加工企业迅速创造第二春,将国内的 GDP 变为 GNP。另外,对要退出去的工人,可以给予再培训,让他们有能力转移到其他行业去。

对于弯道超车型产业,政府可以通过设立"梦想小镇"、"孵化基地"把人才引进来,并且引进风险资本,加强知识产权保护等,以支持大众创业、万众创新。

对于国防安全型产业,因为它违反比较优势,这种产业只能由财政给予支持,在计划经济时代,因为赶超的力度太大,所以财政上没有办法直接补贴,只能靠扭曲各种价格信号来给予间接性的补贴。现在国防安全产业在整个产业中的比重其实已经很小,应该由财政直接给予补贴。补贴的方式可以是财政直接拨款支持投资和生产,也可以是政府采购产品。

新的理论见解和研究方向

今天在座的各位更关心的是新结构经济学能够给我们带来哪些新的视角,帮我们把一些在理论上不太容易说清楚的问题说清楚。在这方面,我有一些初步的思考。

- **最优金融结构的问题** 现在读金融学教科书,谈的都是现代金融,风险资本、股票市场、债券市场,还有大银行。这样的金融安排是适合发达国家的。发达国家的产业在世界的最前沿,它的投资需要大量资本,大银行和股票市场适合为大的投资项目融资。因为在世界最前沿,技术创新的风险大,而股票市场有利于风险的分散。对于一些只有概念、刚刚要开始研发的项目,则有天使资本、风险资本。这些金融安排是适合发达国家的。但是,像中国这样一个发展中国家,即使到今天,70%的就业、60%的生产活动,还是在小型的农户以及微型小型中型的制造业和服务业企业,这些农户和企业不可能到主板市场上市,也不可能到二板市场上市,更不可能发行公司债。这种产业的特性是资本投入比较小,技术一般是成熟的,产品也是成熟的,唯一的风险是企业家的经营能力以及是否诚信。对这种农户和企业的金融需求,最好的解决方案应该是地区性的金融机构,包括地区性中小银行。所以,不同发展阶段主要的金融安排应该不一样。当然我国也有大到可以在股票市场上市的企业,也有需要二板三板市场支持弯道超车型的企业。但是,对中国来讲,目前最欠缺的是被认为比较传统的、地区性的、能为农户和微型小型中型企业服务的金融机构。实际上,应该根据不同发展阶段,还有我前面讲的五大产业的类型,来决定金融安排。

- **人力资本** 我在芝加哥大学的老师Schultz和Becker都是研究人力资本的大师。还有好几位诺贝尔经济学获奖者比如Lucas、Prescott等都认为唯一决定经济增长的要素是人力资本。他们的说法不算错,因为他们研究的是发达国家的经济发展。发达国家的产业在全世界是最前沿的,他们必须自己发明。不管是发明新产品、新技术还是使用新产品、新技术,都要求研发人员和使用人员具有处理不确定性的能力。有很多研究证明,人力资本的提高会提高一般人处理不确定性的能力。因此,发达国家对人力资本的投资是决定这个国家发展的最根本的,甚至是唯一的因素。这个看法对发达国家来说是正确的,但是对发展中国家呢?实际上,前沿产业的研发和生产活动,除了需要高人力资本之外,还需要很多物质资本来支持风险很大的高额研发费用以及投资于生产设备,也需要完善的交通基础设施来降低交易费用。在发展中国家,受限于资本的拥有量,无法和发达国家一样支持同样的投资,提高人力资本的结果很可能是造成这些受过高等教育的人在国内找不到合适的就业机会,从而到国外就业,造成人才外流;留在国内的人找不到好的工作,也造成很多社会、政治问题。其实北非的埃及、突尼斯的"阿拉伯之春"事件,就是因为教育改善了很多,但是适合高等人才的就业机会没有增加,结果造成了社会不稳定。所以人力资本投资实际上也必须跟发展阶段的产业特性、风险特性相匹配。当然,中国有一句话,"十年树木,百年树人"。另外,在孩童阶段学习的机会成本比较低。同时,在按照比较优势快速发展的国家资本积累都相当迅速,当产业升级时再来进行教育投资就来不及了,所以,人力资本投资需要有一个适当的提前量。但是人力资本的投资突进太多,也可能会造成浪费。

● **人口红利** 根据刘易斯的二元经济模型,一个农业社会里有很多剩余劳动力,把农业的剩余劳动力转移到制造业会有人口红利。目前我国的农村剩余劳动力没有了,很多人就说我国的人口红利没有了,这个说法对不对?在这一点上,我常讲不要刻舟求剑,要去了解理论模式的假设和内涵是什么。这个理论模型的内涵是说,当劳动力从附加价值比较低的产业转移到附加价值比较高的产业,劳动生产力会有一个提高,这是一个红利。但是,刘易斯的模型是二元结构,只有农业和制造业两个部门,所以,当农村剩余劳动力都转移到制造业部门后,就不再有人口红利。但是,现实中制造业不是只有一个部门,实际上是一个无限细分的谱带,从劳动力密集型一直到各种不同程度的资本密集、技术密集型产业,只要把劳动力从附加价值比较低的制造业转移到附加价值比较高的制造业,就有人口红利。所以,并不是只有把农业劳动力转移到制造业才有人口红利。只要不断发展附加价值更高的产业,然后提供必要的培训,让劳动力有能力从附加价值比较低的产业转移到附加价值比较高的产业,理论意义上的人口红利就还存在。所以,我们在分析问题的时候,不要简单运用现成的理论,而是应该直接面对问题,去了解问题的实质。国内有些人对中国未来的发展前景感到悲观,认为过去的高增长是因为有刘易斯的人口红利,现在已经没有人口红利了。其实,除非没有产业升级的空间,只要有升级空间,就有刘易斯的人口红利的存在。

● **经济开放** 20世纪80年代,新自由主义的华盛顿共识盛行的时候都主张开放,后来 Dani Rodrik 做了大量的实证研究,发现大部分国家在开放以后,经济表现更差,因此他就认为开放不见得好。Rodrik 虽然是一位有独立思想、不受华盛顿共识束缚的经济学家,但是他也忘记了一件事情。为什么很多国家在开放以后,并未取得像前面提到的那13个发展中经济体那样好的发展绩效?原因是这些发展中国家在开放之前有很多扭曲,扭曲的存在是因为许多企业所在的行业违反比较优势,没有自生能力。如果在开放过程中,不是像中国那样采取双轨制,继续给予违反比较优势的产业必要的保护补贴,那些原来存在的产业当然就垮掉了,尤其是按照华盛顿共识,对新的符合比较优势的产业的发展又不进行因势利导,那当然经济表现就更差了。但是如果说开放不好的话,那为什么中国这三十多年的开放带来了巨大的发展?因为中国的开放采取的是双轨制,对没有比较优势的产业继续给予转型期的必要保护补贴,维持稳定;对符合比较优势的产业进行因势利导,帮助企业进入和发展。所以,我经常跟很多同学朋友讲,不能简单只看实证资料,因为资料里包含各种扭曲和噪音,如果没有对问题的本质认识清楚,把噪音过滤掉,简单地拿资料来分析,得出的结论也可能不正确。

- **国际资本流动** 资本账户开放好不好?回答这个问题要看到底是哪种资本在流动。一般来讲,资本流动分成长期的直接投资和短期的带有投机性质的证券投资。从发展经济学角度来看,发展中国家确实是资本短缺的,但是从外国流进来的资本必须进入到实体经济才能够推动产业升级。这种外国直接投资当然是好的,因为投资进入到实体经济,增加了资本可用量,而且外国投资通常还会带来技术、管理和外国的市场渠道。但是,为什么资本账户开放也经常给发展中国家带来很多问题?因为流进来的通常是短期的资本,这种资本一般不进入到实体经济,而是进入到带有投机性质的股票市场,买股票的钱除非是首发,否则不会进入到实体经济。要是短期资本流进的太多,可能就会造成股票市场的泡沫。另外,短期资本还有可能进入到房地产市场,造成房地产市场的泡沫。短期资本的流动有周期性,大量进来时,除了造成股市房市泡沫,还会造成货币升值,使得出口竞争力下降,影响到实体经济的增长。这时,这些短期资本就会开始唱衰这个经济体,说泡沫太大,实体经济不好,接着资本就会大量流出,造成宏观经济很大的波动。并且流进来的资本是外币,作为发展中国家的货币不是储备货币,还可能出现货币不配套的问题,带来货币、金融危机。所以,在讨论资本流动时,对资本要有长期、短期的结构概念,也必须对资本流到什么地方有结构的概念,这样才能想清楚资本开放在什么情况下是好的,什么情况下是不好的。但是,现在国外的教科书通常把资本当作同质的,没有结构的概念,认为发展中国家缺少资本,所以开放资本流动让资本流进来就是好的。有了结构的概念,就会知道只有外国直接投资是好的,而短期的资本流动是弊远大于利的。

• **卢卡斯之谜** 卢卡斯发现这样一个现象,照理说,发展中国家应该是资本短缺的,资本应该从发达国家流到发展中国家来,但是,现实中却是发展中国家的资本流到发达国家去。当然也不完全是这样,中国就吸引了很多外资,亚洲的其他新兴工业化经济体也吸引了不少外资。也就是说,发展好的发展中国家其实是吸引很多外资的,至少没有资本外逃。还有80年代以前的日本、韩国也是这样,虽然没有用很多外国资本,但至少本国的资本没有外逃。所以并不是发展中国家的资本都外流,只是平均起来是资本外流的。那为什么发展中国家平均起来是资本外流的?我认为这是因为大部分的发展中国家采取了赶超战略。赶超会怎么样?资本所进入的行业,回报率是很低的,回报率高的行业是受到抑制的。此外,为了发展不符合比较优势的产业,政策会有很多扭曲,还会有很多租金和寻租行为,依靠寻租得到的财富缺乏合法性,不愿意也不敢在国内投资,所以在这种状况之下,就造成了发展中国家资本的大量外流,其实是由于错误的政策造成的。如果是按照比较优势发展,投资回报高,财富的取得来自于竞争所得的利润,这样资本就会留在国内,并且会吸引许多外国资本来国内投资。

• **宏观经济** 现在的宏观经济是周期理论,宏观政策是反周期政策,这是以发达国家的经验提出的理论。发达国家产业升级的速度非常慢,因此对它来讲宏观政策所考虑的是平缓短期的周期波动。但是,发展中国家产业升级和经济发展都可以很快,所以发展中国家有条件把周期政策和增长政策结合起来。为什么?发展中国家在发展过程当中,交通基础设施必须不断完善,这应该是政府的责任。那么到底是经济发展好的时候还是经济发展不好的时候来做基础设施?当然是在经济下行的时候,因为在经济发展好的时候政府再去投资基础设施,那不就造成经济过热了吗?反过来,在经济下行的时候投资基础设施,短期来说可以创造就业,创造需求,稳定增长,长期来说可以消除增长瓶颈,使经济增长率得到提高。用最近流行的词来说,增加基础设施投资,消除增长瓶颈,也是"供给侧"的结构性改革,在短期是增加需求,在长期是增加有效供给。发达国家没有这个机会,因为发达国家的基础设施已经基本完善,反周期政策支持的基础设施投资是改造现有的基础设施,对生产力的提高贡献有限,形象的比喻就是"挖个洞、填个洞"。因为对生产力提高的贡献小,所以从逻辑上来说,李嘉图等价的情形就可能出现。但是在发展中国家,完全可以是超越凯恩斯主义。我是在2009年2月开始提倡超越凯恩斯主义的观点,主张把周期政策和增长政策结合起来,以基础设施的投资作为反周期的积极财政政策的方向。当时在国际上响应非常少,但是我很高兴地看到,现在这个观点逐渐变成了国际上的主流。包括曾任美国财政部部长和哈佛大学校长的Summers教授近几年也在宣扬这个观点,国际货币基金组织2014年10月出的《世界经济展望》也主张经济下行是进行基础设施投资最好的时候。所以,发展中国家的财政政策可以做得比发达国家好。

在货币政策方面,发达国家在经济下行时,因为它的产业都在世界最前沿,经济下行导致需求减少,就会出现产能过剩。发达国家在产能过剩时,利率政策经常是无效的。因为即使把利率降到零,甚至是负利率,只要借钱要还,发达国家在已经有产能过剩的情况下,就很难再找到好的投资机会,即使有一两个新的产业,像3D打印、电动汽车,也不能拉动整个经济改变产能过剩的情形。所以,货币政策对于刺激投资基本无效,会导致流动性陷阱出现。但是,发展中国家不一样。即使现有的产业出现产能过剩,就像现在国内的钢筋、水泥、电解铝、平板玻璃、造船等行业,还有劳动密集型加工业失掉了比较优势,但还可以投资到新的产业去。对新的产业的投资考虑的是投资的成本跟产出的收益。中国现在每年还要进口1.3万亿美元的制造业产品,产业升级后国内市场是存在的,国际市场也是存在的,增加货币供给、降低利率投资的积极性就会提高。所以,并不是在发达国家货币政策作为反周期的措施无效,在发展中国家货币政策也就无效。只要有结构的概念就会发现,实际上在发展中国家,经济下滑,出现产能过剩时,由于有大量产业升级的空间,只要利率降低,还是可以提高投资的积极性。当然放松了货币之后,这些贷款不要进入到投机性的行业,但这是政策引导的问题。从货币作为反周期的政策来讲,发展中国家还是比发达国家有更大的空间。

所以，引进结构的概念以后就会发现，除了对发展过程中政府的作用、市场的作用、产业政策会有很多新的认识之外，对现在主流经济学里面的很多理论，包括宏观理论、金融理论、劳动力市场理论，都会有很多新的认识，可以提出很多和发达国家当前主流观点不同的看法。

关于政府投资基础设施的认识在过去几十年有很大的改变。20世纪70年代以前，结构主义盛行时，基础设施的完善被认为是政府的责任，像世界银行，在80年代以前，最大的部门是基础设施部门。80年代以后整个观念改变了，认为基础设施投资是一个经济活动，应该有经济回报率，既然有经济回报，那就应该是民营企业的责任，政府不应该介入。所以，整个世界银行的基础设施部门就被取消了。我到世界银行当副行长的时候，世界银行已经没有基础设施部门了。但是80年代以后，人们发现只有一种基础设施民营经济有投资的积极性，那就是移动通信，除此之外，没有民营经济愿意投资。民营经济投资移动通信是因为它是半垄断行业，同时容易收费。对于其他基础设施，民营经济投资的积极性非常低。但是，没有投资，基础设施就成了瓶颈。新结构经济学给这个问题提供了一个好的分析框架。

到现在为止，我讲的只是制造业，但是对于发展经济学来讲，农业还是非常重要的。因为发展中国家有60%、70%甚至80%的人都还是生活在农村，以农业为生，所以农业也必须有结构的变迁，它的技术必须不断创新，劳动力也必须从生产粮食逐渐转向生产经济作物，以及农产品加工。这样的结构变迁对发展中国家非常重要，因为它直接解决了绝大多数农村务农人口的收入问题。

另外许多发展中国家是资源丰富的国家，前面的讨论侧重于劳动力丰富的发展中国家的结构转型，对自然资源丰富的国家的结构转型尚未涉及。对于自然资源丰富的国家，学界有一种说法是"资源诅咒"，容易造成贪污腐败、收入分配差距、社会割裂、发展停滞。现在学界的主张是在资源丰富的国家，资源开发所得的收益必须透明；资源价格的波动很大，对因资源"租"而获得的财富，必须进行储蓄以平滑开支。但是，从新结构经济学的角度来看，资源丰富的国家要减少经济波动，并且实现可持续的、包容性的增长，则应该把一部分来自于资源"租"的收益用于改善交通基础设施和教育等等，以引导非资源密集型产业的发展,实现产业的多样化。在发展早期,资源丰富的国家劳动力价格也是低的,如果能够改善交通基础设施和人力资本的不足,降低交易费用,解决新产业发展的外部性问题,资源丰富的国家也能够发展劳动密集型的产业。美国早期发展的也是纺织、成衣、制鞋等劳动力密集的产业,这种产业能够多创造就业,使劳动力从农业和其他资源产业转到制造业,使经济发展不只依赖于资源的收益,而且制造业也容易有技术创新和产业升级,为劳动生产率水平的不断提高、经济的不断增长创造可能性。资源丰富的国家如果能够按此思路来发展,可以比资源短缺的国家做得更好,资源就会从"诅咒"变成一种"祝福"。最明显的例子就是美国。美国是一个人均资源极其丰富的国家,但是它的资源没有成为贪污腐败的源头,而是用来支持结构转型。例如,在美国很多大学叫"政府赠地大学",就是在19世纪,为了扩展教育,美国政府把很多政府拥有的土地无偿拨给大学作为校地,大学通过对这些校地资源的开发来发展教育,培养了许多人才支持农业、制造业的发展。

上述都是从新结构经济学的视角,对一些学界争论不休的问题或是一些根据现有理论似乎已成定论的问题的新的认识和见解。这些新的见解要被主流经济学界接受,有两个条件:一是必须要有比较严谨的数学模型;二是有实证检验。

我很高兴现在主流经济学界有越来越多的人对结构问题感兴趣,但目前的研究有不少缺点。新结构经济学是以要素禀赋结构作为切入点,认为其他结构内生于要素禀赋结构。而现在主流经济学界在研究结构问题时,却经常以技术特性或是偏好的差异作为切入点。我并不是说,偏好对结构不会有影响,也不是说,技术的偏向性对结构没有影响。但是我认为,以要素禀赋的结构作为切入点来研究,应该会有最大的理论扩展的空间,并且,对于发展中国家怎么样来追赶发达国家的问题,这样的理论会最有解释力。如果从偏好来研究,因为偏好是固定的,固然收入增加,需求结构会变化,导致产业结构发生变化,但是,这样的理论不能解释为何收入发生变化,只能外生给定。同样的情形,从技术的偏向性来看,资本的积累会导致产业结构的变化,但是,资本的积累在这个模型中同样只能外生给定。

从要素禀赋及其结构出发来研究，则这些问题都能被内生化。并且，从要素禀赋及其结构出发来研究，抓住了经济分析上两个最重要的参数：一个是总预算，一个是相对价格。从在每一个时点给定，但随时间可以不断变化的总预算和相对价格着手，是从最根本的参数出发来研究问题。并且这也是发展中国家跟发达国家一个最显著的差异，没有一个发展中国家人均资本非常多，也没有一个发达国家人均资本非常少，从这样一个最基础的参数来做研究，其模型的可叠加性会最好。

新结构经济学的各种新见解要被主流经济学界接受需要有严谨的数理模型和翔实的实证检验。数理模型方面，这些年我们已经进行了一些初步的尝试，最近和鞠建东老师以及王勇合作，在 JME 上发表的《禀赋结构、产业动态及经济增长》往前迈进了一步。实证研究方面，我在马歇尔讲座中也用跨国实证做了一些粗糙的检验。这两方面的研究会是经济研究的金矿，新结构经济学研究中心鼓励大家往这个方向努力，也将提供各种条件和大家切磋数理模型并努力搜集各种数据供大家一起使用。

结语

最后，我再讲一下，我们作为经济学家追求的是什么，"Doing well while doing good"。我们希望自己在学术上多发表一些文章，能够安身立命；但是，我们更希望我们的研究不仅能够帮助人们认识世界，而且能够帮助人们改造世界。从后一点来讲，实际上，经济学做的还非常欠缺。因为从亚当·斯密到现在，即使经济学有那么大的发展，有那么多人拿到诺贝尔奖，成为大师，但是我们知道，世界上 85% 的人还生活在发展中国家。现有的经济学对改造这 85% 的人的命运基本上没有帮助，而且还可能起反作用。人们常讲的一个笑话是，"最有破坏力的人是谁？就是经济学家"。我希望我们作为经济学家所追求的目标，不仅是多发表论文，得到晋升，而且，我们的经济学真正能够改变世界这 85% 的人的命运。

在这一点上我们中国人常讲的一句话是对的，"思路决定出路"。中国还是中国，为什么 1979 年以前的中国跟 1979 年以后的中国有那么大的差距？是思路变了！其他发展中国家为什么搞不好？因为它们在思路上老是跟着发达国家跑。理论的适用性决定于条件的相似性,发达国家的理论有一个特性,它是总结于发达国家的经验,而且通常都是理想化的经验,老实说连发达国家也不一定能做到。发展中国家有什么特性?首先是发展阶段不同,有相对的落后性。其次,发展中国家必然有很多在过去错误的思路影响下形成的错误政策的干预,这些干预和扭曲是内生于那些错误的思路的。以根据发达国家的理想化经验所形成的理论作为参照系来看,发展中国家的经济学家永远可以作为批评家,而且永远站在道德的制高点。但是问题是,按照这样的理论来做决策或政策选择的结果怎么样?历史的经验一再表明,结果经常比原来更糟。实际上从二战以后的发展和转型经验来看,还没有看到搞得更好的。所以,发展中国家的经济学家必须反思,不能满足于做个批评家。

发展中国家最后想变成发达国家,产业一定要达到发达国家的水平,生产力才会那么高,有了那么高的产业水平以后,也一定要有相应的软硬基础设施,交通基础设施要好,制度环境也一定要和生产活动的特性相适应。但是,制度的演化有路径依赖,绝对不会完全相似,会有共同的特性,这些都是对的。但是在发展中国家,由于发展阶段不同,它的生产特性所需要的资本、所面临的风险,以及它的经济规模、交易范围是不太一样的。并且发展中国家会有一定的扭曲性和落后性。在这些前提下,就非常需要改变我们的发展思路。过去通常是看发达国家有什么,就要发展中国家去拥有发达国家所拥有的,发展中国家有什么做得不好,而发达国家能够做得比较好,就希望发展中国家按发达国家的那样去做。我认为发展经济学必须改变这种思路。发展中国家要看自己有什么、什么东西能够做好,然后把能做好的做大做强。发展中国家自己有什么?也就是当前的要素禀赋。能做好什么?也就是根据要素禀赋所决定的比较优势。根据这样的原则,政府发挥因势利导的作用,改善软硬基础设施以降低交易费用,把具有(潜在)比较优势的产业变成竞争优势。有了竞争优势,企业盈利水平高,整个社会的剩余多,资本就会不断积累,比较优势就会不断提升,产业、技术就会升级,在升级时利用后发优势,政府发挥因势利导的作用,这样发展中国家应该比发达国家发展得更快,资本积累的速度也更快,要素禀赋结构就会逐渐趋同于发达国家,产业结构、劳动生产率、软硬基础设施、收入水平也会逐渐趋同于发达国家。发展中国家还一定有许多过去错误政策所形成的扭曲,这些扭曲有内生性,如果扭曲所保护的对象一时还有存在的必要,那么就只能以务实的态度来对待这些扭曲,一方面在转型期继续允许其存在,另一方面创造条件让符合比较优势的产业快速发展起来,这样才能在转型时保持稳定并实现快速发展。

沿着新结构经济学的这些思路来做研究,经济学家有可能不仅使自己在经济学界有影响,而且使我们的研究能够帮助世界那85%生活在发展中国家的人民,改变贫穷落后的面貌,实现现代化的梦想,也可以把经济学从"令人沮丧的科学"(a dismal science)变成"令人愉悦的科学"(a delightful science)。

评论与问答

于佳: 我有两个非常严重的情结,一个是发展经济学的情结,这是您和中心带给我的。另外我还有非常严重的非洲情结。

我在一个中国的电力集团工作,涉及电解铝。这个产业现在属于中国的过剩产能,应该是可以把它比较合理地转移到国外去。比如刚果(金),它有很大的清洁能源的优势。如果我们把这样的产能转移到刚果(金)去,一方面是可以缓解中国节能减排的压力,同时也能够带来当地的工业化的启动。全球很多公司都调研过刚果(金)的水力发电情况,但是到现在为止没有一个去投资,最大的原因是目前来说还看不到利润。我们最大的担心是电费收不上来,所以如果把一些高耗能的产业转移过去,同时也可以帮助刚果(金)在未来有电以后吸引更多的产业过去。结合新结构经济学的理论,您倡导因势利导型的政府,我受到的最大启发就是不仅中国要因势利导地把产业转移出去,同时刚果(金)政府也要颁布一系列的招商引资的政策,所以一定程度上是要发挥两国政府甚至是多国政府的合力,发挥互补优势,来完成产业上完美的转型。

林毅夫: 问题非常好。最近我一直在推动非洲工业化,非常高兴看到习主席在南非中非合作论坛发布会议上面提出了帮助非洲发展,有十大计划:第一个是帮助非洲工业化;第二个是帮助非洲农业现代化;第三个是帮助非洲发展基础设施。我觉得这样的顺序安排是非常对的。我们常讲基础设施非常重要,也常讲"要致富先修路",但是如果修这条路没有足够高的经济回报的话,像坦桑尼亚的坦桑铁路,修了以后没有经济活动,收入就不够高,为此我们每年还要提供不少的援助。这就牵涉到你刚才说的问题,比如说刚果(金),它有这样的机会,也有便利资源——水力资源。水力资源投入非常大,如果不能找到足够的使用者的话,你的回报就太低了。在这种情况之下,你还要看相对于水力投资,中国要转移多少产业过去才能把那些电力都用完。实际上,要投资基础设施,首先要清楚我们要发展什么。我一般从产业分析开始,然后再看如果我要发展电能产业,需要什么样的基础设施,而不是反过来先谈基础设施建设,再看发展什么产业会比较容易成功。当然有的基础设施是战略性的,确实是需要先行的,在这种状况之下,就必须先考虑将来发展什么产业是合适的,要发展这样的产业在未来的五到十年需要多少基础设施的服务。把这些事情想好做好,才能促进国家经济的转型,同时也才能支持基础设施的投资。

郭悦: 中国在旅游产业方面有很多的要素禀赋,有美丽的山河、知名的文化古迹。中国在发展旅游产业的时候如何降低这个产业的交易成本,让旅游产业更好地发展?

林毅夫: 旅游行业首先必须有旅游的特殊要素禀赋才能发展,从需求侧来看,对旅游的需求会随着收入增加而增长。对于有旅游的特殊要素禀赋的地方来说,收入增长就给它带来了机遇。但是消费者可以选择的有很多,你要把特殊要素禀赋的特性发挥好,是让旅游者来消费、休闲,还是来学习文化,必须按照每个地方的情景具体来做。我并不是说需求没有影响,供给与需求总是结合在一起考虑的,但是新结构经济学是要研究发展,发展应该还是从供给侧来看。发展的前提是什么?是收入水平的不断提高。收入水平不断提高的前提又是什么?是劳动生产率水平的不断提高。因此,必须要依靠技术不断创新、产业不断升级来保证收入水平的不断提高。技术不断提高、产业不断升级对于发展中国家来说有后发优势,可以引进。比如说,现在世界上可用的技术与可用的产业是给定的,在给定的技术和产业当中要引进哪个技术、选择哪个产业,这是内生的,而内生的技术与产业是决定于你的要素禀赋结构的。在这种状况下,如果我引进的技术是对的,那么我就应该有竞争力,我的产业发展应该快,收入水平应该高。那为什么不强调从需求侧来看?需求侧的变化是你收入增长的结果,你不能没有收入去消费。其实,新结构经济学讨论的大部分是供给侧的问题。

黄昊: 有三个小问题想问您。第一个问题是价格是配置资源最重要的手段,但是您是以要素禀赋这个角度来切入的,从要素禀赋的稀缺性再推出一个价格,那么要素跟价格有什么联系,有什么区别?为什么要从这个角度来探讨?如果有区别,区别在哪里?第二个问题是随着中国的发展,您如何来看待当前工业反哺农业政策对经济的影响?对劳动力的禀赋有什么影响,对劳动力的转移有什么影响?第三个问题是您非常反对赶超战略,最后为何又提出了有效市场和有为政府?

林毅夫: 第一个问题涉及是静态地看问题还是动态地看问题、是从问题的源头看问题还是从水流的中段看问题的问题。我想说,对于用市场价格来配置资源我并不反对,但是为什么不同发展程度的国家要素的价格不一样?这是跟市场配置资源无关的。发达国家必须靠市场配置资源,发展中国家也必须靠市场配置资源,但是发达国家为什么资本相对便宜、劳动力相对贵,发展中国家为什么劳动力相对便宜、资本相对昂贵的这个问题必须进行解答。教科书里面没有这方面的分析,你可能就忽视了这个问题。我常常说,理论帮助我们认识世界,但是经常也会妨碍我们认识世界,这个问题是非常标准的。你读的经济学教科书里面没有讲要素价格怎么决定,只是说应该由市场来配置资源,但是新结构经济学从要素禀赋出发来说,不同发展中国家的要素禀赋差异会造成价格不一样,这个问题就不存在了。

第二个问题是关于农业补贴工业和工业反哺农业。我们过去要在发展水平比较低的时候进行赶超,你要进入的这个行业违背了比较优势,所以就需要补贴。在50—70年代,我国是非常贫穷的国家,绝大部分生产活动是在农业,所以就要靠农业来补贴工业。现在反过来,粮食要实现自给自足,就要靠工业的补贴。

第三个问题是定义的问题,你去发展的这个具有潜在比较优势的行业,一定是生产成本低的,但是有可能交易成本非常高,在这种产业里面你还是没有竞争的优势,所以最初需要政府来提供一些支持。但是,如果你要进入的产业是你没有潜在比较优势的产业,那么即使你把这个产业发展起来了,政府还是要继续进行补贴。所以我赞同有效市场和有为政府,但我不赞成这样的赶超。

潘治东:新结构经济学的核心假设就是如果一个经济所有的产业都按照禀赋结构决定的比较优势来发展,就能实现最优的产业结构,那么我们能不能用经济体的整体禀赋结构来计划具体的产业?

林毅夫:理论模型不是真实的世界,而是像地图一样,要看是发挥什么作用的。有的地图要把全世界五大洲放在一起,可能需要一比几百万的比例尺,还有的地图需要非常高的精度,可能就要用一比一百的比例尺,所以地图的作用不一样,制作方法也不一样。如果一开始我就要进入到一比一百或者是一比十这样的精度的话,那这个理论单单是把我的命题描述清楚大概就是一部百科全书了。这样就只是对命题进行定义,根本谈不上分析。即使没有分析所要考虑的变量可能都是成千上万的,每一个结果都要用计算机运算几个小时才能得出,这样是不行的。所以在开始的时候,我们先以全世界五大洲作为划分,然后再根据研究的问题逐渐细化。在进行细化之前,方向必须要搞清楚。如果说我们要到非洲投资,你摆的是大洋洲的地图,那就不对了。做模型要根据你的目的来决定精确到什么程度。如果说政府要帮助一个产业发展,那么方向就是必须要降低交易成本,还必须去了解是什么东西导致了高交易成本,这就需要根据不同地方的实际特性来进行分析。所以说,必须先把方向搞清楚,再根据你的目的来逐步地细化,不见得一开始就要非常精细,变成真实世界的照相机。你这个问题很好,值得我们深化研究。

王勇：新结构经济学的理论建模

我今天要讲的,是在新结构经济学这个研究过程中的理论建模问题。这个问题很大,而且新结构经济学本身在发展,显然我不可能总结完所有的内容。但是,我想从自己对这个问题的几年的尝试出发,试图总结它的关键特征,以及在技术上、实证上存在的挑战。为了避免讨论过于宽泛,我会用两篇文章作为两个具体的例子——两篇文章都是和林老师合作的——向大家解释我们是怎样考虑的,以及我们碰到的技术性难点。我不仅会讲怎么建模,同时将讨论如何和数据工作结合在一起,这也是非常重要的。

我们都关心人类的福利,因此要讨论经济增长。很多经济学家都认为经济增长是一个非常重要的研究题目,但现在大部分宏观经济学教科书里面的经济增长理论,都忽略了结构性差异。现在的宏观增长模型通常开始假定一个总量生产函数,Y 是总 GDP,A 是 TFP,K 是固定资本,H 是人力资本,L 是劳动力。当写下这样一个总量生产函数,用这样一个框架来分析为什么有些国家穷有些国家富的时候,思路已经自然而然地被带到了总量分析上。比如会认为美国比中国富是因为美国的 TFP 大,或者是固定资本大,或者是人力资本大,或者是正态化后的人均资本大。接下来很多实证经济学家就开始分析为什么美国的 A 大,中国的 A 小——可能是因为 TFP 或者资源错配,以及为什么人力资本不一样——可能是因为教育等问题。以上这些都是正确的问题,但如果从这样一个经典的单部门增长模型出发,就基本上没有结构问题,而全是总量问题。

如果以这样的框架来分析,得到的结论很可能产生具有误导性的政策建议。因为用这样的框架分析为什么有些国家穷有些国家富,结论就是有些国家穷就是因为它们穷而已。这些模型刻画穷国与富国的唯一差别仅仅是 K 小一点,H 小一点,或者 A 小一点,而没有考虑到结构差异。所以要想快速追赶发达国家,就应该把所有制度建设得和发达国家一模一样,用"休克疗法"。这段历史林老师也提到了,当时大家都认为这是最好的方法,结果是失败的。如果认为发达国家与发展中国家没有结构差异,那就很容易在没了解情况时妄下结论,这就好像医生还没有诊断的时候就已经给出药方了,但事实上林老师强调新结构经济学必须了解现象,再给出药方。如果说忽略结构差异,基本上就是没有帮他看病,没有看基本的问题,那怎么能认为这个政策建议是对的呢?我们现在看到很多在诊断前就给出的政策建议,好像拿到什么地方都可以用,比如产权等。这当然很重要,但是对于具体的发展阶段,具体的经济的限制性约束(binding constraints)在什么地方是需要诊断的。所以说这也是我理解的林老师之所以强调新结构、强调本体与常无的原因。

新结构经济学就是强调内生经济结构的重要性,这有丰富的政策含义。结构可以有各种各样的维度,鞠老师也提到很多,现有的文献中也提到很多。到底是什么结构?可以考虑到禀赋结构、产业结构、金融结构、空间结构、教育结构、贸易结构等,每个结构都有可能是有道理的。既然分成了不同的部门,那这些部门在什么方面有区别呢?某些要素的密集度不一样,某些技能的密集度不一样,在R&D上的密集度也不一样。甚至像张晓波老师强调的在性别使用的密集度上不一样,比如纺织业适合女性就业,而矿业更适合男性,所以性别比例、人口增幅都可能会造成影响。另外,不同部门的生产率不一样,不同产品的收入需求弹性不一样,这是由人的偏好和基因决定的。此外,不同产业部门在投入产出表中的位置不一样,并不是所有东西都是平行的结构,有些是原材料,有些是消费。林老师还提到过,不同产业的可贸易度、风险程度不一样,市场结构也不一样,比如有些是自然垄断,有些更容易成为完全竞争的市场。我们可以从各种各样的角度来考虑结构差异到底有哪些,这比以前的单部门增长模型大大地推进了一步,引入这个分析可以打开黑匣子。

接下来,是怎样加总、怎样组织不同部门的问题。林老师的新结构经济学已经提出了很多假说。以金融结构为例,到底大小银行、股票市场、风险投资应该以怎样的方式和比例组织在一起就是一个问题。所以一旦从结构的角度来重新思考经济增长理论、经济发展理论、宏观经济学理论等等,都会发现这打开了很大的视野。当然新结构经济学是开放的,现在林老师强调的基础是禀赋结构,特别是劳动资本比,当然只是其中一种方式,但这种方式非常有解释力。问题是我们能不能从这个角度看结构,并把里面的丰富内涵完全把握住,用严格的理论展示出来,同时进行严谨的实证检验。

我用两个例子来阐释,第一个就是林老师、鞠老师和我在《货币经济学杂志》(*Journal of Monetary Economics*)发表的文章,这篇文章花了我们很多的时间,现在在结构变迁领域里的引用率非常高。[①] 我会讲解在这篇文章里我们曾经走过的弯路是什么,它核心的技术上的突破在什么地方,以及它的机制为什么是新的。这可以作为一个基准模型,特别是那些对于理论问题、动态优化问题有比较优势的研究者可以关注这个问题,我们可以一起做。第二个例子也是和林老师合作的一个正在进行中的研究,这篇文章的主题是"产业升级、结构转型和中等收入陷阱",涉及政府的作用以及产业是不是过早过快转型的问题。

第一篇文章与过去结构变迁的文献的不同首先在机制上。2014年的《经济增长手册》(*Handbook of Economic Growth*)中归纳结构变迁只有两个机制——非同位相似性偏好(non-homothetic preference),或者非平衡生产率增长(unbalanced productivity change)。事实上,我们至少提到了四个机制,除了那两个之外,第三个是国际贸易,第四个是新结构经济学强调的资本积累。

首先,这篇文章中所有部门的资本密集度都不一样,并且我们把文献中所有其他机制都拿掉。这就是做理论模型和实证研究的不同:做实证研究要把方方面面的因素都控制住,而做理论研究,特别是要强调一个新机制时,要把所有其他已知的机制通通拿掉。我们的模型里唯一的机制就是资本积累,它可以作为导致结构变迁的一个独立因素,这也是新结构经济学非常核心的一点。其次,这篇文章涉及实证检验需要在多大程度上进行,我们的模型有无穷个部门,也就是可以在实证上分得无穷细,而且不仅是在产品

[①] Ju Jiandong, Justin Yifu Lin, Yong Wang, "Industrial Dynamics, Endowment Structure and Economic Growth", *Journal of Money Economics*, 2015, 76, pp.244—263.

的维度上，Grossman 甚至建议要进入到工序任务的维度上。一个产品里面生产的程序中不同的生产工序的密集度都不一样，所以这里面就涉及怎样与数据匹配，这一点我们在文中第二个部分的介绍是非常长的，文章中有大量的实证。再次，我们不仅仅关心总体经济增长，而且关心产业动态。考虑到不同发展阶段的产业构成不一样，文章中刻画了每个产业的生命周期。这只能在动态里刻画，比较静态是做不出的。这显然对于产业政策，对于考虑哪些是朝阳产业有很强的参考价值。最后，是技术性的问题。以前大家也知道这些问题，但是很多人不做主要是因为技术限制。赫克歇尔-俄林模型的两个国家两个部门已经非常复杂了，而现在有无穷个不同的部门，而且不同部门都有不同的资本密集度。对这样一个高度非线性的问题，必须得用计算机。但如果只用计算机而不理解它的机制的话，又无法知道比较静态分析的结论正确与否。所以这个模型的好处在于所有的问题即便如此复杂，但仍然都有闭式解（closed-form solution），这易于分析并且可以作为一个标杆。我们现在的模型抽象掉了所有的摩擦，是最完美的情况（first best world）。根据第一福利经济学原理，市场均衡就已经是最优的，政府不需要做任何事情，这是我们分析的起点，当然可以再引入各种各样更现实的摩擦来对新结构经济学的各个方面来进行探讨。

现在做宏观必须要有微观基础，这也是林老师非常喜欢的。林老师提到的 Michael Spence 在世界银行 2008 年的报告中有一句表述是"GDP 增长可能在宏观的树枝端衡量，但是所有的行动都是在微观中发生的，即新的枝丫冒出头以及旧的树木腐烂"。换句话说，所有 GDP 增长只是一个表象和结果，而最重要的过程都是在微观层面上，即有些旧产业被淘汰了以及新产业出现。所以我们必须要了解产业的生灭过程。我们这篇文章的主要目的就是在更高的维度上研究，所以我们不只是考虑了工业农业副业。即便是在工业、制造业里面还有非常多的行业。这篇文章不只有理论贡献，而且呈现了一些实证结果，比如偏离比较优势的表现、它的产业结构。这不只是 TCI 总量上的衡量，事实上在非常分散的水平上，在不同的发展阶段都有一个偏离度的问题。

这四个标准事实就是用数据来刻画的。第一个特征事实是不同产业的资本密集度不一样，但现在大部分文献都假设劳动力是唯一的投入要素。因为现在研究异质性企业的文献大多研究 OECD 国家，因此不看产业的资本密集度差异。事实上如果真的看这个现象，即便在美国，不同产业的资本密集度也不一样。第二，每个产业都有一个倒 U 形的生命周期曲线，一个产业开始可能很少，然后逐渐蓬勃发展，后来再慢慢衰落。第三，越是资本密集型的产业达到顶点的时间越晚。第四个特征事实与 TCI 有关，一个产业的资本密集度和经济总体的资本劳动比之间偏离越大，这个产业的份额越小。一个健康增长的经济体不只是一个部门，而是每个时点都有很多部门，甚至 473 个产业分类上都可以看。我的主要任务是讲模型，而不是讲这些细节，文章里有很多实证部分刻画这些事实并有回归结果。这篇文章中的模型对中国和美国等 OECD 国家都有意义。林老师已经强调了为什么禀赋结构可以作为一个独立的机制，为了与贸易理论中的赫克歇尔-俄林模型区分出来，我们故意在模型中剔除了国际贸易的影响，讨论一个封闭经济体的情况，当然文章里面还有开放经济的扩展，这只会强化我们的结论。

建模先看静态，再看动态。这是一个一般均衡的模型，最简单的是代表性家户有 L 单位的劳动力和 E 单位的资本，并且是一个标准的 CRRA 效用函数。接下来是一个简单的分解，总的最终产品可以被分为无穷个部门，指标 n 就代表着一个部门。现在这是线性加总，也可以再一般化为 CES 加总，其中 λ_n 代表部门 n 的生产率。第 n 个部门的生产函数既需要资本又需要劳动。出于线性分析的方便，我们用里昂惕夫生产函数，但主要的结论并不依赖于函数形式。换成柯布-道格拉斯（C-D）生产函数也是一样，但会求不出解析解，只能用模拟的方法，所以这也是一个建模的技巧。根据里昂惕夫生产函数，生产一单位工业品 n 需要 a_n 单位的资本，α_n 越大代表部门 n 的资本密集度越高。

为了得到解析解，必须要给 a_n 和 λ_n 以具体的函数形式，这里都用指数形式，a_n 是代表资本密集度的参数，λ_n 是代表生产率的参数。这里有一个最关键的比较静态推论，可以给出给定时点，给定劳动力禀赋和资本禀赋，在均衡的时候哪些产业是存在的。其中，C 是总消费，因为在单期里不会储蓄，总消费等于总产出 GDP。E 是外生的资本存量，L 是外生的劳动禀赋，而最后经济的总体生产函数形式并不是外生给定的,不像单部门增长模型那样是假定出来的,而是推出来的,而且与劳均资本 E/L 有关。劳均资本在 a^n 和 a^{n-1} 之间与在 0 与 a 之间,得出来的产业构成不一样,最后总体生产函数也不一样。这个意义非常重大,因为如果不同阶段生产函数形式不一样,那么如何度量 TFP 也应该不一样,而 TFP 对宏观是非常重要的。结构不一样,体现出来的总体生产函数不一样,这刻画的是结构性,而且结构是内生的。如果模型假设为 CES,则无法求出解析解。接下来要刻画动态问题,与标准的 Ramsey 增长模型的区别在于现在总量生产函数是内生的,而且函数形式有变化。资本的积累取决于投资专用的技术进步,新生出来的资本要减去用掉的资本,而用掉的资本取决于生产多少,生产多少又取决于生产的结构,所以这里面 K 是资本存量,而 E 是资本流量。这也是之前把资本定义为 E 的原因。要生产一定量的 C 需要用掉多少 E,取决于产业的构成和内生总体生产函数。所以 E 的函数形式本身就会内生变化,取决于你下面到底有几个部门。我们这个模型在 CES 形式下可以同时存在无穷多个部门,但为了简化我们此处引入了跨期的替代弹性,所以最终技术上要求解一个动力系统,但是现在的演化方程是内生地不断切换的,因为它的生产函数形式不一样。这不仅是技术的问题,而且反映了结构的变化。这么复杂的问题最后还有解析解,是因为我们做了很多线性假设,包括里昂惕夫生产函数和跨期的替代弹性等。最后得出来的结论是每一个部门的生命周期,即第 n 个部门的倒 U 形的发展的时间路径。

现在的宏观经济学理论,很大部分的分析都在研究稳态。但研究发展的过程,比如农业、工业、服务业的结构变迁,研究的就是过渡动态,而不能只研究稳态,稳态就是基本上所有都是服务业了。所以这里面的横截性条件(transversality condition)就变得越来越重要。最后可以看到一个产业结构变迁规律:第一个产业的产出 C_1 一开始上升,然后下降,最后就没有了,而指标更高的第二个产业的资本密集度比第一个产业高,上升下降的过程也比第一个产业晚。这就是这篇文章主要的技术的核心部分。

但是这个理念是最完美的情况,这里面可以加很多东西,因为我们现在所有的东西都是闭式解,可以以此作为平台在上面做各种延伸。现在可以把产业的整个生命曲线画出来,有很多很丰富的含义,包括最优产业、夕阳产业和朝阳产业的定义。与这篇文章相关的其他的一系列新结构经济学的研究有很多。比如,存在马歇尔外部性(Marshallian externality)时会存在协调问题(coordination failure),因此需要有产业政策。再比如,考虑不完全竞争的市场,或者考虑跨国贸易的情况。还可以考虑不完美的劳动力市场,比如旧产业的工人可能缺乏新产业所需要的技能,因此会存在人力资本错配。或者在结构变迁时涉及可贸易品和不可贸易品的变化,因此对汇率也有影响。

第二篇是与林老师合作的新文章,主题是"结构转型、产业升级和中等收入陷阱"。中等收入陷阱这个词在学术界其实有所争议,但是对研究经济增长来讲这是一个非常迷人的题目。回顾一下林老师说过的,所谓的中等收入陷阱就是,1960年按照世界银行的划分标准,一共有101个经济体是中等收入经济体,50年之后的2008年,只有13个经济体从中等收入阶段进入了高收入阶段,而87%的经济体仍然在中等收入阶段,有些甚至经济恶化,变成了低收入经济体。这个统计现象被称为中等收入现象。现在中国的人均收入已经达到7 600美元,因此按照世界银行的划分标准中国已经是中等收入国家了,中国会不会也像其他87%的中等收入国家那样陷入收入陷阱,这显然是一个非常重要的问题,不仅对中国重要,而且对很多国家都很重要。为什么这样一个重要的问题,研究还非常少,其中有一个技术性的难点。要分析中等收入陷阱,必须要把它和所谓的低收入陷阱或者贫困陷阱区分开来,后者在20世纪50—70年代已经讨论得很多。要研究中等收入陷阱的额外的挑战在于,这些中等收入国家已经跨越了低收入陷阱,但是接下来失败了,没有像以前一样跳出陷阱。黄益平老师的一个比喻很好,就像踢足球,上半场球踢得很好,但下半场球踢得不好了,这就是中等收入陷阱的问题。所以必须要区分中等收入国家到底和低收入国家有什么结构上的区别。如果不看结构性区别的话,对中等收入陷阱的分析就是肤浅的,就仅仅是定量的区别,仅仅去看人力资本存量处于中间位置这些类似的问题的必要性不大。

在我们现在这篇文章里面,对于结构转型的定义是从制造业到服务业,对产业升级的定义是包括在制造业内部从低技能、低附加值到高技能、高附加值、高质量的转型。我们的创新之处在于把服务业也分成两类,分成生产性的服务业和消费性的服务业。生产性的服务业在投入产出表中的结构位置是不一样的。国家统计局好像从去年开始专门列出了生产性服务业,我们当时的分类也是按照严格的上下游的 Pol Antrás 的投入产出指数算出来的。生产性服务业主要是能源、电信、金融、商业服务、交通等作为关键中间要素的服务业。消费性服务业指的是酒店、宾馆、电影院、娱乐、旅游等。服务业是一个非常大的具有异质性的部门,但至少这样的分类方法,我们认为有一定意义。我们的模型得到的关键特征有几点:第一,模型有多重均衡,而且高均衡比低均衡好,所以需要政府起到协调作用,以便于实现高均衡,提高社会效益。第二,市场均衡并不是帕累托有效的,而产生市场失灵的主要原因是过早或过晚的结构转型。所以如果在这个过程中政府没有把事情做好,那就可能陷入中等收入陷阱。

以不同国家和地区人均 GDP 达到 PPP 衡量的 3 000 美元水平的时间来看,中国台湾和韩国遥遥领先,而秘鲁和巴西的经济增长速度非常缓慢,中国大陆还在继续走,希望能学习中国台湾和韩国而不是秘鲁和巴西。如果看全世界的经济分布,从 1960 年、1970 年,再到 2010 年,整个世界相对的人均 GDP 分布是比较稳定的,呈现双峰现象。有很多国家与美国相比处于较低的水平,这就是贫困陷阱;还有 OECD 国家的分布密度也比较高。但是现有的增长理论把中间的这些国家完全忽略了,所以没有把中等收入陷阱解释得非常好。内生经济增长理论要解决的问题是发达国家为什么能持续增长,为什么没有资本回报率递减,所以会强调 R&D 导向的人力资本的外部性,以解释为什么这些国家可以持久富饶而没有产生收敛;而对于贫困陷阱也有很多理论,比如协调问题或者大推进(the Big Push)等。而对于中间的国家,很遗憾,相关理论很少。

我前几天在给 FT 中文网写专栏,谈到有些人认为中等收入陷阱不存在的问题主要是有两个。一个是定义的问题,我们这里所定义的是相对于美国的差距,并不是说这个国家的经济增长速度为零才叫陷阱,而是经济增长速度没有超过美国就算是陷阱。另一个问题是,大家还没有认识到中等收入国家和低收入国家背后有结构性差别,所以必须有新的理论来解释。现有文献并不一定提到"中等收入陷阱"(middle income trap)这个 2007 年提出来的新词,他们可能称之为"非收敛陷阱"(non convergence trap),比如 Aghion 的文章、Stokey 的文章以及我和魏尚进老师的文章。被陷阱困住的原因很多,就像不幸的家庭各有各的不幸,对于每个不幸都可以写一篇文章,最后看看到底哪个理论最有价值。

在那篇文章里,我们强调的是中等收入国家在国际贸易里受到挤压,前面有发达的创新国,后面有追赶的落后国家,所以有一个"三明治效应"。但这篇和林老师合作的文章强调的是结构转型和产业升级,所以关键是不同的产业在投入产出表中的位置不一样,比如说在服务业,可能生产性服务业发展得不够,而中国又需要在制造业内部往高端的制造业升级,其中又有不同的市场结构。所以最后这个机制想要强调的是上游的生产性服务业没有发展好对于其他产业的影响,为什么有些结构转型过早或过晚,以及它和中等收入陷阱的关系。

从中国的农业、工业、服务业三个部门的雇佣劳动比例来看结构转型,1994 年中国的服务业就业比例已经超过了工业,到 2012 年左右,整个的服务业就业已经超过了农业。所以,2012 年之后中国大部分的就业机会都是来自于服务业,而对于中国服务业的研究实在是太少了。中国的服务业相对于其他国家是偏低的,所以中国的服务业是发展不足。现在我跳过实证的数据来看模型。

模型分为两个部分,一个是封闭经济,另一个是开放经济。在封闭经济中看没有任何政府干预的市场均衡,然后再假定有一个社会计划者,看看最优的配置是否一致,然后再讨论政府的政策。同时也看如果有国际贸易会产生什么样的变化。由于时间关系,今天主要讲封闭经济。这篇文章里面最重要的结论是,上游的生产性服务业,比如金融、运输、电信等,如果因为有进入壁垒而欠发达,在低收入阶段的时候并不特别妨碍你的增长。因为从低收入到中等收入,主要是一些基础性的制造业并将其产品出口即可,所以并不太需要非常专业的法律公司、金融公司,至少在数据当中这种需要的显著性很小。但是一旦到了中等收入阶段,就要进行产业升级,因为人们富了以后就不再满足于固定电话,而要去买 iPhone,这是由收入弹性决定的。偏好是稳定的,只是收入不同,引致的需求就不一样。另一方面,对服务的需求也是增加的,因为现在要去旅游,去饭店,去看电影,而不满足于只是吃饱了。所以到了中等收入阶段以后,劳动力成本上去了,就要发展服务业和高端制造业,要有结构转型和产业升级。数据显示,这对于上流的生产性服务业的需求是非常大的,需要更完善的法律服务和电信服务,往往超过了早期阶段。这时如果生产性服务业仍然有进入壁垒,仍然欠发达,那就会变成增长的瓶颈。所以,在中等收入阶段,上游不发达的生产性服务业还不是限制性约束,但是当从中等收入往上走的时候,因为产业结构的变化,和整个价值链需求的变化,使得上游不发达的生产性服务业将整个经济卡住。而且,服务业大部分是不可贸易的,制造业是可贸易的,"改革开放"的"开放"部分对于制造业和服务业的作用是非对称的。这也是我们引入国际贸易的原因,当然也可以引入 FDI。那么为什么需要政府,为什么市场并不是有效的?在我们的文章中有一个新的机制是应罚金的外部性(pecuniary externality),这是由投入产出表之间的关系导致的。具体地说,上游的生产性服务业企业进入市场时仅仅考虑自身是否赚钱,而并不考虑进入后会使得下游的产业更容易实现转型和升级,有利于整个经济产业结构的调整。但事实上,不同产业之间都有关联,所以就可能会产生过早或过晚的产业升级,有些时候是没有产业升级。

  接下来讲一下模型是怎样构建的,先看最简单的静态模型,然后再看动态。效用函数假设为非同位相似性效用函数(non-homothetic utility function),并且分成三种消费的东西:h 代表的是高质量的制造业,比如苹果手机;b 代表基础性的制造业,比如低质量的产品;s 代表消费性服务业,比如酒店。这样一个效用函数,如果单位化处理,那么就是一个拟线性效用函数。所以它的好处有两个:第一,经过正态单位化处理最后得出来的 GDP 和福利效用是一样的衡量,所以 GDP 越高福利效用越高,有助于同步建立经济增长和福利的分析;第二,这是个非同位相似性效用,所以收入越高的话,最后对服务业和高质量制造产品的需求越高,因此可以把收入效应考虑进来。当然产业升级与劳动成本有关,基本制造业只需要劳动力,但是如果要产业升级,要发展高质量、高技术的制造业,既需要劳动力又需要生产性服务业的中间投入,对于不可贸易的服务业也是一样的。模型也可以把资本加进来,但为了简化起见,为了强调这个协调问题,可以先忽略资本,关键是要考虑上游的生产性服务业的进入壁垒。假设 CES 的技术并且存在 F 作为进入成本,最后会得出两个市场均衡,一个高一个低,而之所以产生高均衡和低均衡是因为有协调问题,也就是林老师考虑产业政策的时候的逻辑。这个机制并不是像 Murphy、Shleifer 和 Vishny(1989)的 JPE(《政治经济学杂志》)文章中提到的"大推进"(the Big Push)机制,他们也有应罚金的外部性,但是没有产业升级和结构转型。他们只考虑生产同样的东西是不是有两个不同的技术,但我们的整个故事与结构转型和产业升级有关,而且,在不同的条件下,会有不同的变化。比如上游产业的进入壁垒 F 增加,进入的企业减少,GDP 减少,福利减少。同样 L 代表劳动力,如果中国的老龄化越来越严重,那么实际工作的劳动力将越来越少,也会对产业结构不利。

我在这里举了两个例子:第一个是在完美的情况下,要素禀赋怎样推动产业升级,这是一个非常好的框架。第二个是中等收入陷阱和从制造业向服务业的转型,不能盲目地说制造业越少越好,服务业越多越好,升级有些时候可能是过早,有些时候可能是过晚。政府的作用不仅仅是像 Shleifer 的文章说的那样在两个均衡里选一个更好的,更重要的是政府可以做得比市场均衡还要好,可以在认清比较优势后,实现最优的情形,当然前提假设是一个好的政府。所以这涉及政府的作用、中等收入陷阱和投入产出表的结构问题。

陈斌开:新结构经济学的经验实证

我今天讲的不仅是自己做的研究,还包括林老师的学生目前在实证研究方面的工作,主要有两个目的:一是讲述我们以前已经做过哪些研究,减少以后新结构经济学研究里的重复劳动;二是借讲完之后的评论和讨论环节聊聊以后可以做的东西,这是更重要的目的。还有另一个目的是稍微讲讲数据建设的推进情况,这里也分两部分:一是偏宏观的做法,基于跨国数据的研究,主要是技术选择指数(TCI);二是关于发展战略的实证研究,我个人做了一些企业层面上的研究,向大家介绍。

关于 TCI 的实证研究

TCI 的实证研究最主要的贡献来自于林老师之前的两位学生,刘明兴师兄和刘培林师兄所做的一些核心工作。林老师在 2007 年年底要去做马歇尔讲座,当时需要基于跨国的角度研究发展战略和经济各个维度的关系,需要更新研究所用的数据做一些分析。我当时做的是类似于研究助理的工作,把几位师兄之前做过的工作用新的数据重新做实证看看结果怎么样。现在回过头想想其实是蛮紧张的,毕竟林老师是 12 月份去做讲座,而这项工作开始时已经是 8 月份了,而且更新的数据变化非常大。

林老师的新结构经济学的思想框架是很大的,对发展战略如何影响经济制度、经济增长、收入分配等方面都有详细的阐述,我们做实证的关键就在于林老师的逻辑跟我们从现实中拿到的数据能不能对得上。大家知道要把结果做得理想其实是很难的事情,毕竟谁都不知道数据会是什么样。说实话,之前我主要是跟着林老师做理论研究,没怎么碰过实证,那时候对林老师的理论真的是将信将疑,他讲的道理实际上在理论上可以有不同的逻辑。但是在当时那个过程中我最大的体会是,为林老师的理论做 TCI 的实证检验不需要我做任何数据挖掘,所有的实证结果都跟林老师的推论是完全相符的。这很奇怪,因为从实证的角度讲,TCI 的问题很大,但是数据表现出来的结果与理论很相符,这就让我更加相信林老师所讲的发展战略逻辑应该是蛮靠谱的。我先讲讲 TCI 这个指标是怎么做的。

林老师一直在讲的发展战略我相信大家应该都比较熟悉。中国和很多发展中国家都采取了重工业优先的发展战略,这个故事在中国大家都能接受,比如说在五六十年代那个"以钢为纲"的时代。但我们要找一个指标来度量发展战略就很难。所以最早的就是刘明兴师兄他们在做实证时构建了一个 TCI 指数去度量一个国家和一个地方的发展战略。它的核心思想是什么？我们下面这个式子会更加直接一点：

$$TCI_{i,t} = \frac{KM_{i,t}/LM_{i,t}}{K_{i,t}/L_{i,t}}$$

其中，KM是制造业部门的资本，LM是制造业的劳动；分母 K 和 L 分别是这个社会总的资本量和劳动量。核心的想法就是，一国推行重工业优先发展战略会产生的一个直接结果就是相对于给定的禀赋结构，工业部门的资本密集度会很高，这是 TCI 最直接的一个度量方式。但是我们知道，如果做跨国或者中国的分省，较长跨度的资本存量数据可获得性并不是很好，所以我们更多的时候是用下面的这个指标：

$$TCI_{i,t} = \frac{AVM_{i,t}/LM_{i,t}}{GDP_{i,t}/L_{i,t}}$$

这是因为，资本 K 和增加值 Y 之间的关系一般会比较稳定。这种情况下，AVM 是制造业部门的增加值，GDP 是整个社会的增加值。这个指标的数据可获得性会更好一些。一看到这个指标，大家肯定会说问题实在太大了。但是在原本没有的情况下要设计出这样的一个指标其实是挺不容易的，当然我们在刚开始的时候就知道这个指标面临着很多的问题：第一，TCI 这个指数只是衡量发展战略的结果，它跟发展战略能否一一对应？是否存在别的因素也可以导致同样的结果？第二，TCI 这个指数跟重工业优先发展战略仍存在一定的差异，比如说户籍制度的扭曲也可能产生 TCI 数据偏高的情形，但这不一定来自于发展战略。当然，在林老师的框架里面，也可以认为是发展战略导致了户籍制度的一些安排，即户籍制度也内生于发展战略。总而言之，这个指标本身存在很大的缺陷，但是当我们在做实证的时候，没有更好的指标，所以还是要用 TCI 来做。

在构造了 TCI 指数的基础上，如果林老师的理论是对的，那么它至少是发展战略的结果，它跟其他的东西至少应该存在一些相关性，所以我们接下来检验这种相关性是否真的存在。这里我们用了 WDI 和 UNIDO 的数据，计算了从 1963 年到 2004 年各个国家的 TCI 指数。TCI 越大意味着这个国家的赶超程度越大。数据显示 TCI 与一些指标有显著的相关性。第一个指标是真实汇率的溢价，TCI 指数越高，真实汇率被高估得越厉害。为什么会这样?因为重工业优先发展必须通过高估汇率来降低技术性产品的购进。

第二个指标是经济自由度,也是对制度质量的衡量。指标的数值越高意味着经济越自由,这也是对市场经济的一种度量方式。它与TCI是明显的负相关关系,国家重工业赶超程度越高,经济上就越不可能自由。原因也很简单,在违背比较优势的情况下,发展重工业是不可能通过市场方式实现的,政府需要通过许多扭曲的经济政策甚至行政命令来扶持重工业的发展。

第三个指标是掠夺风险,经常被用来度量一个国家产权保护的情况,数值越高则掠夺风险越小。可以看到,一国重工业赶超程度越高,掠夺风险也越高。重工业的发展很多时候不得不依赖于类似于国有产权这种制度方式,这是因为私有产权没有激励去发展不符合比较优势、很可能出现亏损的重工业项目。当前从制度的角度看增长是非常火的一块研究领域。在林老师看来,这些制度都内生于国家的发展战略。可以看到,至少TCI与这两个制度指标是相关的。

第四个指标是经理人独立性,我们也可以看到一个明显的负向关系。这是什么逻辑呢?推行重工业优先发展战略就不得不剥夺经理人的自主权。如果完全自主,经理人就可能选择符合比较优势的行业,因为这些行业的利润更高。如果中国要求发展重工业,就必须解除经理人对成本和利润的责任,才能够使他们听从命令去从事有可能出现亏损的重工业项目。

第五个指标是法定程序数,这也是制度质量的衡量。成立一个新公司的程序越繁杂,制度质量越低。可以看到,TCI越高,重工业优先发展的程度越高,制度质量就越差。

第六个指标是开放程度,这也是经济增长的研究中非常重要的维度。很多研究表明,国家越开放,经济增长就越快。那么到底什么因素会影响开放?在林老师看来,如果一国推行了重工业优先发展战略,就不可能完全开放。因为重工业是与比较优势相违背的,这种情况下如果选择开放,可能整个行业都会被毁掉。比如说,假如我们在五六十年代开放了,钢铁行业受到更为优质低价的进口品的冲击,就不可能发展起来。所以林老师告诉我们,开放本身也是一个内生变量。我们看到TCI与开放程度间有明显的负相关关系。

然后我们看经济增长，TCI指数越高，经济增长率也就越低，负相关关系也是非常明显的。

最后是收入分配，可以看到，重工业优先发展程度越高，基尼系数也越大。这里面的逻辑是什么呢？以中国为典型，重工业能够吸纳的就业是很少的，因为它是资本和技术密集型的产业，而不是劳动密集型的产业。因为重工业没法吸纳太多的就业，所以就要采取户籍制度，把农民固定在农村；而且，我们还要把城里多余的工人放到农村去，所以才会有"上山下乡"。通过一系列的制度安排，中国把大量人口留在农村，减缓了城市化的进程，城乡收入差距较大，所以重工业优先发展的战略导致了收入分配问题的恶化。

稍微总结一下，林老师有这么一套新结构经济学的理论框架，当时需要我收集数据来做经验证据上的支持。其实我当时特别担心，怕不能做出来，因为林老师要去做马歇尔讲座，如果结果不好可怎么办啊？但是这些实证结果基本上在不需要拷打数据的情况下就很完美地呈现出来了，都跟林老师的逻辑框架的预测惊人地一致。即便是我们目前所看到的并不完美的TCI指标，跟宏观上非常重要的制度、开放、增长和收入分配等方面的经济变量都有极强的相关性，所以我就逐渐开始相信林老师所说的这套理论是对的。

当时我在想，有没有其他的理论也可以解释我呈现的这一系列事实，有没有竞争性理论的存在？至少在我所知道的范围内还没有一个更好的理论框架。当然，我们不能把前面那些关系视为因果性，我们仅仅看到了相关性，要做成系统的、令人信服的文章难度很大。目前基于跨国数据或者中国分省数据的研究，林老师的框架下还没有发表很好的文章，我个人是蛮相信这个故事的，但怎么把实证做好真是难度挺大。目前有师弟给TCI找了工具变量，说结果还很不错，拿的是第二次世界大战的数据，但这里只有截面上的变差，所以工具变量的选取能不能做得更好一些，还想听听大家的意见。另一个很重要的问题是如何跟文献对接起来，这也是我没有想好的地方。

资本产出比—人均产出之谜

接下来是介绍我目前的文章。研究的动机来自于在标准的增长核算框架中,使用柯布-道格拉斯生产函数进行变换可以看到,一国的人均产出应当与资本产出比正相关:

$$Y = AK^\alpha L^{1-\alpha}$$
$$Y/L = A^{1(1-\alpha)}(K/Y)^{\alpha(1-\alpha)}$$

从图1中我们可以看到,跨国数据也是支持增长核算框架的预测的。

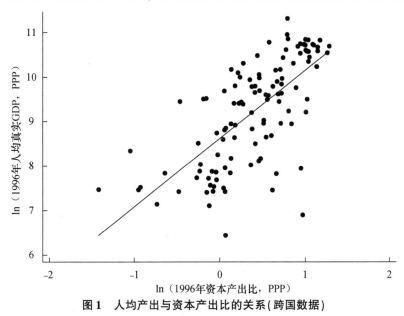

图1　人均产出与资本产出比的关系(跨国数据)

但是如果看中国分省的数据就会发现,人均产出与资本产出比的关系是负的,如图2所示。

左图的纵轴是1978年的人均GDP,右图的纵轴是1996年的人均GDP,两者反映的信息是相同的。这种负相关怎么解释?为什么会出现跟国际经济完全不同的情况?这正是这篇文章试图解释的问题。

这篇文章强调资源错配对解释这一问题的重要性。目前关于资源错配的文章发展很快,例如我们熟知的谢长泰关于资源错配的文章(Hsieh和Klenow,2009)指出,资源错配是中国经济的一大问题,但这些文献都没有解

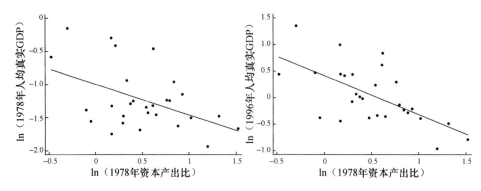

图2 人均产出与资本产出比的关系(中国分省数据)

答为什么资源错配在不同的地方会不一样,资源错配背后的原因到底是什么。本文强调的就是政府的发展战略对资源错配以及经济增长绩效的影响。

我们可以简单地梳理文章的逻辑:以1978年重工业的就业比重度量各个地区的重工业优先发展程度,可以看到重工业优先发展程度与资本产出比明显正相关。这个现象的理解很直观,因为重工业是资本密集型的产业,所以资本产出比较高。再看1996年的人均产出,它与1978年重工业的就业比重呈现负相关。逻辑也很简单,这个地区推行重工业优先发展,政府干预增加,必然导致资源错配和经济效率下降,所以人均产出偏低。结合这两个方面就可以大致理解为什么中国各省份间出现了资本产出比与人均产出负相关的谜题,关键在于政府有重工业优先发展的目标。如果各个省份都是自由竞争的、政府没有横加干预的经济,那负相关的情况不可能出现,一定会出现跟跨国数据一样的结果。这是我们的基本故事,理论框架在此直接略过。

接下来是实证部分。回归基于最简单的标准的增长核算框架:

$$\ln(Y/N)_i = \theta_0 + \theta_1 \ln(K/Y)_i + \theta_2 \ln(H/N)_i + \varepsilon_i$$

被解释变量为人均产出的对数值,核心解释变量为资本产出比的对数值(使用工业企业数据库的资本数据对省级资本存量进行调整得到),此外还对人力资本(使用2005年全国人口普查数据计算得到)的影响加以控制。基本的数据是2005年地级市截面数据,也使用2000年的数据进行稳健性检验。在这一回归式中,按照经济增长理论的预期,资本产出比应当显著为正,但我们需要检验中国的实证结果是否如上述那样违背了理论预期。

我们看到，资本产出比与人均产出间的确是非常显著的负相关关系，这种关系在控制人力资本的影响后仍然存在，这与我们从前边图中得到的信息是一致的。稳健性检验是将被解释变量替换为城镇人均可支配收入、农村人均可支配收入，或者仍以人均GDP为被解释变量，但增加储蓄率和政府支出比重作为控制变量。从回归结果来看，资本产出比与人均产出间的负相关关系仍非常显著，且控制变量的符号方向与显著性均符合理论预期。

但我们知道，以上的回归内生性很严重，充其量只是发现了资本产出比与人均产出间的相关性，而我们关心的是因果性。所以接下来我们做了一个两阶段回归，最主要的工作是使用1978年各个城市重工业就业比重的数据作为重工业优先发展战略的度量指标，将其作为资本产出比的工具变量。从图3我们可以看到，重工业就业比重与资本产出比之间具有很强的正相关性，故猜测工具变量回归的第一阶段应当是成立的。

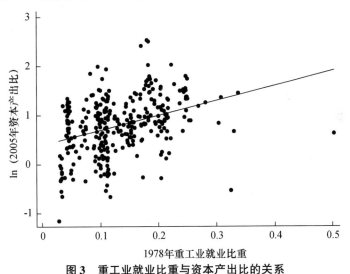

图3 重工业就业比重与资本产出比的关系

接下来是一些技术性细节：首先，重工业指标怎么构建？如何界定重工业？我们参考ISIC标准，以及1994年与2002年版的GB/T标准，将采矿、核燃料处理、化工制造、金属制造、机械制造、机动车制造等行业界定为重工业。实际上，这些分类标准基本上大同小异，采取哪个标准都不会对实证结果产生显著影响。其次，由于《中国统计年鉴》中没有提供城市层面上1978年以前重工业行业的就业数据，因此我们的解决方案是，基于大规模的国有企业改革始于1997年的事实，目前可得的1995年工业企业普查数据中便包含了大量在1949年到1978年间成立且尚未退出市场的国有企业，通过查询这些企业的开业年份和就业数据并进行城市层面上的加总，就可以得到各城市重工业的就业量数据。

我们所使用的工具变量定义为：（1949年至1978年间重工业就业量）/（1964年城市人口），在回归中为了验证工具变量的稳健性还采取了另一种计算方法：（1964年至1978年间重工业就业量）/（1964年城市人口）。我们可以看到，工具变量的计算方法对实证结果的影响很小，这说明它是很稳健的。而使用1964年的城市人口作为分母的主要原因是为避免1964年后开展的"三线建设"对城市人口迁移的影响。另外，有同行提问为何不计算县级层面上的数据，原因是，中国在过去数十年里经历了很多行政区划改变，许多县到现在已经不复存在或者屡经更名，另外还新成立了许多县城，因此县级数据缺失值问题非常严重。

从在使用工具变量的两阶段回归结果中的第一阶段回归结果来看，历史上的重工业就业比重的确对当前的资本产出比具有显著正向影响，这与我们从上面的图形中看到的信息是一致的；第二阶段回归结果的结论仍然相似，且使用工具变量削弱内生性的影响后估计系数变得更大，统计显著性也提高了。

以上的实证结果非常理想，但是我个人觉得仍存在两个问题：一是由于林老师的新结构经济学在国际上还有相当多的研究者不熟悉，因此我们的文章需要与文献体系中增长与发展方面的经典文献进行较好的对接；二是如果往国际上较好的期刊投稿，编辑与审稿人最经常关注的是对内生性问题的处理。尽管我们已经找了工具变量，但它也许仍不理想。

文章最后是进行影响机制的讨论。我们已经证明，重工业优先发展的发展战略是中国各省区间资本产出比与人均产出呈现负相关的原因，其中可能的原因是扭曲性政策导致的资源错配对经济增长绩效的影响。因此研究的最后一环需要证明资源错配的确是整个经济故事中的影响机制。我们根据Hsieh和Klenow（2009）的方法计算了各个城市的资源错配指标并将其引入回归，可以看到，资源错配与资本产出比之间的确存在着明显的联系，这基本验证了我们的猜想。许多文献强调国企在中国经济中的重要性,但我们证明,一旦控制了发展战略的影响,在以资源错配为被解释变量的一系列回归中,国企的影响便不显著了。这在某种程度上说明,国有企业的这种产权安排内生于发展战略——由于执行了政府推行的违背比较优势的命令,重工业企业会出现制度性亏损,因此政府只能将这些企业国有化从而将亏损内部化,而不是基于有限的财力持续为其提供补贴。这些逻辑都是林老师曾阐述过的。

本文的研究结论很简洁:资源错配是理解中国当前经济增长状况的关键因素。现有文献尚未深入讨论为何资源错配状况在中国各区域间存在巨大差异以及这些差异的来源。我们的研究表明,由于历史上各个地区的重工业优先发展程度不同,而要素禀赋结构不适合发展重工业的经济体在优先发展重工业时必不可少地需要采取诸如国有化、户籍管控、金融抑制等扭曲性措施,这些初始条件的差异导致资源配置效率出现差异,最终影响当前区域经济发展的绩效。这一框架同时也是理解中国的"资本产出比—人均产出"谜题的关键所在。

数据工作的推进情况

张晓波老师目前正带领我们推进新结构经济学研究中心数据库的建设工作,在这里由我为大家介绍工作的进展情况。新结构经济学研究中心的想法是把我们目前拥有的且已经整理完毕的数据汇总起来,形成公共物品进行分享,这可以减少我们在研究时收集和整理数据的重复劳动。目前中心已经收集完毕或接近收集完毕的企业数据库主要有以下几种:

第一个是大家都比较熟悉的工业企业统计数据库。目前大家较多使用的数据应该是截至2007年的。我们知道中国经济在2008年后发生了很多变化,如果研究一直是基于2007年前的数据得到的结果进行推断,可能研究结论对当前经济的适用度不高。所以许多人都在寻找2008年后,尤其是2010年后的数据。目前我们已经基本收集到截至2013年的数据,其中有一些假的版本我们需要进行甄别,这部分工作有望在本月底完成。

第二个是国税总局的企业数据库。这个数据库有几个好的特点:其一,它有中小企业的数据。我们知道,前面提到的工业企业数据库只包含年销售额500万元以上的企业,2011年统计口径变更后只包含2 000万元以上的企业,而中小企业是中国经济中非常重要的组成部分,但数据可获得性上的限制使得我们对这部分企业的研究长期不足。那么,这个税收数据库就包含了年销售额在规模以上销售额的标准之下的中小企业,这在现有企业数据库的基础上是一个很好的补充。其二,这个数据库目前我们拿到了2008年到2011年间的数据,这就可以让我们看到金融危机后企业的行为,对于使用2007年之前的工业企业数据库展开的研究是一个很好的补充。其三,因为它是国税总局的数据库,所以税收数据很全,涵盖了企业的各项税收,这比统计局的工业企业数据库中的税收信息要更加精确且分类更细,有助于展开与税收相关的研究。其四,这个数据库包含服务业企业,也可以跟工业企业数据库形成对接互补。不过,这些数据库都没有办法公开。我们希望能够以新结构经济学研究中心为平台形成一个共享机制,可以利用这些数据做一些相关的研究。

第三个是工商联的企业数据库。这个数据库也有一些很有意思的变量。目前我们的精力会放在这三个核心的企业数据库上面。家户层面上的数据库我们就不多说了,跟新结构经济学联系比较密切的主要就是企业数据。

评论与问答

陆毅:我尝试提一些建设性的意见。

首先,TCI是制造业相对于整体经济的资本密集度,它只是发展战略的一个结果,不一定是发展战略本身。我个人觉得,发展战略应该是政府的目标。既然如此,我们可以到政府工作报告里搜索例如"重工业"之类的关键词,我相信词频上应该是会有研究可以利用的变差的。当然这个做法我们会担忧执行的问题,因为政府写到工作报告里的目标不一定能做到,不过这也是可以验证的,我们可以利用现有的TCI数据和词频变量做回归,看看发展战略的结果与目标是否有显著的相关性。

第二个问题是工具变量。内生性的本质是解释变量非随机,但是为内生变量找到的工具变量是否随机呢?如果不是的话,我们岂不是还需要为工具变量找工具变量?这样就没完没了了。所以有个工具变量的思路是利用两个变量做交互项——这两个变量可能本身都不随机,但是它们相乘后却很可能是随机的。最近斯坦福大学有个俄罗斯的女学者发表了一篇文章,就是利用省委常委是在本省晋升的还是从别处调来的虚拟变量与中央领导人的变动的交互项做工具变量,这两个变量本身都不是随机的,但是相乘后可以认为是随机的,这样的工具变量构造方法非常巧妙,也许值得我们参考。

邢海鹏:我认为新结构经济学的实证研究应该分为两类:第一类是首先有一个经济模型,然后在理论框架下进行各种实证研究。刚才斌开说他有不少实证研究,但觉得现在发表的价值还不大,我的理解是这里面欠缺的可能是新结构经济学的理论框架,在理论框架构建完成后,实证研究作为对理论模型的验证才比较有意义。但是从现在看,理论研究的困难还是不小的,所以实证研究的进展也有限。第二类实证研究是看数据的特点,这也是最常见的实证研究。具体对于斌开刚才提到的三种数据,一个是工业企业数据,一个是服务业的数据,另一个是张晓波老师的工商企业数据。我觉得有几个关键点要研究。第一是比较优势的量化描述,新结构经济学强调的比较优势应该如何度量,这是首要的问题;第二是数据的空间性质,现有的数据主要是国家部委所统计的企业数据,由于每个地区的发展水平不一样,每个企业所代表的现象也不尽相同。从这一点上来说,数据的空间特性和不同区域的企业数据的比较,也是一个关键问题;第三是数据在时间维度上的性质,这方面已经有很多统计量去描述了,可以描述不同时间的技术密集度、资本密集度还有最近张晓波提出的创新指数等等。但我这里说的特性是指企业数据在时间上及空间上是如何变化的。

比企业高一级的是产业的问题,产业数据在时间和空间上是如何变化的?另一个关键问题是政府作用,在中国,政府作用从某种角度上讲更多地体现为政府的产业政策。那么产业政策的数据该如何去度量,是否有方法可以从现有文献中借鉴?政府某一类产业政策在某一时间段内的实施和不断加强或者停止抑或是不断减弱,从机制上可以理解为政府产业政策的进入和退出。除了我们还需要从理论和新结构经济学的角度考虑进入和退出机制,仅就我们现有的数据这方面来说,是否有相关的度量来衡量产业政策的力度?

最后一点是,如果整体看中国各个地区之间的经济发展的话,我们还需要考虑用动态网络模型来反映国家产业结构变迁的过程。在这种情况下,如何描述这种网络结构的拓扑结构?从实证研究或者计量方法上来说,这也是一个新的问题,这方面的文献暂时是空缺的,如果结合经济研究其他领域里提出的计量方法,也许会有所启示。

杨奇明:刚才斌开介绍的马歇尔讲座相关的数据工作让我想起了林老师关于评价经济学理论的两个标准,即一个好的理论要符合两个条件:第一个是内部逻辑自洽,第二个是更多的推论能被现实的证据所验证。斌开刚才所介绍的研究中很好地体现了这两点。关于逻辑自洽,已经不必赘述了,我当年读到《中国的奇迹》一书时真的非常震惊,当时不知道经济学还可以讨论如此宏大的问题,而这些年这本书所获得的荣誉也充分说明了学界对其的认可。关于第二个标准,刚才斌开在演讲中已经给出了充分的论证。因此,我觉得这已经是一个非常有价值的研究。

我为何要提这样一件公认的事情?因为现在许多所谓的"研究规范"或者说"潜规则"让我非常困惑,也使我经常产生要远离这个学术圈子的冲动。斌开刚才介绍他的研究工作时,就提到了其中一个"规范"——"要与现有的文献进行对话"。大概十年前当我意识到这一点时,心里充满着自豪,这是多么伟大的"规范"!我终于掌握了一把判断一项经济学研究优劣与否的"钥匙"。相信大家都会同意,其实这只是一个常识。可是在当前这个语境下,"要跟文献对接"显然已经脱离其原意——要跟什么文献对接?要跟谁的观点对接?要跟随谁的研究?这点恐怕各位从业者都心知肚明。所以一个根本的问题是,为什么中国经济学界的话语权会交到别人的手里?从此中国经济问题的选题标准不再是问题是否重要,而变成了主流学术权威是否感兴趣,因为如果选题围绕着他们感兴趣的领域展开,沿着他们的研究路径推进,就能获得更好的发表机会。按照当前的国内学术评价标准,发表才是硬道理,于是能够成功跟随文献的,更有可能成为学术新星,被戴上各种学术光环,最终兑换成各种经济利益,并掌握新的学术资源,成为新的被跟随的对象。近年来流行的实证研究的"内生性问题",又是一个伟大的"规范",作为一个常识,原则上有内生性问题就意味着你的统计分析无法作为论证因果关系的可靠证据,因此就不值一看。

林老师在纪念《经济研究》创刊40周年的文章中提到中国的经济学研究要规范化、国际化和本土化。20年过去了,中国的经济学界在追求跟国际接轨方面的成就有目共睹,但在这个过程当中,是否还应该想一想我们做研究是为了什么?难道只是跟在人家屁股后面,让人家说声好?对于这个关系到一辈子价值体现的问题,到我这个年纪肯定是在想的。职业生涯很短,怎样的研究才不会枉费宝贵的人生?至少我的生命肯定不能浪费在跟随权威和采用牵强附会的方法来解决内生性问题上。这并不是说与主流文献对话、解决内生性问题不应该重视,而是说这不能代替我们去选择自己认为真正重要的、自己感兴趣的问题来研究。否则,等到七八十岁再回过头来一想,做了别人认为好的东西、费尽心思采取所谓规范方法发表了很多似是而非的文章,就能对自己的人生感到满意吗?我想这是我不能接受的。我自己满意的作品应该是自己心中所想的自然流露,研究自己认为重要的问题,给出自己认为正确的结论。至于上述两个规范,只是过程中需要注意的地方,只是常识,根本没什么值得拿来炫耀的。其实以我现在的身份说以上的话是不合适的,但在当前的情形下,我觉得确实有必要提醒我们年轻的同学们,越是看上去无比正确的"学术规范",它们往往已经异化为"潜规则",越要心存疑虑。在追逐"学术前沿"、在寻找工具变量的同时,是否应该想想我们真正要从林老师这样的学术前辈那里学到什么?

下面讨论数据问题,这是开展新结构经济学实证研究的基础。刚才斌开谈到了整理地市级的数据,在这里我也想介绍我们最近从事的一项工作。最近我们在整理1987年到2014年县级及以上行政区划的变更情况。通过一些文献我们可以找到每一年县级及以上行政区划变更的情况说明,其中记载了每个县级及以上行政区划的每一种类型的变更,整体的情况正如刚才斌开所说,变化幅度和范围非常大,全国都在变。我们对变更做了分类,一个是"更名"——包含了80年代以后最主要的变更情况,即由县变成市,由市变成市辖区。其特点是行政区划代码发生了变更,但不涉及本身的行政地理区划的变更,因此其经济指标具有前后可比性,这比较好处理。第二个是行政区划的"拆分和合并",比如一个县被一分为二、一分为三,分出去的部分还是一个完整的县级行政区划,或者反过来几个县被合并为一个完整的县级行政区划。对于这两种行政区划变更,进行匹配后经济指标也具有前后可比性。最难处理的是"行政区划调整",比如某个县有1—2个村、镇被划归到另一个县。县级以下行政区划归属的调整会使得即使从名称和行政区划代码上看没有变化,但事实上许多经济统计数据前后不再具有可比性,因此需要根据具体的情况来调整,才能真正实现前后的匹配,构建可靠的面板数据。比如,根据每年土地面积的数据,通过前后的对比能够知道究竟调整幅度有多大。一句题外话,研究行政区划变更背后本身的故事也是蛮有意思的。

总之,历年县级数据的整理需要考虑行政区划的调整,但到目前为止还没有被很好地挖掘和整理。刚才我觉得斌开做的地市级的分析,每年的数据最多300多个,但如果使用县级数据,至少能达到近2 000个。当然,我刚才看了你这个数据年份跨度感觉难度很大,因为还要往前推行政区划的变更,到1995年比较好解决,但是前推到1964年就很困难,我们现在搜集的是1980年以来的信息,从1964年到1980年我不知道变化有多大。

陈斌开:行政区划的变化还蛮大的。我们之所以不敢用县级数据就是担心这个情况,而在城市层面上,只有出现与县交叉而导致不能唯一识别的情况我们才将它剔除,其余的数据都是没问题的。至于行政区划的变化很难识别和整理,所以就只做到城市层面上。

杨奇明:用GIS数据能识别两个名称不同的行政区划到底是不是同一个。可惜目前我们只能得到1985年以来的县级GIS数据。

陈斌开:到时候我们可以核对。当时在收集数据时,有变化的我们去找,没变化的就保留了;如果发现它位置对不上、名字也对不上,就会去找它是怎么变的,再进行校对;但如果名字都没变,我们就没有再去核查了。

杨奇明:变化确实很大,整理完后希望可以分享。此外,刚才斌开提到的数据库问题,我听说规模以上企业的数据,好像服务业也有。如果有的话,应该在国家统计局。

陈斌开:普查的年份有,其余年份应该没有,平时没有听过谁有这个数据。

杨奇明:我听说是有服务业的,统计局有一个部门专门收集规模以上服务业企业的数据。如果真是如此的话,那应该是每年都有。此外还有一个海关数据也是可以利用的。不过需要提醒的是,那个数据其实有一个严重的问题。海关数据是以具有出口业务的公司为数据获取单位的,但由于各种原因,中国的制造业出口具有一个明显特点,就是小微企业占很重要的比重,并且其出口业务是通过中介公司代理的。这些出口代理公司,有些是专门做出口代理的,有些是自营和代理都做。因此只从账面上来分析出口数据,可能要小心些。

最后介绍一下我们最近在处理的工商企业注册数据库,其中涵盖了在中国曾经注册或者正在经营的所有企业单位的基本信息。我们遇到很多问题,比如行政区划代码的变更、行业代码的变更以及不同年份前后匹配等问题。总之,我们正在试图在数据资源方面做些贡献,已经花了很长的时间,有很大的进展,但是也不是都尽如人意。如果有机会的话,欢迎有更多的人来一起参与建设新结构经济学实证研究数据平台。

林志帆:我主要是向陈斌开老师介绍自己所做的工作。您提到跨国的工具变量就是我在做,这里向您报告一下。我主要找的工具变量是一个国家在第二次世界大战的人口死亡率以及它在近现代被侵略的历史的长度。当时是看了您在《中国社会科学》的那篇给国内 TCI 找工具变量的文章后得到了灵感,思考是不是可以从战争的角度出发去寻找工具变量。基本的思路是,有一句话说"落后就要挨打",挨打之后可能就会有"我要自强、我要独立"的诉求。那么在历史上,如果一个国家在第二次世界大战被侵略所致的人口死亡率更高,或者它在近现代被侵略占领的历史更长,它就会有更强的国民危机感,那么在取得独立后就会更想发展重工业、发展军事从而保护自己。战争的数据是从《第二次世界大战历史百科全书》找的,历史的数据之前是从维基百科和联合国国家概况找的,目前觉得不是很靠谱,打算从《大不列颠百科全书》重新进行整理，在那里面也可以找到更多的关于一个国家的宗教信仰、种族构成、文化历史等方面的信息，这些变量可能会在后续的研究中派上用场。从初步的结果来看，战争和殖民史这两个变量对TCI的解释是蛮强的！

但这其实是我两年前做的事情，我在这两年的时间里慢慢思考这两个变量是不是存在什么问题，目前想到：第一，我的样本里把欧洲的一些国家剔除了，为什么呢？欧洲的二战死亡率数据没有问题，但殖民史数据有问题。因为欧洲从1600年到现代，经历了很多很多次领土更替。中世纪有奥斯曼土耳其帝国，它现在早就不存在了。西欧历史上还有很多公国和爵国，它们之间有很多小型的战争，还有联姻以及通过一些协议进行的政权更替和领土合并。如果我们去看欧洲国家的历史地图的话，会发现有很多国家的领土范围并不是太稳定，这就会使得战争以及相互的侵略很难识别。所以我就把欧洲国家都剔除了，这是第一个问题，即样本选择的问题，是有可能对我们的研究造成影响的。第二个问题是，我后来在思考，也是在厦大听廖谋华老师说的，可以把侵略国和被侵略国之间的基因距离纳入研究。比如我们中国人是黄种人，那么我们究竟是被同样属于黄种人的日本人打会更加不爽一点，还是被来自欧美的白种人打更加不爽一点？也就是说，被哪个人种打会更加引起我们民族的危机感？这个问题想来想去没有什么结论，要找一些历史学的文献来支撑。比如，在清朝的时候，清朝人见到英国人、法国人来打，发现他们长得都不一样，当时会把这些人称为"蛮夷"，到现在东南沿海一些方言里还会把白种人称为"红毛仔"。这些体貌特征与我们相距很大的人攻击我们是不是会给我们带来更强的危机感？另外我们又知道，历史上日本比我们差，当时中国这个"天朝上国"对日本的认识并不多，后来日本对中国开战，究竟哪种冲击比较大？廖老师就建议我说，可以搜集侵略国跟被侵略国之间的基因距离，把它作为工具变量，或者把它跟殖民史变量的一个交互项作为工具变量，但是由于时间精力有限，目前还没有做。

另外，刚才听您报告说，有资源错配的问题。我有一个小想法，有一个AER的文献，说的是一个行业里面企业TFP分布的分散程度，比如标准差，如果比较小的话,那么可能就认为这个行业里面的资源错配程度会更轻一点,因为如果资源错配比较严重的话,那么资源就不能轻易地从较差、较低效的企业流向较好的企业,或者占用了许多生产资源的差的企业不能退出市场,TFP 的分散程度会更大一点。所以我想,如果我们现在有工业企业数据库,那么就可以计算每一个地级市、每一个行业的资源错配程度,进而可以跟宏观层面的发展战略指标匹配起来,通过跑回归就可以研究宏观层面上发展战略扭曲是否反映到了微观的行业和企业层面上,以及哪些行业受的影响更严重。当然这里的回归会有一些内生性问题,到做论文时需要解决。

陈斌开:我先回答宏观上关于 TCI 的问题。我在跟林老师做这一系列研究时的感受是,新结构经济学这套逻辑的确很有说服力,但当前的关键在于我们需要用标准的范式让学术界都相信这套理论。这个过程会有很多挑战,但我们只要觉得问题有趣且重要的话就可以去做,而不是从功利的角度思考能不能发表的问题,这也是我们喜欢和佩服林老师和张老师的原因,他们做研究是问题导向型的。

但目前关于 TCI 的文章发表情况不是很好,所以我今天所说的内容目的是抛砖引玉,希望大家能够提出更好的衡量重工业优先发展战略的指标。此外,如果目前不能找到更好的度量,我们是不是能够在跨国层面和国内跨省层面上找到较好的工具变量以解决内生性?刚才听到志帆讲的逻辑和雪晴所做的工作,他们的工具变量究竟合不合理、能不能使用,我们需要请教陆老师。假如从工具变量的角度去切入,能否推进 TCI 研究的进展?

陆毅:我只能说这个文章如果是 Acemoglu 或者 Angrist 做就没有问题,就一定会发表,但你做的话估计发表难度会比较大。首先你要关注的问题是什么叫内生性,如果连内生性都没搞懂,你去做它不是乱做?内生性问题就是说这个 X 的决定不是随机的。你现在说 X 不是随机的,你找个 IV,说这个地方打仗死的人多,难道这是随机的吗?如果不是随机的,那么它也会有自己的一些决定因素,这些因素不就是你的遗漏变量吗?所以说内生性的问题就是非随机性。所以我一般建议我的学生,如果你的实证研究识别策略需要用到 IV,那就不要做。我在前六年都是做 IV 的,所以你对 IV 绝对没有可能比我懂得多，但是我现在基本不做 IV。不是打击你，这是我的一点个人建议。

陈斌开：我的看法是，宏观问题不可避免都会有内生性问题，但它很难像微观研究那样可以被近乎完美地解决。TCI 的工具变量在我毕业后就没怎么跟进，这是因为没有找到太好的解决方案。刚才听到志帆和雪晴的工作，至少已经相对于我们之前的研究往前推进了一步，我们希望以后每一次都能看到研究的进展。

至于发展战略的度量始终是一个问题，如果各位能找到更好的度量，我们可以尝试。刚才陆老师讲的对资源错配的衡量，其实我是用了谢长泰他们在 QJE（《经济学季刊》）上那篇文章的算法，结果都符合我们的预期。那篇文章的主要工作是构建了更为直接地度量重工业优先发展战略的指标——各个城市重工业的就业比重。在 TCI 面临许多挑战的情况下，我们构造了城市层面的变量数据，后续大家在这方面做研究的话，这个变量的数据是可以直接使用的。

第三个问题是在现有研究的基础上我们未来应该做什么。现在新结构经济学研究中心已经做好了数据上的准备工作，希望在此基础上形成一个分享合作的平台以减少大家在研究中数据收集和整理上的重复劳动。我个人觉得，第一步工作是要整理基本事实，也就是从 1998 年到 2013 年的工业企业数据库和包含四年服务业企业数据的税收数据库中整理一些微观层面上企业行为的基本事实。为什么基本事实特别重要？我很佩服张晓波老师发表在 JPE 上的那篇从性别失衡的角度出发解释中国高储蓄率的文章。当时他是去贵州做调研时发现了一些基本事实，从问题出发才写成了这篇文章，这是特别有现实意义的研究。其次，张晓波老师说了，中国的工业化进程是非常重要的，我们用了 30 年的时间走完了欧美国家历史上两百年才走完的道路，然而这 30 年的工业化进程我们却没有很系统地记录下来。所以我希望能够使用这些数据从微观企业的各个维度描绘中国的产业结构变迁和升级的情况，把这些基本事实记录下来。

刚才陆毅老师提到的使用词频去衡量发展战略的方法，我们早期其实做过这个工作，但困难在于如何标准化，以及您刚才也提到的政府提出的发展目标是否真的落到实处的问题。所以最后我们认为最好还是由真实的数据去反映可能更加靠谱。

最后，我希望以后在新结构经济学的研究中，理论与实证两条线的研究可以合并起来。一篇新结构经济学的文章应当既有理论的支撑，同时又有经验证据的支持，这是我个人最希望在后续推动的工作。

苟琴：之前我在 CCER 念书时，长期受到了各位老师的思想的熏陶。有一个特别简单的问题，关于 TCI，在您刚才讲的这一整个研究过程当中，TCI 越高就越不好，因为中国发展实施的是赶超性的战略，所以我们的 TCI 是过高了。但是因为中国的资源是有限的，你要在一个地方推行赶超战略的话，它一定会导致另外一个地方 TCI 的偏低，在这个过程当中不是一个线性的关系。

陈斌开：我先回应关于 TCI 的问题。第一个问题涉及非线性的影响，第二个问题是 TCI 的最优值究竟是多大。现实中很少有 TCI 低于最优值的情况出现，比如发达国家为了保护就业而去扶持一些已经失去比较优势的劳动密集型产业，才会使 TCI 低于最优值。但我们关心的是发展中国家，发展中国家渴望赶超，它们的 TCI 基本都高于最优值。在这种情况下，由于不知道 TCI 的最优值在哪，这就是理论性的问题了。当时我们想到了三个方法：其一是用模型模拟出来最优值，然后进行校准。但这个做法难度很大，也很难说服别人。其二是使用发达国家数据拟合出一条回归线，这是刘明兴师兄做的工作，但是发现实证结果也不是太好。最后采取了第三种方法。我们假设 TCI 的最优值在一年内是一个常数，因为禀赋结构决定了最优值，而要素禀赋结构在短时间内不会发生突变，所以假设 TCI 的最优值在短期内是一个常数是比较合理的。那么，在回归中只需要控制时间固定效应就可以了。另一种可能是 TCI 的最优值可能在不同的区域有差异，那就控制区域固定效应。最为严格的做法是控制区域固定效应与时间趋势项的交叉项，通过这些方式尽可能控制不可观测的最优值的影响。而非线性影响的问题很难，因为理论上它是几次项都有可能。

黄凯南：新结构经济学的理论贡献和现实意义①

"新结构经济学"在遵循新古典理性选择范式的基础上，将被主流增长理论忽视的结构约束及其变化纳入分析中，进一步拓展新古典范式，构建包含结构变迁的经济增长理论，推进经济学研究视角的"结构转向"，对经济理论做出积极的贡献，也为指导发展中国家更有效率地制定有竞争力的产业政策提供重要理论指导，具有很强的现实意义。

"新结构经济学"的理论贡献：结构约束及其变迁的新古典重构

在经济增长研究中存在两个著名事实，即卡尔多事实（Kaldor facts）和库兹涅兹事实（Kuznets facts）。前者指经济增长是一种平衡增长，即增长处于一种稳定状态，各种变量都按照一个不变的速度增长。例如，产出和资本存量按照相同的速度增长，产出增长率、资本产出率、真实利率以及劳动占收入份额等都保持不变。这意味着增长过程中不存在任何结构变迁，在平衡增长路径中，未来经济只是过去经济按比例的扩张。后者则是指经济增长过程中呈现出诸如部门产出结构的变化、就业结构的变化、农村和城市人口分布的变化以及部门间资本劳动比率的变化等。在很长一段时间里，主流增长理论主要秉承"平衡增长"的思想，采用加总生产函数，运用完全理性模型来描述技术进步以及动态一般均衡来刻画增长现象。无论是在新古典完全竞争框架下将经济持续稳定增长的原因归结为由物质资本和人力资本等要素积累的"外部性"而引起的报酬递增，还是抛弃完全竞争的框架，将报酬递增与垄断竞争和不完全垄断结合在一起，将经济持续增长归因为内生的技术创新和知识外溢，这些研究的重点是在平衡增长的路径中如何克服要素报酬递减，而技术进步则被认为是经济持续增长的重要源泉。

近些年来，一些经济学家开始重视经济增长中的结构变迁问题。Silva 和 Teixeira（2008）对1969—2005年的有关"结构变迁"的文献的计量学研究

---

① 本文系新结构经济学系列笔谈，原文刊载于2015年12月财新网财智研究。

发现,在过去40年里,有关"结构变迁"的研究呈上升的趋势,尤其是在90年代,《结构变迁和经济动态》(Structural Change and Economic Dynamics)杂志的创刊,进一步掀起了"结构变迁"研究的热潮。他们进一步将研究分为11个主题,统计发现研究数量排在前三的主题分别为"发展"、"技术变迁和创新"以及"收敛和增长"。对经济增长中引致结构变迁的原因或动力的解释通常分为两类:一是从供给角度来解释,即结构变迁主要源自部门间技术进步率的差异。例如,Acemoglu 和 Guerrieri(2006)假设部门间生产函数中的要素比例不同,建立两部门增长模型,从而得出结构变迁和非均衡增长。Desmet 和 Rossi-Hansberg(2010)强调运输成本和技术扩散在制造业和服务业结构变迁中的作用。Kim(2011)建立一个两部门技术内生的增长模型,强调部门间知识生产的差异导致了部门间的结构变迁。二是从需求角度来解释,即通过引进消费者特定的偏好类型,将结构变迁的动力归结为由不同部门产品需求收入弹性差异引起的要素重新配置,这类研究通常假定消费者偏好或效用函数是非齐序的(non-homothetic),强调"恩格尔法则"(包括线性和非线性的恩格尔曲线)在产品消费份额比重变化中的作用。此外,还有一些研究尝试将供给层面和需求层面结合起来,构建一个包含技术差异和非齐序偏好的综合模型来解释结构变迁与经济增长。在这些研究中,一个较为主流的研究主题是考察"结构变迁与平衡增长的相容性",即从传统单部门的增长模型扩展到多部门的增长模型,通过设定相应的条件,将部门间的结构变迁与总量的平衡增长结合起来。例如,Kongsamut、Sergio 和 Xie(2001)通过引入非齐序偏好(即 Stone-Geary 偏好),建立内生的结构变迁模型,该模型的核心思想是恩格尔法则,即随着收入的增加,消费者对农业产品的需求比重下降。Ngai 和 Pissarides(2007)对 Kongsamut、Sergio 和 Xie(2001)的模型中 Stone-Geary 偏好假设提出批评,建立了一个不同全要素生产率的多部门增长模型,认为只要放松一些假设(例如,最终产品之间的低替代弹性),在不违背新古典假设的前提下(例如,采用 C-D 生产函数和等替代弹性效应函数),部门间的结构变迁与总体经济的平衡增长并不矛盾。但是,这些研究所增加的假设条件很难得到经验的支持,从而也受到质疑。

发展经济学很早就关注经济发展过程中的结构变迁问题。林毅夫教授所倡导的新结构经济学吸取了传统结构经济学因政府强行扭曲要素价格而导致产业缺乏竞争力的教训,尝试将结构变迁的视角纳入新古典分析框架中,阐释发展中国家如何依据自身禀赋结构构建具有动态比较优势的产业结构升级路径,将要素结构、产业结构和金融结构等结构变迁的内在关联纳入统一的理论分析框架中,着重考察政府在产业升级和多样化中的因势利导作用。较之于传统结构经济学和忽略结构约束的"华盛顿共识",新结构经济学基于"最大化实现潜在比较优势"的逻辑将"政府"和"市场"的有效边界纳入统一的分析框架中,为发展中国家制定具有动态竞争力的产业政策提供了重要的理论指导。

新结构经济学理论逻辑可以简要描述如下:所有发展中国家在经济增长过程中都存在不以人的意志为转移的结构性约束,即禀赋结构约束。禀赋结构决定了一个国家的潜在比较优势,该国企业只有进入具有比较优势的产业在国际上才具有竞争力,因此,这便内生出一个最优的产业结构。发展中国家可以通过技术模仿获得后发优势,加快产业升级和结构变迁,而这一过程又会反过来促进禀赋结构的变化,后者的变化将进一步启动产业升级和结构变迁。由于在理论上将制度视为禀赋的一部分,制度结构的内生变化也被考虑进去,因此,要素结构、产业结构、技术结构和制度结构等都内生变化。而且学习的作用在技术模仿和人力资本提升中得到重视,这就构成了一个动态的结构变迁理论。新结构经济学强调,有效率的产业结构升级需要"有效市场"和"有为政府"的协同发力。市场和政府在理论上存在最优边界,这个边界就是能够最大化实现潜在比较优势的产业政策。随着产业升级和结构变迁,市场和政府的有效边界也是动态变化的。

新结构经济学在新古典理性选择的范式下,从禀赋结构约束出发,将结构变化内生化,考察经济增长过程中的各种结构变化过程,推动经济研究视角的"结构转向",为理解各种结构变迁提供逻辑自洽的解释体系。

对中国经济结构转型升级的现实指导意义

早期《中国的奇迹:发展战略与经济改革》一书就充满了新结构经济学的思想和逻辑,该书较为系统地总结和分析了中国经济增长的奇迹及其存在问题,并预测了未来的发展前景。许多预测也被经验证实了。当前,随着中国经济增长进入"新常态",中国正在致力于加快推动发展模式的成功转型,增长动力尝试从要素和投资驱动转向创新驱动,增长速度从高速转向中高速,发展方式从规模速度型转向质量效率型,中国经济正在驶入结构转型升级的快速通道中。由于强调客观的结构约束,以及如何有效推动结构变迁和升级,新结构经济学对中国这波以"提质增效"为内涵的转型浪潮具有重要的现实指导意义。

具体表现为:第一,中国经济结构转型升级不能够脱离自身的禀赋结构约束,在增长动力机制和产业选择上不能盲目模仿发达国家。例如,创新驱动应该是一个较为广义的概念,它既包括通过创新推动技术前沿边界的拓展,也包括要素从低技术部门向高技术部门的结构变迁。作为发展中国家,必须实事求是地面对与发达国家的技术差距,在某些禀赋结构具备比较优势的领域通过前沿创新驱动实现弯道超车是可能的(例如,高铁、核电和电子商务等),但是,想过多依赖前沿创新来实现经济增长至少短期内是不现实的,而推动要素结构变迁和升级则更为重要和可行。第二,中国经济结构转型需要"有效市场"和"有为政府"的协同发力,两者共同构成了中国经济增长重要的引擎。新结构经济学强调市场在资源配置中的基础和决定性作用的同时,也强调政府在产业升级中因势利导的积极作用。如果仅仅依靠市场自发演化,产业升级速度会比较缓慢,效率可能比较低。较之于处于技术前沿边界的发达国家,发展中国家政府能够更加"有为"的重要原因是,发展中国家存在一个较为清晰的产业升级图景。这表明,政府具有一定的认知能力能够进行增长甄别,同时通过解决外部性和协调等问题对产业升级起到因势利导的作用。随着经济发展,技术逼近前沿边界,政府对未来产业发展的方向和路径的认知能力会大大降低,政府在产业发展中的引导作用也随之失效。第三,中国经济结构转型升级的许多领域还必须立足自身比较优势,在充分发挥后发优势的同时,深化制度改革,降低总成本,构建动态比较优势,推动产业升级。

未来研究建议

作为一门新兴的经济理论，毫无疑问，新结构经济学无论是在理论还是在应用研究上都需要进一步的完善和充实。这里尝试对未来研究给出一些建议。既然新结构经济学是在新古典理性选择范式上进行拓展，那么这种拓展是否具有一般性？或者说这种拓展的逻辑是否更为高阶，进而能够涵盖原有的理论逻辑？是否能够在一个一般形式化的理论逻辑上证明新古典增长理论以及内生增长理论等仅仅是新结构经济学的特例？新结构经济学需要创新何种均衡解概念，来描述结构变迁和产业最优升级路径？它与一般均衡、纳什均衡以及各种流行的均衡解概念有何区别？如何构建包含要素结构、技术结构、制度结构和产业结构等结构变迁的一般性数理模型？这些基础理论问题还有待更为深入的研究和阐明。在实证研究和应用推广上，需要构建能够测度潜在和现实比较优势的代理变量，而且，由于结构变迁充满内生性，需要构建良好的工具变量来检验产业政策效率。

可以将制度视为禀赋的一部分，但是，还必须将它与其他要素禀赋区别开。制度对要素和资源配置会产生系统性的影响，它可能更为基础。新结构经济学在理论上必须更加突出制度的重要性，同时重视研究技术进步和制度变迁共同作用下如何推动要素结构和产业结构升级。而且，学习的重要性在一般性理论中必须得到重视和强调，它是结构变迁和升级的重要驱动力量，模型建构中应该将学习动态与均衡收敛有效结合起来。

第 3 部分
视角与应用

3.1

新结构经济学在经济增长领域的新视角与新应用

付才辉:在基本新古典增长模型中引入新结构的思路

之前王勇师兄指出,很多经济学家都认为经济增长是一项非常重要的研究题目,但现在宏观经济学教科书里面的经济增长理论,绝大部分都忽略了结构性差异。现在的宏观增长模型通常开始假定一个总量生产函数……但如果从这样一个经典的单部门增长模型出发,基本上没有结构问题,而全是总量问题。如果以这样的框架来分析,得到的结论很可能产生具有误导性的政策建议。我非常认同王勇师兄所言——忽略结构的经典新古典增长模型极具误导性,但不认为干净简洁的标准新古典增长模型就不可以分析结构问题。绝大部分做结构变迁问题的模型或理论都会放在多部门中去探讨,而我的想法是能否在最基本的 Solow 模型、Ramsey 模型这些单部门的总量生产函数里面,通过注入某些结构信息,然后将其内生化。下面我讨论一下对这个问题的基本分析思路和不一样的结论:

首先,标准新古典增长模型的阿基里斯之踵在何处呢?不仅仅是标准的新古典增长模型,在现有理论体系中,尽管对总量生产函数有各种各样形式的设定,诸如里昂惕夫生产函数、C-D 生产函数、CES 生产函数等等,但生产函数本身却是外生给定不变的,或者是先验的。因此,这种外生不变的总量设定是无法反映结构信息的。对于新结构经济学所要强调的新的经济学见解,王勇(2013)之前就指出:"在宏观上体现为总体生产函数是内生的,而且函数形式本身可能是随时间变化的。这是新结构经济学的理论基石与出发点,所以值得特别强调。"生产结构的选择实际上就是在一个生产函数集合中选择一个生产函数。因此,可变总量生产函数集合映射了不同的生产结构。例如,以农业占主导的经济体其总量生产函数是劳动密集型的;以工业占主导的经济体其总量生产函数是物质资本密集型的;以服务业占主导的经济体其总量生产函数是人力资本密集型的。所以,生产结构是一个连续的谱系。图1展示了以应用最为广泛的 C-D 函数为例,以要素相对密集度刻画的生产函数的分布。

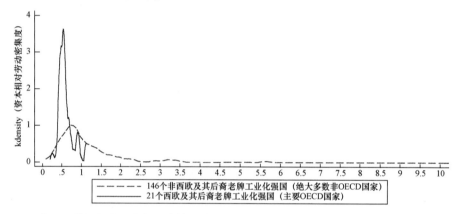

图1 前沿与前沿内部经济体生产函数中资本相对劳动密集度的核密度图
资料来源:PWT 8.0(2015),样本覆盖了全球1950—2011 年的167 个经济体,前沿的21 个西欧及其后裔工业化强国根据 Maddison 的分类。

然而,内生可变总量生产函数与主流增长理论赖以生存的卡尔多特征事实中的如下关键要点相抵触:劳动和资本报酬份额几乎恒定。此外,如林毅夫(2007)指出的,不论发达国家处于哪个增长阶段,所有产业都已经处于世界产业链的最前沿,对于国民经济中下一个新的、有前景的产业何在,绝大多数情况下每个企业的看法不同,不会有社会共识,政府也不可能比企业有更准确的信息。与经济前沿国家不同的是,不论在哪个发展阶段,发展中国家的产业都在世界产业链中处于链条内部的较低部位,发展中国家的经济发展是在世界产业链内部,沿着现有的各种资本和技术密集程度不同的产业台阶,由低向高逐级而上不断升级的过程。那么,包含了生产结构信息的总量生产函数在前沿经济体与前沿内部经济体之间的分布必然也存在差异。生产函数中资本相对劳动密集度(资本份额与劳动份额之比)全球样本的核密度图的非常数分布以及前沿经济体分布离差较小而前沿内部经济体分布离差较大的特征事实可能反映了结构变迁的特征差异。资本份额和劳动份额之比的全球分布存在较大的离差;相对于前沿发达经济体,前沿内部经济体分布的离差更大。尽管大量文献从收入分配角度质疑了劳动和资本报酬份额几乎恒定这一早期英美经验的卡尔多特征事实,并指出了建立在此基础上的主流宏观增长模型的可靠性,针对前沿经济体而言,主流模型的根基还不至于动摇,然而针对前沿内部存在后发优势结构变迁特征的发展中经济体而言其适用性却有根本性缺陷。那么,其实只需采取可变总量生产函数的思想即可捕获其背后的结构信息。

只需简单地通过增长核算对比基准的 Solow 核算与上述引入结构的可变总量生产函数即可发现这一问题的重要性。几乎每一个增长模型都可以通过增长核算展示其所声称的理论机制的定量贡献。从 20 世纪 50 年代 Solow(1956)开创现代经济增长理论以来,几乎所有的增长核算经验工作都以如下外生不变的新古典总量生产函数作为基准展开:首先,可以将产出或者收入就行对数分解为技术水平(TFP)、资本和(包括人力资本在内的)劳动三项;然后也可以将经济增长分解为技术进步、物质资本积累和包括人力资本在内的劳动增长三个来源,其中物质资本和劳动两个渠道通过不变的资本份额(α)与劳动份额进行加权,包括新制度经济学在内的一些新理论进展也强调了保障技术、投资与劳动等增长渠道背后的诸如产权等制度安排。众所周知,按照新古典增长理论,由于投入要素边际产出递减,禀赋积累(资本劳动比)会使得增长率出现递减。这便是新古典增长理论的收敛预测,但是几乎所有的跨国经验分析都有一个基本的结论:不存在绝对收敛,只有在诸如 OECD 等相对同质的高收入国家才存在收敛(条件收敛)。按照前面林毅夫老师阐述的新结构经济学的基本框架,生产结构内生于禀赋结构,即总量生产函数是随禀赋结构 $k(t)$ 变化而变化的。具体而言,以经典的 C-D 生产函数为例,总量生产函数的变化指的就是生产方式要素密度的变化,如从劳动密集型生产方式向(物质或人力)资本密集型生产方式的转变。禀赋结构升级驱动生产结构升级的关系,不妨直接假设为 $\frac{\partial \alpha(k)}{\partial k}$。因此,人均资本增长率就变为

$$\gamma_k = \frac{\dot{k}(t)}{k(t)} = s\frac{f_{k(t)}(k(t))}{k(t)} - (n + x + \delta) = sA(t)k(t)^{\alpha(k)-1} - (n + x + \delta)$$

对该式关于 k 求导可得包含结构变迁效应的收敛:

$$\frac{\partial \gamma_k}{\partial k} = \underbrace{s(\alpha(k) - 1)A(t)k(t)^{\alpha(k)-2}}_{\text{资本边际产出递减引起的增长率增减}} + \underbrace{sA(t)k(t)^{\alpha(k)-1}\left[\frac{\partial \alpha(k)}{\partial k}\ln k(t)\right]}_{\text{禀赋积累推动的结构变迁引起的增长率递增}}$$

由此,我们可以一目了然地看到,如果资本积累推动的结构变迁引起的增长率递增超过了资本边际产出递减引起的增长率递减,那么增长率就不会随资本积累而下滑,除非后一个结构变迁效应太过疲软。这说明了结构变迁对于经济收敛的重要性。事实上,这可能是 Rodrik(2012)最近在 QJE 上发现"国家层面不存在但细分产业层面存在绝对收敛"特征事实的重要解释。按照 Rodrik 的思路,后面在新结构区域经济学议程中,茅锐等也要讨论中国区域经济层面这样的特征事实,其实背后的道理是一样的。

利用前述可变的且也满足新古典生产函数的一些基本性质的总量生产函数进行增长核算可得:

$$\gamma_y(t) = \underbrace{x + \alpha(t)\gamma_k(t)}_{\text{传统不变总量生产函数分解的增长}} \quad \underbrace{(\alpha(t)\ln k(t))\gamma_\alpha(t)}_{\text{结构变迁驱动的增长}}$$

这个基于内生于禀赋结构的可变总量生产函数的新结构经济学增长核算公式多了一项——结构变迁驱动的增长。我利用 PWT 8.0 的 167 个经济体 1950—2011 年收入、资本存量、就业与劳动份额数据对前述可变与不变总量生产函数设定下的新古典 Solow 模型与新结构经济学的进行了核算,结果发现:首先,新古典 Solow 标准核算严重高估了技术进步而低估了结构变迁的贡献;相对于可变总量生产函数核算,不变总量生产函数核算的禀赋驱动增长率平均被低估了 125.53%,去掉大于 0.5 或小于 -0.5 的异常值之后也被低估了 65.99%;技术进步率平均被高估了 113.14%,去掉大于 0.5 或小于 -0.5 的异常值之后也被高估了 74.57%。这说明如果考虑禀赋结构驱动的生产结构变迁,现在主流文献强调的 TFP 或创新对于发展中经济体而言

并不见得是最重要的。

其次,在标准的新古典 Solow 模型中单单修改了可变总量生产函数,那如何按照新结构经济学的思想从禀赋结构角度直接将可变总量生产函数内生化呢?我设想了六个步骤:第一步便是设定前述内生可变的总量生产函数,这样产出便是投入要素(禀赋结构)与生产函数的函数(泛函,当然在上述的生产函数参数化设置下不是泛函而是一般的函数,下同)。当然如前面一些议题讨论到的生产结构有许多不同的维度,例如前面已经涉及的要素相对密度或产出弹性,以及接下来蒋辉所要讨论的替代弹性维度和林炜所要讨论的创新结构问题等等。第二步与传统标准的新古典经济学一样,给定第一步设定的任意可变总量生产函数,选择投入要素使得成本最小化,即可以得到条件要素需求函数,即禀赋结构的需求函数,其是禀赋结构与生产函数的函数(泛函)。第三步则直接切入林毅夫老师前面的新结构经济学分析框架,即给定时点禀赋结构是给定的,那么由要素市场出清条件可得要素禀赋结构的相对价格,其是禀赋结构与生产函数的函数(泛函)。第四步是在要素市场出清时代表性生产者选择生产函数使得利润最大化。第五步则是在要素市场出清和最优生产函数条件的基础上,再施加如下产品市场出清条件下便可以得到生产函数、产出、禀赋结构相对价格和产出价格的一般均衡解。第六步直接可以在上述静态一般均衡解的基础上,得到禀赋结构升级的动态方程以及禀赋结构与生产函数的动态一般均衡。如果用某些特性表征生产函数并将其参数化,上述六步法求解过程非常简洁,例如在标准的 C-D 生产函数 $Y = F(K,L) = H(K,L,\alpha) = K^\alpha L^{1-\alpha}$ 设定下,表征生产函数的要素密度的一般均衡解为

$$\alpha^*(t) = 1 \frac{s}{[(m(t)+1)(n(t)+1)-(1-\delta)]\overline{\omega}(t)}$$

那么在动态一般均衡稳态时的禀赋结构与生产函数方程或结构变迁方程为 $\varphi^* = \frac{n+\delta}{s}\overline{\omega}^* - 1$。这一简单的方程揭示了"经济发展的根本性动力是禀赋结构升级与生产结构升级相辅相成的循环积累因果效应"。

上述一般均衡理论与常见的教科书关键的不同之处在于第四步最优生

产结构的选择。这与标准教科书产量选择的边际成本与边际收益分析思路其实一样的，但是现有的理论都假定生产结构给定或生产函数给定。在禀赋结构给定与要素市场出清的条件下，产量的选择等同于生产结构的选择，但是生产结构选择的边际成本与边际收益机制完全不同。容易看到资本越密集的生产结构其人力产出或劳动生产率越高，这其实就是生产结构选择的边际收益，这也是战后第一代旧结构主义发展经济学家先驱们看到的生产结构工业化赶超的收益所在。但是，他们却忽视了在禀赋结构给定的约束条件下，生产结构的选择会对禀赋结构价格产生影响，进而对生产结构选择的边际成本产生影响，这就是为什么市场在违背比较优势的工业化中"失灵"的原因——违背了市场的理性选择原则。

在任意发展阶段的结构变迁静态一般均衡框架中，给定的禀赋结构在竞争性市场上内生了一般均衡的生产结构与相对价格，也即新结构经济学意义上的"比较优势"（comparative advantage）；如果竞争性市场遭到了破坏或不恰当的干预，生产结构的选择违背了比较优势（如赶超战略），必然破坏相对价格机制，导致微观企业缺乏"自生能力"（viability）；缺乏自生能力的企业必然需要外部尤其来自政府的保护才能生存，这不但不能促进禀赋结构升级，反而蚕食了禀赋结构。在结构变迁动态一般均衡框架中，禀赋结构升级受到阻碍就无法促进生产结构升级，生产结构不能够升级，劳动生产率也不能够提高，人均收入水平就得不到改善，进一步无法促进禀赋结构升级，从而经济发展便进入了恶性循环。这便是新结构经济学主张"有效市场"（efficient market）政策取向的理论依据。不同于处于经济前沿的发达国家，由于发展中国家处于前沿内部，生产结构升级存在后发优势（late-mover advantage）。但是由于禀赋结构中的软硬基础设施存在外部性，以及生产结构升级过程中存在的协调与先行者激励问题，需要恰当的结构变迁政策促进禀赋结构升级和生产结构升级，这便是新结构经济学主张"有为政府"（facilitating government）的理论依据。此外，如果结构转型升级过程中违背了比较优势，产生了扭曲，在大量企业缺乏自生能力的情况下，不同于华盛顿共识下的"休克疗法"，新结构经济学主张采取渐进式的策略消除结构扭曲。因此，前述理论体系衍生出来的"自生能力"则是分析结构转型的关键理论工具。与此同时，新结构经济学的基本原理也分析由禀赋结构延伸出来的产业结构、就业结构、金融结构、区域结构、开放结构、周期结构和环境结构等结构安排随禀赋结构升级而动态调整的过程。在逻辑体系上，禀赋结构是分析的起点，产业结构是关键，其他结构安排则是次生的。总之，如果采取符合比较优势的发展战略充分利用后发优势，采取渐进式的方式有效消除结构扭曲创造条件，任何贫穷的发展中国家均可在一两代人的时间内脱贫致富。

当然，这里只是简单讨论了在最基本的新古典增长模型尤其是 Solow 模型中引入结构的思路，我们知道 Solow 模型是整个现代增长模型的基石，在按照新结构经济学的思路引入结构之后也可以广泛应用到其他领域。

评论与问答

问：你那个生产函数是不是一部分包括了技术创新一部分包含了产业结构？

付才辉：对的，生产函数是生产结构的刻画，其包含了创新结构和产业结构，这里的讨论将创新或技术进步单位化了，下面林炜会讨论其中的最优创新结构问题。

问：这个创新结构会不会有一个变迁的过程？

付才辉：会，我和林炜合作的最优创新结构研究会讲到禀赋结构怎么驱动创新结构变迁。

问：那创新或技术进步会不会在稳态的方程里面有一些变化的过程，结果会不会影响变化？

付才辉：有人也给我提过这个建议，其实就是将前面单位化的创新模型进行拓展，肯定有不同的结论。我之所以将其单位化，主要是隔离掉内生增长理论特别强调的创新或技术进步。我们知道，新古典增长模型在长期确实是没有内生增长的。正如之前的议题中陈昆亭老师提到的事实，发达国家从工业革命以后有 2%—3% 的长期增长。长期来讲，如果没有技术进步，就没有长期内生的经济增长。我的看法是，中国确实不可能保持一百多年近10%的增长率,但是你得解释为什么中国已经有将近30年这样的超高速增长,还有增长委员会《增长报告》里面提及的13个经济体,有连续25年7%以上的增长。

问:我还是对生产结构的定义有一个疑惑,如果是按照资本乘以利率,还有劳动乘以工资的话,那么就是 α 比上 $1-\alpha$,其实就等于利率比上工资然后再乘以资本比上劳动,如果禀赋结构直接对应 K 和 L,很显然反映出来的就是 K 比上 L,一个系数关系(利率与工资比),那么 α 比上 $1-\alpha$ 代表的含义是什么?

付才辉:C-D 函数里面的 α 就是一个资本产出弹性或资本密度,α 比上 $1-\alpha$ 代表的含义是资本相对劳动的密度。这其实只是生产函数或生产结构的一个维度,下面的演讲者会讨论生产函数的替代弹性维度。在上面的例子中 C-D 函数的替代弹性是 1。直观的含义上,以农业占主导的经济体其总量生产函数是土地密集型的;以轻工业占主导的经济体其总量生产函数是劳动密集型的;以重工业占主导的经济体其总量生产函数是物质资本密集型的;以服务业占主导的经济体其总量生产函数是人力资本密集型的。需要指出的是,您的换算公式没有错,但是利率和工资是内生的,不是一个外生的系数,所以会导致您的疑惑。

陈蒋辉:生产函数的替代弹性测度与讨论

我要做的研究是关于中国工业微观层面上的替代弹性的测度。首先给大家做一个非常简单的介绍,什么是替代弹性:替代弹性测量的是一种投入要素被另一种投入要素替代的难易程度。在我们常用的 CES 生产函数里面,指数中的 σ 就是替代弹性;C-D 函数中,替代弹性等于 1。一个较大的 σ 代表的含义是,在投入中,劳动比较容易被资本替代。这就是它的一个比较直观的经济学含义。

为什么我要做这个研究?有两个动机,一是替代弹性在生产函数里面,是一个比较重要的变量。新结构经济学强调要根据要素禀赋进行产业的选择和产品的决定,但是,要素禀赋是否就只意味着资本和劳动量的多少呢?我觉得除此之外,替代弹性其实也是一个非常重要的维度,因为它决定了资本和劳动如何有效结合。一个非常简单的例子,如果两个国家 A 跟 B,它们的资本跟劳动都是一样的,但是它们有不一样的替代弹性,其中 A 国接近里昂惕夫生产函数,替代弹性约等于 0;而 B 国采用 C-D 生产函数,替代弹性约等于 1。这种情况下,即使在资本和劳动一样的情况下,它们的最终产出很可能也是不一样的。退一步说,即使它们当期的产出是一样的,那么在下一期,比如两国在保持劳动力不变的情况下同时增加了资本,那么它们的产出显然是不一样的。一个直观的感觉是,里昂惕夫生产函数如果只增加资本,那么产出将保持不变;但是 C-D 生产函数的产出会由于资本的增多而变大。所以这也证明,替代弹性并非是一个比较随意的参数,相反,它其实是非常重要的。

在这里我也列了一些文献,这些研究从理论上证明了替代弹性对经济方方面面的影响。在此我试举一例:2010 年 Palivos 和 Karagiannis 的研究就是从理论上证明,如果替代弹性大于 1,这个经济体是可能产生内生增长的。它的基本思想是当替代弹性大于 1 时,某投入要素趋向无穷并不会使该要素的边际产出趋向于 0,实际上它会趋向于一个大于 0 的常数。

在这里我有两个疑问,第一个是我们现在常用的宏观模型里面基本都采用了 CES 增长函数,CES 增长函数顾名思义就是替代弹性是一个常数,我的第一个问题是假定替代弹性是一个常数。这真的是一个合适的假设吗?尤其是在比较长的发展阶段,比如说中国改革开放至今三十多年以来,如果我们假定在这段时间中国总体生产函数的替代弹性是一个常数,是否会带来很多问题?第二个问题是,中国目前的替代弹性是多少?

其实随着阅读文献的深入,我发现目前测算替代弹性的方法问题很多,而且所测结果相差很大。正如我刚才提到的,现在主要采用的是 CES 生产函数,相对而言,关于美国的总体生产函数中劳动与资本的替代弹性研究是比较多的,我总结了一下,这些研究的结果表明美国的总体替代弹性大约在 0.16—1.33 这个区间,当然也有一些美国学者采用行业层面的面板数据,发现绝大多数行业都无法拒绝替代弹性为 1 的假设,进而推断,假定美国的总体生产函数替代弹性为 1 是一个比较合理的假设。但是以上所有提到的测度研究都包含以下两个显著缺点:第一个缺点是他们在测度的时候都是假定替代弹性在测度期内保持不变,但其实它是可能会变的。第二个缺点是他们用的数据量都非常有限。其实也可以说正是由于数据量的有限,他们必须得设定替代弹性为常数。

而关于中国生产函数的替代弹性的测度研究就很少了,所以我们这个研究就是想用中国的微观层面数据来测度一下中国的替代弹性。我们所用的数据库是大家比较熟悉的中国工业企业数据库,用的是 1998—2007 年连续 10 年间的数据。这个数据库包含的是所有年销售额在 500 万元以上的企业的相关信息。虽然从数量上而言,这个数据库只包含了中国所有注册企业的 20%,但是被删掉的 80% 的企业的年产出占比不到 20%,所以我们认为这个数据库从工业企业层面上而言,已经有比较大的代表性了。

讲了这么多,那具体怎么测呢?正如我刚才一直强调的,其实目前所使用的是 CES 这样一个测度形式,结合目前所拥有的数据库,主要有以下两种可选的测度方法。第一种测度方法是非线性的测度方法。从数据库中,我们可以得到产出 Y、资本 K、劳动 L,然后我们可以假定一些条件,比如说 TFP 是逐步增长的,并且年均增速一样,那么我们可以通过非线性最小二乘法找到"最佳"的替代弹性值。相信大家也发现了,我刚才讲的这种方法很大的缺点就是它必须要假定同一个行业里的企业 TFP 相同,且增速相同。之前鞠老师也提到,其实在同一年份,同一个行业里面不同企业的 TFP 相差很大,最近也有不少研究证实的确是这么一回事。所以我们认为这种测算方法可能不那么准确,接下来用线性测算可能是更好的选择。

线性测算怎么做?基本假定是企业是以利润最大化为导向的,企业在这个目标下的最优选择可以得到一系列方程,通过转换可以得到一个方程,其中变量 $\ln(w/r)$ 前面的系数就是我们所要估算的替代弹性 σ。所以,我们就可以通过搜集 K、L、w、r 的数据代入该方程来回归得到这个系数。而这四项数据是能在中国工业企业数据库中找到的。关于劳动力 L,我们采用的是企业报告里面的年平均雇佣劳动者数量;关于资本 K,我们用了企业财务报表中的总资产一项,但是企业报告的总资产只是当初买进资产价格的累加,所以我们通过一个标准的方法把它转化成当期的资本价值。然后劳动力支出主要包括工资以及补贴、保险之类,于是平均的工资就等于总工资除以总的劳动力 L,这样就得到了 w;关于利率 r,我们采用的是用于资本的总开支除以总资产现值,其中用于资本的总开支包括总利润加上除去劳动力的其他生产开支,在对应的数据库里面就是总利润加上财务费用加上管理费用再减去用于劳动力的那部分管理费用,然后加上销售费用减去用于劳动力的那部分销售费用。初步测算结果表明,1998—2007 年的利润率大概在 12%—16%,跟前面有些老师提到的结果基本一致。

我们主要测的就是2位数分类的行业层面替代弹性,因为我们觉得同一个行业里面的企业可能拥有比较接近的替代弹性。当然,本质上每个企业都应该有不一样的替代弹性,即使是在同一个行业里面。但是替代弹性并不是一个显性的参数,无法通过数据库中的信息直接得到,所以我们必须牺牲一些自由度来换取准确度。另外要提到的一点是,我们这里假定同一行业拥有比较接近的替代弹性这一点是可以讨论的,可能选择资本密集度类似的企业拥有接近的替代弹性是一个更好的选择,当然目前我们的结果还是很初步的,之后我们也会做更多的结果测试。在得到2位数行业层面替代弹性的基础上,我们可以通过相关方法加总得到一个工业层面总的替代弹性。让我们来看一下相关结果。首先是在 1998—2007 年这 10 年间,2 位数行业每一年的替代弹性的测算结果:第一,绝大部分行业的替代弹性都小于 1;第二,在同一年中不同行业的替代弹性差别很大;第三,不同行业在这 10 年中替代弹性的变化是很不一样的,有些行业是变大,有些行业是变小。其次是中国工业层面总体替代弹性的测算结果:第一,总体替代弹性的确小于 1,可能接近 0.5 左右;第二,在 1998—2007 年这 10 年中,替代弹性总体来说呈现出增长的趋势,具体而言,从 1998 年到 2004 年是明显增长,2004 年之后有一点点下降。我们也进行了另外一种总体替代弹性的测度,即假定这一年所有的公司拥有同样的替代弹性,结果基本上差不多。于是我们就可以得到以下三个基本结论:一是不同行业有不同的替代弹性,并且不同行业的替代弹性的变化是不一样的;二是在 1998—2007 年间,中国工业层面总体替代弹性是显著小于 1 的;三是总体替代弹性在这 10 年间有缓慢的增长。

我们也做了一些简单的稳健性测试。在这里我只列出两种检验。第一种是根据 Hsieh 和 Klenow 的做法,他们发现工企数据中用于支付工人的这一块显著小于劳动力份额在总体的 GDP 中的份额,他们采取的方法是在支付工人劳务费的前面乘以一个大于 1 的常数。我们来检验若同样采取这种处理方法,上面的结论是否仍然成立。第二种检验方法来自于经济学理论,我们定义支付给资本 K 的那一块支出为企业产出附加值减去在雇佣劳动力 L 方面的支出。我们来看看结果是否成立。第一种检验方法的结果和我们之前的结果非常类似,我们发现倘若采用 Hsieh 和 Klenow 的方法,总体替代弹性仍然显著小于 1,并且在 1998—2007 年间有一个缓慢上升的趋势。第二种检验方法下的结果也比较类似,基本结论也仍然成立。

由于时间的限制,我并没有将更多的稳健性测试和其他分类结果放在这里。就本文的内容而言,我们的基本结论如下:第一,不同的行业拥有不同的替代弹性。第二,在 1998—2007 年间中国在工业层面的总体替代弹性是显著小于 1 的,所以用 C-D 生产函数可能并不是非常合适,尤其是在做与替代弹性有比较深的关系的一些研究中,比如在产业升级和结构转型方面的研究中,可能选择 0.5 是更贴近中国实际情况的。第三,在 1998—2007 年这段时间里,替代弹性有一个缓慢的上升,所以假定替代弹性在一个比较长的时段中是一个不变的常数可能是很有问题的,尤其是在中国这样一个有高速增长的经济体中。当然我们的研究还很初步,结论也有待进一步推敲。

评论与问答

王勇:你这个研究我觉得挺有意思,但是我觉得这里面有几个重要假定,也许需要测试——我不是说一定会改变你的结果,但是这个测试你需要认真地考虑。一个是我刚才提到的倘若中国的技术进步不是中立该怎么办,你需要在理论模型中把有偏技术进步考虑进去。另外,你最后在给替代弹性加总的时候,我还是强烈建议,你既然有一个结构了,就应该是不同的部门也有一个结构。不能只是粗略地用附加值,有些部门可能因为是可贸易的,有些可能随着时间变化,它们的资本密集度会发生各种各样的变化。我建议你既然有了 specification,你就要把其他的最有可能相关的导致扭曲的东西都要考虑进去,也许有些东西回归之后就可以消掉了,但是你必须都要考虑过。

付才辉:最初的哈罗德-多马模型就是从资本与劳动之间的可替代性来论证资本主义的经济周期(经济危机)问题。这里面应该有很深的结构信息。沿着这个思路,可以进一步研究不同资本结构与劳动结构之间的替代弹性,比如不同技能的劳动力之间的替代弹性:产业结构比较低的时候,嵌入产业结构之中的岗位都差不多,基本上是体力劳动,大家都可以替代;如果产业级别往上延伸的话,不同岗位之间的异质性变大,不同技能劳动力之间的替代弹性可能就会变小。另外,与我们前面讨论的产出弹性一样,替代弹性是生产函数一个极为重要的性质,而不是禀赋结构的一个维度,我觉得您应该从禀赋结构角度大胆尝试一下如何内生替代弹性。

陈蒋辉:当然可以,这个研究目前而言仍然是一个比较初步的研究,有很强的可塑性,所以也非常希望大家能够多提指导建议,回去我也可以更好地做更多的东西。

问:我有一个疑问,您现在是假设不同行业的弹性不同,我的一个想法是,有没有可能同一个行业在不同的地区,比如东中西部,弹性会有不同?

陈蒋辉:在这里我只是把这个总体 2 位数行业结果放到这里,其实工企数据库包含很多的分类指标,包括注册类型、是否国企、地域之类的,其实我都做过,而且目前的结果看来也很不错,但是由于展示时间所限,并且相应的稳健性测试都没有完全完成,所以也没有把所有结果都放上来,在我最后的研究汇报版本中,我会把相关的包括地域、注册类型等分类结果都展示出来,可能大家会从中发现一些有意思的结果,也方便理论模型的构建。

付才辉:这个做完以后可以放到我们中心官网上,作为一个指标跟其他变量嫁接起来研究。

陈蒋辉:的确,通过这个研究,我其实就想说明适用于美国的一些参数可能用在中国这边是不合适的,比如说美国那些学者的研究表明美国生产函数采用 C-D 函数比较合适,因为他们发现美国替代弹性的确是接近 1,但是我们直接拿过来用可能就是有问题的。

付才辉：谢长泰那个资源误配的著名论文不就是做中国、印度、美国的比较吗？你也可以做这样的一个对比。

陈蒋辉：如果中心能够给我提供印度、美国的企业数据，那也简单。

林炜：最优创新结构的理论与实证讨论

这篇文章的思想还比较初步，只是用简单的实证，包括跨国数据和中国企业微观数据进行一个检验，很多部分并不完善，包括理论部分，都只停留在假设的阶段，还没做到像王勇老师提出的很严谨的内生性的产业结构升级机制。

我们的出发点就是像 Acemoglu、Aghion 和 Zilibotti（2006）所说的，一个国家如果越接近世界前沿的话，自主创新相对模仿的比值就会越高。林老师之前也提到过，一个国家越前沿的话，比如发达国家，越会选择自主创新的道路，因为它没有其他目标可以进行模仿，但是发展中国家却可以从发达国家引进技术以进行相应的模仿，其实这是现阶段比自主创新更有效率的一种发展模式。

我们简单看一些文献。目前关于创新研究的主流文献，最早可以追溯到 Hicks（1962），他提出要素价格会引致技术进步。Pop（2002）用能源方面的专利进行研究，发现能源的稀缺导致能源要素价格的上涨，会促进美国更多的公司采用节能的技术。Acemoglu 也对创新、技术偏向性进行了大量的探讨，包括劳动稀缺以及要素价格变化，会怎么影响技术进步的方向，这个方向是由要素替代弹性决定的。Allen（2009）把英国的工业革命归功于劳动要素禀赋的稀缺，企业家为了削减工厂的劳动力成本，试图采用新技术，引致了创新和技术进步。归纳起来一句话就是要素禀赋和创新的关系。创新主要体现为以下几个特征：企业的专利研发是高度有偏的，并且是一种随机游走过程。但是这些文献都有一个缺陷，就是它们没有提出关于创新结构方面的问题,而AAZ(2006)那篇文章提出了创新有自主型创新和模仿型创新的区别,我们这篇文章的想法就是去验证,是否一个国家越接近前沿,就越有自主创新的意识。

第一步假设一个CES生产函数形式。创新分成两类,一类是模仿型创新,一类是自主型发明。模仿型创新跟劳动投入具有一定的关联,形成一个组合;自主型创新跟资本投入形成一个组合。我们可以简单地发现,它们具有初步的相关关系,但这还不是很完善,所以还需要进一步探讨。

有人可能会提出质疑,为什么自主创新会跟资本进行匹配?所以我们对模型进一步拓展,将劳动力进行进一步的结构划分,可以分为技能型劳动和非技能型劳动。我们可以通过CES这样的函数形式设定,将自主创新和模仿型创新进行组合,然后进行一些推论。但是这些推论目前只能得到静态的结果。就像Lucas提出的那种知识积累方程,创新也有类似的积累方程形式,而且是规模报酬递增的,第一个是自主型创新,第二个是模仿型创新。然后我们提出这样一个假设,一个国家越接近生产率前沿,它的资本禀赋就越充分,这样就会推导出它自主创新的比例越高。然后就是最终产品的生产函数设定,通过前面付才辉老师所讨论的几个步骤,我们最后得到自主型创新和模仿型创新的需求,完成基本的推论。

我们用数据简单地进行检验,首先我们进行跨国实证检验。这里我们面临的一个问题是,很难找到一个严格外生的工具变量来代理资本禀赋。我们用了大概这几种数据,主要包括:世界知识产权数据库,它有全世界各个国家申请的专利总和,包括三种专利,一种是发明型专利,一种是实用型专利,一种是工业外观设计;筛选PWT进行控制变量的组合;Barro(2012)构建的人力资本数据库;以及世界银行的数据库。我们发现,资本禀赋结构与世界前沿国家的比例这个变量与自主型创新占模仿型创新的比例这个变量存在一个正相关关系,如果一个国家越接近世界前沿的话,它的自主创新比例越高。我们做了一个简单的回归,一边是总量创新或者创新结构,创新结构是以自主型创新与模仿型创新的比例表示的,我们关心的主要变量就是资本,还有资本与世界前沿的距离。

这里涉及几种创新的组合。第一个是加总,第二个是比例。这里只从总量跟结构方面进行探讨,其他的像地理、互联网信息、人口、金融深化这种控制变量暂不考虑。我们用 OECD 与非 OECD 样本做一个区分,发现 OECD 样本跟非 OECD 样本得出的系数符号其实是一样的,跟之前总体样本得到的是一样的结论。但是我们发现非 OECD 国家用于解释总量创新的系数,远大于 OECD 国家的系数,也就是说,人均资本禀赋的提高对非 OECD 国家的总量创新的帮助,是大于同等情况下的 OECD 国家的,所以说距离世界前沿越远的国家和地区,提高同等程度的资本密集度就越有利于它们创新和生产力的提高。

接下来我们用教育做一个代理,根据文献,高等教育有利于自主创新,初等教育偏向于进行模仿型创新,所以用这两种教育结构是可以替代创新结构的。我们用教育结构进行一个替代来检验结果是否一样稳健,可以发现人均资本越高的话,自主发明与模仿型创新的比例就会越高。

然后我们用 OECD 国家进行拟合,预测所有样本的最优创新路径,可以发现,各个国家的创新路径都不同。以中国为例,我们发现,2005 年以前与最优路径相比,中国的实际创新路径中的自主创新占比是过高的,但是到 2005 年之后,开始出现自主创新不足的现象。因为当前过度依赖廉价的劳动力,所以现在我国自主型创新的比例是不够的;而过去是赶超战略,实际路径中的自主创新比例比最优路径的比例要高。

最后我们对实际路径和最优路径进行一个离差的测度,看看各个国家和地区离最优创新结构的离差有多大,被解释变量是经济增长率,自变量是实际创新路径与最优创新路径的离差,可以看出离最优路径的差距越大,经济增长率相应就越低。因此,各个国家需要遵循自身的要素禀赋结构,并参照自身的最优创新结构,这样才能对经济增长起到一个正向的作用。

评论与问答

问:OECD 样本的结构系数很显著,非 OECD 样本的系数不显著,我们怎么去解释这个现象?是不是说明发达国家资本对创新结构的影响更加明显?

林炜:我个人猜想可能是如下情况,自主型创新存在一个门槛,一个国家要达到一定程度的资本积累才能冲击这个自主创新的门槛,所以说非 OECD 国家自主创新前面的系数不够显著,可能是因为资本禀赋的富足度还没有达到那个突破的门槛。

问:你可以把资本分成一个一次项和二次项,然后做一个偏导,这样求一个门槛效益,是不是会好一点?

付才辉:为什么非 OECD 样本总的水平是显著的,但是结构就不显著呢?还有一种解释,因为大部分发展中国家是赶超思路,创新结构变迁偏离了最优创新结构,所以总量显著但是结构不显著。反过来,现在很多人也在批判中国的专利泡沫,指责发明太少,外观实用模仿得太多。我们就不认同这种观点,不认为中国是发生了专利泡沫,因为这种创新结构是符合中国禀赋结构的比较优势的。

3.2

新结构经济学在产业经济领域的新视角与新应用

华秀萍：产业政策的旷世之争论

我今天要讲的内容是政府补贴和产业之间的关系，在最后一个部分我会稍微提一下我对新结构金融学的思考。首先我想提供一个简单的研究背景，我本人是研究金融的，但这篇工作论文却是偏向于产业研究的，重点是研究汽车产业跟电子产业的融资约束，为什么会研究这个课题呢？

大概在三年前，宁波市政府给了我们宁波诺丁汉大学的理工学院一个关于如何推动汽车零部件产业的低碳制造的研究项目。我们理工学院找了十几个理工科与商科方面的专家，我是在这个研究项目开展到一年之后才加入的，加入之后我就开始就如何解决汽车零部件制造业产业升级过程中的融资约束做一些调研。这篇工作论文就是这个研究项目的一部分，这里用到的数据主要来自于上市公司。但我们研究项目本身是调研很多汽车零配件行业的中小企业，也包括一些上市公司。同时我们也调研了大量的风险投资机构，还有政府部门和民间的金融机构。

我简单提一下产业政策与经济发展之间的关系，先讲讲产业政策的一些历史发展。第二次世界大战之后，很多国家都采用产业政策去实现经济稳定增长和社会和平发展。那一时期的产业政策被称为传统产业政策，最重要的特征就是国家直接干预，由政府设计一系列措施来直接调整产业结构，其实施的目的是保护本国部分产业，并防止国际竞争。现行产业政策的实现手段已远远不再那么"野蛮",也更加侧重于在开放性的全球经济中支持部分产业的核心竞争力。从实施角度而言,新的产业政策形式更加多元化,不少从直接干预变成了间接影响,也不再注重短期目标,反而更加追求长期战略发展。

然而,产业政策这个词自上世纪80年代以来一直争议比较大。无论是在经济学文献里,还是在现实政策制定过程中,都是如此,特别是在美国。有的赞同,有的则是坚决反对。这两个截然不同的立场,均有非常坚实的理论基础与丰富的历史案例来支持。80年初,美国曾经发生过一次出名的关于产业政策的大辩论。美国学者诺顿在1986年发表的一篇学术论文对该辩论进行了多个角度的剖析。

在辩论中支持产业政策的一派认为市场本身存在缺陷,产业也有新旧更替,为了提高效率,政府应该干预。当时美国的过度消费导致投资不足,已经影响到其基础设施与经济竞争力,出现了去工业化的现象。同时,部分产业不足以应付来自国际很多新兴国家的挑战。有人直接提出,无论美国政府与学者是否公开使用产业政策这个词,各式各样的支持产业发展的税收、监管与公共投资等地方政策(特别是州政府层面)都是客观存在的。争论的重点并不在于是否使用产业政策,而在于是否应该统一管理并致力于改善事实上已经存在的产业政策。为了应对来自日本、法国与德国的竞争,美国政府在原先的税收优惠、政府补贴与公共风险投资等产业政策的基础上,应该出台就业券、人力资源税收抵免、地区发展银行等新型的产业政策,将资本与劳动力导向附加值高的朝阳产业。这是推动美国再工业化与打造部分产业国际竞争力的一个重要手段。

反对采用产业政策的一派也是多维度论证自己观点的正当性。首先是从理论角度,诺贝尔经济学奖获得者克鲁格曼指出,政府到底选择哪一个产业去支持,以及筛选的标准确定,并不是一件容易的事情。一系列的美国学者考量了不同的筛选需重点扶持的产业的指标,认为依据不同指标设计的产业支持措施,效果模糊不说,搞不好还会南辕北辙。假如使用高附加值的指标来设定政府是否支持,并不一定会增加该行业的产出与工作机会,因为市场已经释放了足够多的信号,自然会将资金与高技术人员导向这些产业。

倘若依据基础行业比如钢铁行业这样的指标来决定政府支持与否,又会破坏原本该行业产品的低成本,无论是国内生产还是国际采购。若是依据未来竞争力或者增长潜力作为筛选指标,那么可能从一开始就选错了产业,支持了表面上潜力巨大但实际上贡献很小的"伪"朝阳产业。

对产业政策攻击最猛烈的,则是1977—1981年间美国经济顾问委员会主席查尔斯·舒尔茨。他直接将产业政策与中央计划挂钩,提出美国不欢迎也不需要计划经济。计划越多,也就意味着会产生更高的政治成本。他甚至否认了支持采纳产业政策的基础,认为美国的经济竞争力很强,没有出现去工业化的趋势,同时也认为政府不能有效地实施产业政策,反而需要更高成本去摆平不同的利益驱动。

在这场关于产业政策的辩论之中,民主党一直是偏向支持采用产业政策的。但1984年总统大选之中,民主党落败,导致产业政策在美国并没有被联邦政府采纳。倘若当时是民主党上台,那么产业政策这个词其实也就变成了一个偏正面的词。但由于民主党的大选落败,产业政策在国家层面其实是输掉了整个辩论。虽然支持产业政策的那一方在辩论中输了,但实际上在州政府层面,美国从60年代到90年代一直执行着一些相关的产业政策。一些顶尖的杂志有不少相关研究。也就是说,尽管美国政府不会公开宣传产业政策,但事实上有不少产业政策仍在执行。

我再讲讲2008年全球金融危机之后的绿色产业政策。2008年全球金融危机之后,基础设施投资与绿色产业政策在很多国家都成了摆脱经济衰退、恢复经济的核心战略。后者通过采用不同的措施来支持高新技术产业的发展,从而增强环境保护与实现可持续发展。由于未来发展与利润存在巨大的不确定性,私人投资部门不太愿意投入风险较大但社会外部效用很高的绿色产业。同时,原先的制造业发展也越来越多地面临全球竞争。产业政策一方面能够起到引导投资绿色产业的作用,另一方面也能为制造业里面的中小企业创造有利于其发展与竞争的新价值。因此,产业政策再次成为大家关注的焦点,

各国政府,包括美国与欧洲各国在内,都是产业政策的一个很重要的执行者。中国有一些和它们不一样的地方。中国政府在改革开放以来,也高

度依赖产业政策来推动工业化。这些产业政策包括政府采购、持有国有股权、关税与税收优惠、政府直接补贴、提供低成本贷款等。到底这些产业政策的效果如何？自然不同角度，见仁见智。有人批评政府过于依赖产业政策，从而提高了寻租可能性；也有人认为产业政策在推动出口与提升战略产业的核心竞争力方面起到了积极的作用。

以上是关于产业政策与经济发展之间关系的背景介绍。下面我讲讲创新、产业升级与金融体系之间的关系。

关于创新的研究是很有意思的。什么是创新？一个比较广泛认可的定义是在旧的科学技术、生产流程、商业模式或者组织运营的基础上，要么进行部分改造实现效率提高，要么完全另起炉灶，进行颠覆性的甚至毁灭性的创造。前者即是所谓的"增量创新"或者"微创新"，后者就是"激进创新"或者"颠覆性创新"。我们想要进行产业升级，提高部分产业的生产效率，先要看看产业内的企业能不能进行创新。

无论哪一种创新，都会给社会带来整体福利的提高，也会不断地拉升消费者的效用。其中，科技创新或者技术创新既包括新产品、新技术层面的创新，也包含其他所有能够传递知识、促进生产的创新活动。比如说，阿里巴巴与腾讯这样的互联网公司更多的是商业模式的创新，符合中国特定制度框架下的市场需求，而技术创新层面的能力相对没有那么强。

银行等中介机构在风险控制方面更加严格，因此在提供资金的时候，会制定比较高的标准。如此一来，在已有技术与商业模式上进行增量创新并拥有一定的可抵押的资产的公司，则容易得到银行等中介机构的信任。因此制造业等行业的公司创新更容易获得资金。相对而言，轻资产的服务业公司的知识与技术创新，却较难得到银行等资金支持。特别是对现行技术进行颠覆的科技项目创新，本身面临着技术与市场的高度不确定性，蕴含的风险很大，对银行等中介机构而言，自然就不太具备吸引力。

对于轻资产企业的创新与高新技术企业的颠覆式创新，资本市场能够提供更多的选择，既包括股票等股权融资，也包括债券等债权融资，所以容忍的风险度也更高。股票可以有成长股与价值股，债券也有信用高的优质债券与信用低的垃圾债券。针对不同的金融产品，市场能够根据其蕴含的不同层次的风险给予不同的溢价。因此,高风险的颠覆式创新项目,由于高收益(溢价)反而在市场主导型的金融体系之中更容易获得青睐。

我们中国人可能更相信我们的产业结构或者经济发展基础决定了上层建筑,决定了金融体系的发展。但事实上至少学术界有一个学派的观点是,金融体系与金融结构本身其实在很大程度上反而会影响创新与产业升级。比如说,金融体系在事实上影响着创新模式的发展。像德国与日本这样的国家,因为企业融资由银行等中介机构提供的间接融资主导,因此科技创新主要集中在原有技术基础上的改善,即增量创新,创新企业之间更多的是协作型。而美国与英国的企业更多地依赖市场获得直接融资,因此创新企业之间的竞争更自由、更市场化,技术创新也更多的是颠覆式的,更符合熊彼特的"创造性破坏"的革命性创新理论。

同时,由于颠覆式科技创新项目的风险比较高,不同的股权投资机构为了分散风险,在项目发展的各个阶段,既有分工,也有合作,因此形成了既专业又多样化的高新技术投资生态圈。各类投资机构之间的合投文化非常流行。有研究表明,在风险很高的技术创新项目的早期投资阶段,两家或者更多专业风险投资机构的合投现象非常普遍,成功率也往往比独投的项目更高。这其中最知名的是天使、风险、私募基金等股权投资机构最集中的美国硅谷。

现在我切换到政府补贴这个题目,这个题目在文献里面也有大量的研究。就产业补贴的整体效果而言,学术研究偏向于正面影响的居多。美国麻省理工大学的埃考斯教授的研究发现,中国政府对国有企业的补贴与其他扶持政策,在中国加入WTO前后推动了国企出口的增加。而美国哈佛大学的菲利普·阿格因教授与其他几位学者的最新研究运用了中国大中型企业在1998—2007年间的数据,发现投向竞争比较友好的行业的政府补贴,或者用以促进某个产业竞争的补贴,对提高生产率与培育小企业的成长性有着非常正面的作用。而英国曼彻斯特大学的爱德华·李教授与他的两位合作者利用中国上市公司的数据,发现政府补贴对上市公司的价值创造也有着非常正面的作用。

我现在重点讲讲我们所做的题目为"政府补贴、地域分布与创新:来自中国汽车和电子制造业的实证"的研究。这是我与刘小泉教授以及博士研究生王淼利用2006—2014年间中国汽车与电子行业的上市公司数据所做的一个初步研究。

该研究的主要研究对象为汽车相关行业和电子制造相关行业所有相关的上市公司,汽车相关行业包括整车制造与零部件制造,电子制造相关行业包括软硬件、半导体、通信电子产业等,通过对这两个行业的对比研究,我们初步证明了补贴对缓解高新技术公司的财务约束、推动其研发投入的正面作用。

为什么要针对这两个行业开展比较研究？这两个行业的创新状况基本上是两个极端。作为政府扶持的重点产业,在80年代前后,这两个行业都引进了大量的外资。然而经过30年的发展,可以发现,电子行业的创新程度比较高,一些公司的技术水平基本上已经走在了世界的前沿,在国际上得到的认可程度很高,在全球的市场地位也非常高,特别是通信与半导体等子行业,一些产品甚至迈入了世界顶尖行列。但是汽车相关行业在技术层面上,基本上没有什么创新,技术几乎都是引用国外的。因此,将这两个行业进行对比研究非常有意思。

到底是什么因素造成了两个行业非常不同的创新表现？我们重点从三个方面切入,第一是行业之间的直接对比研究,第二是行业内公司的产权属性研究,第三就是公司地域分布研究。根据 Wind 行业分类,属于汽车及汽车零配件的公司有104家；软件及服务、硬件制造、半导体及电子通信的有388家。根据公司所有权属性分类,104家汽车制造公司,45家为国有,54家为民营,从数量上来看,汽车行业所有权属性分布较平均。与此同时,在电子制造业388家公司中,仅有77家公司为国有,272家(近70%)为民营。可见,两行业公司所有权属性区别较大。从公司地域分布来看,汽车行业仅有5家企业位于经济特区,而电子制造业则有83家企业(约21%)位于经济特区之内。

无论是中央还是地方国企,只要是国有企业,政府补贴都与创新研发呈负相关,且都非常显著。而相反,当企业为私营性质时,政府补贴与企业创新投入呈正相关性,而且在所有模型中,相关系数的显著性都非常高。这表明，在汽车和电子制造相关行业中，私营企业在利用政府补贴提高企业研发方面的有效性上要优于国有企业。此结果与已有研究得到的结果一致。因此，如果政府希望通过提供补贴来促进经济的增长和创新，投入私营企业可能更为有效。

在总样本中，电子制造相关行业的平均研发强度为 0.024，高于汽车制造相关行业的 0.02。[①] p 值检测表明，就电子制造业整体而言，投入研发强度普遍高于汽车制造业。同时，电子制造业在各种所有制属性类别里，研发投入都比汽车制造业高，政府补贴强度也比汽车制造业高。值得注意的是，民营电子制造业的补贴强度与民营汽车制造业的差别在1%的显著区间；但是中央国企政府补贴强度与汽车制造业的差别仅在10%的显著区间。这说明相比中央国企，地方国企在创新投入方面效率更低。

利用面板 OLS 方法对公司研发费用、政府补贴及企业地域分布关系进行测算可以看出，电子制造业的集群溢价能力更明显，在75%的模型中，分布在经济特区内这一虚拟变量都与研发投入显著正相关；而相比之下汽车行业只有一个模型表明经济特区内这一虚拟变量与研发投入正相关，且显著性不高。值得注意的是，电子制造业这一子样本中，政府补贴与研发投入呈现明显正相关性，且显著性非常高。研究结果表明，企业处于经济特区或者其他集群内部可以更加充分有效地利用政府补贴，促进企业创新。这一研究结果与之前访谈结果一致，汽车行业从市场分割和地方保护主义获利，而电子行业更多的是享受区域集群的溢价收益。

我们发现，不管我们用什么样的模型，面板广义矩估计（panel GMM）或者面板最小二乘法（panel OLS），所有的模型得出的结果都相对一致，即政府补贴对于研发投入的强度的增加起到了非常大的正面作用。即使考虑模型的内生性问题之后，正面影响仍然存在。此外，我们要和林老师再好好商榷一下产权的影响。我们发现，公司产权其实起着非常大的作用。在汽车行业，国有股权占有很大的比重，但电子行业国有股权比重特别小，基本上全是私有企业。所以在私有企业比较流行的行业里面，因为竞争比较激烈，所

[①] 研发强度和补贴强度分别为研发费用和政府补贴费用占总资产的账面价值的比率。

以研发投入特别高,创新活动强度也比较高。

除了所有制类型,我们还根据一些标准的文献选择了其他的控制指标。在这些控制变量基础上,我们也做了大量的对比。经过对比就能发现,不管我们怎样排列不一样的控制变量,电子行业的研发投入强度都远远高于汽车行业。同时,一个很有意思的发现是,如果我们对比两个行业的补贴,特别是中央国企层面,两个行业的补贴强度基本上是一样的。虽然作为重点行业,政府也很支持它们的研发,给它们的补贴强度差不多,但是它们投入研发里面的比例其实完全不一样。

最后我们还发现不同企业的地域分布也对它们起着很重要的作用。如果企业是在深圳、珠海、厦门这些特别经济开发区内,那么它们的研发投入与创新强度就比较高。我们知道,设立特别经济开发区其实也是很重要的产业政策之一,由于创新集聚与人力资源的集聚,导致了开发区内创新投入与效率的提高。这也是创新理论与实证研究的一个很重要的方面。

我们总结,不同产业的政府补贴效果完全不一样。虽然补贴政策是差不多的,产权效果也完全不一样,不同地点效果也不一样。这当然是老生常谈,政府补贴一定要促进竞争而不是抑制竞争,才能更好地促进创新。

此外,市场分割与地方保护也严重影响市场竞争,不利于创新活动的加强。为什么我们给了国有企业同样的补贴,电子行业的国有企业创新要远远高于汽车行业?与一些业界人士聊过之后,我们发现有一个很重要的因素,就是电子行业的市场分割与地方保护现象要远远低于汽车相关行业。拿汽车行业举例,我们把所有公司的所在地点全部收集起来了,比如在哪个省份与城市。我们发现其实汽车行业的市场分割和地方保护主义很严重。不少省份与城市都有自己的汽车行业,各地都会保护自己的汽车行业,市场分割得很厉害,因此严重抑制了市场竞争,从而抑制了研发投入与创新强度。因此未来为了提高创新,我们要减少市场分割和地方保护。

现在我讲讲中国金融与创新互动模式的最新发展。现在有一个发展趋势,这个趋势是我们经过大量的调研得出来的一个结论。我们访谈过不少地方比如江苏、浙江、深圳的地方政府与金融机构。这几个区域是创新活动相对活跃的,它们的政府事实上是非常有能力的,也在不停地积极促进产业升级。根据调研,中国未来会有一个政策导向,就是把政策补贴逐步取消掉,变成加大公共投资,包括政府天使基金与产业发展基金等。

评论与问答

林毅夫:研究报告做得非常好,我有几个问题。同样的补贴政策、补贴力度,在电子行业效果比较好,达到它所要达到的目标,但在汽车行业效果相对比较差,我认为要考虑两个问题:一是现在具有这两个产业比较优势的国家发展程度不一样。比如说汽车产业,最发达的国家是美国、日本,还有德国,它们有汽车技术和高端的汽车。现在电子行业其实退到收入水平不是最前列的国家和地区,比如韩国、马来西亚,还有中国台湾,现在都是在电子行业里面属于最前沿的。但是中国现在是人均收入7 600多美元的国家,相对于和电子行业的差距,和汽车行业的差距是比较大的,这是第一点。

第二点是关系到之前提到的五个产业类型的发展。电子行业有两个特性,首先投入的主要是人力资本,其次它的研发周期是比较短的。电子产品一般是一年半为一个周期,但是汽车技术是长周期的技术,大量的研发投入不仅是人力资本而且是金融资本,它的新技术的研发不是一年半年,而可能要三年五年或者更长的时间。实际上如果从潜在比较优势来讲的话,电子行业比较接近中国的潜在比较优势,但在汽车行业尤其是较高端的很多新技术的行业,我们的差距还是比较大的。

比如说,按购买力平价计算,我们现在是人均收入14 100美元,与电子行业里面最先进的韩国相比,我们是它的一半。按照我的标准,这实际上正好是我们的潜在比较优势。在这种情况之下,政府的补贴就会比较少。可是汽车行业先进的美国是57 000美元,我们连它的1/3都不到,差距是比较大的,在这种情况之下,补贴的效果其实是比较差的。

这也就牵涉到国有跟私有的关系。比如说汽车行业,当然吉利这类私有企业是比较少的,其实吉利得到很多的政府补贴。如果在最前沿,即使是像东风、一汽这样的企业私有化后也不能改变我前面讲的两个事实,那么这里面到底是产权的关系还是我前面讲的前沿差距的问题?然后,我相信竞争行业是比较好的,尤其是符合潜在比较优势的行业,在克服了潜在的交易费用等问题以后就有了比较优势,有比较优势的行业才有竞争能力。

其实你后面的第三点发现就印证了我前面说的这个行业是不是真的有比较优势的问题。如果具有潜在比较优势,然后用产业政策去扶持它的话,它很快就可以变成竞争优势行业。可是如果不具有潜在比较优势,即使把它建立起来的话,企业还是没有竞争能力的,还是需要补贴才能存活,在这种情况之下竞争就不会完全。当然这个是理论假说,你们可以进一步检验一下。

华秀萍:林老师的这个理论框架与思考角度非常好,建议也非常中肯。我想谈一些看法,首先,关于比较优势的理论框架在我们这个研究中的运用,我们需要好好思考与研究。林老师提到的这两个行业在不同的国家有不同的要素禀赋是对的,比如说人力资源方面,中国人口比较密集,有利于电子产业的发展。但我们定义的电子行业范围比较宽泛,包括半导体,也包括软件硬件。根据我们的研究,改革开放之前,这些子产业都是比较落后的。

最近汽车产业有一个新的发展,地方政府比较渴望在新能源汽车这个产业有所突破。我们目前的调研发现,中国的新能源汽车技术基本上与美国的技术差不了太多,当然这个背后也有大量的政府补贴。同时也有反对意见,认为新能源汽车行业的发展不太乐观,政府对这个行业的补贴也存在很多欺骗或者低效率的地方。

林毅夫:一个产业可以靠政府的大量补贴建立起来,但是即便把它建立起来,这个国家的经济也不见得就能发展,从整个国家整体水平提升的角度看也不见得是最优的。

韩永辉:产业政策法规推动地方产业结构升级了吗?

我首先介绍一下本文的研究背景,中国经济的"增长奇迹"突出体现在各种产业不断发展壮大之上,但是这种产业的发展过程其实也是深深地刻着地方政府的行为烙印,但是这是否就表明中国地方政府产业政策成功地推进了产业发展和转型升级呢?

其实这不是一个答案显而易见的问题,这个问题面临了从经验到理论上的双重挑战。在理论上,首先,致力于地方经济增长的地方政府并不一定能够出台和实施对产业发展有积极作用的政策。因为有为政府也不一定能推动产业的发展,我们说的有为政府,首先要体现在它的效率方面,不能"好心干坏事"。其次,产业的成功发展也并不一定源于政府的积极干预与调控,产业的成长发展还受到非政府因素或者说市场因素的影响。在经验层面,产业政策是全球众多国家和地区推动经济增长的重要抓手,有日本、韩国等发达国家的成功案例,但也有数量更多的失败案例,一般性的经验比较并不能得到明确结论。

本文的另一个研究背景是我作为第一届新结构经济学夏令营的学员,在聆听林毅夫老师、王勇老师讲授的新结构经济学理论之后,深受启发,当时我就思考,能不能用现代主流经济学计量方法对林老师提出的一些理论进行实证检验?

林老师的新结构经济学理论框架的核心观点认为"一个经济体的要素禀赋结构会随着发展阶段的不同而不同,因此,一个经济体的产业结构也会随着发展阶段的不同而不同。每一种产业结构都需要相应的基础设施(包括有形的和无形的)来促进它的运行和交易"。然后,我们知道产业政策作为一种无形的基础设施,正是新结构经济学理论所强调的促进经济体产业结构升级的一个重要因素。因此,我们的文章就利用与产业相关的地方性法规和地方政府规章来对产业政策予以定量识别,进而结合中国省区层面的面板数据,实证检验产业政策和市场体制在产业结构优化升级中的驱动作用。

新结构经济学理论框架的核心观点还认为"在经济发展的每一个水平上,市场都是资源得以有效配置的基本机制,同时产业结构升级还需要一个内在的协调机制,对企业的交易成本和资本回报具有很大的外部性,这样,在市场机制外,政府就需要在结构调整的过程中发挥积极作用"。因此我们也进一步考虑到产业结构的政策力量与市场力量协同的效应以及政府效率的异质性在产业政策影响机制中的作用。

本文的核心观点是,中国产业结构合理化和高度化的推进,应超越"市场还是政府"的狭隘争辩,兼容并包,既要发挥市场配置资源的决定作用,也要发挥政府产业政策的调控作用,还要注重产业政策制定和施行主体——政府的效率提高。基于此,提出相应的三个理论假说。

理论假说1是,中国地方政府致力于出台地方产业政策,地方产业政策总体而言能够促进地方产业结构的调整。我们知道,一方面,产业政策一般都基于政府职能部门的大量资料收集和整理以及反复研判,而且地方政府出台产业政策之前也是通过反复论证的,依据程序需要开展很多的专家论证会来进行论证。产业政策出台所提供的信息和信号,在市场机制不完善的情况下,有利于弥补市场的外部性、信息不完全和不对称等缺陷,防止盲目投资和过度生产,减少产业结构不合理变动的摩擦,加快资源在产业间的优化配置,使要素重置成本降至最低水平,促进产业结构的合理化。另一方面,在产业政策的调节机制下,政府部门通过基础设施建设、重大科学科技创新攻关计划、财政补贴和信贷扶持等操作手段,较大程度上承担了技术研发和应用等过程中的市场不确定性风险,引导各方力量集中开展新技术研发,发挥技术研发的规模经济效应和集聚效应,推动产业技术创新,发展前瞻性的主导优势产业、新兴产业和高技术产业,进而促进地区产业结构高度化。

理论假说2是,地方产业政策对产业结构调整的影响程度,受到地方经济市场化程度的影响,地方经济市场化程度越高,则产业政策对产业结构调整的影响程度越大。这是因为产业政策和市场化之间是一个共生互补的关系,并不是互相排斥。这个互补关系体现在三个方面:第一个互补是产业政策是顶层规划,市场主要是具体的灵活调节;第二个互补是产业政策是差别性的调整,但市场是无差异的调整机制;第三个互补是政策条文有一定的强制性,它是一个硬性调节,但市场没有强制性,是一个软性调整。

理论假说3是,地方产业政策对产业结构调整的影响程度,受到地方政府效率的影响,地方政府效率越高,则产业政策对产业结构调整的影响程度越大。本文对政府效率的测度主要参考了全球研究政府效率的权威机构

IMD(瑞士洛桑国际管理学院)和WEF(瑞士日内瓦世界经济论坛)对政府效率指标的测度方法。

关于产业政策有效性的争论,目前分为两派。一派是"支持说",林老师也提过,发展中国家是可以通过产业政策实现产业跨越发展以及对发达国家的追赶。另外一派是"否定说",其主要观点是,因为政府怎么做也不会比市场做得更好,所以产业政策也不是一个好的选择。这两派观点针锋相对,持续十数载。本文认为这两派观点都有它的道理,也没有谁对谁错,可以说都是正确的,唯一的差异只是他们论证的角度不同而已。对产业政策有效性问题的论证,其一是论证产业政策是否有必要(必要性),其二是论证产业政策的实施是否有成功的可能(可能性),也即既要有"必要性"也要有"可能性"的推理逻辑。林老师这派观点主要是论证产业政策是否有必要,也即发展中国家是有必要通过政策努力实现赶超。而另外一派观点则主要是论证产业政策是否有成功的可能。本文认为,既要论证产业政策的必要性也要论证其可能性,这才符合我们做研究的一般推理逻辑。然后,我们还进一步提出,产业政策成功的这种可能性是有条件的,就是决定于产业政策制定和实施的这个主体(政府)的效率高低。

以上是本文理论部分做的工作,下面是实证部分做的工作和发现。我们做的一个重要贡献是创新地对产业政策做了一个定量的识别,这里做了一个非常巨大的劳动密集型研究。目前对产业政策的研究,主要是以理论分析和定性研究为主,对产业政策的定量研究薄弱。

我们要对产业政策进行研究,首先要进行定量研究。而要进行定量研究,首先又要知道什么才叫产业政策,也就是产业政策的定义。根据产业政策的教科书可以知道,产业政策是指"政府通过政策手段对资源配置和利益分配进行干预,对企业行为进行限制(强制型)和诱导(激励型),并对产业发展的方向施加影响的一系列政策"。产业政策有广义和狭义之分。广义的产业政策主要是来自一些欧美判例法系国家的定义,它们甚少有具体针对产业的政府条文,它们的产业政策主要泛指国家用于调控经济的所有政策的综合。狭义的产业政策主要是来自日本或者中国等一些大陆法系国家的定义。根据金泽良雄的定义,这些国家的产业政策主要是针对产业结构、产业政策、产业组织、产业布局等进行调控和指引的政策措施,这里的产业政策主要是以规划、目录、纲要、通知、互函、决定等一些法规形式出现的,例如以《船舶工业调整振兴规划》、《国家产业政策指导目录》等形式出现的一些产业政策。

目前对产业政策的定量分析可以发现有以下几类:第一类主要是 La Porta 等(LLSV)及其追随者采用打分法测量法律制度质量,但是打分法也有一个固有的主观性缺陷难以根除,这也是这些研究者身处判例法系国家的一个无奈的选择。第二类是国内的一些学者,他们通过使用银行信贷、财政支出等变量研究了货币政策和财政政策对区域产业结构调整的影响,但货币政策和财政政策只能算是广义的产业政策,也不是我们这个大陆法系国家产业政策的一个准确的度量。近年来也有一些指标的探索,例如 Aghion 等(2012),这也是一篇引用率很高的文章,他选用税收优惠、政府补贴、研发补贴指标作为产业政策的度量指标,分别从微观和宏观角度分析产业政策对中国工业行业全要素生产率的作用。但是我觉得这篇文章是有点"挂羊头卖狗肉",他的题目是产业政策对产业竞争力的影响,但是他通篇都是研究政府补贴的,我觉得他把题目写成政府补贴对产业竞争力的影响更为合适。虽然国内有很多学者跟随这篇文章进行研究,但以中国国情来说,不一定很恰当。根据产业政策的定义,税收优惠和政府补贴变量事实上更应归类为财政政策而不是产业政策。在英美法系国家产业政策可以是"policies affecting industry",但在中国、日本这些大陆法系国家,产业政策应该是"policies for industry"才更加准确。我们的合作者曾经也做了一个有意义的尝试,通过收集中国 30 个省份的"九五"、"十五"和"十一五"三个五年规划,整理出各省市的重点产业政策指标,分析重点产业政策对行业生产率的影响。但是我们知道,五年规划更多地体现为各省市的国民经济发展远景目标和方向,其中产业相关的论述普遍较为宽泛,做得不够精细。

我们的文章做了一个更新的可行的尝试,在中国,产业政策很少以法律形式出现,更多的是地方政府的一些条文,以行政法规及规范性文件、地方性法规、部门规章和地方政府规章文件的形式出现,所以我们觉得在中国定量研究产业政策就要收集这些地方政府所有的条文,从法规规章数量的角度度量产业政策,这可能是一个可行的做法。根据中国法律法规库,截至2011年12月31日,中国共颁布各类效力级别的法律、法规、司法解析等法律文件672 430件。本课题通过对此数据库的整理并经手工筛选,初步得到涉及产业政策的法规文件共计6 514件。当然,其实这也是一个粗糙的做法,我们知道一部法律里面其实也有很多条文,但是我们只能做到有多少部法律,而且不同的法律它的条文数量也不一样,需要后面的进一步研究。接着是数据处理方面,第一,根据法的效力位阶规制,国际条约、司法解释、行政法规和部门规章作为上位法,对全国各省市均具有普遍约束或指导效力,予以剔除。第二,行业规定和团体规定仅能对个别的行业或社团的成员产生效力,没有广泛性,也予以剔除。第三,我们的研究维度定义在省域,而市一级的地方性法规和地方政府规章对该省的其他地区并无普遍约束力,所以也进一步把较大的市的地方性法规和地方政府规章样本予以剔除。因为在中国,有一些大的城市例如深圳,或者省会城市,也有地方法规的立法权,但是它的政策对除它以外的本省其他地区是没有效力的。例如,深圳市的产业政策对广州市是没有效力的,所以这种法规样本也比较小,进行了剔除。第四,从时效性考虑,就各类产业政策性文件具有现行有效、已被修订、已被修正、已失效和部分失效五种状态,本文的处理是从各年的地方性法规和地方政府规章中,剔除已失效的样本,对已被修订、已被修正和部分失效的文件,仍视为原政策的持续施行,不作剔除。

整理数据后可做一个统计性描述。第一,从时间演进看,总的来说,无论是以地方性法规还是以地方政府规章为载体,各省产业政策的数量均在逐步增加,这说明中国的地方政府是一个发展型的政府,地方的产业政策体系正在不断地系统化和完备化。相较程序更为严谨的地方法规,制定、实施过程更为灵活和简易的政府规章是地方推行产业政策的主要形式和载体。第二,从区域的布局特征来说,我们发现,总体而言经济发达的省区所施行的产业政策的数量也相对更多,但各省区对以地方法规还是以政府规章作为产业政策的载体,有一定的省际偏好差异。第三,从产业政策的发布主体的结构性特征来说,地方人大常委会、人民政府、政府办公厅、发改委、工信厅是出台产业政策的主体,地方性法规形式的产业政策总量的96.3%是由地方人大常委会发布的,地方政府规章形式的产业政策由人民政府、政府办公厅、发改委和工信厅发布的数量分别占总数的31.85%、27.48%、9.79%和7.71%。可以说地方政府规章的发布主体中,发改委和工信厅两个重要的职能部门起了重要的作用,它们都是中国政府组织中对经济实施调控和管理的核心职能机构。第四,从产业政策的调控范围结构来说,地方性法规形式的产业政策以全局性产业政策(横向政策)为主,占比为62.96%;地方政府规章形式的产业政策则以单一产业政策(纵向政策)为主,占比为78.55%。第五,从产业政策的干预类型和手段结构来说,产业政策包括规划型、引导型、促进型、调整型和扶持型五种,我们发现地方性法规形式的产业政策以规划型为主,占比74.07%;地方政府规章形式的产业政策则以引导型和促进型为主,占比分别为43.61%和30.32%。

实证模型方面,主要是对应上述的三个理论来检验,分别考虑产业政策、产业政策和市场调节,以及进一步考虑地方政府效率,来进行实证检验。第一个实证结果发现,政策法规以及条例规章普遍地对地区产业结构起了促进的作用,我们采用的产业结构合理化、高度化指标的结果也同样表明产业政策促进了产业升级。我们还注意到一个很重要的事情,就是实证检验的内生性问题,我们采用了四种检验内生性的方法进一步进行了稳定性检验,发现结果同样稳健。第二个实证检验证实了产业政策力量与市场力量的协同共融更能推动产业结构的合理化和高度化。当然,这个市场化的程度也分别用了不同的指标进行检验,包括樊纲指数和非国有经济占比,结果同样显著,第三个实证检验考虑了政府异质性因素之后,实证回归发现产业政策发挥积极作用是有条件的,其对产业结构优化升级的作用还取决于地方政府效率。

评论与问答

问:你有没有列出依据不同的主体得出的那个系数?因为如果你单纯地用总的一个数量来考察的话,这个系数其实说服力不是很强。但是,通过看到人大的系数是多少,再看政府的系数是多少,对比之下,你就可以看到差距,这叫"政府之手",对吧?

韩永辉:这个问题其实我们也考虑到了,所以就把产业政策分为法规型的,也就是地方人大及其常委会颁布的,和地方政府规章,也就是政府部门颁布的,区分了这两种类型并进行了进一步的细化检验。

问:那哪一个大一些?

韩永辉:人大及其常委会颁布的系数比较大,政府颁布的规章条例的系数小一点。

问:那你的意思是说,最终把它总结成了两个,一个是法规,一个是规章,是吧?

韩永辉:其实可以再细分,但是还是要进一步的检验才能做到。

问:你这个思路是挺好的,如果能够细分出来的话可以分析不同主体的效力。另外一个问题,你这里面有没有发现产业政策是反效果的、失败的?

韩永辉:其实,如果考虑到政府效率之后,可以发现产业政策的效力更多地体现在与政府效率的协同作用里面。

问:你能解释一下吗?

韩永辉:可能就是地方政府不一定有相同的特质,即使是推行一个一模一样的产业政策,也不一定有相同的效果。有些地方政府由于自身素质不足,也可能正如林老师所说的,是"好心做了坏事",所以产业政策的效果还决定于政府的廉洁、效率等维度。效率越高的政府它的产业政策效果才会越好。所以反映它们协同效应的交叉项是显著的。

赵秋运:基础设施、产业升级与超越凯恩斯主义

这篇文章没有做相关的实证研究,只能算是我对相关文献的一个回顾和整理,与之相关的实证检验是我们未来研究的方向。我今天所讲的内容主要包括几个方面。

我们知道新结构经济学比较推崇要回到亚当·斯密,这主要是指新结

构经济学的研究方法要回到亚当·斯密。其中,亚当·斯密在《国富论》中明确提出政府职能之一是"建设并维持某些公共事业及某些公共设施",即基础设施建设,其著名的分工理论说明了分工水平由市场大小决定,而市场大小及商业发展程度取决于道路、桥梁、运河、港口等公共设施建设水平。这些萌芽思想均强调了基础设施对于积累国民财富的重要性。根据新结构经济学的理论框架,发展经济学可以分为1.0版本、2.0版本和3.0版本。首先,在发展经济学第一波结构主义(也即发展经济学1.0版本)思潮中,基础设施也占据了一席之地。例如在Rosenstein-Rodan的"大推进"理论和Nurkse的"贫困恶性循环"理论以及Rostow的经济成长阶段论中,发展经济学的先驱们就提倡政府通过大规模的公共基础设施投资来摆脱不发达的状态或者视基础设施为实现经济起飞的关键条件。其次,世界银行1994年的发展报告专门以"为发展提供基础设施"为题,分析基础设施对经济增长的影响。其认为基础设施即便不能称为牵动经济活动的火车头,也是促进其发展的车轮。然而,基础设施产出弹性在各个经济体不同发展阶段存在巨大差异。换言之,有些经济体并未享受基础设施投资的恩惠,有的甚至反受其累,我们称之为"基础设施产出弹性之谜"——这对于不论是主张基础设施重要抑或不重要的理论都是一个严重的问题,对于政策制定者而言也是一个非常让人头疼的难题。所以研究基础设施产出弹性之谜不论对于理论研究者还是对于政策制定者而言都非常重要。深受凯恩斯主义影响的第一波结构主义发展思潮由于所主张的发展战略严重违背比较优势,经济发展受到严重抑制,基础设施并未发挥其声称的作用,从而基础设施也并未得到有效改善。深受理性预期影响的第二波发展思潮华盛顿共识由于坚持巴罗-李嘉图等价,不相信基础设施的重要性,未加改善的基础设施则成为经济发展的紧约束。作为从新古典理论向内生增长理论过渡的AK模型,强调了基础设施作为公共支出具有的外部性,得到了基础设施成为持续增长引擎的结论,然而却与基本的经验事实不符。

第一个方面,我们回顾一下已有研究思路及其缺乏结构的缺陷。对于如何更好地解释"基础设施产出弹性之谜",现有理论存在局限的原因在于其理论逻辑中缺乏结构的概念。基于新结构经济学,本文引入产业升级这一关键的结构变迁,为"基础设施与经济发展"提供一个统一的理论框架来解释"基础设施产出弹性之谜",并为发展中经济体与发达经济体的基础设施投资提出行之有效的政策建议。已有研究对基础设施的关注主要从凯恩斯主义(财政乘数效应)、理性预期(巴罗-李嘉图等价)、AK模型(公共支出与经济增长)以及新经济地理(溢出效应)等四个方面进行阐释,但是这一系列的研究缺乏结构的概念和视角。

首先,凯恩斯主义强调财政乘数效应的重要性,可以说其是就需求侧而言的,而需求侧看重短期,面对"大萧条"时期的有效需求不足,凯恩斯主义主张借助政府干预消除危机,将公共工程支出(即基础设施投资)作为政府反经济危机的手段,以弥补个人需求的不足。其次,理性预期主要强调巴罗-李嘉图等价。何为巴罗-李嘉图等价?李嘉图的《政治经济学及赋税原理》一书中表达了这样一种推测:在某些条件下,政府无论用债券还是用税收筹资,其效果都是相同的或者等价的。从表面上看,以税收筹资和以债券筹资并不相同,但是,政府的任何债券发行都体现着将来的偿还义务,从而在将来偿还的时候,会导致未来更高的税收。如果人们意识到这一点,就会把相当于未来额外税收的那部分财富积蓄起来,结果此时人们可支配的财富的数量与征税时的情况一样。进一步,巴罗在其1974年发表的《政府债券是净财富吗?》一文中,用现代经济学理论对李嘉图的上述思想进行了重新阐述。虽然巴罗-李嘉图等价是成立的,但其具有一系列不符合现实的假设。巴罗假说一提出就遭到新古典综合派和新凯恩斯主义的质疑和批评。对李嘉图等价定理的疑问之一就是人们是否有动机为超出生命期限的未来增税因素而储蓄。到底新结构经济学如何看待巴罗-李嘉图等价原理?我们在下面将做具体的说明。再次,AK模型主要强调公共支出与经济增长,Arrow与Kurz开创性地把公共资本存量纳入总量生产函数,认为公共资本和私人资本在稀缺的金融资源方面进行竞争,提高了私人资本的边际生产能力,降低了产业升级的交易费用;而外生的公共支出存量变化影响产业升级的动态变化。巴罗在此基础上建立现代内生增长模型,发现政府通过提供基础设施等公共产品可以提高产业升级。最后,新经济地理主要强调溢出效应。自李嘉图的比较优势理论、赫克歇尔和俄林的资源禀赋理论提出之后,克鲁格曼开创了新经济地理学来研究企业区位选择和产业集聚现象。既有文献表明,同一产业、产业与配套产业都倾向扎堆于某个地区。关于交通基础设施对产业(行业)溢出影响的研究主要集中在其对工业生产率的影响方面。对于基础设施与产业集聚发生的原因,新经济地理学文献将其归纳为三个部分:知识溢出、劳动力池和中间投入品多样性偏好。对于产业集聚于某个区域这种现象,人们猜测这是为了便于获得廉价的本国充裕要素,反过来,这些拥有本国充裕要素的地区在吸引企业时具有区位优势。

第二个方面讨论基础设施产出弹性之谜。为了理解基础设施产出弹性之谜,我们需要准确界定基础设施。何为基础设施?世界银行将基础设施分为经济性基础设施与社会性基础设施两类。其中,交通运输、邮电通信、能源供给等经济性基础设施作为物质资本,直接参与生产过程,有利于提高社会生产能力进而加快经济增长速度;科教文卫、环境保护等社会性基础设施水平的提高,有利于形成人力资本、社会资本、文化资本等,是调整和优化产业结构、促进产业结构升级、改善投资环境、推动经济发展的基础。因此基础设施可以直接或间接提高生产效率,促进产业升级,促进经济增长。现在很多文献对基础设施产出弹性进行了很多的测算,我们进行了一系列的文献梳理。通过对文献梳理,我们可以发现关于基础设施产出弹性的四个基本特征事实:基础设施具有重要性、阶段性、周期性以及异质性。所谓基础设施具有重要性主要是指绝大多数的研究结果表明基础设施对总产出的增长有正的贡献,其中仅有一两个国家的基础设施弹性为负向,这种贡献主要是通过降低成本、增加企业利润来实现。但是对于这种贡献的大小,仁者见仁,智者见智。而且对这种贡献的研究不仅是对总产出,也向制造业部门及其他部门延伸。而基础设施具有阶段性主要是指就各大洲的基础设施产出弹性而言,非洲和南美洲的基础设施产出弹性最高,大约平均为6,而北欧和大洋洲的基础设施产出弹性最低,仅为0.02左右。基础设施具有周期性在新结构经济学中非常重要,主要为基础设施的产出弹性随着经济周期的变化而变化,基础设施产出弹性具有明显的周期性,其中在复苏期的基础设施的产出弹性最高,为7.46;而繁荣期的基础设施产出弹性最低,仅为1.01。衰退期的基础设施产出弹性大于萧条期,这说明当一个国家陷入周期时,应该在繁荣期进行基础设施投资。就基础设施的异质性而言,主要源于基础设施的改善往往是产业专用的。看看非洲国家最近的一些成功的案例,你就知道甄别产业的必要性:毛里求斯的纺织业,莱索托的服装业,布基纳法索的棉花产业,埃塞俄比亚的切花业,马里的芒果产业和卢旺达的猩猩旅游业,它们都需要政府提供不同类型的基础设施。把埃塞俄比亚的鲜切花运往欧洲拍卖地点需要在机场和正常航班上有冷藏设备,而毛里求斯的纺织品出口需要港口设施的改善,二者需要的基础设施显然不同。

第三个方面主要讨论最优公共禀赋结构的基本理论框架。新结构经济学是应用新古典主义的方法来研究一个国家在经济发展与转型过程中经济结构的决定因素和动态转换机制。由于在给定时点最优产业结构内生于既有的要素禀赋,一个国家要想升级技术阶梯就必须首先改变其禀赋结构。随着资本的积累,经济体的要素禀赋会随之改变,进而推动产业结构偏离先前的禀赋水平所决定的最优结构。而在产业升级过程中,企业需要生产技术和产品市场的信息。如果信息不能免费获取,每个企业都需要投入资源收集和分析信息。进入新产业的先驱企业可能由于选错了目标产业而失败,也可能因产业与该国新的比较优势一致而获得成功。

第四个方面进一步讨论基础设施异质性与渐进式结构升级。在新结构经济学的基本框架中,可以将禀赋结构分解为不具有外部性的私人禀赋结构和具有外部性的公共禀赋结构,基础设施便属于公共禀赋结构。首先,不考虑公共禀赋结构,给定私人禀赋结构决定了最优的生产结构。其次,不同的生产结构所需要的公共禀赋结构是不同的,生产结构越高,所需要的公共禀赋结构水平也越高。那么,给定最优的生产结构,也决定不了最优的公共禀赋结构需求。因此,如果公共禀赋结构的供给与最优的公共禀赋结构需求相匹配,那么最优生产结构便能够实现,从而基础设施的产出弹性才能达到最大值;反之,如果偏离了每一阶段由最优生产结构决定的最优公共禀赋结构,那么基础设施的产出弹性会较低,甚至出现负值。

第五个方面讨论基础设施周期性与超越凯恩斯主义。传统的凯恩斯主义存在一个"李嘉图等价"问题,即现在政府的支出增加,创造就业,家庭的收入虽然增加,但预期未来政府的税收要增加,因此要未雨绸缪地增加储蓄来应对。这种状况之下,传统的凯恩斯主义会造成政府的赤字增加,老百姓的储蓄增加,结果社会总需求不增加,只不过就是政府的债务不断增加。这也是很多人反对凯恩斯主义的原因。"超越凯恩斯主义"最早是林老师2009年2月份到美国彼德森国际经济政策研究所做演讲时公开提出的,林老师所说的"超越凯恩斯主义"的刺激政策是用来做有效投资。所谓有效投资,比如说对经济增长当中的瓶颈基础设施进行投资,短期会创造就业,消费需求会增加,基础设施建成以后生产力水平提高,经济增长率增加,政府的税收也就增加,那就可以用未来政府税收的增加来偿还现在积极财政政策的投资。而李嘉图等价定理的失效主要源于相对于纯粹无用的挖坑再填的项目,财政刺激资金如投资于经济回报率较高、能带来生产率持续提高的项目,可以产生更大的经济效益。但这并不表明李嘉图等价定理就是最贴近现实的理论描述。

  第六个方面讨论基础设施阶段性与全球复苏共赢之路。首先,发展中国家的基础设施投资具有丰富的机会。一般而言,在那些硬件设施非常落后的发展中国家,这种投资是具有生产性的长期投资,所以,其与基础设施齐全的发达国家的扩张性的财政政策不大一样,更不是"挖洞填洞"式的浪费。目前发展中国家的硬件设施并非饱和:这些公共投资的长期贴现的社会边际收益率是否已经等于或者低于社会边际成本我们正在研究。发展中国家基础设施存在巨大的缺口,基础设施缺陷广泛存在,其突破瓶颈的基础设施投资机会无限。其次,发达国家的基础设施投资具有坚实但有限的机会。总体而言,在发达国家,突破瓶颈的基础设施投资机会相对稀缺,因为它们的基础设施已高度发达。财政政策具有有限性。

  总之,我们通过文献的整理,发现基础设施的结构性问题在前沿文献中是被忽略的,而且基础设施的异质性、周期性、阶段性都是非常重要的。对于实证检验而言,我们现在正在收集数据,对不同的产业、不同的行业、不同的国家、不同的异质性进行一些实证研究,期待大家的指导。

评论与问答

王勇：你们现在还没有进行定量研究吗？打算往哪个方向走呢？产出有些可能是要滞后一期，有些可能是要滞后好多期，这样才能突出基础设施对产出具有长期性的影响作用。还有你们对不同国家之间的区分，或者说既有文献里面对不同国家的区分是怎样的？国家之间的划分主要是根据什么？比如说，有没有一些可能涉及不同时段的基础设施产出弹性的比较？例如拉美和东亚"四小龙"从50年代到80年代，再到90年代，政府在基础设施上有没有一个系统性的政策性的鼓励？类似这样的问题，也许会给我们一些重要的政策启示。

赵秋运：基础设施产出弹性的问题主要是一个长期问题，做实证检验的时候可以考虑滞后多期。关于王老师所说的同一国家在不同时段的基础设施产出弹性与政府是否进行政策鼓励之间的问题，非常重要，这也是新结构经济学比较关注的问题，我们可以梳理政府是否具有政策性支持方面的文献，以及这种政策性支持对基础设施产出弹性的影响如何，比较东亚"四小龙"和拉美国家之间基础设施产出弹性的区别。关于国家之间的划分，我们主要采取的是世界银行对不同国家的划分方法。

韩永辉：基础设施产出弹性这个问题非常重要。谈基础设施产出弹性之谜，应该考虑基础设施产出弹性高低会不会和产业有关系。"要致富先修路"，你把路修好以后，怎么致富就是一个问题。怎么去选择产业，怎么去选择产品，选择什么样的服务？可能不同的国家的差别主要在于，有些国家把基础设施修好了，但是它的产业可能没有选择好，可能选择一些没有优势的产业，所以其基础设施产出弹性看起来就很低。但是真正启发到我的是，它的弹性有可能是倒U形的，你有一个产业就先建一个基础设施，增加可能会比较快，但是也可能增加了基础设施之后，你的空间就会变小，从而你的弹性也会变小，所以需要你去更新基础设施。我觉得在做研究的时候也可以考虑这些问题。

赵秋运：永辉提的这个问题非常重要，基础设施的产出弹性跟产业的关系非常密切,其实,经济发展是一个具有外部性和需要协调的动态过程。一方面,在任意发展阶段,市场都是资源有效配置必需的基本机制;另一方面,在促进经济从一个阶段向另一个阶段转型的过程中,政府必须发挥积极的作用。政府需要确保市场运转良好,例如可以采取如下措施:(1) 提供与随着禀赋结构变化而变化的比较优势相一致的新产业的信息;(2) 协调相关产业的投资和所需的基础设施升级;(3) 补贴在产业升级和结构变迁过程中具有外部性的活动;(4) 通过孵化或吸引外国直接投资克服社会资本和其他无形资本的不足来促进新产业的发展。

钟廷勇:就发展中国家而言,对于基础设施的饱和与否具有差异性,而且取决于这个国家的基础设施所处的阶段。基础设施是具有结构的,比如你前面举的例子,鲜花需要机场,有一些基础设施是通用的,有一些和产业相关的基础设施则是专用的。所以我想问你一个问题,怎么去划分这些东西?不同的划分方法对你的结果会有一些影响。

赵秋运:关于如何区分哪些基础设施属于专用性的,哪些不属于专用性的,这个问题很重要。诺贝尔经济学奖获得者埃莉诺·奥斯特罗姆曾对此问题进行过系统的研究。关于如何进行界定,我们到时再仔细查询一下相关的文献。

王勇:请允许我补充一下,因为你这里面强调的是超越凯恩斯主义,所以要对凯恩斯主义的相关理论进行重点关注。因为如果是凯恩斯主义的话,我想可能有一种区分是,凯恩斯主义主要是周期政策,强调短期性分析,所以肯定周期性因素是存在的。在你们的研究中,具体很难界定经济在什么时间点处于低谷,因为其可能关注的是短期恢复,根据我的猜测,可能对长期增长没有太大的作用,但是它对短期增长有作用,这个问题如何进行区分呢?

赵秋运:新结构经济学强调基础设施对产出的长期性作用,长期而言基础设施产出弹性比较大,其基础设施的投资才有效,也即在基础设施产出弹性比较低的阶段,投资基础设施可能用处并非很大,比如在经济繁荣的时候基础设施产出弹性就不大。关于超越凯恩斯主义的问题现在还处于问题论述的阶段,我们打算将其定量化,通过理论推导来得出超越凯恩斯主义是否具有可行性,这个难度比较大。

陈昆亭: 基础设施产出弹性的不同是与国家或地区有关的。就此而言可能涉及中国,对于中国是否需要一味地投资基础设施有很多批评的声音,但其实不是这样的,里面还有结构性的问题,也就是说,基础设施具有地区异质性。关于基础设施产出弹性的研究,我们看到的主要是跨省的研究,而关于市一级的研究非常少。有很多的省会城市如西安、郑州、苏州、成都,都只有一两条地铁,但是乘客数量并不多。而北京、广州却有很多条,但是乘客非常多,还是比较拥挤的,这个差别是非常大的。一个市需要多少地铁可能跟本地的人口密度和人口流量有关,所以,这就要看地方的需要了。但是我刚才说的都是省会型的大城市,人口都在一百万以上,杭州是一个典型。在很多年前,关于杭州要不要修建地铁有过讨论,主要原因在于地铁造价太贵,是否修建需要进行论证,结果论证了几年,地铁根本没有动工,又过了几年,价钱更贵了,到现在不得不搞,为什么呢?因为政府认为现在经济增速已经降到10%以下了,为了发展经济必须进行基础设施建设。基础设施的修建是不是一定跟经济发展有关呢?经济发展速度下来了,政府就要刺激经济,修建地铁。

付才辉: 我觉得在考虑基础设施投资的时候,有一点很重要,不能忽略,即需要关注基础设施投资与产业匹配度这个问题。比方说,一般我们关注的可能是有形的物质性的基础设施建设对经济的长期作用,但是对于无形的基础设施,比如通信,也需要关注其与产业的匹配度问题。

3·3 新结构经济学在金融经济领域的新视角与新应用

张一林：最优金融结构的理论与实证研究思路

就金融结构而言,我觉得最本质的问题是金融体系如何最有效地促进经济发展。如同我们之前谈到的有关产业结构的话题,要最大化一个经济体的发展潜力,就需要选择适当的产业,所以产业结构非常重要。那么对于金融体系,从结构的视角来看,就是金融结构怎么样匹配实体经济的产业结构和金融需求。

如果我们画这样一幅图:横轴是不同国家的人均收入水平,纵轴是这个国家的金融结构,我们用文献中普遍采用的指标"股票市场的规模与银行体系的规模的比例"(尽管这个指标存在许多问题),这个比例越高,就说明这个国家的金融结构越偏向股票市场;反之,比例越低,就说明金融结构越偏向银行,就像中国目前以银行为主导的金融结构。这样的一幅图可以很明显地展现出人均收入水平与金融结构之间成正相关关系,也就是说,随着人均收入提高,金融结构会向股票市场那边发展,股票市场相对银行的重要性不断增加,银行相对股票市场的重要性不断减小。

如果从传统的结构主义观点来看,或者仅仅从经济发展水平与金融结构的相关性来看,要解决发展中国家企业融资难、融资贵的问题,就应当优先发展股票市场,而不是银行体系。我们都知道,发达国家的股票市场都非常发达,例如美国的纳斯达克、纽交所,为美国各个行业的发展提供了重要的金融支持。因此往往很容易得到这样的结论:发展中国家应当优先发展股票市场,发展好了股票市场就能有效解决发展中国家企业融资约束的问题。是不是这样呢?

从理论上来讲,可能值得商榷。为什么?原因在于我们观察到的金融结构,可能是内生出来的,如果金融结构是内生的话,那么发达国家的金融结构很可能就不适于发展中国家。对于一个发展中国家,其产业结构往往是以劳动密集型的产业或产业区段为主,这些产业的一个重要特性就是具有后发优势,产业的发展不需要依靠大量原生性、跨越式的创新研发,而可以通过技术引进、模仿、集成的方式,把国外不是最前沿但对于发展中国家已经足够先进的技术引到国内,直接用于发展中国家产业的发展。改革开放之后,我们最轰轰烈烈的事情之一就是招商引资,把发达国家和地区的产业引进到国内,引进产业就是引进技术,包括机器设备、生产技术、管理技术等。由此可见,发展中国家的产业的风险往往较低,在低风险的情况下,银行支持产业的发展相对股票市场而言具有比较优势,因此发展中国家的金融结构适合以银行体系为主导。

那么发达国家的金融结构为什么会是股票市场相对银行体系的重要性更大一点?其实这也是由于产业结构的原因。发达国家的产业结构以资本、技术密集型的产业或产业区段为主,整个产业的风险水平相对较高,大多数产业已经处于技术前沿,要从技术前沿上再往前走一步,就需要做大量的创新,而且往往是原生性、"从0到1"的创新。我们看到,世界上最先进的高科技公司,比如谷歌、苹果以及一些生物基因方面的公司,相关的产品、技术都是由发达国家主导。所以发达国家产业的最大特点就是风险更高,更加需要有效的风险分散机制,而股票市场恰好在分散风险方面相对银行而言具有比较优势,因此,股票市场对于发达国家的重要性看上去会比银行更大一些。

我做一个我个人认为还比较形象的比喻。就好比跑步与登山,我们都知道,跑步的时候要穿跑鞋,登山的时候要穿登山鞋,如果跑步的时候穿一双登山鞋,那肯定是跑不快的,如果登山的时候穿一双跑鞋,那肯定是登不上珠穆朗玛峰的。同样,对于一个国家而言,经济的发展需要金融的配套,一个国家的产业结构和产业的风险特性决定了该用什么样的金融结构来提供金融支持,也就是所谓的最优金融结构。

大家可能会问,为什么你说银行适合支持低风险产业、股票市场适合支持高风险产业？实际上这是一个开放性的问题,值得深入研究。我们的论文从理论上对这个问题进行了探讨。[①] 我上面一直在谈产业结构与金融结构的问题,也就是说金融资源用于支持产业的发展,但如果我们从更加微观的角度来看,金融资源其实是跑到了企业的手上。我们做了一个理论模型,考察不同的企业怎么样选择融资方式,是选择向银行贷款还是选择到股票市场上市,哪一种融资方式对企业而言更好。这里需要把银行和股票市场的不同之处放进模型中进行考察。银行的融资特性是什么？模型中我们假定,银行会采用抵押和清算机制克服信息不对称,与此同时,银行的利益分配方式是固定利息,企业赚多赚少跟银行没有太大关系,企业只需要在该还款的时候把钱还给银行就行,多赚的是企业自己的,但是如果企业还不上钱,银行就可以清算企业,企业向银行融资承担不小的清算风险。股票市场则不同,企业进行股权融资,即使不分红,一般也不会被清算。另一方面,投资者以持有公司股权的方式对企业投资,这个时候,企业挣得多,那投资者就分得多；企业挣得少,投资者就分得少。投资者的持股比例也代表了投资者承担的风险,因此投资者投资得越多,可能损失的资金也越多,投资风险越大。

那么,在给定银行和股权融资不同融资特性的基础上,我们看企业会怎么选择融资渠道,高风险企业和低风险企业的选择应该是不一样的。由于时间原因,技术细节我就不谈了,直接说结论。我们可以很明显地看到,低风险企业更加偏好向银行融资,高风险企业更加偏好向股票市场融资。那么从产业层面上来讲,劳动密集型产业或产业区段的风险往往较低,因此对银行的需求更高,而资本和技术密集型产业或产业区段的风险较高,因此对股票市场的需求更高。进一步从国家层面上来讲,不同国家具有不同的产

[①] 龚强、张一林、林毅夫,《产业结构、风险特性与最优金融结构》,《经济研究》,2012 年第 4 期。

业结构,因此其最优金融结构也应当不同。对于发展中国家而言,不应该盲目模仿发达国家,发达国家的金融体系"高大上",但可能不适合发展中国家。这里有一个非常重要的推论。给定时间点,比如今天,发展中国家和发达国家的金融结构存在很大的差异。但是,从整个时间维度来看,随着时间的变化,一个国家的经济在不断发展,要素禀赋结构在不断变化,由此引致产业结构不断变化,那么,由于金融结构取决于产业结构,因此一个国家的金融结构也会随着时间的变化而变化。回到中国,为什么我们要发展多层次的资本市场,一个很重要的原因就是产业结构发生了重要的变化,产业结构的进一步升级仅仅依靠银行体系难以完成,而需要多层次的资本市场提供有效的金融支持。

在我们的理论文章中,有许多不足之处。如果从新结构经济学的角度来看,我们没有引入产业结构,我们只做了一个企业融资的模型,相当于把产业结构这一块简化掉了。为什么要做这种简化呢?因为我不太懂增长理论的数理模型,但这两天会议让我学到很多东西,回去我会好好想一想,如何把金融结构与增长理论联系在一起,我也希望和大家一起来探讨这个方向。

金融结构也是一个非常重要的实证研究的问题。但是就如同所有的实证研究一样,它面临了两个难点:第一个是怎么样度量金融结构,第二个是内生性的问题。华秀萍老师讲到,金融结构可能直观上感觉是一个很大的东西,但实际上,它也可以是很微观的,怎么样去度量金融结构、怎么样去证明金融结构是重要的,都是很重要但也很富有挑战性的问题。

就内生性问题而言,我们要证明金融结构是经济发展的"因",而不是经济发展的"果"。我们都认为金融体系是很重要的东西,因为发达国家的金融业都很发达,但是,如果深入思考,可能会发现金融体系或许并不是那么重要的。比如,许多学者认为,相比金融体系,法律可能更加重要,一个国家法律足够完善,有完善的投资者保护,金融体系自然就很容易发展起来。除了法律因素之外,人们对经济发展前景的预期也非常重要。如果投资者预期未来经济向好、GDP 会持续增长,那投资者就会进行投资,而投资者要完成投资,就需要金融中介、股票市场等金融机构和投资平台,金融市场也就自然而然地发展起来。除此之外,金融体系的发展水平还可能取决于一个国家的经济发展水平。如果一个国家很穷,穷得人民连饭都吃不饱,那它哪里有资源去建立金融体系呢?金融结构的实证研究,我个人觉得挑战还是比较大的,但是正因为挑战大,它的研究价值也很大。

我介绍一篇最新的实证文献,看它如何研究金融结构这个重要的问题。文章的作者是 Demirgüç-Kunt,我大量引用她的文章,但我一直不知道怎么念她的名字,她是世行的一位经济学家。他们怎么研究金融结构与经济发展的关系呢?他们用到分位数回归(quantile regression),发现一个国家的收入水平越高,则这个国家的银行体系的总量越大,也就是所谓的金融深化。但是我们看到,银行对于经济发展的贡献,或者说银行规模总量对于经济发展的敏感度是不断下降的,也就是说,银行体系的重要性会随着经济发展而呈一个向下的趋势。这就是为什么对于发展中国家来说,银行可能比较重要,但银行对于发达国家可能没有那么重要。股票市场则恰好与银行相反。我们看到,股票市场的总规模与经济发展之间具有很高的敏感性,当一个国家经济发展水平很低的时候,股票市场对经济发展似乎没有起到非常重要的作用;但是,当经济发展到很高水平的时候,股票市场跟人均 GDP 之间的关联度非常大。这个实证发现跟我们自己文章的理论预测非常一致,我个人认为验证了我们的理论。但是,我仍然觉得这篇实证文献还有不足之处,还可以进一步完善。第一个不足之处,这篇文献可能不能证明金融结构与经济发展的因果关系;第二个不足之处,分位数回归可能会有其局限性,要真正验证金融结构与经济发展的因果关系,可能还需要更加巧妙的实证设计。

有很多人告诉我这篇文章是怎么来的,说是林老师在世行的一次会议上,跟这篇文章的作者就金融结构的问题争论起来,大家都有不同的观点和理论解释,后来这些学者去做了这项研究,发现林老师说的的确有道理。

清华大学的田轩老师在 2014 年发表了一篇有关金融结构的实证论文,发表在 JFE(《金融经济学杂志》)上。他们考察的是金融结构怎样去影响创新。他们的研究发现,股票市场对创新非常有帮助,但是银行体系总量过大的话似乎不利于创新。这是实证的结果,至于其背后的因素,我们可以进一步讨论。

最后，我想让大家看一下图1。这幅图是1989—2011年不同发展阶段国家金融结构的变化趋势。最上面这条线代表发达国家，中间这条线不是中等收入国家，而是收入最低的国家，中等收入国家在最底下。从这幅图上我们可以看到两个非常重要的事实。第一，1997年之前，不同发展阶段国家的金融结构并没有大的差异；但是在1997年的时候发生了非常大的变化，发达国家的金融结构迅速地向股票市场的方向演变。1997年发生了什么？亚洲金融危机。我们再看一下2006年。2006年之后，最低收入的国家，其中很大一部分是非洲国家，它们的金融结构迅速地向股票市场的方向演变，而2009年金融危机高峰过去之后，低收入国家的金融结构又迅速向银行的方向恢复。更奇妙的是，最低收入国家和最高收入国家的金融结构在2006年之后几乎同步。我们都知道2006—2009年发生了影响力甚至可能超过1997年亚洲金融危机的全球金融危机。这幅图告诉我们，金融结构和金融危机之间可能具有非常深刻的联系，有非常多的问题等待我们去探索。

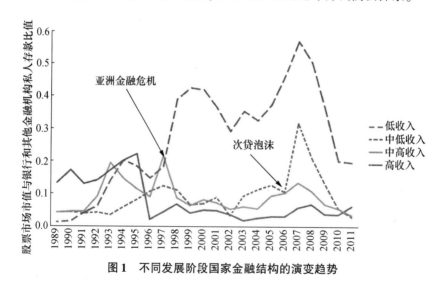

图1　不同发展阶段国家金融结构的演变趋势

评论与问答

华秀萍：作为主持人，我自己先点评一下，因为这个题目我本身也非常感兴趣，也看过大量文献。我觉得你可能没有问对问题，你所有的争论和所有的实证研究,可能都是建立在对文献不够了解、对欧美发达国家不够了解的情况下。我们按照一个很普遍的定义,OECD 的定义,一共是 34 个发达国家。这 34 个发达国家里面,真正严格意义上资本市场比较发达的,第一个是美国,第二个是英国,但英国就立刻比它水平低很多,然后紧跟它们的可能是一些像以色列、新加坡这样的国家。而银行主导的是日本、德国还有欧洲大陆的一些国家。所以您刚才问的那个问题,其实完全走错了方向,因为对那些国家,它们内部也有争议。你看北欧那边,它们的资本市场同样不发达,同样也是很弱的,所以你这里完全把发达国家和发展中国家对立,是需要再商榷的,这是第一点。

第二点,您提到产业结构和创新。其实我之所以要强调美国,是因为美国这方面做得是比较好的,其他很多国家和地区,新加坡也好,中国台湾也好,其实都是在偷偷地模仿它们的政策。所以其实还是老问题,就是创新这一块,产业这一块也有同样的问题。我本人做过大量研究,得出来的结论跟您的恰恰相反。我得出来的结论是,中国这样的国家,将来恰恰是要学美国,不是应该学日本跟德国的。应该以资本市场为主导,而不是以银行为主导。我比较了很多的维度,结论就是这样。

刘贯春: 我想问一个基本的问题,金融结构实际上是一个比例的问题,但是像你刚才讲到的那篇运用分位数回归的文献,它是分别用股票市场跟银行信贷作为解释变量分析它们的边际效应,但如果我们以股票市场和银行信贷的比值(FS)作为一个新的复合指标去估计,得到的结论有可能是相反的,这一点我可以确定,因为我尝试过,你怎么看这个问题?

张一林: 我觉得这个问题很好。首先,我觉得如果你做出跟他们差异很多的结果,可以直接发给他们,大家一起去讨论。华老师的意见比较尖锐,但很好,我赞同大家相互争论,这样才能出好的东西。

付才辉: 股市也好,银行也好,都是多么粗犷的指标,还可以细抠一些结构性的指标。举一个例子,哪怕是在债务融资里面,也涉及长期融资与短期融资,即债务期限也是金融结构。同样,就算是股权融资里面的风投,合同的条款也极其复杂,这些都是可以细抠的。

张一林：我和林老师的文章提到发达国家更适合股票市场，发展中国家适合银行，大家也许有不同的理解，这很好，学术是一个思辨的过程，但结论可能并不重要，重要的是结论背后的原因与逻辑。我们重点强调的是不同国家的产业结构不同，因此产业的风险、资产专用性等各方面都不一样，金融结构应当匹配产业结构，因而不同国家的最优金融结构也应当存在结构性的差异，这是新结构经济学的视角。

华秀萍：好吧，你刚才提到发展中国家和发达国家，我其实刚刚又想起了另外一个。发达国家的法制体系比较完善，它们那个就是正规的金融机制。其实对于你对资本市场跟银行的看法我是有不同意见的，但是发达国家正规的金融机构是比较完善的，无论是银行也好，各种资本市场也好，这个我们没有争议。但是在发展中国家还有另外一个现象可能被忽略了，对于像中国、孟加拉国这样的发展中国家，在非正式金融这一块的比重，特别是在早期的发展阶段是非常高的。我们做过研究，在改革开放之初，非正式融资占到70%和80%，有一篇文献已经直接提出，在八九十年代的中国，90%以上都是非正式融资。所以在这种情况下，你在这个框架里面，先不要批评发达国家和发展中国家的区别，反而应该对现实生活和文献进行了解之后，再提出一些问题。

张一林：我这里探讨的金融结构，是金融结构的一种，特指股票市场与银行的相对构成，针对的问题是不同国家在股票市场和银行体系相对比例上的巨大差异，一个国家的经济发展水平越高，其股票市场相对银行的重要性越大，这是数据上反映出来的。但金融结构的确也包含更加广义的内容，后面会有人探讨银行业结构的问题，银行业结构就包含大银行和小银行，非正式融资我觉得可以作为一种"小银行"。

华秀萍：非正式融资我们的定义还不能纳入小银行那一块，如果能纳入小银行那就不是非正式融资。

刘贯春：我们思考这个问题的时候，还要回归到金融的本质，也就是金融到底为什么产生，它存在的意义是什么。我自己认为，就是提高资本配置效率，其实也就是钱的效率。这可能是金融结构需要考虑的一个问题。所以如果可能，要跳出一个结构的划分，要从微观的层面去考虑。后面我也会讲到,就是要从银行内部的制度上面来考虑。另外,付老师也提到,像一些金融产品的期限结构,这些都是很微观的东西。我们可以从这些方面出发,本质上还是为了提高资金的配置效率。

付才辉:你说到这里,我再补充一句。你可以从金融工程的角度去定义一系列的金融产品,你也可以从金融合约的角度去设置一系列的长串的契约条款,都会产生不同的金融属性功能。那实质上就跟产业是一样的,不同的产业也有不同的金融需求特征。最优金融结构的关键就是怎么将二者匹配起来。所以思路应该更广阔、更细微,这是一个极其丰富的研究系列。

张一林:对,我个人觉得做金融结构这一块,可能最关键的切入点是微观层面,所以我们也是从企业的资本结构这一微观层面来建模的。

王勇:我再补充一下,昨天我们的 JME 文章推出产业结构,但是那个产业结构里假定资本市场完美,当它不完美时其实就是金融结构。不同的产业对风险的需求、对资本密集度的需求是不一样的,所以对应的金融方式也是不一样的。从这个意义上说,新结构金融学其实也是有需求的理论,我们是从产业里面引导出一个最优的金融结构,但是现实中是不是最优的,能不能导出来是不一定的。另外像华秀萍教授说的,还有反作用,给定一个金融结构,它又同时会影响配置效果,影响资本积累,影响经济增长,从而影响产业结构的构成,所以从更一般的层面上看它们互相之间都是有因果性的。

在林老师的金融体系里面,不只是说股市和银行,银行有大银行和小银行,股市还有一系列的资本,所以金融在不同的风险,或是不同的资本密集度,或是长短期,都是不一样的。Tompson Prescott 是 Edward Prescott 的儿子,他发现美国的银行的大小服从帕累托分布,问题是在中国,我们知道银行的大小吗?可能大家都不知道,只知道有四大银行,所以这些基本的事实大家都不知道,也就是基本的结构测量都不知道,还有金融结构里面外部融资、股票市场、负债率等很多的结构都可以看,所以这真是非常重要的题目,也欢迎大家,特别是对金融理论感兴趣的、对理论熟悉的,来找出到底创新在什么地方,然后很好地测量,把发展阶段联系起来。就像华秀萍教授说的,就算是在发达国家也有很大的异质性,所以需要针对这些东西把事实弄清楚,同时理论上也能够有突破。

刘贯春：经济增长进程中金融结构的边际效应演化分析

首先，我先声明一点。在此之前，龚强老师和一林师兄于2014年在《经济研究》上发表了一篇关于产业结构与最优金融结构的文章，但他们讲的是归纳总结世界各国发展史的一般性结论。具体而言，对于多采用技术模仿的发展中国家而言，银行主导型的金融结构体系可能更有利于经济增长，而处在技术前沿的发达国家需要金融市场的融资功能，因而市场主导型的金融结构体系可能更适用。然而，伴随着经济发展，发展中国家必然会向发达国家靠拢，对应的金融结构理应从银行主导型向市场主导型不断转变。

但是需要强调的是，金融结构的转变是一个慢慢调整的过程，不是说一下子就由银行主导型跃升为市场主导型。"十三五"规划明确指出提高直接市场融资比例，我想这就是国家金融结构体系向市场主导型逐渐演化的政策改革。接下来，我用来自中国的数据来说明该政策的必要性。今天我要讲的文章，是即将刊发在2015年12期《经济研究》上的拙作。[①] 当时，有很多问题跟龚强老师探讨过，在此一并表示感谢。

关于金融结构与经济增长的探讨，现有研究远未达成一致共识。比如，美国和英国属于典型的市场主导型，日本和德国属于典型的银行主导型。换言之，不同国家的金融结构体系理应与其异质性经济环境相匹配。然而，现有的研究多采用国际面板数据，得到的只能是一般性结论，而对于具体某个国家的适用性需要进一步检验。为此，如何克服异质性？最后的解决方法无非是针对具体的单个国家展开研究，这也是本文的贡献之一。同时，现有研究多采用OLS估计，这是金融结构对经济增长的平均效应。事实上，在经济增长进程中，产业结构和金融结构均是动态演化的，那么金融结构的效应是否在不同经济发展阶段呈现动态演化的特征？

---

① 张成思、刘贯春，《经济增长进程中金融结构的边际效应演化分析》，《经济研究》，2015年第12期。

当前,关于中国金融结构与经济增长的研究十分稀少,主要原因在于金融结构的度量问题,所以我这篇论文也是备受争议。首先,主要介绍本文涉及的两个基本定义。第一个是金融结构,这里主要考虑狭义的概念,特指不同金融部门的混合比例。2009 年林老师发表在《经济研究》上的一篇文章非常清晰地界定了金融结构,付才辉师兄介绍的产品期权结构也算是广义的金融结构,但这里主要研究一个争论比较大的狭义界定,目前已经有较多的国际研究。第二个是经济增长,大多采用 GDP 的增长率,我这里采用的是人均 GDP,为什么?在不同的经济发展阶段,金融结构理应是动态演化的,这里采用人均 GDP 对经济发展阶段进行定义。

现有的金融结构理论,大家应该都比较了解:银行主导论、市场主导论、金融法律论及金融服务论。就我个人而言,金融服务是基础,但金融结构决定了在经济增长进程中实体企业以及个人所面临的金融服务类型与质量。因此,对于企业来讲,金融结构决定了其能够通过哪种途径进行融资,这是一个非常关键的结构问题。然而,当强调结构的时候其实有一个潜在假定:如果不考虑动态的话,就是在金融资源一定的情况下去考虑结构问题;但是如果考虑一个动态过程,那么在构建数理模型时,就需要考虑产业结构或者微观企业融资结构的变化。

首先,简单来看一下本文的数理模型部分。基于金融内生视角,本文运用新古典经济增长模型,研究了最优金融结构形成与经济增长的内在机制及最优金融结构的动态特征(演化轨迹、偏离及恢复)。关键点在于:将资本分为物质资本和金融资本,而金融资本由金融市场资本和金融中介资本两部分构成。接下来,在资本同质和规模报酬不变的前提条件下,令 $y = Y/K_r$ 表示实际产出与真实资本存量的比例或单位真实资本存量的总产出水平;$k_1 = K_m/K_r$ 表示金融市场资本存量与真实资本存量的比例;$k_2 = K_i/K_r$ 表示金融中介资本存量与真实资本存量的比例。这样,金融结构可以表示为 $FS = K_m/K_i = k_1/k_2$,而实际产出函数可变换为 $y = Y/K_r = f(K_m/K_r, K_i/K_r) = f(k_1, k_2)$。在上式中,$d_1 = \partial y/\partial k_1$ 和 $d_2 = \partial y/\partial k_2$ 分别衡量了金融市场和金融中介两种不同资本的边际产出,以刻画实体经济对金融市场和金融中介的市场需求。当 $d_1 > d_2$ 时,金融市场的边际产出大于金融中介,此时实体经济产业结构对金融市场的需求大于金融中介,最优金融结构应向"市场主导型"不断调整;当 $d_2 > d_1$ 时,金融中介的边际产出大于金融市场,此时实体经济产业结构对金融中介的需求相对更大,最优金融结构应保持"银行主导型",并提升银行业在金融体系中的相对重要性。进一步,上述生产函数具备 Solow(1956)新古典经济增长模型的形式和性质,基于此可以推导得到稳态下的最优金融结构。

进一步,以单位真实资本存量带来的经济产出 $Y/K_r = f(K_m/K_r, K_i/K_r)$ 为等产量曲线,以金融资本存量与真实资本存量占比 $K = K_m/K_r + K_i/K_r$ 为预算约束线,横轴和纵轴分别表示金融中介和金融市场资本存量与真实资本存量的占比,可以形成如图1和图2所示的最优金融结构(FS^*)演化路径。其中,图1表示伴随经济的不断发展,与之相匹配的最优金融结构由"银行主导型"转向"市场主导型";图2表示尽管最优金融结构在不同经济发展阶段不断演化,但始终保持"银行主导型"。值得说明的是,"银行主导型"和"市场主导型"两种金融结构并非简单以发达或是发展中国家进行区分,这说明最优金融结构应与国家的实体经济结构相匹配,内生决定于其要素禀赋结构,而非单纯地取决于实体经济的发展阶段。

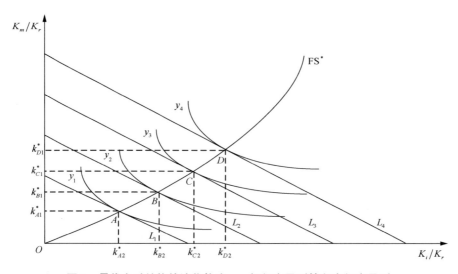

图1 最优金融结构的演化轨迹——银行主导型转向市场主导型

对于某一固定时期 t 而言,满足经济产出最大化的最优金融结构必定是

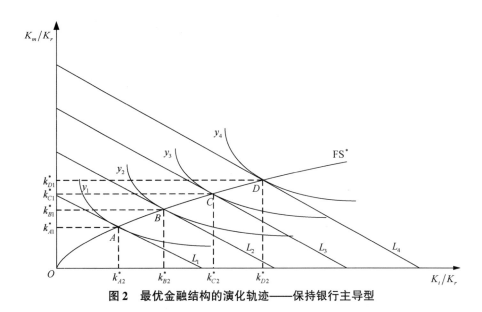

图 2　最优金融结构的演化轨迹——保持银行主导型

等产量线 y_t 与当期预算约束线 L_t 相切的点。在该点处,金融中介和金融市场资本存量占比分别为 k_{2t}^* 和 k_{1t}^*,此时与实体经济相匹配的最优金融结构为 $FS_t^* = k_{2t}^*/k_{1t}^*$。假定在某一点处,$k_1$ 和 k_2 分别偏离了对应的最优值 k_{1t}^* 和 k_{2t}^*:(1) 若 $k_1 < k_{1t}^*$,$k_2 < k_{2t}^*$,表明在经济资源配置中,无论是对金融市场还是对金融中介而言,金融资本形成严重不足,出现"金融抑制"现象;(2) 若 $k_1 > k_{1t}^*$,$k_2 < k_{2t}^*$ 或 $k_1 < k_{1t}^*$,$k_2 > k_{2t}^*$,表明在经济资源配置中,在金融市场和金融中介形成的资本存量中,一方存在"金融抑制"的同时另一方存在"金融深化过度",部分产业融资困难,经济增长受到抑制。只有金融市场与金融中介资本存量的相对比例落在等产量线与预算约束线的切点时,经济才会实现稳定增长。将不同等产量线与预算约束线的切点连接起来,就构成了一条经过原点的曲线 FS。该曲线刻画了与不同经济发展阶段相匹配的最优金融结构的演化轨迹,任意点的斜率构成金融市场与金融中介资本形成的理想状态。

如图 1 和图 2 所示,等产量曲线代表不同的经济发展阶段,与原点越近,表示经济处于越不发达阶段。预算约束线代表金融资本与真实资本的比例构成,与原点越近,表示金融资本在经济增长中的作用越小。由此可知,$y_A < y_B < y_C < y_D$ 且 $L_A < L_B < L_C < L_D$。更为关键的是,在切点处,等产量

曲线在纵坐标上的映射距离 Ok_1^* 刻画了金融市场的边际产出 $\partial y/\partial k_1$，在横坐标上的映射距离 Ok_2^* 刻画了金融中介的边际产出 $\partial y/\partial k_2$。在图 1 刻画的经济体中，有 $\partial y/\partial k_1 > \partial y/\partial k_2$，金融市场的边际产出高于金融中介，此时提升直接融资比例有利于实体经济的快速增长。与之对应的是，最优金融结构演化轨迹 FS^* 上点的斜率呈现单调递增趋势，即最优金融结构点 A、B、C、D 的斜率关系满足 $S_A < S_B < S_C < S_D$，这表明伴随经济的快速发展，该经济体的最优金融结构将由"银行主导型"转向"市场主导型"。不同的是，在图 2 刻画的经济体中，有 $\partial y/\partial k_1 < \partial y/\partial k_2$，金融中介的边际产出高于金融市场，此时提升直接银行业在金融体系中的相对重要性更有利于实体经济的高速发展。相应地，最优金融结构 FS^* 上点的斜率呈现单调递减趋势，即最优金融结构点 A、B、C、D 的斜率关系满足 $S_A > S_B > S_C > S_D$，这表明伴随经济的快速发展，该经济体的最优金融结构将保持"银行主导型"，且金融市场的相对比例越来越小。

在经济发展的不同阶段，产业结构是动态演化的，对应的最优金融结构理应显著不同。一般而言，产业升级意味着服务业占比的不断提升，技术创新和产品创新风险增加。此时，银行贷款风险的扩大需要更高的利息偿还，同时收益不确定性的增大使得企业面临更好的清算和破产风险，因此企业通过银行贷款的融资成本将显著提升（龚强等，2014）。换言之，对于风险较低的低经济发展阶段，交易成本较低的金融中介成为有效的融资途径，其对实体经济的边际产出高于金融市场，最优金融结构为"银行主导型"。然而，作为更为有效的风险分担机制，投资者能与企业共同分担风险，技术创新和产品创新能够得到有力支持，经济增长速度加快。此时，金融市场的边际产出要高于金融中介，最优金融结构由原来的"银行主导型"转向"市场主导型"。不同于传统的共识"伴随着经济发展，最优金融结构将由银行主导型向市场主导型发展"（龚强等，2014），本文认为最优金融结构的演化并非简单以经济发展阶段作为划分依据。特别地，作为世界上最大的发展中国家，近年来中国的高经济增长率备受关注，其金融结构的边际效应表现如何及未来的改革方向需要进一步实证检验。

接下来，本文采用 1996—2012 年间中国的省际面板数据，利用面板分位数技术实证检验了经济增长进程中金融结构的边际效应。关于金融结构的测度,本文采用股票市场交易总额、金融机构贷款总额作为金融市场和金融中介的代理变量,并采用两者的比值作为金融结构的度量指标。该值越大,说明该金融体系越隶属于"市场主导型";反之越隶属于"银行主导型"。对于真实资本存量,用资本形成总额代替,并采用张军等(2004)提出的"永续盘存法"进行测算。关于控制变量的选取,主要包括五项,依次为:(1) 初始人均真实经济产出 $RGDP_0$ 的对数值,用以反映经济的内生性;(2) 金融服务占 GDP 的比例 FI,用股票市场交易总额和金融机构贷款总额之和占 GDP 的比例表示,以刻画金融部门提供的金融服务;(3) 人力资本投资 HC,用高中及以上教育程度的人口占比表示,以反映该地区的国民素质;(4) 政府消费和投资规模 GC,用财政支出占 GDP 比例表示,以反映政府对地方经济发展的推动作用;(5) 对外开放程度 TO,用进出口总额占 GDP 比例表示,以反映地区经济的贸易开放度。

以人均 GDP 作为被解释变量,金融结构作为主要解释变量的计量模型估计结果显示,无论是全国还是区域层面,金融结构(FS)与经济增长(RGDP)均存在显著的正相关关系,且金融结构的系数在不同经济发展阶段存在明显差异。整体来讲,金融结构对经济增长的边际效应约为 0.23,即股票交易总额占金融机构贷款总额的比例每提高 1%,人均真实 GDP 增加 0.23%。进一步对比三个区域金融结构的边际效应可知,中部地区最高,其后依次是西部地区和东部地区,影响系数分别为 0.32、0.13 和 0.15。这些结果充分表明,在中国经济增长进程中,金融市场在金融体系中占比的提升有利于经济的快速增长,且该积极作用呈现倒 U 形趋势,即存在结构性变化。因此,深化金融市场改革,提升金融市场在金融体系中的相对重要性有利于地区经济的快速发展。此外,人均真实资本存量(RK)对经济增长存在显著的促进作用,且与地区发达程度正相关。

然而,正如图 1 和图 2 所示,金融结构在经济增长进程中不断演化,即在不同经济发展阶段金融结构的边际效应是动态的。然而,传统的 OLS、GMM 等方法只能得到金融结构对经济增长的平均影响,无法判断在经济增长过程中金融结构对经济增长影响的变动趋势。为刻画金融结构在经济增长进程中边际效应的动态演化轨迹,我们在传统计量方法的基础上,运用面板分位数回归技术对回归模型进行参数估计。研究发现,金融结构的边际效应仍显著为正。由全国地区的估计结果可知,在1996—2012年间,金融结构的边际效应呈现倒U形的演化趋势:在经济发展的初级阶段,金融结构的边际效应呈现上升趋势;在经济发展的成长阶段,金融结构的边际效应趋于稳定;在经济发展的成熟阶段,金融结构的边际效应呈现下降趋势。进一步,对比不同区域金融结构边际效应的拟合值可得,中部地区和西部地区金融结构的边际效应呈现下降趋势,东部地区金融结构的边际效应则呈现上升趋势。此时,全国层面上金融结构对经济增长的促进作用由于东部地区的拉动作用而表现为轻微的上升趋势。具体地,全国地区金融结构边际效应的拟合值由0.16上升至0.18,东部地区金融结构边际效应的拟合值由-0.01逐渐上升至0.12,中部地区金融结构边际效应的拟合值由0.16下降至0.13,西部地区金融结构边际效应的拟合值由0.11下降至0.02。

可以看出,在经济发展的不同阶段,中国金融结构的边际效应呈现出阶梯式的倒U形趋势。当考虑所有控制变量时,金融结构的边际效应在中、西部地区呈现下降的趋势,且西部地区的下降速度快于中部地区。与之相对应的是,金融结构的边际效应在东部地区呈现快速的上升趋势。不同于传统的最优金融结构理论,本文的实证结果发现,当前阶段提升直接融资比例不仅有利于经济发展程度较高地区(即东部地区)的经济增长,而且有利于推动经济发展落后地区(即中西部地区)的经济增长。与传统最优金融结构理论一致的是,金融市场在经济发展程度较高地区的优势凸显并呈现强化趋势,但在经济发展落后地区的推动作用趋于弱化。这些结果表明,当经济发展程度较低时,"银行主导型"金融体系更为有利,但"市场主导型"金融体系的优越性伴随着经济发展逐步得到体现。上述结论表明,最优金融结构并非单纯取决于经济发展阶段,而是内生决定于一个国家或地区某时期的要素禀赋结构。

我们这篇论文验证了这样几点:第一,其实并不存在一个单一的金融结构,而是一个动态演化的过程。第二,我们始终觉得传统的动态GM得到的结果是提升金融市场占比可能有利于中国的经济增长,但是这是总体方面,

2008年我们发现可能银行业更主要地是一个动态过程,而且短期来看规律性还不是特别强。最后,我们发现可以看到对地区发展不平等的倒U形影响,还有综合上述分析可以发现,对一个国家而言,确实并不存在固定的金融结构,以及固定的金融结构的演化路径。

评论与问答

付才辉:我不明白为什么你们的结论与最优金融结构理论不一致。不是一回事吗?任何时候,给定一个最优产业结构,你说没有对应一个金融结构而是一个演变——这当然是演变了。结构在变化嘛。我之前提到识别结构有四个步骤:第一步,要测量结构;第二步,涉及这个结构怎么随着前置变量的变化而变化,这实际上就是说有一个最优的轨迹;第三步,严格意义来讲,实际的结构安排肯定对理论上的最优结构轨迹有偏离;第四步,偏离最优轨迹的前因后果如何。新结构金融学的分析思路也不例外。

刘贯春:对,我补充一下,如果没理解错的话,你们说的偏离最优金融结构还有一种特殊情形,那就是奇异点,这也叫作偏离。但是我们说的是结构变化,这就需要考察一个pattern的问题,即变化之后理应要维持一个趋势。

付才辉:那个偏离最优金融结构的程度其实也是动态的。

刘贯春:的确如此,但偏离最优金融结构多少难以估计。原因在于我们无法确认哪种金融结构适合中国及其不同阶段的发展。如果简单以美国或者日本作为参考国,那么我们将忽略中国特有的要素禀赋结构、产业结构等,即忽略了异质性的存在。

华秀萍:我想说一下最优的那个,我觉得这可能是学科之间的一个差异,因为在金融学里面我们可能更强调功能性,更强调定价性、风险性,我们大多数的定价模型都是没有最优解的,很多定价模型都是通过计算机模拟来实现的。所以你如果跟我们金融学的人讲有一个最优的金融结构,我们觉得很难接受,这肯定不是金融学的主流。包括所有的衍生品模型,基本上没有一个闭式解,这是上世纪七八十年代提出来的,90年代之后基本上完全没有。所有投行的人去给客户讲,资产怎么定价,风险怎么模拟,全部是计算机模拟的人告诉他的,这种情况是这种情况,那种情况是那种情况,所以你突然跟我们说有一个最优金融结构,我们会觉得很讶异。

付才辉:我举一个现实的例子,你之前提到温州跟宁波的企业流行的上市操作,而我在河北省一些传统产业集群的地方却很少看到多少高深的金融操作。两个地方产业结构不同,对应的金融活动安排也存在明显的直观差异。

华秀萍:你说得很对,不过我们换另外一个角度思考的话,如果我们不是把他的最优金融解理解成唯一最好的解,而是理解成趋势性的,或者结构性的变迁,我觉得我们可能达成共识。

问:我跟一林讨论的时候,一林谈到一个观点,日本的银行好像是大财团控制,所以一林提过有个研究也是关于金融结构跟 R&D 投资的关系。

张一林:日本的银行是有很多财团来控制的,像三菱这种。这些财团控制了银行之后,可能会有很多关联贷款,去压制中小企业,这是一方面。第二方面是银行为主的话,可能只对于现在已经成长起来的创新的大企业有用。日本这个可能比较特殊,也是值得研究的一个。

刘贯春:我再补充一下。林老师 2009 年发在《经济研究》上面的文章,在分析最优金融结构的时候其实是从两点出发,一是企业规模,比如一林师兄 2014 年发在《经济研究》上面的文章侧重于风险特性。但另外一个很重要的因素是企业规模。因为企业规模越大,越有可能通过资本市场进行融资,而中小企业不可能。可以尝试从企业规模的角度,或者把这两个视角融合到同一理论框架,做一篇关于论证最优经济结构存在性的文章,作为该方面的理论基础,可能更具有普遍意义。还有一点就是,我觉得结构是相对的,在做论文的时候,需要另外考虑金融发展程度,即规模要素。换言之,在做结构对某个变量的影响时,一定要把对应的规模因素放在控制变量里面,不然得到的结果将会被质疑。

问:我觉得这个发现非常好,但是有一个问题,这个背后的故事到底是什么,会不会有另外一个故事呢?比如说中国之前的出口非常好,主要是在发达的地区,东部地区的企业出口富了,富了以后上市,融很多钱投房产去了,也没拿去研发,然后 2008 年这个后果就出现了,因为现在出口不行了,是吧?

刘贯春:这个可以回去探究一下,因为我还在做这个方向。

3.4

新结构经济学在劳动经济领域的新视角与新应用

林志帆：最优人力资本结构的理论与实证研究思路

我这个报告的题目比较大，但今天只着重关注过度教育的问题。我的报告分为两个部分：第一部分是研究背景，我会从文献和现实两个方面去提取研究的必要性，即为什么我们要从新结构经济学的视角对人力资本在经济发展中的作用做一个新的解读；第二部分是对基于研究背景和理论分析得到的假说进行实证检验，分析为什么过度教育会在劳动力市场上造成失衡现象，它的影响机制是怎么样的，我会初步尝试构建一个最优人力资本结构，并研究现实中的人力资本结构对最优的偏离会对经济增长、技术进步以及劳动力市场中的一些失衡现象造成什么影响，最后会讨论中国人力资本的情形。

来自文献的研究动机

在宏观经济学文献中，许多增长模型强调人力资本在经济增长中的作用。它包括直接作用和间接作用，直接的是把人力资本直接作为一种投入要素；间接的是指人力资本有助于技术的扩散和学习。而在微观劳动经济学文献中也有两方面文献与人力资本相关，一方面是理论的文献，人力资本会对个人的收入有正向的影响。但这里有两个竞争性假说：一个是能力提升理论，即接受教育提升人力资本，工作能力变强，边际生产率提高，那么收入会上升；另一个是信号发送理论，大意是劳动者的能力是内生的，接受更多教育是发送内生能力强的信号，那么能力较强、接受更多教育的人会被配置到能力要求更高的岗位。另一方面是实证的文献，教育回报率的估计是一个很经典的主题，虽然所谓的"能力遗漏"偏误的内生性问题不可忽视，但目前有很多微观计量方法，包括应用双胞胎的差分方法，或者通过一些"自然实验"的思路找到一些工具性方法都可以削弱内生性的影响。全球范围做教育回报率的研究非常多，基本都得到了显著为正的结果。也就是说，多受教育对收入的影响是正向的。基于宏观理论以及微观理论、微观实证文献的研究结论这三方面考虑，我们想，是不是在宏观实证方面人力资本会对经济增长有正向的影响？

这就是一个很有意思的问题了。然而目前从文献里面来看并没有这个结论。比如像巴罗、曼昆等知名的经济学者用跨国数据做实证研究，发现人力资本对国家的经济增长影响为正，他们的人力资本主要是用教育，即人均受教育年限作为衡量指标；当然也有另外一些文献，例如克鲁格、普利切特等学者发现，如果修正教育数据的测量误差问题，或者替换衡量人力资本的变量，或者改变实证模型的设定或估计方法，结论就会发生改变，他们的研究没有发现人力资本的正向作用。这就形成了争议，尽管实证文献间存在着这样那样的微小差别，但如果研究结论不能保持稳健的话，我们就需要一种新的解释。

来自现实的研究动机

接下来我们看一下现实中的研究背景：在20世纪60—90年代，很多发展中国家的人均受教育年限得到了很快的提升，但是这些国家并没有取得很好的增长绩效，而且劳动力市场也出现了很多失衡现象，如果我们考虑教育本来应该还有正的外部性，例如犯罪率的下降带来的制度环境的改善、妇女生育率下降带来的人口红利等积极因素，这些失衡以及发展绩效比较差的事实就更难理解了。

具体来说，劳动力市场有哪些失衡现象呢？我发现很多亚洲国家，像中国、韩国、日本受儒家的影响，注重文化教育，过去数十年里在教育事业上取得了巨大的进步,我们经常听到新闻说"中国成博士工厂、规模全球第一",抛开教育质量的问题暂且不讨论,我们看到中国这样的发展中国家,很多接受过高等教育的人才毕业后去了欧美国家。现在欧美国家有很多亚洲的科学家、工程师、医生,这些人才在本国接受高等教育与技术培训后,没有留在国内贡献自己的力量,这就是劳动经济学文献里经常提及的人才外流(brain drain)问题;另外还有公共部门膨胀的问题,这些都可以纳入本文的分析框架里。

人力资本的新结构经济学视角

所以,基于这两部分的研究动机,我们需要一种新的理论解释这些问题。新结构经济学的要义在于,经济发展阶段和要素禀赋结构决定比较优势行业,这些行业包括技术比较成熟的劳动密集型行业,也包括资本和技术比较密集的行业。前者比较落后,后者比较先进。不同的行业的技术进步特征是不一样的,远离世界前沿的行业技术进步是以模仿为主,先进的行业已经处于世界前沿,技术进步高度依赖于研发创新,各国经济发展阶段不同、比较优势行业的特征不同,对人力资本需求的结构也应该不同。更具体地说,比较落后的国家可能需要较多的低级劳动力。这里的"低级"是为了区分两类劳动力,而不是贬义。根据文献里的分类,所谓的低技能劳动力(unskilled labor)应该是接受过基础教育和技能培训的劳动力,发展中国家需求较多;而高技能劳动力(skilled labor)是接受过高等教育和科研训练的劳动力,发达国家需求较多。因此我的猜想是,在发展中国家教育政策的制定过程中,应该注意人力资本的供给结构与发展阶段所决定的需求结构是否匹配的问题,如果能够匹配,那么发展绩效就会比较好;如果不能匹配,可能会出现一系列的问题。

供需结构不匹配包含两方面:

- **教育不足** 教育不足是什么情况呢?我们观察到一些南美或者非洲国家有比较高的文盲率与犯罪率,工人的劳动技能比较差。中国现在要做行业转移,例如一些纺织厂和制鞋厂按照生产成本和比较优势应该转移到非洲去,但是那里的工人不会操作机器,或者不喜欢规规矩矩地上班,这就是教育不足的问题，会使这些国家丧失发展机会。

- **教育过度** 教育过度的情况可能在一些亚洲国家比较多，它会有三方面的影响：

第一方面是教育回报率压制的问题。如果说在某一个发展阶段，某一个行业里就业岗位的数量是给定的，接受过更多教育的人抢一个岗位其实是一种零和博弈。比如，很多民众觉得在银行工作或者在金融行业工作比较高端，但是现在中国的金融部门只有那么多的就业岗位，而我们很多大学生毕业后都想去金融行业工作，大家就开始比拼学历了。很简单的银行柜员工作，在90年代末大专生就可以做，到现在很多二线城市要本科生才能做，在很多一线城市要"985"高校的研究生毕业才能去做。但其实银行柜员的功能是相似的，在过去十多年中对个人能力的要求变化不大，现在新加入银行做柜员的毕业生接受了很多教育，但工作任务却比较简单，他们拿到的工资不高，教育回报率就会被压制。教育回报率比较低虽然看起来只是个人问题，但从长期来讲会降低人们积累人力资本的意愿，不利于长期的经济发展。教育回报率偏低还意味着教育"信号化"，现在很多行业设置了从业门槛，大家需要考证，职业资格证书五花八门。这样的教育培训与考试其实并不是为了提升劳动技能，而是成为劳动者相互竞争、发送关于自身能力信号的机制，形成了资源浪费。

第二方面的问题就是刚才提到的人才外流。大家可能都知道，中国"985"大学里许多优秀的学生毕业后出国了，他们在国外拿了硕士和博士学位后有相当一部分不会回国。也就是说，他们是"学成出国"，而不是像几十年前新中国刚成立时的前辈那样"学成回国"。这些人在国内接受小学、中学、本科共计16年由政府补贴的教育，完成学业后不回国就意味着一个穷国要从财力和人力资本上补贴富国，这种"倒挂"机制会扩大跨国的收入不平等。当然，从个人的角度来讲，这些人才外流是出于经济上的理性选择，他们在产业结构更为高级、人力资本需求与他们自身的知识技能更为匹配的发达国家获得更高的收入，能够实现更高的教育回报率。说句题外话，这样的做法是无可厚非的，从经济学上不能跟微观个体讲觉悟，不能要求或者期望现在每个人都有前辈科学家们毅然决然抛弃海外优越条件而回国的觉悟。我们需要假设每个人都是自私的理性经济人,然后通过宏观机制的设计引导人们的理性决策实现社会的最优。

教育过度的第三种不良后果就是会造成国内劳动力市场人才错配,这一问题也是 Acemoglu 研究过的。很多接受了高等教育的劳动力在国内的生产性部门不能完全发挥他们的知识技能,教育回报率偏低,"穷则思变",他们就会有跨部门转移的动机。转到哪儿去呢?他们会考虑非生产部门,或者说文献里经常提及的寻租性部门,更具体地便是收入比较稳定、社会地位比较高的"体制内工作"。这里的社会地位高是有研究支撑的,社会学研究里常用的"国际社会经济地位指数"(ISEI)表明,政府、事业单位、国企这些非生产性或准非生产性部门的工作具有社会地位高的属性。假设收入稳定性和社会地位能够像金钱收入一样进入个人的效用函数,在教育过度的情况下,高技能劳动力的供给超过了现有经济发展阶段和比较优势行业决定的需求,发生了供需结构的错配,一部分高技能人才就会转移到非生产性部门,其中的经济逻辑是他们以较高的收入稳定性和社会地位弥补较低的收入。优秀的人去了体制内这些非生产性部门是巨大的浪费。这里不是否认政府需要杰出的人才。实际上,高超的顶层制度设计,或者说国家能力,都需要高技能人才到政府里工作。但是,中国目前的情况是,太多的优秀本科生、硕士、博士去了喝茶、看报纸、办杂务的政府和事业单位的岗位,这就是人力资本的巨大浪费!

实证研究

聊完以上这些,我们来看实证部分。

第一个问题是过度教育是否压制了教育的回报率。这里做了一个荟萃回归,我从两个来源收集了许多国家的教育回报率数据作为被解释变量,第一个是 Psacharopoulos 和 Patrinos 的研究,他们归纳了很多国家使用微观数据估计得到的教育回报率,第二个是我从《经济增长手册》中增补的,然后把教育回报率数据与巴罗的教育可获得性数据库里的人均受教育年限做推迟 5 到 10 年的匹配,因为很多发表的成果相对于其使用的数据年度有好几年的滞后。可以发现,在回归表格中,无论是全样本还是剔除了极端值的数据，在控制了一国相对于美国的技术距离后，一个国家人均受教育年限的确对教育回报率具有显著为负的影响，证明了过度教育会压制教育回报率。

第二个问题是过度教育是否会导致公共部门膨胀。我收集了各个国家公共部门雇佣比重的数据作为被解释变量，使用人均受教育年限作为核心解释变量，同时控制了文献中一系列常用的控制变量，发现人均受教育年限的系数显著为正。这便证明过度教育的确会使一部分接受过高等教育的人群迁移至非生产性部门，以较高的收入稳定性和社会地位弥补教育回报率在生产性部门偏低的损失。但是，人才外流的问题由于缺乏数据，实证研究没有做。

接下来的研究是探索偏离最优人力资本结构对经济增长与技术进步的影响。这里最大的难点在于估计最优人力资本的轨迹。参考很多金融方面的文献，拿 OECD 国家作为最优基准组进行估计，可以得到一国的人均受教育年限随着人均 GDP 提升而上升的回归式，进而计算各个国家相对这个最优水平的偏离。无论是正偏还是负偏，取绝对值后将其作为核心解释变量进入以人均 GDP 增速、劳均产出增速、技术进步为被解释变量的回归式中，每个模型都控制了文献中常见的控制变量，数据来源为宾夕法尼亚大学的世界表、世界银行的世界发展指数等。我们发现，无论是用双向固定效应模型还是用分位数回归，或者在混合回归模型中控制很多异质性，都发现偏离指标的系数是显著为负的。这便说明，人力资本供需结构的错配将使得经济增速与技术进步速度下降。

中国情形的讨论

最后是如何解读中国的现状。中国在新中国成立初期是严重的教育不足，50 年代人均受教育年限大概是一年多一点，大概就是每个人上不满小学，到二年级就辍学了，到现在中国已经变成一个教育过度的国家。这里有数据测算的经验证据支持，也有我们从劳动力市场上直观感受到的失衡现象可以表明。现有很多文献都提及了类似"技工荒"以及每年都是所谓的大学生"最难就业季"的现象，这些都是教育过度的体现。

《经济研究》2014 年第 12 期刊载了一份报告，里边有几个图呈现了中国、美国、俄罗斯以及欧洲十国的人力资本在不同行业间的分布情况。从这些图中我们可以提取一些基本的信息：中国的电力热力水生产供应行业、金融业、科研、国际组织、公共管理、社会保障、社会组织、卫生社会工作等社会地位高的非生产性或准非生产性部门集中了中国受教育年限最长的人群。中国最优秀的人才不从事生产性工作是一个很大的损失。当然，这也是理性选择所致，即教育过度使得这些人才的知识技能在生产性部门中难以完全施展、回报率偏低，他们便以体制内工作的较高的收入稳定性和社会地位弥补较低的收入。

需要注意的是，本文的研究不能导出发展中国家不应开展高等教育这种非常激进的政策含义。但是我们应该注意到在很多发展中国家，特别是我们中国，已经出现教育过度的情况，所以教育政策的制定也需要进行"供给侧改革"，需要培养更多适合中国当前的产业发展转型特征所需要的人才，这将有助于长期的经济增长。

评论与问答

问：你的实证研究用 OECD 国家作为最优基准组，但其实 OECD 和发展中国家差别还是比较大的。它们作为最优其准组衡量的适用性如何？因为我在研究中也遇到这个问题，比如会讨论衡量最优的金融结构应该怎么做，哪些国家可以作为基准和最优？

林志帆：首先，我觉得 OECD 国家在历史上发展的轨迹还是比较成功的，虽然现在 OECD 国家经济增长比较慢，但是它们已经是高收入国家了，从经济增长的角度来看接近世界前沿时增长变慢是常态，OECD 国家从二战以后基本就没有掉进过大坑里，这些国家在产业升级与要素市场各方面，包括劳动力市场的有效性都是比较强的，我觉得可以作为参考。其次，OECD 国家数据统计质量非常好，很多国家基本是从 1950 年开始到现在都有非常翔实的数据，可信度比较高。最后，基准组的做法不是拿现在的发展中国家和现在的 OECD 国家作对比，而是拿现在的发展中国家与 OECD 国家的历史作对比。比如说，中国在人均 GDP 达到 8 000 美元的时候，人均受教育年限应该是多少,我们就看OECD国家达到8 000美元的时候是多少。这是因为在相同的收入水平上,产业结构可能比较相似,人力资本的需求也比较相似,这就可以提供参照了。

付才辉:我现在也在寻找最优的轨迹。但我另外找了一个样本,就是根据增长委员会的《增长报告》,二战以后增长最快的13个经济体,它们连续25年以上保持了7%左右的持续增长,是发展典范,你可以拿这些国家试一试。

林志帆:我还尝试做一个稳健性检验,Vandenbussche(2006)在JEG(《经济增长杂志》)上的文章是这样做的——拿一个国家大学生的比例去跟该国相对于世界技术前沿的距离做交互项,相当于去估计某国大学生的比例在不同的技术距离上面的影响。这样就可以避免估计最优组的问题,但是他这个文献也只有19个OECD国家的数据,但发展中国家或者全球样本都没有大学生比重的数据,所以目前做不了,但至少为我们提供了另外一种方法上的启示,即我们可以用交互项的方式解决这个问题,而不是估计一个基准组。

问:我有个问题,你是想看教育过度对增长的影响,还有对教育回报的影响对吧?你的实证模型是用每一个国家平均的人力资本存量,也就是教育程度,然后看它和教育回报之间的关系,以及和公共部门的比例,还有GDP增长的关系。我觉得你这个模型并不能说明教育过度的影响,我想这个应该从微观层面来做,比如我们给定一个职业,给定一个行业,然后看博士生和本科生做同样的一个行业或职业,他们的附加值、生产率有什么区别。如果博士生和本科生没有区别的话,可以说教育过度是没用的。但是你现在做的是人力资本存量对增长的影响,或者对公共部门比例、对教育回报的影响,比如教育回报就不一定从你的角度解释,可能是供求的问题,如果说高教育的工人供给特别多的话当然回报会比较低。所以这不是一个教育过度的问题,而是一个供给需求的问题。公共部门也是这样,它有很强的回报因果性,这些你都没有提及。还有GDP增长,发展水平比较高的国家,比如发达国家,它的人力资本水平肯定高,增长速度慢,这些都不能说明教育过度的问题,我觉得你可能要思考一下怎么去回答这些问题。

张丹丹：中国的人力资源禀赋的问题

作为从事劳动经济学研究的学者，我想引用一些基本的事实从两个角度来分析中国的人力资源禀赋的问题：一个是数量的角度，一个是质量的角度。以下所涉及问题的讨论均以文献为基础展开。

劳动力要素禀赋决定了一个经济体经济增长模式和产业结构的选择。中国过去30年的经济增长在很大程度上由大量的廉价劳动力驱动。中国丰富的劳动力资源禀赋决定了我们过去的增长方式是以要素投入为主的一种粗放型的增长方式，而目前这种增长方式正在面临人口红利消失、劳动供给下降的挑战。在这样的情形下，产业升级、结构调整的呼声越来越高。从长期经济增长来看，需要摆脱过去以要素投入为主的增长模式，而采取以促进全要素生产率提高为主的增长模式。以上这些都是我们经常能听到的一些内容和讨论。我想讲的是这些观点基于的假设是中国的人力资源禀赋出现了短缺，在给定这样一个背景的前提下，去讨论产业升级政策的必要性。那么这个假设是否成立？我认为仍有待讨论和验证。

蔡昉、李宏斌等学者的观点是中国的劳动力优势是在消失的，因此现在需要进行产业转型调整，从低端的制造业过渡到以高端的服务类为主的产业。当然也有学者持不同的观点，如澳大利亚国立大学的孟昕教授，她认为劳动力供给优势仍然存在，只不过被滞留在农村地区尚未释放出来，她强调劳动力短缺不仅仅是人口结构变化、生育率下降这样的因素，还存在其他的制度因素。除了以上提到的两篇文章以外，另外一个研究是由 John Knight 等所做的。在这个研究中，他们也想回答一个劳动短缺的问题，但这个问题是以一种悖论的形式提出的。换句话说，为什么我们在城市看到了农民工短缺的现象，但是在农村有那么多剩余的劳动力没有转移出来？

为了解释这一现象，他们用"农业部的定点调查"的数据来描述农民工工资的变化，这就弥补了李宏斌的文章未能提供农民工的工资变化趋势的缺陷。从2003年到2009年，这个数据提供了外出打工者的工资水平随时间的变化情况。在整个这段时间内，外出打工者的名义工资一直是在增加的，从2003年的781元上升到2010年的1 348元，虽然工资增长在开始几年比较低，但在2008—2009年有一个快速的上升。特别是，从2008年到2009年的增长率达到了17.3%，这是一个很大的数字。

当时我刚看到这个数字，就觉得不太可信，因为在2008—2009年间中国经历了全球的金融危机，很多农民工在这一时期被迫返乡。这段时间农民工在城市里的工资并没有显著地增长，我自己的研究证实了这样的结论。但是为什么使用农业部农民工出发地定点调查数据会得到这样一个工资飞速增长的结果？为了验证以上结果的准确性，我搜索了农业部官方网站，查到在2010年的一篇农业部部长韩长赋所做的政策性文章。该文章中农业部的固定点调查数据显示2009年外出农民工月平均工资1417元，比上年增长77元，增长幅度5.7%。不同的报告给出了完全不同的结论：一个是说上升了17.3%，另一个是说增长了5.7%，后者还是名义的。如果换成实际收入，后者会更低，两个数据就相差更大。所以说，我们不能简单地相信这样的结论，至少不能肯定地说农民工的工资在快速上升。

除了正方的证据，我们还要考虑反方的证据。也就是说，农村还是有很多人力资源可以转移到城市部门的，持这种观点的主要代表人物是孟昕。在她最近的一篇题目为《怎么样释放中国的被限制住的劳动力资源》的政策性文章中，她提供了一个证据：在中国，农业部门的就业比例实际上是高达50%以上的；相对于其他的发展中国家，这是一个非常大的数字。此外，她还引用了国家统计局2013年公布的数据，说明中国目前大约有7.7亿的农村人口，其中72%是农业户口，也就是说，在总的5亿多人中，有51%在农业部门工作。这一结果与我们北大的中国家庭追踪调查（CFPS）在2012年所显示的50.3%的中国劳动力在农业部门就业的发现基本相似。

另外一个证据是来自于对一些基本问题的回答：到底有多少人外出打工了？这些外出打工人员的年龄分布是怎样的？对于这两个问题的回答，孟昕用到了中国的农民工调查数据。这篇文章发表在2012年的JEP（《经济远景杂志》）上，而在同一期上李宏斌等也发表了前面提到的那一篇类似的文章,但他们的结论恰好相反。孟昕的文章分析了农民工年龄按性别条件的分布,一个非常有趣的现象是:对于男性来说,最可能外出的年龄是25岁,25岁之后到35岁我们会看到迅速的下滑,迅速下滑的意思是这些人不再外出了;换句话说,男性农民工在35岁以后倾向于回到农村老家,重新变成农民。相比之下,女性农民工的年龄转折点是在20岁出头;换句话说,女性农民工在20岁出头就开始回乡了。一个主要的原因就是,她们需要回乡结婚生子。这是因为城市里面没有相应的条件保证农民工进行生养。由于存在这些家庭的问题,许多农民工只能在城市短期打工,到了一定年龄需要成家立业,他们就需要回乡了,所以我们可以看到农民工的年龄分布存在着一个非常快速的下降趋势。

另外,留在农村的农民的比例也还是非常大的。在数据中,我们可以看到,虽然25岁左右是农民工外出打工的最高峰年龄段,但是即使是最高峰的年龄段也只有50%的农民出来打工。这意味着还有50%是留在农村,也就是说,农村还有很多潜在的劳动力没有转移出来。

除了要考虑农村人力资源禀赋之外,我们也要考虑在城市部门农民工的工资的变化。一个关键的问题就是农民工的工资到底有没有上涨。在前面所举的几个例子中,李宏斌等并没有提到任何的数字证据,此外 John Knight 那篇文章虽然引用农业部从2003年到2009年的数据,但这个证据也不确切。因此,我们需要从文献中寻找新的证据。

在2015年孟昕的一篇文章中使用了中国农民工调查数据,这一调查回访了在2013年参与该调查的部分农民工,并了解了被访农民工过去的所有工作历程,一个重要的问题就是他的第一份工作是什么时候开始的,当时的工资有多少。通过对这样一个问题的回答,我们可以去建构农民工的第一份工作的工资随时间的变化趋势。在2010年之后,农民工第一份工作的工资确实是在上升的。但是需要注意的是,我们下这样的结论时一定要将农民工的工资及其劳动生产率进行对比。如果农民工的劳动生产率在增加,这个工资上涨是可以接受的。但是遗憾的是我们并没有农民工劳动生产率的数据。通常这个数据需要从企业数据里建构,但现在我们还没有找到一个比较好的数据可以做这件事情。因此,虽然我们看到了农民工工资的上涨，但是并不能据此下结论说他们的工资是被抬高了。农民工工资的提高可能是因为供给不足，也有可能是需求提高所导致的。

进一步，我们还需要比较农民工和城市工工资的变化，看看他们的趋势有什么不同。在李宏斌等的文章里，一个主要的结论就是农民工的工资的增长并不比城市工要慢，甚至可能还要快。因为他没有提供很多的证据，所以我们需要检查一下到底农民工的工资相对于城市工的工资增长的幅度是怎么样的。在控制了个人特征之后，我们看到实际上农民工和城市工的工资差距是在拉大的。换句话说，农民工永远不能够赶超城市工的工资水平。由此可知，即使我们能够将这一现象归结于城市工工资的迅速上涨，我们也不能肯定农民工工资增长是非常快的。这是因为，农民工和城市工之间的工资还存在着很大的相对差距。

为了进一步说明这一问题，我在最近的一篇文章中讨论了农民工和城市工之间的工资趋同的问题。换句话说，就是看农民工进城之后，随着时间的推移（或他在城市里待的时间的增长），其工资是不是可以趋近于跟他具有相同人力资本、同样职业、同样行业的城市工。我的一个结论是，农民工和城市工之间的工资是不能趋同的（即农民工的工资永远不能赶上城市工的工资）。这一发现与讨论国际移民工资水平的西方文献所得到的结论是完全不同的。同样是比较移民和当地人工资的变化趋势，国际移民在西方国家基本上在五年左右就可以实现工资的趋同，但是这在中国是看不到的。

前面的证据显示，虽然农民工的工资有所增长，但是其增长趋势远远不如城市工。由于我们没有劳动生产率变化的数据，因此不能肯定农民工的工资增长是过快的。那么在这个情况下，如何解释不断上涨的农民工工资和大批滞留在农村的劳动力就成为一个关键的问题。在此，我认为制度因素是一个重要的角度。

首先是户籍制度。这个大家都知道。由于在城市中存在种种制度上的限制，农民工是无法在城市中长期生活的，因此，他们只能处于短期打工的状态。其次是一些产业升级的政策，比如说最低工资调整。虽然提高最低工资是产业升级政策的一个很重要的手段，但是这一政策的实施显著地增加了劳动成本,进而使得一些低端的制造业没有办法生存从而退出了产业。

一些大城市(如北京、上海、广州、深圳和东莞)的最低工资调整速度是非常快的,而且基本上每年都在上升。从2004年最低工资制度改革之后,其从500元增加到2015年的2000元左右,在过去的十年里涨了4倍,这反映了中国最低工资随时间变化的一个基本情况。

因为我在深圳一直做调研,通过长期观察我们发现,政府调整最低工资的目的就是实现产业升级。随着最低工资的提高,我们观察到了产业结构急剧的变化:高新技术产业增加了4倍,而传统制造业比例大幅度下降。当然,产业结构的变化也带来了一些社会问题。在我最近的一篇文章中,就提到了最低工资制度调整所带来的一些社会问题,比如说犯罪的问题。通过使用大量的微观数据,我们发现最低工资调整会导致农民工的失业,而农民工失业之后导致犯罪的可能性上升。所以,产业升级的制度虽然带来很多好处,但是背后还会产生一些社会问题。

总之,关于农民工的数量问题,是否存在农民工的短缺实际上还是一个大问号。我们的结论并不是简单否定农民工的短缺。事实上,要得到对上述问题的正确回答,我们需要考虑不同的角度。除从人口结构这个供给角度看以外,还有一个制度限制的角度,即是不是存在制度的限制约束了农民工的迁移,使得我们观察到城市劳动力短缺和农村劳动力过剩的现象。

谈完了中国人力资源的数量问题,下面我会从人力资本积累的角度来谈,即质量的问题。如果我们要实现产业升级、工业结构调整等等,自然需要提高人力资源的禀赋,否则一切都是空谈。

我使用了2005年1%人口普查数据来分析中国劳动力的教育分布。75%的中国劳动力的教育程度是低于初中的。这主要是因为农村的平均教育水平太低了,拉低了中国人力资源禀赋的总体水平。为什么农村的教育程度低是一个问题?这是因为受到计划生育政策的影响,城市人口增长是非常有限的,因而城市未来的劳动力主要将由农村提供。如果农村劳动力素质比较低的话,补充进来的也是比较低素质的劳动力,这将严重阻碍中国未来的产业升级。

作为另外一个证据,我们使用不同的数据比较了不同队列的情况。目的是讨论这种情况是不是会在年轻的一代得到改善。换句话说,尽管从平均意义上讲农村的教育水平偏低,但年轻一代的教育程度是不是在提高?如果后面的新鲜血液教育程度比较高,我们就不需要担心这个问题。我们的结果显示,城乡教育水平的差异是在扩大的。使用2005年1%人口普查数据,我们发现从1939年出生的第一批人到1983年出生的最后一批人中,城乡教育差距没有缩小反而实际扩大了一年。当然每一个组族的教育程度都在提高。

我们知道中国的义务教育是从1985年开始的,而我们的数据只反映到1983年。为了说明这一问题,我们使用2010—2012年的教育年鉴的数据构建了一个新的证据。通过分析在这三年(即2010年、2011年和2012年)注册的学生有多少毕业了,有多少辍学了,我们可以比较农村和城市的教育差别。第一组是初中,就是100个农村的孩子里有88个可以上初中(或有12%上不了初中),有70%(即100个孩子里有70个孩子)可以完成初中教育,而有30%没有完成九年义务教育。这个结果远远偏离了义务教育已经普及,或是达到将近百分之百这样一个事实。第二组是高中,100个农村孩子里只有6个孩子能上高中,这已经是凤毛麟角了,这6个孩子当中有3个可以从高中毕业,其中2个可以顺利考上大学。所以在100个农村孩子中,最后能获得大学教育的只有2个,大部分是在初中就结束了他们的学习。通过自己的调研,我发现很多农民工基本上从初一开始就不好好学习,就想着怎么外出打工了,没有把心思放在学习上。反观城市,基本上百分之百的城市孩子都可以完成初中教育,然后有63%上了高中,又有54%顺利上了大学。这样来看,城乡教育的差距是在扩大,即城市已经达到发达国家的教育水平,而农村却远远跟不上。

最后总结一下,首先从数量的角度来看,我认为中国劳动力资源短缺的事实和成因还需要进一步讨论,不仅要从人口供给的角度,同时要从需求的角度,进而从制度的角度去思考这个问题。其次是产业升级的过程中应该考虑中国的现实情况,特别是人力资本积累现在还是不足的,且存在着巨大的城乡差异。未来又有大量农村的劳动力进入到我们的劳动力市场里,这能不能满足产业升级的需要,是有待考察的。在此,我们需要一些政策性的东西来弥补不足。此外,产业升级的政策还有可能带来一些负面的社会效应,比如最低工资的提高可能会带来一些社会问题,这也是政策制定者在考虑经济目标时需要考虑的一些问题。

评论与问答

付才辉:我有两个小评论。一个是林老师经常讲的走向非洲。我做过一项调研,现在餐厅服务员的工资在内地县市里面基本都差不多了。还有很多劳动密集型产业,会迁向内地的工业园,但是那些工业园不接收。我们想知道中国究竟有多少劳动力密集型产业正在失去比较优势,这些岗位就可以提供给非洲,并且也只能够提供给非洲了。还有一点,就是刚才最后一个结论提到的,人力资本出现了一个很重要的均等化的问题,城乡差距实际上没有缩小,我觉得这是非常危险的一件事情,未来中国在产业升级过程当中,人力资本没有均等化,农民工人力资本没有跟上去的话,收入分配问题会继续恶化。还有户籍制度问题。我总结了一个新的"三驾马车"的改革,产业升级是要往上走,人力资本均等化往上走,同时加快户籍制度改革。如果"三驾马车"不匹配的话,在未来社会农民工会迅速边缘化,这一点是非常严峻的问题。

问:我有一个问题是关于最低工资可以促进产业升级的,您用深圳的例子告诉我们,他们的最低工资上涨得非常快,然后他们的产业升级非常快,但是这两个现象之间是不是存在着因果联系?

张丹丹:有关产业升级和最低工资之间关系的讨论,可以追溯到Mayneris等在2014年的一篇论文。他们的结论是建立在严谨的实证分析基础上。在这篇文章中,他们使用规模以上企业2000年和2005年的调查数据,利用2004年的最低工资改革作为一个自然实验(一个外生冲击),来分析企业劳动生产率的变化。进而他们发现,最低工资调整会导致一些企业进入、一些企业退出,对整个制造业是没有显著影响的。但是实际上它有一个替补效应,就是高劳动生产率的企业的就业替补了那些低劳动生产率的企业的，所以它实际上说明了腾笼换鸟的作用。

问：如果在实证上发现这个现象还是很有趣的，因为我们作为经济学家之前看到最低工资就往往认为它是不好的，会导致扭曲或者是无效的，但是如果我们把最低工资和产业升级联系在一起就可能得出不一样的结论。

张丹丹：对，这篇文章就是联系在一起了。

付雪晴：考虑到工资的话，我们可能要区分比如到底是年均月均的工资，还是小时工资。如果是小时工资，从农村调查数据以及农民工报告的数据来看，其实会发现，2004年到2010年左右的时候，农民工的工资增速在15%这样的一个高度。并且，在更早期的时候，比如说在90年代，我们没有数据，但是我们也有计算的方法。比如我们可以考虑到农民工也是一个个体，他们在决策，到底是要打工还是留在家里种田，我们可以看一下种粮的机会成本，来作为一个替代的测度。另外，我们可以将农民工工资跟城镇单位职工工资作一个对比，如果是从DIC(产业集中度)看这个数据的话，可以看一下农民工重点集中在哪些行业。比如说在制造业、建筑业这样的行业，农民工工资和城镇单位职工工资的差距仅仅只有10%，考虑到在统计城镇单位职工的时候，除了普通职工之外，还有很多高级管理人员，所以10%的差距还会缩小。考虑到这些数据的各种可能性，可能可以对未来农民工工资的走势做一个相对比较靠谱的推断。因为我看到张老师您的数据是比孟昕老师的农民工调查更微观一点的数据，我不知道这些不同的数据来源之间是不是会有一些差异，或者说能不能有一个更好的整合跟对换？

张丹丹：你刚才说到在什么数据中看到了15%的增长？

付雪晴：国家统计局的农村调查。

张丹丹：对，他们这个调查的结果一直都特别高，刚刚我引的那个就是农村的数据，也特别高。但是，如果我们是在城市做的调查，在城市直接访问农民工，结果就没有那么高。所以，我刚才想说的是很多证据所得出来的结论往往是不一样的。你说制造业那个差别只有10%，我觉得不可靠。因为我自己做的不只是用农民工的这个调查，事实上我也曾经使用过人口普查的数据。当然，计算的结果还要取决于所使用的方法。如果用小时工资的话，结果应该是会更大的，因为农民工工作时间更长。

问：我想问一下，农民工教育程度非常之低，比方说在初中这个时间段，那说明一个问题，很多人自愿选择去辍学，为什么会是这样？因为从成本角度讲，在普遍的九年义务教育制度下，初中教育对他们来讲成本是非常低的，但为什么他们连初中都不完成，甚至小学毕业就走入市场，为什么他们不去继续接受高中和大学教育？

张丹丹：这个问题有个研究，一个是从政府的财政支出的角度，认为农村的教育投入不足；第二个原因可能可以直接回答你这个问题，就是他们的教育回报差别太大了。

问：这是一个非常重要的因素。

张丹丹：对，因此我也做了农民工的教育回报分析，农民工教育回报特别低。

问：如果说他们的教育回报率很低的话，那未来的产业结构转型对劳动力市场的影响到底是什么？如果回报率仍然很低的话，那么大家是不是仍然会选择低教育而不是高教育？

张丹丹：这些都是市场决定的，如果你不给农民工创造好的就业机会（例如，我们还有很多就业壁垒、职业障碍），他们就没有办法实现职业的流动。于是，农民工永远是做在低端的、低回报的工作，这也解释了为什么农民工的自雇比率特别高，大概在40%左右。

问：有没有可能是因为我们大学的教育回报很低？

张丹丹：大学教育回报不低。关于这一问题有一篇文章，中国的大学和高中的教育回报的差距一直在上升。这个结论不是我做的，是别人的实证结果。

王勇：我想问一个问题，我如果出生在农村，我在当地就业的回报，和我出去打工的回报，在同样都是只有小学教育的基础上差别是多少，是不是出去打工系统性地高于留在当地？

张丹丹：关于农村的非农就业问题，我没有深入的研究，因为我基本上都是做城市的数据，它相对高一些是吧？

王勇：我不清楚，我之所以问这个问题，是因为有一些相关研究是关于城市里面的组织。复旦大学的陆铭老师做过一个熟练劳动和非熟练劳动之间的补偿性的研究，我想说的是，如果是受过小学教育的人，他到城市里面能够赚得更多，那对他来说，走出去就是一个更好的选择，说明在城市里面还有足够好的就业，但是如果他留在当地和出去的工资是差不多的，那他在哪个维度上不一样，是因为学校教育不一样还是其他的一些观察不到的因素不一样？

张丹丹：我自己的研究发现，农民工工作经验回报特别高，远高于城市工，但是教育回报特别低，所以说，农民工积累在某一个行业里面的工作时间，这也是一种人力资本，比如在建筑业搬了三年砖和搬五年砖还是不一样的，这个人力资本对于农民工特别重要，比教育程度重要。所以你看建筑工地里面，架子工的工资要比搬砖工的工资高很多，不同工种的工资差别是非常大的。

王勇：那如果受教育年限和工作经验有交叉项的话，会是什么样？我以前做过，基本上显著是显著，但是系数是很低的，只有0.08。

张丹丹：是的，所以高教育程度并没有带来经验回报的提高。

张翼飞：张老师，你前面提到一个17%的增长，跟一些实际的数据不符。上海这边从2005年之后，特别是在吸纳低端劳动力比较多的郊区，有开始强行征收四金和五金这样一个政策，这可不可能是一个解释因素？虽然实际上劳动力拿到的工资不变，但你从企业得到的这个数据是增长的。

张丹丹：这个17%还真不是企业的，这是农村的固定调查点的数据。就是问农村的家户，你们家有没有人外出打工，他一个月挣多少钱。但是这种询问不是特别准，因为是问老家里面的人。但你说的企业这部分的成本是应该加进去的。

张翼飞：那两年，我们地方的统计数据中也会有一个飞跃。

张丹丹：对，因为2008年劳动法有修改。

张翼飞：第二点，我非常认同你说的产业升级政策可能带来的一些社会效应，甚至是一些负面的社会效应，其实产业升级政策的时机在不同的地区，比如江苏、上海和浙江，都是非常重要的，有可能会带来一些不合适的情况。有一些地区配合产业政策，实际上有另一方面的诉求，比如上海地区，它的产业政策有一个主要的诉求，就是人口控制，这是地区的一个目标。

张丹丹：因为人是想聚集的,这样可以创造更好的分工效果。但是现在的政策是倾向于打散这种聚集效果,让人都回到中小城市中去,回到小县城去,而这个政策和大家的意愿以及经济发展的规律是相反的。

张翼飞：对,所以我们很期待学者们能够进一步提供这方面的实证的科学论据,我们可以建议地方政府调整一些政策。

3.5

新结构经济学在区域经济领域的新视角与新应用

茅锐:产业结构与中国区域经济收敛

我的报告分成两部分:第一个部分是我们已有的一些研究结果①,第二个部分是我们基于新结构经济学框架设想的研究拓展。

β 收敛是新古典模型的经典结论。由于落后地区的资本边际产出较高,其经济增长就会较快。早期研究主要使用跨国数据。它们发现 β 收敛的证据很弱。近期的研究将目光聚焦到行业层面,得到了一些不同的结论。目前,关于 β 收敛,有三方面研究与新结构经济学密切相关,但都还研究得很少:第一方面,不同行业的收敛特征有无区别;第二方面,初始经济结构是否会影响收敛的表现;第三方面,结构转换在收敛过程中起着什么作用。

在这三个方面中,对行业间收敛特征差异的研究相对较多。其中,具有代表性的是 Rodrik(2013)这篇文章。他运用大量跨国数据发现,制造业部门中存在非常稳健的收敛。众所周知,各国初始的劳均 GDP 与劳均 GDP 的增长率两者间没有显著的负向关系,甚至还表现出一些正相关。然而,各国制造业部门的初始劳均增加值及其增长率两者间明显呈现负相关性。Rodrik 还估计了制造业部门中每个细分行业的 β 收敛系数。对大部分的行业而言,β 收敛系数都是负的,表明存在收敛现象。

---

① 戴觅、茅锐,《产业异质性、产业结构与中国省际经济收敛》,《管理世界》,2015 年第 6 期。

我们用中国工业企业数据库做了类似的研究。各省工业部门中各子行业的初始名义劳动生产率与名义劳动生产率的增长率两者显著负相关。这给出了中国各省工业部门存在收敛现象的初步证据。但根据新古典理论,我们在检验收敛性质时,应使用真实而非名义的劳动生产率。如何对名义的原始数据做相应处理呢?

为此,我们令 y 表示真实的劳动生产率。它定义在行业 i、省份 j 和年份 t 上。我们令 v 表示相应的名义劳动生产率。显然,v 与 y 的增长率之差等于该行业的物价变化率 π。中国工业企业数据库中没有 π 的信息。因此,我们假设对同一个行业 i 而言,其物价变化率在不同省份中服从同一分布。根据新古典理论,如果真实劳动生产率服从 β 收敛,则 y 的增长率与初始值 y_0 间存在负向关系。根据 v 与 y 间的关系以及我们对 π 的分布所做的假定,可以立即推出名义劳动生产率增长率与初始值 v_0 间也有类似的负向关系。唯一需要注意的是,在实证估计时,需要额外控制行业和时间交互的哑变量与省份哑变量。由于数据覆盖的时期是1998—2007年,跨度并不长,我们主要关心横截面上的结果。我们将1998年定义为初年,2007年定义为末年,可以算出各省每个行业名义劳动生产率在1998—2007年间的平均增长率,这就是我们的 Y 变量。而1998年的名义劳动生产率就是我们核心的 X 变量。由于消除了时间层面上的变异性,行业和时间交互的哑变量退化为行业哑变量。这意味着在回归时,只要控制住行业和省份哑变量,就可以将名义劳动生产率的平均增长率对其初始值做回归。

我们可以考虑这个回归式的三种变形。首先,如果生产率存在绝对收敛,即收敛性质与省份的初始状况无关,则回归式中无须控制任何省份的哑变量。其次,如果生产率存在条件收敛,即收敛性质取决于特定的当地条件,则回归式中必须控制每个省份的哑变量。最后,如果生产率存在俱乐部收敛,即收敛性质取决于省份所处的"俱乐部",但与当地条件无关,则回归式中需要控制俱乐部哑变量,而无须控制省份哑变量——例如,可以考虑中国的东、中、西三个区域,相应地控制三个哑变量,则同一区域内不同省份的这三个哑变量具有相同的取值。

我们依次使用回归式的三种变形进行回归,得到的结果是,就中国省际工业行业的劳动生产率而言，无论在绝对、条件还是俱乐部意义上，都存在显著的收敛性。我们据此计算出，省际劳动生产率的收敛速度是 18.3%。这比跨国研究中一般发现的 2% 大很多。一个可能的原因是，相比跨国流动，资本在国内的地区间更容易重新分配，加速了其边际产出趋同的速度。另一个重要的原因是，如果结构转型能促进 β 收敛，而结构转型的速度又在较细分的地区层面上更快，则省际的收敛速度也可能更快。这是一个值得挖掘的方向。

我们还在不同的行业细分水平下检验了结果的稳健型，发现工业部门的整体劳动生产率既有绝对收敛又有俱乐部收敛。当我们将工业部门细分到 3 位数乃至 4 位数行业时，收敛性质依然存在。进一步观察，我们可以发现一个有意思的现象。由于行业内部存在着资源从生产率较低的子行业向生产率较高的子行业的转移，收敛速度一般在越细分的行业间越慢，在越加总的行业间越快。但我们却发现，在 4 位数行业分类水平下，收敛速度反而比 3 位数分类水平下更快。其原因有待深入研究。

参照 Rodrik，我们也绘制了各行业收敛系数的分布图，发现绝大部分行业的劳动生产率都是收敛的。我们还考察了不同时期收敛性质的差别。具体来说，我们分别以 2005 年、2004 年和 2003 年作为末年，重新估计收敛系数。我们发现，收敛速度在较早的时期中更快。如果我们认为中国的工业化速度是逐渐放缓的，那这一结果可以说明，工业化进程会加速地区间的经济收敛。这也是一个可以继续研究的方面。

与 Rodrik 一样，尽管我们在工业部门中发现了很强的收敛特征，但就各省其他部门的劳动生产率和劳均 GDP 而言，却没有找到收敛的证据。我们分别估算了每年省际劳均 GDP 相对于六年、八年和十年前的收敛系数，并绘制了它们随时间的变化轨迹，发现在大部分年份中，劳均 GDP 都是发散的。如果做回归，也会发现即使在 1998—2007 年，劳均 GDP 无论是在绝对还是在俱乐部的意义上都没有收敛。

到底是什么原因可能导致工业部门的收敛无法加总到经济整体层面？我们首先怀疑，是不是其他部门的劳动生产率出现了发散，以至于抵消了工业部门的收敛。为此，我们对农业和服务业部门，以及剔除工业部门后的其

他部门进行了 β 收敛分析。我们发现在这些部门中,的确没有出现 β 收敛,但也同样没有出现发散。也就是说,当我们从工业部门上升到经济的整体层面时,最多只会看到收敛特征的减弱,而不会看到它完全消失。

接下来,我们继续探究是不是经济结构的问题导致了劳均 GDP 没有收敛。令 y 是劳均 GDP。y 可以分为两部分:工业部门劳动生产率与工业就业份额的乘积,和非工业部门劳动生产率与非工业就业份额的乘积。将该式对数线性化,可知劳均 GDP 的增长源于三部分:工业部门劳动生产率的增长,非工业部门劳动生产率的增长,以及劳动生产率较高部门相对就业份额的增长。其中,工业部门劳动生产率增长的贡献又取决于两方面:其生产率进步的速度和工业部门在经济中所占的比重。因此,我们最终可以把 y 的增长拆分成四个组分。

我们根据各省 1998 年的初始劳均 GDP 将它们分成四组。我们期望看到初始劳均 GDP 最高的一组增长得最慢,初始劳均 GDP 最低的一组增长得最快。但我们并未看到相应的证据。到底是劳均 GDP 增长的四个组分中的哪些出了问题？我们首先检查非工业部门劳动生产率增长对劳均 GDP 增长的贡献,它并未在初始较富裕的省份中取值较小而在初始较落后的省份中取值较大。鉴于我们先前已经发现非工业部门中不存在生产率收敛,这一结果并不奇怪。再来看结构转型对劳均 GDP 增长的贡献。由于工业部门的劳动生产率一般高于非工业部门,我们预期中国快速的工业化显著促进了经济收敛,但这一效果并不强。我们注意到一些对其他国家的研究,发现除了意大利和西班牙,在其他国家中,结构转型对经济收敛的贡献都很弱。当然,由此而忽视结构转型在中国经济收敛中的作用可能是武断的,这是因为我们这里考虑的结构转型定义在很粗的层面上。如果我们深入某个具体行业并考察它之下子行业间的结构转型,可能会发现更大的效果。

另外,我在这里回答一下为什么不分为农业、工业和服务业三个部分,而仅仅分为工业和非工业。在理论上,的确可能出现农业和服务业部门收敛性质的区别,这才导致了"非工业部门"的劳均 GDP 不收敛。也正因如此,我们首先分别考察了农业和服务业部门的收敛性质,发现它们的劳动生产率都不收敛。我们又把两个部门合在一起,发现整个非工业部门的劳动生产率也不收敛。因此，我们认为它们可以被视为一体。农业和服务业的组合不同不会导致地区间劳均 GDP 的收敛性质出现差异。

我们最关键的发现是，虽然工业部门的劳动生产率本身表现出很强的收敛特征，但当乘上工业部门的就业比重和劳动生产率溢价系数后，收敛就消失了。原因是什么呢？我们把这一列拆分成两部分。第一部分纯粹是工业部门的劳动生产率。它很明显是一个递减序列，所以是收敛的。第二部分是工业部门的就业比重。我们看到，一个省份的初始工业部门就业份额与它的初始劳均 GDP 是正相关的。因此，尽管初始较落后的省份的工业劳动生产率增长得更快，但由于其工业份额太小，以至于工业劳动生产率增长对拉动劳均 GDP 而言几乎没有作用。

我们又做了反事实分析。在情形 1 里，我们假设初始工业就业占比在各省分布的标准差缩小为实际数据的 50%。可以看到，这时劳均 GDP 就会出现收敛。如果我们假设各省初始的工业就业份额都一样，劳均 GDP 就会出现更强的收敛。

接下来，我想谈谈我们设想进一步推进的工作。首先，在理论方面，我想很多人跟我们同样感兴趣的是，如何在结构转型的经典框架中得出经济收敛的结论。如果工业化的速度在初始较领先的地区中更快，那么即使这些地区的工业劳动生产率进步得较慢，其对劳均 GDP 的贡献也很大。因此，当我们看到发散现象时，不能武断地认为新古典增长理论错了，因为这可能是不同地区处在不同结构转型阶段时的自然结果。与此相对，如果只有工业部门的劳动生产率有收敛特征，那么随着初始领先地区率先完成工业化，初始落后地区与它的发展差距就会缩小，这会促进收敛。因此，在结构转型的框架中刻画收敛，我们可能会得到动态的结论。除此之外，我觉得理论建模还面临这些挑战。首先，既然要考虑收敛，就意味着工资率在地区间是不同的，这会牵涉到刻画地区间劳动力流动摩擦的问题。其次，既然不同行业的收敛特征有差异，就说明工资率在行业间也是不同的，所以还需刻画行业间劳动力流动摩擦的问题。这样，理论模型会比较复杂。

在实证研究方面，我们设想做以下工作：首先，根据经典的做法，我们可以对比省际劳均生产率的中位数及其均值。如果两者间有很大的差距，就说明低生产率行业的占比越来越小,高生产率行业的占比越来越大,即结构转型对生产率提高的作用很大。其次,如果结构转型促进了收敛,那我们应该看到地区间的产业结构逐渐趋同。如何衡量产业结构的相似度?可以使用一个以全国的平均产业结构为基准、地区间产业结构分布为方差的指数。这个指数越小,表示各地产业结构的相似度越高。再次,我们可以用 Bernard 和 Jones 的分解公式,重新计算各部分对劳均 GDP 增长的贡献。他们的分解公式跟我们使用的比较相似,只不过我们以初始值作为参照,而他们使用的是平均值。或许用他们的分解公式可以获得一些新的发现。最后,我们可以用计量方法来检验结构转型在经济收敛中的作用。我们可以把总劳动生产率的增长 E 拆分成 M 和 R。M 表示当所有地区的经济结构始终维持在最终状态而仅有各行业劳动生产率的提高时,总劳动生产率的增长。R 是 E 和 M 之差,M 又可以分成 S 和 Z 两部分。S 表示当所有地区的经济结构始终维持在初始状态而仅有各行业劳动生产率的提高时,总劳动生产率的增长。Z 是 M 和 S 之差,表示纯粹的结构转型效应。Paci 和 Pigliaru 研究了意大利地区间的经济收敛问题,发现如果在回归式的左边加入地区总生产率的增速,右边加入地区的初始劳动生产率和 S,则初始劳动生产率前面的系数仍是显著为负的,说明存在 β 收敛;但如果在右边再加入 Z,则 β 收敛就消失了;如果右边不控制 S 和 Z,而只加入 M,那么 β 收敛也不存在。这就说明,对意大利而言,结构转型是地区间经济收敛的重要因素。我们希望对中国做类似的分析。

评论与问答

付才辉:之前我讨论的在最基本的新古典增长模型中引入新结构经济学的思路中,结构变迁对收敛的影响是一个极其重要的问题。最原始的一个生产单元可能满足标准的新古典生产函数,存在绝对收敛,但是加总起来的总量生产函数可能就不满足绝对收敛。因为正如鞠建东老师所言,结构其实就是个人到总体的加总,这个总量生产函数背后有一个结构分布。在我之前的讨论内容之中,收敛取决于禀赋结构升级驱动的生产结构升级引致的发散效应与禀赋结构积累导致的边际收益引起的收敛效应。事实上，在这个讨论中也是不存在扭曲的。如果禀赋结构驱动的生产结构升级违背了比较优势，那么对收敛也会产生新的抑制或扰动效应。

所以，在您最后做的那几个实证里面，我觉得很有意思：能不能加一些在某些地方那个结构变迁是违背比较优势的假定，它就可能会阻碍到收敛。事实上，Rodrik（2012）仅仅将收敛问题从过去的以国家为分析单位转变为以细分产业为分析单位的简单核算，都能够发表在QJE上。我认为这是一个非常重要的特征事实，非常前沿，是值得深挖的一个东西。

茅锐：对，我们提交的研究计划也得到了类似的反馈。我们一直在思考具体的做法。我们希望在衡量符合比较优势的经济结构方面能找到一个合适的指标，从而为判断经济结构相对比较优势的偏离程度提供基准。或许我们可以用王勇文章里的方法构造一个偏离指数，看看是不是在偏离程度越高的地方结构转型的速度越慢，并进而影响了经济收敛。

王勇：这个问题非常有意思，有几个建议。现在你是把三种不同的部门作为独立的。我觉得有些时候投入产出表的关系还是很重要的，如果把一些投入产出信息弄进来的话，是不是有些部门之间就有联系了？就是说一个部门的收敛能同时影响其他部门的收敛速度。所以你有没有办法，可能是在另外一篇文章，把那个信息加进来。因为你现在得出了一些有效数量，可以更进一步，看看为什么这些东西会收敛，或者为什么在有些地方不显著，会不会是因为不同部门之间的组合不一样？

然后，你也提到了，其实还有很多内部贸易的东西，而且可能不同地方对外贸易的那部分也不一样，在沿海地方很多就直接参与国际贸易，内地可能更多的是国内贸易。因为朱晓东那篇文章里面既有国际贸易又有国内贸易，还有人口迁移，最后他发现解释中国TFP增长最多的是国内贸易壁垒的下降。所以你这里面增长收敛相当于国内贸易和国际贸易，我觉得那个里面做得更加精细，做得非常好。

付才辉：投入产出表是上下有对应关系，其实这里面还可能存在分层的问题。说白了，就是行业怎么界定边界的问题。两个企业加到一起就可以视为一个行业，这里面有一个重要的行业边界标准，就是加总到什么程度。

我觉得那个边界就是传统意义上对同一个行业的定义,这是一个很重要的结构分层标准。

茅锐:事实上就工业部门而言,不论采用什么水平的行业细分标准,劳动生产率都是收敛的。

付才辉:对,4位数加到3位数,或者加到2位数,最终都是绝对收敛,这都是具有共性的结构信息的规律。

王勇:总体来讲就是可贸易的东西都是很容易收敛的。

申广军:经济开发区、地区比较优势与产业结构调整

我今天想要向各位请教、请各位讨论的是,如何衡量地区比较优势以进行实证研究。[①] 我要讲的内容包括以下几个方面:首先介绍研究动机,然后介绍研究使用的数据,关键是讨论一下我们使用的衡量地区比较优势的指标。实证部分首先考察经济开发区如何影响产业结构调整,然后在此基础上来探索影响机制,即产业结构调整是否通过经济开发区的目标行业来实现,最后与新结构经济学相一致,我们关心经济开发区如何才能发挥作用,尤其是,是否只有当经济开发区的目标行业符合当地比较优势的时候,其促进产业结构调整的作用才能最大程度地发挥出来。

前面大家已经充分讨论了产业结构调整的重要性。产业结构调整是生产要素在不同生产部门间重新配置的表现,它既是以往经济发展的结果,又是未来经济发展的基础,因为经济发展本质上就是技术、产业不断创新,结构不断变化的过程。产业政策曾经处于宏观发展经济学的核心地位,在许多发展中国家,产业政策是政府实现赶超的主要手段之一,日本和韩国就是著名的例子。但是,产业政策体系庞杂,具体措施千差万别,学术界对产业

---

① 李力行、申广军,《经济开发区、地区比较优势与产业结构调整》,《经济学(季刊)》,2015年第3期。

政策的效果争论也一直不断,因为大部分国家的产业政策是失败的,虽然也有成功的案例。为什么产业政策的效果在不同国家差异巨大?林老师的解释是,成功的产业政策必须针对这个国家有潜在比较优势的产业,而大部分国家的产业政策是违反它们的比较优势的。这个解释是否合理呢?我们为此提供了一个实证证据。

实证的主要难点是测度问题。首先是如何度量产业政策,因为产业政策体系庞杂、千差万别。我们是使用了设立开发区这个产业政策。虽然早期的开发区承担了政策试验的任务,地方政府给予其更多的自由空间以尝试制度创新,但是其制度结构逐渐稳定,因而开发区之间的优惠政策趋于相同,所以通过是否设立开发区的虚拟变量即可较好地衡量这种特定的产业政策。关于经济开发区的数据来自国家发改委、国土资源部和建设部整理的《中国开发区审核公告目录(2006年版)》。该目录汇总了222家国家级开发区和1346家省级开发区的信息,包括开发区类型、批准时间、核准面积和主导产业等。地方政府在设立经济开发区时,根据行业发展潜力和当地发展基础,将某些行业设置为开发区主要吸引投资和扶助发展的行业,即目标行业。为了促进目标行业的发展,中央政府给予经济开发区包括土地、财税、金融和管理等在内的一系列优惠政策,地方政府也会出台对应的配套措施。当然,使用开发区作为产业政策,虽然相对外生,也有选择性的问题,所以在实证研究中我们用了倾向得分匹配的方法来处理这个问题。匹配使用的变量包括2003年之前是否设有开发区及其个数、市辖区人均GDP及其增长率、二三产业份额、工资、客流量和货运量、是否有港口及机场、邮政和电信业务量、人均道路铺装面积、中学数量、信贷总额和FDI等。

另一个难点,也是今天讨论的重点,是如何衡量地区比较优势。比较优势理论关注禀赋比较优势,因为禀赋是最根本的因素。但是我们是在地区层面衡量比较优势,因此可能需要关注更多更直接的方面。文献中对如何衡量地区比较优势并没有统一的指标,我们这里提出几个指标供大家批评指正。

禀赋比较优势

虽然经济体的资源禀赋包含多种要素,如资源、人口、资本、企业家才能等,但是在使用"比较优势"一词时,经济学家往往指资本和劳动两种要素的相对富裕程度。本文也基于资本劳动比来构建禀赋比较优势指标。首先,我们根据美国制造业数据库(NBER-CES Manufacturing Industry Database)的2004年数据计算各个2位数行业在"接近自由市场状态下"的资本劳动比(CLR),以此避免使用中国数据计算资本劳动比可能产生的内生性(Song等,2011)。然后,我们将其对应到我国2位数行业,并除以各个城市的人均GDP,得到禀赋比较优势指标:

$$ECA_{ic} = CLR_i / Y_c$$

其中,CLR_i为行业i的资本劳动比;Y_c为城市c的人均GDP,数据来自《中国城市统计年鉴(2004)》。ECA_{ci}衡量的是城市c的收入水平与行业i所要求的资本劳动比的差距。该指标越大说明差距越大,城市c发展行业i越有可能是违背了禀赋比较优势。

技术比较优势

为了衡量某城市是否具备发展某一产业的技术底蕴,本文构造了技术比较优势指标。首先,根据Hausmann等(2005)提出的方法来构建技术复杂度指数(TSI)。该方法假设一个国家的人均GDP越高,则它生产的产品技术含量也越高。于是,一种产品的技术复杂度可以表示为出口该产品的所有国家的人均GDP的加权平均。具体而言,行业技术复杂度指数可以表示为:

$$TSI_i = \sum_j \frac{x_{ji}/X_j}{\sum_j x_{ji}/X_j} Y_j$$

其中,下标j表示国家。x_{ji}为国家j出口的i行业产品价值,而X_j为该国出口总额,Y_j为该国人均GDP。行业i的技术复杂度指数就是所有出口该行业产品的国家的人均GDP加权平均值,权重为该行业出口额占出口总额的比重除以世界各国该比重。该指标越大,其对应产品更多地由高收入国家生产,内含的技术复杂度越高。计算TSI_i的出口数据为联合国Comtrade数据库中

2004年的数据,其中包含各国各类出口商品的信息。原始数据以HS编码记录,我们将其转换为中国的2位数行业代码进行计算。各国人均GDP数据则来自世界银行。

其次,我们计算各个城市现有的技术基础,定义为该城市所生产的各行业产品的技术复杂度指数的加权平均值,其中权重为各行业的产出份额,即

$$TSI_c = \sum_i \frac{ov_{ic}}{OV_c} TSI_i$$

其中,ov_{ic}为城市c行业i的产出,OV_c为城市c的工业总产出;TSI_i为计算出来的中国2位数行业i的技术复杂度指数。于是,城市c行业i的技术比较优势定义为

$$TCA_{ic} = \frac{TSI_i}{TSI_c}$$

其中,TCA_{ic}衡量的是城市c已有技术水平与行业i所需要的技术水平的差距;该指标越大,说明对城市c来说,行业i的技术难度越高。

生产率比较优势

劳动力的素质是经济发展的重要决定因素之一,因此本文还关注劳动生产率水平对经济开发区的有效性的影响。我们使用中国工业企业数据库计算的劳均产出来衡量劳动生产率,并通过以下步骤计算生产率比较优势(PCA):

(1) 计算城市c行业i的劳动生产率A_{ic}。

(2) 计算城市c所在省p行业i的劳动生产率A_{ip}。

(3) 计算二者的比值,即相对劳动生产率$RA_{ic} = A_{ic}/A_{ip}$;该指标数值越大,说明城市c行业i的生产率在省内相对越高。但是该指标只适用于比较同一城市不同行业劳动生产率的相对高低。

(4) 为了比较不同城市的情况,我们将相对劳动生产率进行标准化。首先计算城市c不分行业的劳动生产率与全省劳动生产率的比值,即$RA_c = A_c/A_p$;然后得出城市c行业i生产率比较优势指标为

$$PCA_{ic} = \frac{RA_{ic}}{RA_c}$$

生产率比较优势 PCA_{ic} 衡量的是在城市 c 中,相对于其他行业,行业 i 的劳动生产率高于全省平均水平的程度。具体来讲,PCA_{ic} 大于 1 意味着城市 c 行业 i 的劳动生产率在全省各市中的排名,高于城市 c 整体劳动生产率在全省各市中的排名。

行业发展阶段

行业在其生命周期中所处的阶段也会影响其发展潜力,因而影响针对该行业的产业政策的有效性。Lu 等(2013)根据行业雇佣人数的增减情况,将 3 位数制造业行业分为成熟行业和快速增长行业。在此基础上,本文使用中国工业企业数据库进一步将制造业行业细分为三类:成熟行业、稳步增长行业和快速增长行业。分类依据是 1998—2004 年间各行业雇佣人数的变动情况:雇佣人数下降的行业为成熟行业,雇佣人数增长 1.75 倍及以上的行业为快速增长行业,其他行业为稳步增长行业。(1998—2004 年间,如果年增长为 10%,则累计增长约 75%。因此,我们使用 1.75 倍作为划分"稳步增长行业"和"快速增长行业"的界线。)

以上就是我们讨论的主要指标,欢迎大家批评指正。基于构建的这些比较优势指标,我们进行了实证分析。由于实证结果并不是这次报告讨论的重点,我就简略介绍一下。我们首先研究了设立经济开发区对产业结构变动的影响,发现设立经济开发区确实促进了产业结构调整。平均而言,设立一个经济开发区可以解释产业结构变动的 20%—30%。经济开发区能够促进产业结构变动,最直接的原因可能是开发区设立之初就确定了目标行业,正是目标行业的增长(尤其是相对于非目标行业更快的增长)带动了产业结构调整。上海和苏州的例子有助于说明这一点。1998 年,电子与通信设备在上海和苏州都是第五大支柱产业,并同样在 2005 年跃居为两市第一支柱产业(Lu 等,2013)。与此相一致的是,1998—2005 年间上海设立的四个经济开发区中有三个将电子(信息)设置为目标行业,而苏州 2000 年设立的六个国家级开发区中也有五个将电子相关行业列为目标行业,并随后设立了两个与电子相关的省级经济开发区。实证研究发现,当一个行业被设置为经济开发区的目标行业时,该行业的各类经济指标平均提高 9%

到15%。

经济开发区促进了目标行业的快速增长，导致了城市的产业结构加速调整。这一结论不足为奇，因为经济开发区享受了诸多优惠政策。然而，世界范围内的经济开发区却并未取得一致的成功，即使它们都是特殊政策的受惠者。那么，成功的经济开发区具备怎样的特点呢？或者说，设立经济开发区时应当遵循何种规则才能发挥积极作用呢？林毅夫认为产业政策取得成功的必要条件之一是遵循比较优势，事实是否如此呢？我们在回归中增加地区比较优势与开发区的交互项来求证这一点，发现比较优势可能确实在发挥作用，符合比较优势的行业被设置为开发区的目标行业就可以更好地促进该行业的增长，并推动产业结构调整。

最后，我们通过对比设立于2006年的两个省级经济开发区的发展案例来证实比较优势在目标行业增长中的作用。河南"延津小店工业园区"和"长垣起重工业园区"分别位于河南省新乡市的延津县和长垣县。我们整理了两个县的经济发展状况与经济开发区情况。数据显示，延津小店工业园区的各项比较优势指标都优于长垣起重工业园区：ECA显示延津县人均收入与棉、化纤纺织及印染精加工行业要求的资本劳动比的差距小于长垣县人均收入与起重运输设备制造行业资本劳动比的差距；TCA显示延津县技术复杂度更接近棉、化纤纺织及印染精加工行业的技术复杂度；PCA显示延津县的棉、化纤纺织及印染精加工行业在劳动生产率方面更具有比较优势。因此，虽然长垣县工业基础较好，但其起重工业园区对起重运输设备制造行业的促进作用明显弱于延津小店工业园区对该县棉、化纤纺织及印染精加工行业的促进作用。2004—2008年，延津县棉、化纤纺织及印染精加工行业的规模以上企业工业产值增长了6倍多，远高于该县工业总产值的增长速度；同期长垣县起重运输设备制造行业增长了3倍，仅略高于该县工业总产值的增长速度。同时，延津县棉、化纤纺织及印染精加工行业的产值份额翻了一番，行业集中度指数增长62.87%；而长垣县起重运输设备制造行业的产值份额仅略有增长，行业集中度指数下降了约四分之一。两个县域经济的发展情况，充分说明了经济开发区的目标行业设置对于该行业增长的意义。

总结一下,本文使用中国工业企业数据库与城市统计数据研究了经济开发区的设立及目标行业的设置对城市产业结构调整的影响。通过对倾向评分匹配方法筛选出的样本进行估计,我们发现经济开发区的设立显著地促进了城市的产业结构调整。进一步的研究发现,经济开发区对产业结构调整的积极作用是通过设置目标行业实现的:目标行业的设置促进了相应行业的快速增长,提高了其在城市工业部门的份额。已有研究指出设立经济开发区可以通过积累物质资本和吸引 FDI 来推动地方经济更快地增长,本文的发现提供了另一种可能的渠道:经济开发区促进了产业结构调整,可以通过将生产要素从低效率部门向高效率部门的重新配置来推动经济增长。

我们还研究了经济开发区取得成功的条件,发现地区比较优势发挥了重要作用。当城市的人均收入与目标行业所要求的资本劳动比相距不远时,当城市的技术底蕴略弱于目标行业的技术复杂度时,当城市的劳动生产率相对较高时,当快速增长行业被设置为目标行业时,经济开发区对目标行业的促进作用最为明显。这一结果十分稳健,因而具有重要的政策含义:设立经济开发区是促进产业结构调整的有效手段,但是具体实施中需要遵循比较优势原则。这有两个方面的含义。首先,中央政府可以通过设立经济开发区来优先发展某些产业,但是应当将经济开发区设立在发展该行业有比较优势的城市。具体来说,应该根据行业特点,选择人均收入与目标行业资本劳动比相适应、技术基础与目标行业技术复杂度相当、行业劳动生产率较高的城市。其次,地方政府(尤其是地市级政府)在制定发展战略和产业政策时,也应当优先考虑在本地具有潜在比较优势的行业。这意味着地方政府需要根据本地经济基础,如收入水平、技术底蕴、劳动生产率情况等,优先发展合适的行业,而非盲目地追求高新产业。

评论与问答

周亚雄:你的案例分析里面提到了两个开发区,一个在延津一个在长垣。这些开发区代表性怎么样?我国有国家级开发区,也有省级开发区,你选择的两个开发区都是省级开发区,代表性怎么样,能说明问题吗?

申广军:两个开发区是作为案例分析引入的,是实证分析后面增加的分析,有助于更好地理解我们要表述的内容。之所以选择了两个省级开发区,是因为它们靠近本文一位作者的家乡,因而不仅引发了作者更多的兴趣,也因作者有更多的背景信息而便利了本文的分析。它们是否具有普遍代表性,可能还需要更多的论证。实际上,实证结果是更具有代表性的结果。如果想看具有普遍代表性的结论,可以根据实证分析来看;如果想看例子,可以根据案例分析来看,二者是互补的作用。

问:我有两个评论。首先,你这个研究可能各个地方政府也非常感兴趣。你前边提到你的回归结果中资源禀赋其实并不显著,从我们调研或者说对实体经济大概了解的情况,我觉得可能这才反映了中国改革开放的一个真实的情况。因为在改革开放30年中,其实从环境容量,到人员资本,包括土地都是分配的,而不是按照比较优势选择的。而且那个时候哪个地方能发展,是因为那个地方有开放的理念,而且政府在这里起了很大的主导作用。所以我觉得,这个资源禀赋不显著反而更符合我的想法,是合理的,并不一定非要想办法去证明资源禀赋是显著的。第二个问题是想请教,因为这是一个实证研究,是不是就是说,某一个地区,能够根据它的条件反推出它的具有比较优势的产业呢?

申广军:关于第一个问题,我非常同意您的见解。禀赋比较优势没有发挥作用,但这并不说明禀赋比较优势真的没有用,可能它是一种更根本的作用,通过技术、生产率等其他因素体现出来了,所以当控制了技术比较优势和生产率比较优势以后,禀赋比较优势就不显著了。关于第二个问题,可以根据回归结果推导出一些可用的政策建议。比如,根据某个地区的现实条件,可以计算出某个范围内的技术可能更适合当地,但是也仅限于一个范围。要具体到哪个行业,可能还需要做更多的调研。

问:我觉得我们的理论研究或者说学术上的研究,应该把它反推,回答究竟要发展什么产业的问题——因为现在各地都急需找到这方面的答案。作为高校智库,你要给它一定的排序,这也是作为学者对于经济应该发挥的一个作用。

问：因为我自己做区域这一块，以前做过几个区域。我的理解上就是，我们开发区往往并不是中央政府，或者地方政府做的，而是有一定的条件大家都会去争取的一个东西，那么这就是一个混合性的导向作用。我觉得依靠比较优势好像并不能解释这个东西。这仅仅是我个人的理解。

问：我想问一下实证方面的问题。城市的产业结构调整指的是开发区内的重点产业，比如说在从业人数，然后在产值上的增加吗？

申广军：产业结构调整是指城市整体的情况。我们使用 2004 年和 2008 年的中国工业企业数据库构造衡量产业结构变动的指标。选取这两年的数据是基于以下两点考虑：首先，2004 年和 2008 年是经济普查年份，有更详尽、更准确的企业信息；其次，这期间（尤其是 2006 年）新设立了大量的经济开发区，为研究其对产业结构变动的影响提供了充足的样本。本文采用的产业结构变动指数（SCI）为

$$SCI_c = 0.5 \times \sum_{i=1}^{I} | indshare_{ic,2008} - indshare_{ic,2004} |$$

其中，SCI_c 为城市 c 从 2004 年到 2008 年产业结构发生的变动；$indshare_{ic,2008}$ 为 2008 年 2 位数行业 i 在城市 c 制造业总额中的份额。因此，$indshare_{ic,2008} - indshare_{ic,2004}$ 度量的是行业 i 在 2004—2008 年间在本市制造业总额中的份额变动。考虑到每个行业所占比重可以上升也可以下降，因此我们对行业份额的变动先取绝对值，然后将所有行业加总得到该市各行业的累计变动值。显然，产业结构变动指数越大，代表产业结构变动越剧烈，即生产要素在制造业内部各行业的重新配置幅度越大。

付才辉：我最近调研过一些地区的开发区或工业园区，在过去很多年前还好，但是在最近一两年某些地方有些变味了。举一个例子，我在调研中发现现在有些企业不愿意去开发区。不愿意去为什么还去？没有办法，因为只有进园区才有土地指标。以前是招商引资比较多，现在作为规划和调整过程，园区对本地企业的发展已经构成了一种挤出。以前园区是渐进式改革的平台，三通一平、七通一平、八通十通，都是软硬基础设施渐进式改革的方法，现在包括自贸区都是从制度层面进行改革。我觉得中国开发区已经慢慢失去了其历史作用。

周亚雄：今年暑假,我们到绍兴做过一个调研,因为那个地方开发区特别多,都集中起来了,污染也比较严重。这产生了一个问题,企业都不愿意进去。以前每一个企业家都自我成就感很强,但把他放进开发区之后,待遇就不一样了,所以他感觉自我价值就没有了。

问：你在实证分析中使用了匹配的方法,就是一个城市要找到和它相似的城市来比较。有多少城市有开发区,多少城市没有?

申广军：《中国开发区审核公告目录(2006年版)》汇总了222家国家级开发区和1 346家省级开发区的信息,这些开发区分布在307个地级市,占2006年全部城市数量的91%。其中,94个城市拥有国家级开发区,304个城市有省级开发区。在我们的样本中,匹配前一共有280个地级市,我们匹配之后有174个。此外,匹配是在两个层面进行的,一个是城市层面,另一个是城市—行业层面。

李鲁:新结构经济学视野下中国园区经济绩效与转型

近年来中国开发区研究兴起了一个小高潮,总结起来,这些研究主要是采用实证方法研究开发区政策的经济绩效。比如,实证识别开发区设立对所在城市引进FDI、全要素生产率、GDP增长、产业结构升级的影响,等等。开发区经济绩效的评价其实比较复杂。中国三十多年的开发区功能定位经历了一个动态调整的过程。改革开放之初搞开发区,很大的原因是为了搞"三来一补"来解决外汇、技术两缺口问题,20世纪90年代开发区成为制造业招商引资的主要工具。特别是,1998年住房改革是一项非常重要的改革,直接影响了土地要素的市场化。这一背景下,开发区泛滥成为地方政府圈地、搞土地财政的主要形式和关键环节。通常的做法是:地方政府通过城市统一规划设立开发区,低价提供工业用地招商引资,高价出让周围配套商服用地,使用土地出让收入,一方面弥补开发区"五通一平"或者"七通一平"的先期投入,另一方面用于城市其他基建投资或生产性开支。翻阅开发区政策文本，回顾开发区实践，我们的确会发现付才辉老师所讲的开发区政策时常"走偏"，实践过程中出现了开发区热现象，多次对开发区的治理整顿，就是为了纠正开发区政策"走偏"问题、绩效差问题。

采用实证方法和计量工具研究开发区的经济绩效方面，我们也做了两个初步的实证工作，一是发现开发区对企业创新的影响效果并不理想，总体处于要素驱动阶段而非创新驱动阶段，二是发现开发区所在的城市更可能由于投资冲动带来债务问题。开发区这种空间形态未来会是什么样子？换言之，不同于基于历史数据的实证研究和绩效评价，实践中开发区的转型升级问题才是各地关注的重点。通过大量实地调研，并且受林毅夫教授新结构经济学启发，我们总结了中国开发区转型升级的五个路径指向。

其中，一部分开发区可能要解决城市化的问题。这些开发区有的尽管绩效不高，但产业和空间上初步具备城市形态，政府会依托开发区设计产城融合政策。第二条路径是通过国内园区跨区域合作实现产业梯度转移和区域协同发展，比如苏南与苏北的合作，长三角和长江经济带的园区合作等，其中的难题是利益分享机制。第三条路径是制定严格的环境、土地等政策，机制倒逼已有园区从要素驱动转向创新驱动。比如，2014年上海部分工业用地使用年限缩短至20年。第四条路径是依托开发区申报、对接自贸区，发挥深层次制度试验功能。同时，林毅夫教授新结构经济学中曾把开发区作为"六步法"的重要内容，鼓励后发国家和地区集中力量搞开发区改善软件和硬件基础设施，降低企业交易成本。不同于上述四条路径立足国内，这启发我们中国开发区转型升级的一个国际化路径：利用世界产业转移的趋势，通过中国园区国际化合作或者中国开发区模式输出，一方面为中国企业走出去提供载体平台支撑，另一方面触发诸如非洲等后发国家的结构转型。接下来，我再从四个方面与大家分享开发区文献阅读及实地调研的一些认识和思考。

一是开发区涌现与园区经济。首先，中国开发区发展可以概括为一个概念泛化、形式分化、目标调整、干预整顿的多轮涌现过程。具体看，中国的开发区概念是泛指，2003—2006年整顿规范后，许多开发区改名，其他不同提法的产业园区出现，实质上和习惯上仍然叫开发区。与国际通用的SEZ (special economic zone)近似但不同。相较而言,中国开发区概念更为宽泛,许多文献中将深圳特区、浦东新区等也包含在内。从形式上讲,以经开区和高新区两种类型为主,有学者研究发现,现实中绝大多数的经开区和高新区并无所声称的功能差别;包含国家级、省级和其他级别,涉及工业、农业、金融、旅游、物流、贸易等多种功能的开发区或产业园区。目标调整,以经开区为例,依次经历了"三为主一致力"、"三为主二致力一促进"、"三并重二致力一促进",从发展工业到兼顾服务业再到城市和区域发展,目标定位多次调整,叠加功能越来越多。2012年以后,开发区突出城市化的定位。2003—2006年整顿较为典型,出台《中国开发区审核公告目录(2006版)》,整顿处理体现了地方政府和中央政府的利益博弈。许多实证研究主要以这个目录公布的开发区为样本。

其次,中国形成了园区经济形态。2006年国家正式公布的省级以上开发区1 568个,分布于中国绝大部分城市。目前全国各类开发区达3 350多个,聚集65万家企业,15 138万人(国家安监总局,2014)。其中,国家级经开区215家,国家级高新区114家。2013年,210家国家级经开区GDP占全国的1/8,吸引外资占全国的1/5(商务部,2013)。2012年,全国105个国家级高新区实现GDP 5.22万亿元,约占全国比重的10%;出口创汇3 760亿元,占全国外贸出口的18.4%;预计到2018年,高新区工业增加值将占到全国的20%;2020年达到25%。从典型省份看,开发区工业产值占全省比重,2014年的情况分别为:北京59%,上海75%,浙江75%,重庆77%,贵州62%。也就是说,与国外靠市场力量经历上百年自发形成产业集群不同,中国通过开发区政策机制设计短时期内引导形成了以开发区为载体的企业集中、产业集聚的空间形态。中国园区经济的形成和演化是"有效市场"与"有为政府"合力推动的。

二是开发区创造"两个奇迹"。2014年是中国首批14个国家级经济开发区成立30周年,汪洋副总理在2014年9月8日第18届投洽会暨2014国际投资论坛演讲时指出,30年来中国开发区走过了不平凡的历程,成为经济发展的"火车头"和对外开放的"顶梁柱",创造了世界工业化、城镇化发展史上的奇迹。中国崛起为制造业大国的历史过程为开发区创造工业化奇迹提供了证据,而且新结构经济学就开发区在结构转型中的作用提供了解释,这方面几乎无可辩驳。

对于第二个奇迹即开发区的城镇化贡献还需要研究识别和理论解释。一方面,建立开发区与建设新城、城市扩展、旧城改造、建设中央商务区、乡镇产业化和村庄产业化一同作为中国城镇化的七种"推进模式"之一(李强等,2012)。另一方面,目前"有城无产"、"有产无城"现象同时存在,"有城有产无人"的情况也存在并可能增多,比如贵州、新疆个别地方。许多开发区面临"有产无城"、"产城分离"问题。《新型城镇化规划2014—2020》明确指出"加强现有开发区城市功能改造,推动单一生产功能向城市综合功能转型,为促进人口集聚、发展服务经济拓展空间",所以开发区转型升级指向之一即实现产城融合的城市化功能转型。

三是开发区近期研究。前文已提及,"六步法"中的第五步明确指出,在那些基础设施差、商业环境恶劣的国家,可设立经济特区或工业园区,解决基础设施和营商环境差的问题,以吸引外商和国内企业投资,鼓励产业集群。并且,近期许多文献研究指出,开发区的产业选择和布局符合比较优势,才能有效发挥开发区功能(黄玖立等,2013;李力行、申广军,2015;陈钊和熊瑞祥,2015)。

空间经济学中,开发区属于"空间指向政策"(place-based policy)的范畴。评价开发区经济绩效应置于空间均衡的框架中,某地区开发区设置带来的福利可能仅是转移其他地区经济活动得来(Glaser 和 Gottlieb,2008;Kline,2010;Kline 和 Moretti,2011;Busso,2013;Neumark 和 Simson,2014;陆铭和向宽虎,2014)。

最后引申谈一下中国开发区的世界意义与园区自生能力。首先,园区渐进涌现形成的中国园区经济,我们可以理解为三重内涵:其一,如前所述,作为产业集聚和经济活动集中的一种空间形态;其二,作为一系列的特殊制度安排,同时提供了良好的硬件与软件基础设施;其三,作为中国渐进改革和结构转型的成功理念及实践经验的组成部分。中国开发区的世界意义主要基于后面两层含义,中国开发区模式受到国际性组织的关注及后发国家的效仿。例如,世界银行和亚洲开发银行等进行了一系列专题研究,林毅夫教授本人则积极推动开发区模式在非洲的复制推广，直接促成了埃塞俄比亚东方工业园的建立。个别国家如印度也大力效仿中国，2006年2月通过《经济特区法案》（Special Economic Zones Act, 2005）。另外，积极推动中国园区国际合作已列为经济外交战略及政策的重要组成部分。比如，2015年《推动共建丝绸之路经济带和21世纪海上丝绸之路的愿景与行动》提出，探索投资合作新模式，鼓励合作建设境外经贸合作区、跨境经济合作区等各类产业园区，促进产业集群发展。再如，《国际产能和装备制造合作意见》强调积极参与境外产业集聚区、经贸合作区、工业园区、经济特区等合作园区建设，营造基础设施相对完善、法律政策配套且具有集聚和辐射效应的良好区域投资环境，引导国内企业抱团出海、集群式"走出去"。可以预见，随着未来中国园区经济的制度设计及成功经验在"一带一路"沿线及非洲、亚洲等后发国家传播和实践，中国园区"出海"将继续在世界范围内创造奇迹，特别是促进后发国家经济起飞和工业化进程。

经济园区一般由政府通过银行贷款、土地融资形式先开发建设，然后引来企业入驻获取税收收益。为招商引资政府还需向入驻企业提供大量补贴优惠，如工业用地零地价、两免三减半之类的税收补贴。离开政府的投入支持，许多园区很长时间难以达到财政收支平衡和持续发展能力。新结构经济学中有一个重要的概念即企业自生能力，受此启发，我们是否可以尝试提出园区自生能力的概念？这样，认识和评估开发区绩效及园区转型升级就应该是以培养园区自生能力为导向。

3.6

新结构经济学在国际经济领域的新视角与新应用

金刻羽:产业结构与国际资本流动的相关研究讨论[①]

今天我想讲一下关于全球化跟产业结构以及资本流动的一些关系。在当今高度全球化的世界里,商品贸易跟金融资产交易,是全球化的双引擎。它们相互关联并可能相互作用,但是当今的学术框架却是把两者独立开来。它们似乎对世界经济各自发挥作用,并且互不相关。这种处理方式是否现在还合理?发达经济体的商品贸易,目前平均占国内生产总值的150%;而对新兴经济体来说,金融资产交易也已经急剧攀升到150%,自1970年到2009年涨了两倍;发达国家的金融资产交易占GDP的比重涨了七倍。所以贸易自由化与金融自由化是同时进行的,而且在最近这几十年发展速度相当快。

以中国为例,我们看到自1995年开始的贸易顺差,占GDP的比重自从加入WTO之后,最高增长到10%。同时,贸易份额从2000年开始急剧上升。这两者是有一定关系的,但是宏观理论和贸易理论一般还是分开来看。国际宏观经济学的标准模型,很难真正地把贸易跟金融资产交易两者结合起来进行分析。要么贸易不存在,要么被假定为外生变量。宏观经济的发

---

① Keyu Jin, "Industrial Structure and Capital Flows", *American Economic Review*, 2012, 102(5), pp. 2111—2146.

展无法影响贸易结构的演变,而贸易也不能反作用于整体的经济。

这显然是一种学术研究上的缺陷。而这种分隔是由于人为地把贸易研究跟国际宏观经济学隔离开来造成的;贸易研究一般被归为微观经济学,国际宏观经济学则被归为宏观经济学,很少同时进行分析。我们从最近这几年的一些学术研究可以看到,如果把两者结合起来分析,会很有收益。就中国而言,特别是加入了 WTO 以后,可以看到国内生产总值中的贸易占比迅速上升,与此同时经常项目顺差也同步扩大,最高达到了 10%。我们会很容易提出一个问题,即这两者是否有关联。但我们的模型无法做到这一点。因此首先同时考虑贸易和金融自由化是很重要的。

其次,只关注产业结构跟结构转型,却忽视它跟贸易的互动,这也不合适。产业结构的变化将直接影响贸易结构,贸易也可以反过来影响国内因素的演变,而这些国内因素会推动产业结构的改革。也就是说,贸易可以推动结构变迁,结构变迁也能够推动贸易,中间的资本流动还是有一定的暗示的。在像中国这样贸易占 GDP 比重高达 41% 的国家,贸易可以通过与国内因素相互作用,在决定一个国家的产业结构中发挥重要作用。

最后,受到贸易影响的产业结构可以反过来影响宏观经济的动态。特别是在我们的研究中,我曾经指出产业结构会影响到一个国家的储蓄能力跟投资需求之间的关系,从而影响到一个国家的资本流动。在这里举一个最简单的例子:假设有一个国家,这个国家只生产咖啡豆,当然这种专业化生产是因为这个国家对贸易是开放的,它可以专注从事具有比较优势的产业。这时只有劳动力参与获得收益,并且有一部分劳动力收入需要储蓄。然而由于生产过程当中没有资本的参与,这个国家不可能在本国把这部分储蓄进行投资——股本(capital stock)不仅是对生产的投入,而且是储蓄的载体。但是这个国家没有资本需求,因为它只生产咖啡豆。当一个国家股本很小的时候——在这个例子中就根本没有股本——它不得不将所有的储蓄都投资到国外,因此资金自然会流出该国。这就是说,作为一个穷国,它必然是一个劳动力密集型的;当它对外进行开放的时候,就会发生资本净流出的现象。一个国家生产咖啡豆,它的劳动力盈余永远放在国外而不是投资于国内,这就是产业结构和资本流动之间的一个基本关系。

这显然是一个极端的例子,但这个基本思想可以拓展到这样的情形:一个相对专业地从事劳动密集型或资本密集型生产的国家。这个想法的实质就是这样的:产业结构对储蓄跟投资之间的关系非常重要,你生产什么就直接影响到你需要多少投资。一个国家假如生产大量资本密集型产品,比如飞机、制药,那么它就会有更高比例的 GDP 作为投资,自然投资在 GDP 中的占比就会很高。一个更多生产劳动密集型产品的国家,自然投资在 GDP 中的占比较低。因此劳动力收入或者投资在 GDP 中的占比,或者在总产出中的份额,都可能决定于这个国家的产业结构,而且其份额不一定是恒定的——在我们所有的标准模型中,劳动资本份额一般都是常数,而且每个国家之间是一致的。所以,产业结构可以影响到一个国家的投资跟储蓄的需求。

说到这个问题,我们可以回来考虑历来使人迷惑的卢卡斯之谜。卢卡斯在 1990 年提出,为什么资本不从富国流向穷国?在这个很基本的环境中,贸易是不存在的。但是如果这些国家能够进行贸易,这些发展中国家就会相对更多地从事劳动密集型生产,那么初始就会看到储蓄供给要大于投资需求。所以当一个穷国开放贸易,自然就有可能因为产业结构变化、专业化和贸易,将一部分储蓄投资到国外。这当然是相对的,在相对应的国家,比如发达的经济体,即使没有本国的经济增长,也可以看到投资需求的上升。一般来说,在模型中投资增长是因为经济增长。但在这种情况下,发达国家就算没有经济增长,仅仅因为发展中国家专注于劳动密集型产品,发达国家也会看到自己的投资往上升。也就是说,资本净流入是因为资本密集型的生产升高了。这就跟卢卡斯之谜的基本模型和预测是不一样的。

所以,仅仅因为全球化和中国跟印度、巴西等国的崛起,世界上更多的资本密集型产业都转移到了发达国家、发达经济体,这就是我在 2012 年的文章中,质疑资本必然要流向贫穷国家这一说法的理由。也就是说,贸易是很重要的,因为我们所谓全球化的双引擎是包括贸易的。由于当时考虑贸易资本流向有可能逆转,我就把贸易放到一个基本的模型中去,后面我会简单介绍一下这个基本模型。

所以一般来说,我认为这类长期结构性问题非常重要,其重要性不仅体现在塑造贸易结构、发展路径以及发展方式方面，而且体现在它们也影响重要的中期流量，例如一个的国家外部失衡与资产负债表。我觉得一般把它们划分为中期、长期人为造成了它们之间的分离，而它们之间都是有联系的。要分析一个国家的结构转型，不能够孤立地进行，而无视世界的经济环境。对于像中国这样的大国，它的结构转型也同时可以在全球范围内的结构转型中发挥作用。

下面我做一个简单的介绍。这是我2012年的论文，我在很基本的模型中加入一个贸易的维度以后，就会看到可能会发生资本逆流向，也就是资本不一定流向贫穷国家。

一体化的双引擎是商品贸易和金融资本流动，但是实际上在我们的学术研究中，这两个是分开来的：贸易是作为国际贸易来研究，金融资本流动是作为宏观来研究。我个人认为这两者的结合在以后的国际经济学的学术发展方面会很有收获。

贸易和资本流动到底怎么互动？我现在介绍一个很基本的框架，就是一个多国、多部门的设置。在卢卡斯之谜里面只有一个本国和一个外国；最基本的模型只有一种产品，也就是说，它们的贸易只是跨期贸易而不是同期贸易——这是储蓄跟投资的关系。现在我们介绍的另一个模型是两个部门，一个叫作羊毛，这个劳动比较密集；另一个叫作钢铁，这个资本比较密集。这就是跟基本的卢卡斯模型唯一的区别。两种要素，资本和劳动，资本是可以通过国际贸易流动的，但是劳动力只能在国内这两个部门之间流动。这是一个非常基本的国际宏观理论的模型，只是加了两个部门，一个劳动密集型，一个资本密集型。

所以这里面就有两种不同的动力。一个就是所谓的新古典效应，这是最基本的动力。这个动力非常强，当我们在国际宏观理论和宏观框架里看基本增长模型时，新古典动力是非常强的；也就是说，在一个国家的资本劳动比比较低的情况下——当然生产率外生给定，比如说中国——那么，新古典效应就会使资本流向资本更为稀缺的国家。或者是在生产率有增长的情况下，资本自然会被配置到生产率更高的地方。所以一般来说是很难打破这样一个规律的：一个开放贸易的穷国，资本流动的方向总是从资本密集的地方流向资本比较缺少的地方,这就是我们所谓的新古典事实。加上贸易以后,就会有第二种动力,即产品组合效应(composition effect),这个效应说明,产业结构也有可能决定储蓄跟投资的需求关系。组合效应是说,你生产的是什么极大影响到你投资多少;一个国家如果非常集中地生产资本密集型产品,它对投资的要求就会比较高;这里假设经济增长和生产率增长是独立的,也就是你所生产的产品决定了你对资本的需求。

这两个效应是同时存在的,刚才我也提到新古典效应是非常强的,那么,当跟贸易有关系的组合效应比新古典效应强的时候,就有可能出现资本逆流,资本就不一定流向资本缺少的地方,而是流向生产更需要密集使用资本的地方。

第二点,在国际宏观经济里面,历来都能看到的一个比较重要的谜题,就是国家之间的投资是有联动的。我们在看商业周期的时候,投资一般都是一起上升一起下落。但是在我们的宏观经济学模型里面很难得到这个投资联动,因为一个国家有生产率提升、TFP冲击,自然地另外一个国家的投资就会下降,有TFP提升的国家的投资就会上升,所以它们之间的相关性一般来说是负的,这就是所谓的国际商业周期之谜。投资联动这样一个结果是很难得到的。以现在的解释来说,就是加了金融摩擦才有可能得到这种投资联动。但在这种情况下,组合效应就可能解释投资联动,因为一个国家在增长,它的投资也在上升,但是另外一个国家生产更多的资本密集型产品,所以它的投资也在上升。这种情况下同时会有投资上的增长。

还有第三点,资产价格联动。在第三点上可以做的研究非常多。就像我刚才说的贸易跟宏观分开来,贸易、宏观跟金融又进一步分开来。所以很多对于资产价格的研究,可以把它放到基本模型跟贸易之间的关系中去,我觉得这可以作为研究跟讨论的对象。所以,在一个多部门模型中,可以用很简单的一个模型,把新古典动力单独来看。在一个更一般的模型中,新古典效应跟组合效应是并行的、同时存在的。

下面讲一个很简单的例子,就是只有组合效应存在,所以可以看到贸易对资本流动的直接影响。这是一个特殊情况。假定一个国家生产一个中间产品:

$$Y_{it} = (K_{it})^{\alpha_i} (A_t N_{it})^{1-\alpha_i}$$

其中，K_{it} 作为资本，N_{it} 作为劳动，A_t 作为劳动生产率。α_i 是资本份额，每个部门都是不一样的，有的是劳动密集型，有的是资本密集型。

这些中间商品可以进行自由贸易，国家之间进行中间产品贸易，然后把它们组成一个最终产品：

$$Y_t = \left[\sum_{i=1}^m \gamma_i^{\frac{1}{\theta}} y_{it}^{\frac{\theta-1}{\theta}} \right]^{\frac{\theta}{\theta-1}}$$

这是一个 CES 生产函数。但是最简单的是用 C-D 函数把两个中间产品结合在一起。这是一个基本的国际宏观结构。

资本积累方程：

$$K_{i,t+1} = a I_{it}^{\Phi} K_{it}^{1-\Phi}$$

为什么我在这个模型里面可以有解析解，可以把这个基本的机制比较明晰地表示呢？因为我采纳了 Abel(2003)用的资本积累方程。一般来说，资本积累是把股本跟投资放到一起的，但是我用了一个 C-D 形式就有可能得到一些解析解，所以我强烈推荐大家试试这个资本积累函数。这个函数还是有直接的道理的，比如假设 $a=1$，$\Phi=1$，这个就是完全折旧的新古典增长，Φ 类似于折旧率。$\Phi=0$ 的情况下，就是一个卢卡斯果树模型。这是一个对数线性形式，Φ 取 0 到 1 之间，它的二阶类似于标准的资本积累函数，只是中间有些调整成本。调整成本也比较重要，原因是当有贸易和资本可流动性的时候，大家会想到赫克歇尔-俄林模型"预期的一价化事实"（predicted fact of prize equalization）。一价化事实也就是资本到底是在哪一个国家怎么分，都是不能够固定下来的。但是有了调整成本就有了确定路径，比如股本这个路径在美国就是给定的。所以这是一种打破一价化事实的方式。

消费者很简单：

$$\max [u(c_t^y) + E_t u(c_{t+1}^o)]$$

我在这里用的是一个代际交叠模型，这是为了解析的便捷性，而且可以去讨论比如说人口的作用。当然这个东西可以拓展到无限范围，道理基本上是一样的，没有太大的区别。所以，出生在 t 时间的年轻人的消费为：

$$c_t^{y,h} = w_t^h - \sum_{j=h,f}\sum_{i=1}^{2} q_{it}^{j} k_{i,t+1}^{hj}$$

他有工资 w_t^h。他可以买的股本 $k_{i,t+1}^{hj}$ 有四种：本国的羊毛业股本和钢铁业股本，以及国外的羊毛业股本和钢铁业股本。其简单意义就是说，在极端的例子里，这个国家只生产咖啡的话，那么在这个 $c_t^{y,h}$ 里面就只有劳动力，他就只能去买其他国家的羊毛或钢铁企业的股权，所以股本是不一定有的；当这个国家不需要投资的话，股本作为储蓄的容器也不存在，所以他只能去买其他国家的股本。一个更广泛的形式就体现为，他可以买本国的和国外的四种不同的股本。这些股权你可以想象为是平价的股权。

老人消费所有可获得的资源：

$$c_{t+1}^{o,h} = \sum_{j=h,f}\sum_{i=1}^{2} R_{i,t+1}^{j} q_{it}^{j} k_{i,t+1}^{hj}$$

调整成本 $q_{it}^{j} > 1$。因为有调整成本，所以资本价格不等于1。怎么把这个特殊情况，也就是把新的组合效应进行单独研究？这里我选择了一个特殊情况，也就是在劳动密集型产业里是不需要用资本的；还是有两个部门，但是羊毛业只用劳动不用资本，另外一个钢铁产业是劳动和资本都用。这是作为唯一的特殊假定，所以下面的两个公式就可以很清楚地表明，为什么会有组合效应的发生。

$$w_t = w_t^* = p_{1t} \Rightarrow k_{2t} = k_{2t}^*, \quad \forall\, t$$

这时候由生产率调整的工资在国家之间是同价的，因为工资就等于羊毛产业的价格 p_{1t}。因为有了自由贸易，所以 w_t 跟 w_t^* 都等于 p_{1t}，它们自然就在国家之间同价了。也就是说，资本/有效劳动力比值在羊毛业里面应该是1，也是相等的。这是怎么回事？工资不管任何冲击，都可以自然在国家之间同价。这时候，边际调整是穿透了一个国家内的不同产业的，劳动力也将在不同部门之间调整，直到不同国家之间的工资也相等。对于一个部门，当资本劳动比在国际上相等时，新古典动力就不存在了。因为新古典动力正好是要将国际的资本劳动比等同化的，这就是一个资本流动。但是这个调整或是边际的维度，是通过在两个国家内部的产业间的劳动力，可以得到有效劳动力的等同化。这是一个关于"怎么把新古典动力给提取出来"的一个极端的例子,在这种情况下,现在要考虑怎么去配置一单位的边际储蓄——资本劳动比在钢铁业里已经等同了。在资本劳动比等同的情况下,不同国家之间的资本密集型部门的资本回报也相等了,那么你就会将你的储蓄按比例配置给本国产业和外国产业。这个配置跟调整成本有关系,就会让调整成本在国际上等同。

重要之处在于,在新古典动力被关闭的情况下。一个国家有一单位的储蓄的时候,就不一定完全投在本国。一部分一定会投在本国,一部分一定会投在国外。但是在一个标准模型的情况下,如果资本劳动比比较低,自然投资就会往这个国家流动。这时因为有了贸易以及在部门之间的劳动力调整,才有可能在这个情况下把新古典效应完全关闭。组合效应是一种会把储蓄移到国外的动力,所以这就打破了所谓的一定是资本流向资本劳动比比较低的国家的规律。

在这种情况下也会有投资联动。我现在简单讲为什么产业结构直接影响到投资需求。这个东西看上去有一些复杂,但是很容易理解。假设这个本地投资 $I_t^h \propto \eta_t Y_t^g$ 是由占全球 GDP 的比例来决定的,这是这个模型里的一个很一般的结论。投资是由 η_t 决定,η_t 代表一个国家的产业结构。

$$\eta_t = \underbrace{\left[\frac{\alpha_1 \gamma}{\alpha_1 \gamma + \alpha_2 (1-\gamma)} \eta_1 t + \frac{\alpha_2 (1-\gamma)}{\alpha_1 \gamma + \alpha_2 (1-\gamma)} \eta_2 t \right]}_{\text{weighted average share of global production}}$$

这个 $\eta_1 t$ 就是第一个部门。这是一个更一般的设定,并没有令 $\alpha_1 = 0$。这两个部门的 α 都是大于 0 的。$\eta_1 t$ 是部门 1 的预期未来产出,$\eta_2 t$ 是部门 2 的预期未来产出。这是很容易理解的概念,如果只有一个部门的话,投资肯定跟预期的未来产出有关系;如果你的国家在全世界产出中的份额你的国家是往上升的,那么你的投资也自然会往上升。在有两个部门的情况下,这个投资需求就依赖于产业结构:α 是权重——你将越多的权重放在资本密集型产业,投资需求就越高。所以不只是能生产多少预期的未来产出的问题,而是生产什么的问题。在这种情况下产业结构,包括我们说的所谓产业转型,跟一个国家的储蓄以及投资有直接的关系。

用图 1 来展示可能更简单、更直接。上图是所谓的单部门模型,实线是投资占 GDP 比例,虚线是储蓄占产出比例。下图是一个多部门模型,这个虚线不是特别重要,因为我们采纳了对数效用。Y 轴是一个国家的资本/劳动相对比例。当资本劳动比等于 1 时,这两个国家的资本劳动比是一样的。其右侧就是当期资本劳动比接近资本密集型的国家。在这种情况下,在单部门模型里,如果一个国家是 0.8,即一个比较穷的国家,开放贸易,它这时的

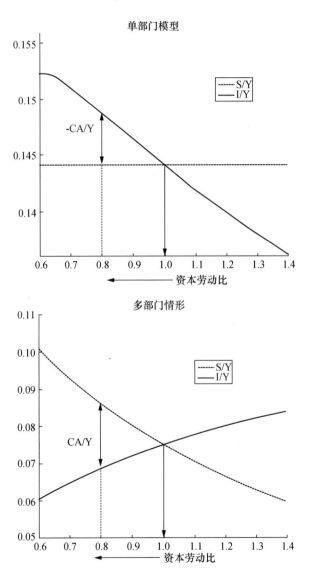

图 1　多部门和单部门的资本流动模型

投资比储蓄要高,那中间的这个差就是所谓的经常账户或资本的流入。当你在单部门模型中资本相对稀缺时,你就会有资本净流入,也会体现为经常账户赤字。但是实线的投资占GDP的比例恰好反过来了。在单部门模型中,实线的斜率是向下的,在多部门模型中斜率则向上。所以在这个情况下,当你是劳动密集型时,也就是这个数值是0.8,你的储蓄能力就要高于你的投资需求。同样的一个情况,你是一个比较穷的国家,你如果开放贸易,你就开放了资本流动。为什么?当你专注于生产更多的劳动密集型产品时,你的投资需求以及投资占GDP的比例是下降的,虽然绝对的投资量还是往上升,因为是开放贸易,有增长,有投资需求。对于储蓄供给来说,毕竟是因为生产了很多劳动收入,你又有较少的投资需求,中间就会有这块经常账户盈余。

所以在单部门模型里,一个开放贸易及开放金融的穷国,就有可能出现资本流入,在多部门模型里就可能出现资本流出。所以产业结构(产品组合)跟资本流出有直接关系。我要强调一点,就是现在这个全球化的世界,贸易自由化和金融自由化是同时进行的,它们之间有很多相互作用、相互影响。在我们这个认识框架,不应该把它们分开来看。这就是一个很直接的例子,贸易影响国际宏观经济,国际宏观经济又反回来影响贸易,还有国际宏观经济所关心的一些流量的概念,包括资本流动、经常账户。

最后,关于未来的一些研究方向,我觉得现在宏观需要一个更统一的框架。这个宏观框架里面关键是要有贸易。现在的宏观框架里也有贸易,有不同的模型也有多个部门,但是基本上贸易的结构是外生的。最简单的一个模型就是Armington贸易模型:这个国家只生产这个产品,那个国家只生产那个产品,所以它的贸易结构是固定的。最近我们看到,贸易有很多发展。实际上在中国,在其他国家,贸易的转型是变化的,而且非常有可能是通过宏观影响到贸易,贸易又影响到宏观。所以我们要结合力量,把贸易最近在认识上的突破,放到宏观的框架里头,让它有一个内生的贸易结构,结合起来看对于产出的影响以及对宏观流量的影响。我觉得我们学术界缺少一个统一的框架。

第二个问题就是,贸易和金融自由化之间的关系。这在很多的新兴市场也是很重要的问题,因为贸易与全球化的好处,在实证的角度看来是很不清楚的,尤其是金融自由化。而它们的先后顺序也是可以研究的。很多国家一般是先开放贸易,然后才对外开放金融;有一些拉丁美洲国家是先开放资本账户,再开放贸易。这对于中国今天来说是非常重要的一个问题,当然我们是先开放了贸易,那么金融自由化,包括我们现在讨论的资本账户自由化,会不会同时对贸易结构有影响?所以这个自由化顺序对一个新兴市场增长路径到底有什么好处,应该先做哪个,之间有什么相互作用,也是可以研究的。

还有一点,就是跟金融的结合。资产估价现在开始跟宏观进行结合,但是,我觉得很多国际因素、国际贸易也可以直接去影响资产价格。比如说一个国家的专业结构。如果一个国家只专注于很少的几个产品,或者是劳动密集型或者是资本密集型,那么它们的产品结构是有一定的风险的。通过金融多元化是否能够更好地对冲产品结构的风险,这也是一个问题;也就是说,贸易结构会不会直接影响资产配置或投资组合?贸易跟投资组合、跟金融之间可能存在一定的深层联系;国际金融、资产价格跟贸易的关系也是值得考虑或讨论的。

第三个问题,我们这个很基本的模型是非常新古典的,没有任何扭曲,没有任何金融摩擦。宏观已经对金融摩擦有很深入的研究,但是在一个国际的背景、在一个统一的框架下,扭曲还没有能够考虑进去。为什么我觉得这个很重要?因为对于像中国这样的一个国家,有很多扭曲,国内改革也是非常重要的。宏观方面做了很多国内扭曲的研究,包括国内改革如何去解除扭曲,但是同时,如果可以跟贸易结合起来,是一个很好的新方向。很容易想到它们之间的关系,比如说国内扭曲可以直接影响到贸易结构。在中国有一些部门有很强的扭曲,直接补贴出口,那就影响了贸易结构,所以,国内扭曲在多大程度上削弱了贸易,这不光是一个理论上的探索,也将是实证上的问题。那么,国内扭曲会影响贸易,开放贸易会不会重新影响国内扭曲,这也是可以提出的问题。比如说,之前两个很扭曲的部门现在开放了贸易,因为自然的比较优势,贸易的结构会有变化,资源配置也会从一个部门到另一个部门,从一个企业到另一个企业,它会不会影响国内在效率上的扭曲？两个部门之间的效率扭曲会不会因为开放贸易，也对它产生影响？所以贸易跟国内扭曲之间的环节和相互影响，我觉得也是很有意思的。其中肯定有一些对资本流动、储蓄、投资等的暗示，再把它延伸到宏观考虑的问题里，但我们需要一个既有扭曲又有宏观和贸易的框架。所以在一个扭曲的经济中，重新提出同样的问题，也就是贸易自由化和金融自由化的顺序问题，到底从福利的角度来看有没有重要性？我觉得这些问题都可以在一个新框架中提出来。所以最后一点，我们需要一个框架，把贸易结构的演变内生化，考虑在一个扭曲的环境里，谈论中国问题跟宏观的结合。我觉得宏观理论跟贸易理论之间的交叉研究，对我们将来的研究方向会是很有意义的一项工作。

评论与问答

林毅夫：金教授的演讲非常好，而且模型很简洁，并且对于卢卡斯之谜似乎可以解释得非常好。我想问一个问题，总体来讲，发展中国家的资本是流向发达国家的，这是一个谜。但是我们看增长委员会的报告，有13个发展中经济体经济发展得非常好，取得平均每年7%以上的增长，并持续了25年以上。这13个发展中经济体有五个特征，第一个是它们是开放经济。第二个是它们有高储蓄、高投资。在这个13个经济体当中，表现最好的是东亚经济体，包括日本、亚洲"四小龙"、中国内地。它们不仅是高储蓄、高投资，而且基本没有资本外逃的情形，反而资本大量流入。这样的话你的模型就没有办法解释，因为它们是发展中经济体，它们也是开放经济，但它们为什么是资本大量流入而不是流出？我想如果你把你的模型稍微改变一下，应该可以解释这个现象。为什么呢？因为你在你的模型当中其实假定是没有产业升级的。而我们发展中国家，开始是做农业，就像你说的种咖啡，逐渐地进入到工业。进入到工业的时候，开始是劳动力很密集的加工业，然后资本逐渐积累，产业升级到资本比加工业更密集一点的劳动力密集型产业。如果资本再积累的话，再逐渐爬这个阶梯，往资本更密集的产业去。能够这样逐渐进行产业升级的国家，资本回报率会很高，也应该比发达国家高。你看这些东亚经济,在高速发展阶段资本都不便宜,国内的储蓄利率都挺高的,其实比发达国家资本要高。这是第一点。

你的模型当中有一点是说,发达国家因为生产资本密集,所以资本回报高,显然发展中国家的资本要流到发达国家去。可是这似乎只是美国的现象,因为我们来看德国、日本,其实它们都是经常账户盈余,它们并没有大量的国外资本流进来,导致经常账户赤字。经常账户赤字是美国的特性。那么为什么美国经常账户是赤字?我想主要原因并不是产业结构,因为它是主要的储备货币国家,它可以增发货币,支持国内——不只是投资,更重要的是消费。当它的利率降低了,它支持的是国内的消费。如果消费很多,因为它已经不生产这种劳动力密集型消费品,它就要大量地进口,所以它可以有经常账户赤字,因为它可以不断印钞票;其他国家没有这个权利。

我这个观察跟你的另一个观察是相关的:为什么国际的投资有联动?如果说主要储备货币国——美国——把利率降得非常低,当然会支持美国的投资,会更大支持美国的消费;同时它会大量资本外流,流到发展中国家去,支持发展中国家的一些投资活动,像有投机性质的房地产投资活动。那么现在美国提高利率了,又有大量资本要流入美国,所以美国投资也下降,其他发展中国家投资也下降。所以如果要解释为什么美国有经常账户赤字,其他发达国家跟它有资本同样密集的产业结构,但它们没有经常账户赤字,并且有国际投资联动,我想最主要还应该从美国作为储备货币国这个角度来看。

回到卢卡斯之谜的问题,其实你的模型稍微改一下也可以解释。为什么?比如说你的模型里面说,一个国家可以生产咖啡,同时生产钢铁。但是我们知道一个发展中国家,如果在50年代是生产咖啡的,那么它是资本极端短缺的,钢铁当时还算是先进产业——在战后是发达国家在生产,比如德国、法国、美国,所以钢铁在战后是发达国家的比较优势产业,在发展中国家是不符合比较优势的。如果一个发展中国家要去生产不符合它比较优势的产业,它的要素生产成本就会非常高,因为生产钢铁需要很多资本,发展中国家资本少,资本贵,但是生产钢铁资本投入又非常大。在这种情况下,如果发展中国家要把这种钢铁产业建立起来,一定要国家保护补贴;保护补贴的方式通常就是把资金价格压得非常低,让这些钢铁产业能够建立起来。50年代中国在超英赶美的时候就是这样的。其实在五六十年代一直到70年代,大部分的发展中国家也都是这样做的。

那么,如果用国家干预的方式把这些违反比较优势的产业建立起来,人为地压低资金的价格,然后资源错误配置,在这样的情况下,确实像你的模型所说的,资本回报率在发展中国家非常低。而如果它是按照比较优势逐步发展,开始的时候种咖啡豆,在国际上卖了积累资本,再去发展劳动力相对比较密集的加工业。也就是说,产业升级是通过要素禀赋的丰富程度不断变化的话,那么应该是资本流进。而且如果它一下子就去发展资本很密集的、发达国家的优势产业的话,资本回报率就会非常低,而且会有很多扭曲。当有很多扭曲的时候,就会有很多租金,就会有寻租行为。寻租行为所得是违法的,你不敢把钱放在国内,只能把钱放到国外去。我觉得你这个模型非常好,但是可以做些扩展,把所有刚才讲的现象都解释清楚,这是一个建议。

金刻羽:谢谢林老师。林老师刚才讲的问题,我觉得起码有五六篇文章可以做。我完全同意你的看法,经常账户不平衡这个目前的情况跟发展趋势绝对不能用一个那么简单的道理去讲明白。对于美国、日本、德国的经常账户的一些问题的解释,下面我想再概括地讲一下我的第二篇文章,可能可以更深入地分析当今的一些问题。

首先,我觉得这是一个最简单的基本模型,跟标准框架唯一的一个区别就是加了一个部门,加了一个贸易因素。我想说明一个最简单的问题,就是产业结构和结构转型是跟一个国家的投资需求有关系的,也就是说,你用来贸易的产品决定了你对资本的需求。但是这个框架不能解释现在资本流动的现象;简单说明卢卡斯之谜,也是因为是在一个框架比较基本的情况下做到的。所以我就想做一个基本的扩展。这个模型里面有很多地方都可以做扩展,包括你刚才说的这些问题,而且意义都不一样,可以看问题的角度也不一样。比如说,你刚才谈到了扭曲,如果一个国家的政府想要去提高技术、生产率,想要支持资本密集型产业,因为它有某种生产率的外部性,那么这个模型就有可能改变。

这个模型的第一个缺点是,它的贸易结构虽然不是固定的,但是一个国家如果是其中一个类型的,它就会一直生产比如说劳动密集型产品,就不会有产业升级。这个是很重要的,的确我们也观察到了产业升级的问题。如果加上产业升级,然后再去研究,那就不只是经常账户的关系,还有更广泛的一些宏观问题,比如说投资需求,比如说产业升级对于一些宏观要素(比如福利)的考虑,这些都必须放到模型里重新评价。在这个简单模型里面,肯定是没有产业升级,或是扭曲和补贴的。如果真的有一些更尖端的部门有正外部性,那就有可能为政府用补贴推动产业结构的转变提供辩护。这时对宏观、对福利有什么影响?我觉得这都是可以在这个模型里面去讨论的。

所以,作为这个模型最基本的扩展,中间可以讨论的问题真的很多。再谈谈全球失衡,这是最近十年很有意思的现象。当然,整体来说,发展中国家是经常账户盈余,发达国家是经常账户赤字,这是一个整体的结构。具体来说,盎格鲁-撒克逊国家是经常账户赤字,欧洲国家是平衡,这时候还要考虑中东的经常账户盈余和亚洲的经常账户盈余。这种全球失衡的情况,我觉得原因比较复杂,刚才你提到的储备货币国我觉得非常有意思,其实储备货币国身份在国际宏观经济学的模型里也是很罕见的。作为一个储备货币国,怎么对真实汇率进行操纵,在这种宏观模型里面的研究是非常少的。现在我们有新框架,应该去重新考虑这个问题。

第二篇在 AER 发表的文章,是真正去仔细地研究了几个国家的经常账户,包括美国、中国跟拉丁美洲之间。这篇论文跟一些金融摩擦有关。因为我们看了一些数据,如果把美国分成不同的年龄组,美国的储蓄率下降到底是由哪个年龄组造成的?还是年轻人。因为这段时间利率下降,他们借得更多,所以储蓄就下降了。为什么他们能借?我们提出的问题就是家庭信用约束,也就是家庭中的金融摩擦,这点在美国跟中国不一样。但是你说的货币储备国可以用非常低的利率去借钱,也符合这个实证观察。

同时我觉得,另一个很有意思的研究方向是一个国家的负债表。先进国家的负债表跟发展中国家的负债表是非常不一样的,资产栏跟负债栏是不对称的。所谓的美国的过度特权也跟你提到的问题有关。为什么它可以借长期、低息的债券,而投资高回报的股票?新兴市场则正好相反。这种负债表的非对称性跟资本流动肯定有直接关系,跟一个国家的资产价格及投资组合都有关系。这些都是研究内容非常丰富的领域,我觉得国际宏观经济学将是一个很有意义的研究领域。

问:金老师,你的资本流动和产业结构是不是内生于一个别的要素?因为在这个模型当中,看不到技术的差异性。比如可能是技术的原因,导致了资本流动,导致产业结构的内生与技术的差异性。我有这么一个怀疑。因为资本在开始流动的时候,都是从发达国家流向发展中国家。发展中国家像林毅夫老师说的,有很多劳动力,它的劳动力比较便宜,资本可能就流到发展中国家来了。但是如卢卡斯之谜所说,现实中很多发展中国家,技术进步特别慢,它的资本没有投资的渠道,没有很高的回报,这个时候它选择去一个技术先进国家——可能是由于技术原因,可能是像克鲁格曼所说的规模效应,但是经济学更关心的是人均 GDP,就是劳动产出。你的模型没有技术的差异性,可是它或者规模经济决定了产业结构和资本流动。可能它可以解释陷入中等收入陷阱的发展中国家,但是刚开始的时候,我们看到中国有大量的 FDI 进来,但是现在变成资本外流,是因为中国找不到新的投资渠道。

金刻羽:首先你提到一个很重要的问题,就是资本也分很多种,FDI、投资组合等。现在的模型大多笼统地将它们放在一起,很多模型因为技术困难,很难加入风险因素;要是真的有风险跟不确定性,那么这个资本是作为 FDI 还是投资组合就有非常重要的影响。这是我们的技术局限。所以你提到的第一点很重要,比如在中国 FDI 是进来,净流出是正的,这些东西可以去研究。

关于你的另一个假设,我觉得一个国家要应对卢卡斯之谜,可以想象到的方法是很多的。但是真正把它整合到一个模型里没那么容易。新古典动力,也就是资本流向资本更稀缺的国家,现在在任何一个基本环境里面,这个动力都是非常强的;在定量上要推翻这种新古典动力,是必须去做的一个研究,但是一般来说,包括加入金融摩擦,都很难推翻这个非常强的动力。所以我们可以去想象有很多不同解释。但是作为一个学术标准,就是在数量上能够产生资本逆流,并且覆盖新古典动力,这还是比较困难的。

所以我觉得你刚才说的都很有道理,我相信其他人还有很多其他的具体解释。对于这一篇文章来说,包括刚才说的更具体的一些国家的经常账户,还是有一定的区别。在这里只是提出了一个理论的构想,也就是贸易是很重要的,并且贸易在一个很简单的情况下,有可能推动很强的新古典动力。这只是作为一种理论探究。要把这一种理论直面数据,去解释所有经常账户的模式,我觉得还是很困难的。当然我这篇论文里面做了一些实证分析,我观察了所有国家,看一个国家的产业结构,以及它的贸易、专业化的变化,跟它的资本账户流向的相关性,是不是符合这个概念。整体来说,的确随时间的变化,这些国家在生产中变得资本更密集,它们的经常账户赤字也会增加。但这是一个非正式的实证观察,我觉得它没法饱经检验地去解释部门间的经常账户失衡。所以,新古典动力是很强的,只要你去研究它,你就会明白。但在解释卢卡斯之谜的路上,还有很多可改进的空间。

徐朝阳:我有两个问题,第一个就是你这个模型里面用资本份额来刻画资金密集度,我也经常这么做。但是我有个问题。美国的资本份额,即使在制造业其实也并不高,只有 0.45 左右;而像中国这样劳动密集的国家,制造业的资本份额却很高。这个数据跟现实怎么匹配?

第二个问题跟林老师刚才问的问题有点相关。我们观察到一些高增长率的国家,像中国、新加坡,投资是高速增长的,但是同时储蓄还是高于投资。其实这些国家的资本回报率比美国要高。我不理解的是,投资回报率高,说明我们有旺盛的资本需求,但是这种情况下,为什么又要维持高的资本净流出,把钱借给美国?我觉得你这个模型好像不太好解释这个。

金刻羽:第一个问题,我会回到你问的资本份额的问题,但是在模型里,只是要考虑到资本份额的变化。这里的资本劳动比不是水平值的概念,而是变动值的概念。只要劳动份额增加或者资本份额增加,资本流入就会发生。不只是在这个模型里面,贸易理论也做过很多研究。从资本密集型到劳动密集型产业的排列,其实排列顺序是最重要的,但是每一个国家对技术的采纳程度也是很不一样的,比如有些产业实际应该是资本密集型的,但中国就放入了很多劳动力,或者相反;技术采纳程度会在国家间出现差异。赫克歇尔-俄林在这方面也做了很多实证研究。对于我来说,排列顺序是最重要的,而不是绝对值。

但是,把这些先放在一边,我觉得考虑美国问题时很有意思的方向是无形资产。无形资产是很重要的。你要看美国的投资份额,如果单纯拿标准的传统投资份额来说,它基本是平稳的,可以说这直接反驳了我的说法。但是,在国民账户中怎么去定义各项,怎么去算无形资产?尤其是当今的互联网、高科技公司,所有知识、品牌、组织资本以及熟练度,等等。考虑现在的经济结构,很需要把科技概括成一种更广义的概念,将金融服务和科技都放在一起,它们的结构会很不一样。它们的资本投资是很少的,主要是靠熟练劳动力,但它肯定又不是传统的劳动密集型产业。所以,如果真的把无形资产算进去的话,美国的资本份额是上升很快的。但无形资产这个我觉得很有意思的方面,还没有完全进入主流的宏观理论。但是我觉得至少基本模式还是符合的,美国最近的产业结构变化,肯定不是回到更传统的劳动密集型,而是向更高科技、更多金融服务、更资本密集转变。但是把熟练度资本放进去也是很重要的。这是一个很简单的、最基本的框架,有很多更贴近现实的扩展,我觉得在理论的角度也很有意思,包括实证角度。

你说的第二个问题,这是大家都在问的一个问题。中国投资占 GDP 比例已经很高了,但是储蓄更高。你看影子银行以及企业所承担的利率,要高于全世界许多利率为零的国家,那为什么还要投出去?就这方面,很多人提出的一个解释还是金融发展的落后。金融市场各种各样的扭曲,使得中国市场在真实利率和平衡利率之间存在落差,在存款利率与贷款利率之间也存在落差;这些都是中国金融发展的落后造成的。中国为什么会投资到美国国库债券,就是因为负债表在国际上的非对称性。比如说美国会投资到高产出的资产,却以极低价格向全世界借钱。很多发展中国家,不只是中国,都在积累美国的国库债券,然而美元又开始贬值,所以我们付出的代价非常大。现在中国实际上也在慢慢转移账户盈余,比如说"一带一路",从美国的低回报的国库券中移走资金。但这里面有多种因素,包括金融摩擦也是非常重要的一点。

回到刚才说的未来研究方向,我个人觉得很有意思的是,在国际宏观模型里,发展中国家和发达国家作为两个大国一起进行研究还是最近才开始的。因为之前发展中国家都是作为小型开放经济。现在,它们集合起来形成了大型经济体;中国自身就是一个大型开放经济体。

这样两种模型就有根本性的不同。之前我们的宏观模型是考虑两个对称国家,就是美国跟欧洲,它们之间进行流动,比如说商业周期或长期的流动,其中有货币政策的变迁、有形资本政策的变迁,等等。在非对称的环境中,宏观的关系必然是不一样的。我现在都没见过一个宏观模型,里面有一个国家还在增长路径或转型路径上,还有一个国家已经处于稳定状态,这是一个关键差别。另外,非对称的金融发展差别也是非常大的,包括贸易结构还有很多其他的非对称性。之前是以两个对称的国家作为基本框架,这些问题都没法讨论。所以你刚才说的这些问题我觉得还是有待讨论的,还可以有很多的研究方向。

王勇:首先我非常认同你的两个主要想法。一个是你现在考虑的是不同发展阶段,所以你这里面——当然部分也因为卢卡斯之谜的本质——有发达国家和发展中国家。然后在研究这两个不同的发展阶段之间互动的时候,你把多要素引进来了,资本跟劳动。在现在很多贸易模型里面,都是无劳动输入,都是发达国家之间的贸易。所以这一点和林老师所倡导的新结构经济学的核心要点——要素禀赋(资本和劳动的关系)在不同发展中国家不一样——是高度契合的。我们 JME 的文章的模型描述的是在无限部门中的产业升级,这可能也可以跟你 AER 的这篇文章结合起来,在原来的两部门中,把真正内生的产业结构升级引进去。即便在制造业内部也有很多区别,有很多产业,可以不断地升级。所以这一点我是非常认同的,就是对资本流动的影响。

第二点我非常认同的是,怎么样在开放经济里面,在有贸易和资本流动的环境里面来研究结构变迁,还有结构转型和经济增长之间的关系。现在我们越来越多地发现,发展中国家可能作为大国出现,特别是中国,这是有重大含义的。最近我和朱晓东在做结构转型如何影响汇率的问题,因为萨缪尔森是把可贸易及不可贸易产品作为外生固定的,但是如果它有结构变迁会怎么影响?林老师最近也有一篇文章,是说发展阶段怎么影响中国的真实汇率,里面是有刘易斯拐点的,如果有了这样一个框架特性又有什么影响?所以你最后提到的包含了贸易、结构转型及宏观经济行为的统一框架,这些我是非常认同的。

然后我提一些具体问题。一个是金融资本与 SDR 的区别,因为你这里提到了一个非常重要的问题,是关于改革顺序的问题。我想在模型里面可以很简单地用资本表示,但是中国外流的很多是金融资本,我在电脑上按一下键,几十亿就跑掉了,但是机器并不是那么快就能搬过去。所以,如果有外资进来,其实大部分都是流动资金,它可能过来以后马上就要走。如果它长期待在这边,只能是因为企业的回报比较高。这时企业拿到这个钱,再从国外买进机器,然后再投资,接下来看到的就是资本和产品的贸易流动。那这样的问题是不是可以用一个专门的模型将它描述出来,然后看它对改革顺序的影响?

另外一个和这个问题有关,你的模型把风险这个维度抽象掉了。其实有另外一种理论,之所以有全球失衡,可能就是因为美国在金融部门有比较优势,如果是这样,就有很多资本跑到美国重新配置,美国就收取风险酬金,并且用风险酬金来支付贸易债务。有一些人做了这样的研究。所以我在想能不能把这些问题归到这里面。不同的发展中国家,应付风险的能力也不一样,这也是比较优势的差异。

金刻羽: 王勇做了一个很好的总结,包括跟结构变迁是有直接关系的。谈到资本,我觉得在这个模型里面可以整体去想一个金融资本,但是在金融资本中间也是有区别的,比如说 FDI 进来就待在那了,投资组合则会有流动。这可以作为一种区别。要做这个区别必须加入风险,否则它们就是一样的。所以现在有一个缺陷,也是技术困难,有了风险之后这些模型就不是很容易解,但这当然是很关键的。

除了把风险加进模型外,我也在想,怎么把贸易比较优势放到金融比较优势里。怎样用贸易的比较优势排序很干净地扩展金融比较优势,这是相当有意义的研究方向,因为可以通过金融比较优势的排序来预测金融流动。技术上它比较有挑战性,但是有很多可以去做的研究,比如风险的变化对金融比较优势以及金融资本流动的影响,这要留给更聪明的、技术更强的新一代学者们。在我自己看来,包括刚才说的这些产业升级、内生增长、技术,作为现在来说非常基本的环境,这些元素都可以加进去。所以我很感谢大家提出的建议跟问题,我们可以一起合作,推进这个方向。

林楠:关于人民币国际化,您认为人民币为什么要国际化?此外,关于"一带一路",如何能构建一个理论模型,也就是关于"一带一路"理论建模的想法,您能不能分享一下?

金刻羽:我觉得人民币国际化是个很好的问题。这要结合刚才没有提到的一个问题——福利分析。当然,福利是非常微妙的东西,包括刚才说的贸易自由化,它对福利有直接的意义,但是我们没有想这些。你提出的问题,我觉得牵涉到政策制定,也就在某种程度上牵涉到福利,但是到目前为止,我们还看不到人民币国际化对福利的好处。中国是否已经准备好进行真正的人民币国际化?这个前提是很多的,资本流动、资本账户开放、经济稳定,包括大家对你的信任,还有政府出于某些原因在压制商业周期。总之从福利角度,我没有办法在理论上去想这个国际化的问题。

第二个问题是"一带一路"如何建模,最基本的就是经常账户盈余/多余储蓄怎么去投资。刚才的概念框架是说,一个国家的负债表要建模:资产栏跟负债栏,还有风险。因为"一带一路"有一定的投资范围,有一定的风险回报水平,跟投资到美国的国库债券是不一样的。一个企业怎么做投资,要根据成熟程度来考虑,这跟一个国家考虑的角度不太一样。所以我觉得最关键的概念框架还是要把负债表,包括每一类投资的风险以及投资范围都放进去,然后再作分析。这是我可以直接想到的。

苟琴:资本账户开放与经济增长

我们这篇文章研究的是资本账户开放和经济增长之间的关系。林老师之前也提出来,研究资本账户开放的影响时,也需要关注资本账户本身的一个结构,比如是开放的直接投资项目,还是证券市场投资项目。我们这篇文章从另外一个视角来看资本账户开放的结构。我们区别资本账户不同流向的项目的开放,研究不同流向的资本账户的开放和经济增长之间的关系。

关于资本账户开放,其实近几年在国内有非常激烈的一场争辩。国内大概有两派声音,一派是认为我们应该加速中国的资本账户开放,而另外一派认为,我们应该更加谨慎。资本账户开放从上世纪70年代开始,从发达国家开始,逐渐蔓延到发展中经济体,而八九十年代的时候,在发展中国家相继爆发了一系列的金融危机。所以从历史经验来看,资本账户的开放,或者说跨境资本的流动,可以被认为是一把"双刃剑"。一方面,资本账户开放可以通过为本国增加更多的投融资渠道,降低资本成本,提供风险分散的一些渠道,从而有利于经济增长;另一方面,资本账户开放也有可能为本国带来更多的经济波动或者金融波动风险。所以,从理论上看,资本账户开放可能存在这样两个方面不同的影响。

从实证上来看,关于资本账户开放与经济增长之间的关系,其实也能看到非常不一致的结果。大概有四个方面的结论:第一支文献发现资本账户开放可以促进经济增长;第二支发现两者之间没有显著的关系;第三支发现资本账户开放反而不利于经济增长;第四支发现资本账户开放与经济增长之间的关系是不确定的,取决于国内的一些初始的条件,包括经济发展程度、金融发展程度等等。

我们的研究从另外一个视角来探讨这样一个问题。过去的研究大多是从资本账户总体开放层面的角度来分析资本账户开放与经济增长之间的关系,但是我们发现,从跨国数据可以看到,平均而言,各国资本账户流入的开放程度实际上高于流出的开放程度,两者并非完全一致。从发达国家和发展中国家以及低收入国家都可以看到这样一个现象,资本的流入开放程度要远高于资本流出的开放程度。所以,我们想进一步看不同流向的开放和经济增长之间会有什么样的关系,从而找到资本账户开放和经济增长之间的一个更好的实证证据。

同时,我们发现投资是各个国家经济增长非常重要的一个来源,在大多数经济体快速增长的阶段,投资也经历了大幅度的上涨。基于此,我们这篇文章提出一个假设,如果说资本账户开放可以进一步推动本国的投资,是不是流入的开放可以更好地促进经济增长,而流出的开放更加不利于经济增长?所以,我们进一步来检验资本账户流入和流出对经济增长的影响以及相应的影响渠道。

下面我们关注的是各个国家的法规意义上的对于资本流入和流出的开放程度。指标值越大,表示开放的程度越高。我们有三个非常重要的信息:第一,从全球来看,流入和流出是不完全一样的,流入的开放程度要平均高于流出的开放程度;第二,高收入经济体的开放程度要高于低收入经济体;第三,流入和流出之间其实有一个比较高的相关性。

这篇文章研究的问题是资本账户开放与经济增长之间的关系。所以,我们进一步来看,资本的流入和流出开放程度与经济增长之间有什么样的关系,以及投资是不是其中的一个重要的渠道。另外我们也关注资本账户开放的时候,这个国家的初始条件是否重要。相比过去的研究,我们的改进主要体现在三个方面:第一,我们采用更加细化的资本账户开放的指标。第二,我们用跨国的行业层面的数据,可以更好地缓解内生性的影响。同时,我们也可以去看资本账户开放对具有不同行业属性、行业特征的行业会产生什么样的影响,从而进一步基于此来分析,具有不同行业结构或者产业结构的国家,它们在资本账户开放中会受到什么样的影响。第三,具有不同的初始条件的国家,开放的增长效应会有什么样的差异?

我们的实证模型非常标准。被解释变量是各个行业实际增加值的增长率。关键性的解释变量是资本账户的开放程度,以及资本流入和资本流出的开放程度。同时我们控制其他一些影响增长的重要变量。我们先来看资本账户开放对于行业层面上的增长率的影响,然后我们会进一步去看,对于具有不同属性的行业,在资本账户开放的过程当中,它们的增长受到的影响有何差异。具体来讲,我们考虑三个方面的行业属性:一是各行业对于外部资金的依赖程度高低,二是各行业本身的技术密集度高低,三是各行业的资本劳动比,也就是要素密集度的高低。

跨国行业层面的数据来自 UNIDO 数据库。我们进一步把数据匹配到 Rajan 和 Zingnals(1998)一文中所对应的 36 个行业,以便得到相应的行业属性数据。我们采用的资本账户开放的数据是 Schindler(2009)提出来的指标。这个指标在后面有更新。但是我们没有用更新的指标,是因为其中口径上有一个变化。所以,我们还是用1995年到2005年这个期间的跨国数据。

从结果中我们可以看到,资本账户总体开放程度的提高会产生一个负向的增长效应。这个结果和过去一支实证文献的结果比较一致。那么,怎么来理解这个结果？我们可以进一步把资本账户开放分解成资本流入开放和资本流出开放,可以看到这样一个结果：资本流入开放和经济增长之间有一个显著的正向关系,资本流出开放与经济增长之间有一个显著的负向关系。从这个角度我们可以进一步理解为什么资本账户开放整体上会产生负的影响,因为我们看到资本流出开放的系数大于流入开放的系数。

第二步,我们进一步分析,开放时不同的初始条件对于开放的增长效应会有什么影响。我们考虑的初始条件主要有四个,一是一国的金融发展程度,二是经济发展程度,三是腐败程度,四是收入不平等程度。

关于金融发展程度的结果非常有趣,如果看资本账户整体开放的增长效应,金融发展程度没有显著的影响。但是,如果我们进一步细分,就可以发现一个有趣的现象。金融发展程度和资本流入开放程度的交叉项显著为负,而和流出开放程度的交叉项系数为正。含义是什么呢？对于金融发展程度较低的经济体,资本账户流入开放带来的经济增长促进效益会更强,同时资本流出开放带来的负向作用也会更强。这比较符合我们的直觉。对于金融发展程度较低的经济体,通过流入开放,可以为这些国家带来更多的融资,降低融资成本,推动投资。

第二个初始变量我们看的是经济发展水平。我们发现,经济发展水平越高也就是人均收入水平越高的经济体,开放总体上带来的负向作用越小。进一步细化,对于收入发展程度很低的经济体,资本流入项目开放带来的正向促进作用会更强,而资本流出项目带来的负向作用也更强。所以说,结合金融发展程度和经济发展程度的影响,我们可以得出这样的结论：初始金融发展程度和经济发展程度越低的经济体,开放带来的作用会越强。因此,当讨论资本账户开放政策选择的时候,我们需要去看待本国的初始条件,如金融发展程度、经济发展程度。

第三个初始条件我们考虑的是本国国内的腐败环境,这也是大家非常关心的一个话题。本国国内腐败程度越高,对应的腐败程度指数越低。结果也非常有趣。腐败程度越高,资本流出开放对经济增长的负向作用越强。对这一结果的理解也比较简单。一国的腐败程度比较高的话,我们一旦开放资本流出项目或者开放程度提高,会为因为腐败集聚财富的这些人提供更多更宽松的渠道,把资金转移到国外去,这会对本国国内资本的形成产生更加不利的影响。

最后的初始条件我们看的是本国国内的收入不平等程度。我们可以看到,国内的收入不平等程度越严重,资本账户流出开放带来的负向影响也会越强,大概的解读和前面对腐败影响的解读是一致的。如果国内的资本账户开放程度很高,在收入分配不平等的环境下,富有的人可能会更多地把资产转移到海外去,更加不利于国内的资本形成。

最后一部分是关于稳健性检验,同时进一步探讨影响机制。第一类是关于内生性的稳健性检验。我们第一个处理的方法参考 Rajan 和 Zingnal (1998)。对于不同属性的这些行业是不是开放带来的增长效益是有差异性的。我们具体看三个不同的属性:资本的密集程度、外部资金的依赖程度以及本行业的技术密集程度。技术的密集程度用这个行业拥有的大学及以上文凭的务工人员占比来表示。我们看到的结果是,前面资本流入开放带来的正向影响以及流出开放带来的负向影响,对于资本密集程度越高、外部资金依赖程度越高、技术密集程度越高的行业,都会越强。第二个处理内生性的方法,我们是用这个国家所在区域资本账户开放的平价程度作为工具变量。第二类检验我们采取五年移动平均方法代替前面的年度回归,以处理年度回归中可能产生的一些周期性的短期波动的影响。最后一类稳健性检验,是剔除储备货币国。上述检验的结果均稳健。

下面是我们这篇文章的主要发现。总体来看,资本账户开放会产生显著的负向影响。进一步来看,这一负向关系是由资本流出开放对于增长的负向关系主导,而资本流入开放对经济增长产生的是正向影响。再进一步来看,关于初始条件,我们发现,经济增长程度越低、金融发展程度越低的经济体,资本的流入开放带来的正向影响越强,而流出开放带来的负向影响也会越强。腐败程度和收入不平等程度越高的经济体,流出开放带来的负面效应也越强。接着行业层面的异质性分析表明,对于外部资金依赖程度越高、资本密集程度越高或者技术密集程度越高的行业,资本流入开放带来的正向作用会越强,而资本流出开放带来的负向影响会越强。

关于与新结构经济学方面的关联,我们也有一些简单的检验。第一个是不同类型的资本项目的开放和经济增长之间有什么关系。进一步来区别直接投资和证券投资,也就是进行实体部门的投资和进入金融市场的投资,对于这样一些投资项目的开放,它和增长之间会有什么样的关系?我们初步的发现是,如果我们把直接投资的开放程度和证券市场投资的开放程度一起放在我们的增长模型当中,不同类型的资本账户一起开放,与增长之间没有显著的相关关系。这和我们的预期是不太一样的。那么原因是什么?我们初步的一个解释是,对于这些国家而言,没有任何一个经济体完全实现资本账户开放,也没有任何一个经济体是实施完全资本账户管制的。那么,在这种半开放状态下,如一个部门管制程度高,如而另外一个项目管理程度低,就很可能会出现项目之间的一个相互伪装的现象。所以直接投资开放程度高,而证券市场开放程度低的话,可能会导致想在金融市场投资的这些外国投资者通过直接投资的方式流进来。所以,我们看到的结果是对这两类不同的投资都没有显著的影响。

另外一个和新结构经济学相关的议题是,具有不同产业结构的经济体对于资本账户开放的选择。我们讨论的产业结构,包括我们所强调的要素禀赋结构、技术密集度结构以及各行业对于金融的需求差异性,从不同的角度度量产业结构,来分析产业结构和增长之间的关系,产业结构和我们一些政策带来的政策效应的关系。

评论与问答

问:我们谈论资本流动开放程度,其实应该是有三个不同的概念在里面,第一个像你的文章所说是对于管制的一个衡量。第二个可能是基于不同的发展阶段或者说产业结构,一个经济体可能有一个所谓最优的资本流动开放程度，也许我们可以把它称为潜在的资本流动开放的程度。第三个概念是这个经济体实际的资本流入流出。你关注的是第一个概念。从我个人角度，我可能会觉得潜在的最优和实际的差异怎么影响增长更有趣一些。

苟琴：当然大家都希望度量出对一个经济体而言最优的一种政策，一种选择，但是我们是很难去直接度量这种最优的。所以在我们这篇文章里面，我们是在第二个部分考察国家的一个初始状况，即在不同的初始状况下，你的资本账户开放程度会怎么选择，以及对于不同的资本项目怎么进行政策上的安排，这里已经把这一部分考虑进来了。但是因为实证分析上我们没有办法去定义最优，所以是通过初始条件的一个分析，进一步地发现对于不同的经济体它的开放程度是怎么样来安排的。

王勇：我觉得这是非常有意思的研究，有几个问题，一是你这里面考虑了控制汇率方面的变量吗？因为有一些管制是为维护固定的汇率，可能会产生一些影响。

苟琴：这个我们没有考虑，这个很重要。

王勇：另外一个问题，你们最主要的是要把流入流出分解成不同的类型，这是非常有意思的，也是一种结构的概念。你们除了分成FDI和其他，还有没有进一步把它分成长期和短期的流动？

苟琴：早期我们对于国际资本流动的划分，会分成长期的投资以及短期的投资，但是现在这个概念其实越来越模糊，因为除了债务投资，你的股票市场投资其实很难界定是长期的或短期的，因为投资者会根据自己的选择，长期投资他也可以在短期进行一定的调整，就是很难在期限上进行一个界定。

王勇：我想某种意义上讲，一种是长短间的可转换性，这就是为什么我们讲FDI和其他的投资不一样。另外，你有没有控制波动性？资本流出、流入，一方面可能是因为回报，另一方面也是规避风险的一种表现。如果两个地方中有一个地方风险特别高，就可能也会有资本流出。所以，能不能把这些东西控制住，这样我们就能更好地知道到底是哪一些资源。

苟琴：对，这个要控制住，这里面我们没有放进来，我是在另外一篇文章里面有研究，也是研究资本账户开放和增长以及风险之间的关系，是从马可维茨资产组合理论的角度出发,当资本账户开放之后,怎么样使国内资本的配制在实现增长收益的同时降低风险,是从另外一个角度考虑这个问题。但是你提的这个问题很重要,资本流动除了关心回报以外,还会受到风险的影响。

林楠:新结构经济学视角下人民币汇率问题研究

通过几天的讨论,我深深感受到新结构经济学是一个非常庞大的理论和实证体系。今天的这个报告仅仅是其中的一个问题,也是我们的一些思考,请各位多提宝贵意见。大致上分三大部分内容,第一部分是问题的提出,也就是该问题的研究背景;第二部分是分析框架;第三部分是政策内涵。

首先来看一下研究背景,第一个方面是政策背景。党的十八届三中全会提出了市场在资源配置中起决定性作用和更好发挥政府作用,这是一个意义重大的理论观点。当然,在新结构经济学中,市场和政府的关系是一个非常重要的议题。具体到汇率问题上,实际上就是汇率不能单纯强调市场化,同时还应该有管理。第二,突出新常态,其中与结构相关的是,经济结构调整提出了要主动转向调整存量,做优增量并举,同时提出了创新驱动,也就是当下热议的 TFP。第三,逐渐引出汇率这个问题,强调国内国外相统筹的视角,并且强调在全球范围内配制资源的能力。对此,汇率发挥着非常重要的作用。第四,从汇率的定义来看,不仅是不同国家货币之间的兑换比率,也是要素市场上的重要价格。

第二个方面是实践背景。现行的人民币汇率机制是以市场供求为基础,参考一篮子货币进行调节,有管理浮动的。最终的目标是要稳步地实现人民币汇率的清洁浮动,但这将是个过程。在这个过程当中,要保持汇率在合理均衡水平上基本稳定。

第三个方面是学理背景。国外对汇率及其均衡问题,在华盛顿共识当中有这样的结论:发展中国家的实际汇率要尽量地保持均衡水平,既不要低估,也不要高估。与之相反,另一种观点认为:适当的汇率低估,反而会对增长有显著的促进作用。这显然是两种不同观点。具体到在新结构经济学视角下如何理解? 具体到中国,实际上存在着一个比较有意思的悖论,中国是最大的,在外界看来有重商主义倾向的一个经济体。按照旧结构主义框架,主要代表是双缺口模型,其强调的是有外汇缺口以及储蓄和投资之间的缺口。但是中国的现实情况正好与之相反,中国实际上是双盈余,中国的储蓄显著大于投资。同时,中国经过改革开放三十多年已经积累了很多的贸易顺差。这个贸易顺差也比较有意思,在 2008 年顺差占 GDP 的比重达到历史的峰值。与此同时,中国的对外贸易依存度也达到了它的历史峰值。从国际收支的视角来看,旧的结构主义显然解决不了人民币汇率的问题。

最后再来看看现实背景。对于人民币汇率的动态演进,从 1978 年到 2014 年的数据来看,人民币汇率大致经历了两个阶段:第一个阶段是先贬值,无论是人民币对美元的双边名义汇率还是人民币实际有效汇率都是这样。人民币对美元汇率,从 1994 年一直到 2005 年经历了盯住美元的固定阶段,2005 年以后人民币汇率开始升值,实际汇率也大致类似。此外,人民币汇率和物价还存在着明显的对内贬值和对外升值并存现象,也就是一张货币两张皮,并且近期呈现出了对内升值对外贬值,仍然是背离。这说明什么? 基础的平价关系,无论是利率平价(短期的)还是购买力平价(长期的),实际上都不能也都不好直接做出有关汇率的合理评估。

下面进入第二部分,基本的分析框架。这是我们的一些初步的认识:在经济的发展过程当中,既有短期问题,也有长期问题。在短期主要是经济周期问题,在长期是经济增长问题。具体到中国实际,我们分析的特点在哪里? 基本的想法是:首先是以新古典增长模型作为长期动态分析的一个基本切入点。基于国家的总量生产函数,其中一个非常重要的是要素禀赋 K/L,即国家的资本存量和劳动对比。这个资本跟劳动的禀赋变化可以算出来,它反映的是中国改革开放进程中要素禀赋结构的变迁过程。K/L 和全员劳动生产率(即产出比上劳动),两者之间实际上就是总量生产函数,由此可测算全要素生产率 TFP。在此基础上再考虑经济周期,进一步引出为实现资本形成,储蓄必须向投资转化。这里当然离不开金融的作用。中国的特点是高储蓄、高投资,同时金融这个储蓄转换投资的作用并不是很畅通。在这个过程中,可以把禀赋结构的供求分析转化为总供给和总需求这个中期变化。在开放经济条件下,恒等关系式为储蓄减投资等于净出口,从而投资就等于储蓄减去净出口。对它们进行占 GDP 比重的这样一个处理,也就是计算出在整个总产出当中的投资占比、储蓄占比和进出口占比,这也是结构。再考虑货币化进程,观察到的现象是中国的 M2 与 GDP 之比一路攀升并且接近于 2。为什么说货币能够跟汇率相联系? 传统处理方法是通过购买力平价。考察中国的实际情况,人民币是在结汇过程中同时发出去的(当然还有央行的冲销干预),因此可称之为外汇占款的货币投放模式。在这里面,通过货币金融层面,对特定禀赋结构下的实体经济面进行贯穿,可进一步连接短期的静态分析。

最后回到汇率的定义式。什么是实际汇率? 是以名义汇率剔除国内外的物价水平。人民币参考一篮子货币的汇率指数,如果我们算实际有效汇率的话,直接标价法下应是用名义汇率乘以国外的物价比上国内的物价。因此,从实际汇率来看人民币对美元的双边名义汇率和物价水平是实际汇率定义表达的重要决定因素。上述储蓄、投资、货币以及生产函数彼此之间的关联,实际上会影响物价;而货币的投放过程,货币化的过程,可能会跟汇率名义的那个价值有关联。最后合成对应到实际汇率,而实际汇率又会在经济的周期性波动当中纳入到进出口,从而影响进出口,实际上也会影响投资。TFP 作为一个残差,类似一个黑箱,可以把所有资本劳动之外的其他因素纳入进去,从而 TFP 既是一个制度性变量,也是一个更重要的反映创新的技术变量。而投资的重要性,不单纯是形成生产能力,更重要的是自主创新,即有技术创新在里面。此外,TFP 既然是生产率,它实际上是劳动生产率的一个分解的部分,因此又和全员的平均劳动生产率有关联。将实际汇率和 TFP 进行关联,进一步梳理它们的理论逻辑,通过构建一个类似于希克斯的 IS-LM 的分析框架,大致上就能够说明短期状态、长期状态,以及从短期到长期的过程。

在实证中计算出来的 TFP 主要是采用国家统计局的数据,以及 IFS 的数据,可获得以 2010 年为基期的 TFP 指数。之所以以 2010 年为基期,是因为人民币实际有效汇率来自 IFS 的数据,其基期是 2010 年。从结果来看,TFP 在 2014 年已经达到历史峰值,证明我们的改革是有效的,改革红利不断释放。此外,就中国整体而言,它的要素禀赋实际上是在 1994 年,也就是在汇率制度的那一次重大变革之后,开始稳步提升。但是与此同时,中国的经济效率却是越来越差的。结合中国现实数据,我们发现,在长期,相关的要素禀赋、劳动生产率、生产函数的构成以及物价,还有人民币的实际有效汇率,走势基本上和 TFP 是大致类似的。实际上可猜想,长期而言,若满足货币中性,可以得到一个稳态,从而要素禀赋和劳动生产率通过生产函数会形成 TFP。在这个过程中又会影响物价,而物价是实际有效汇率的一个构成要素。从而在长期视角下,TFP 与人民币实际有效汇率的关联取决于要素禀赋。

分析增长与汇率的传统理论主要是 Balassa-Samuelson 效应,但是它解释不了中国为什么在之前有很长一段时间是汇率贬值,而且林毅夫老师也认为用 Balassa-Samuelson 效应做这个汇率调整是值得商榷的。通过实际的数据来看,投资与汇率负相关,而与 TFP 正相关,从而可以推导出汇率与 TFP 的一个关系。类似地,还可以分析货币层面,采用 $MV=PY$ 这个数量方程可以构造一条向下倾斜的曲线。分析的基本结论是:均衡汇率不再是内外均衡条件下的一个汇率,按照禀赋结构来看,是与经济结构动态变化相适应的汇率。在中国储蓄向投资转化的过程当中,伴随着生产能力的不断提升,劳动人口年龄占比的人口红利不断释放,与此同时,人民币汇率也逐步趋向均衡,这是与中国经济增长和发展方式转变相伴而行的,同时也是中国经济均衡趋向新常态的必然。

评论与问答

王勇:这是一个非常有意思的问题,我自己也在和我港科大的同事还有多伦多大学的老师做一个东西,和中国的人民币汇率有关,也和结构转型有关。你提到实际汇率是先往下再往上,也就是先贬值然后再升值。在我们那里,它就是和结构转型有关的,基本的机制我简短地说一下。你看中国的农业、工业、服务业,如果你把服务业粗略地理解成不可贸易的,而农业和工业是可贸易的,但是农业的贸易比重比较小,这和 Balassa-Samuelson 模型就不一样。标准的 Balassa-Samuelson 模型把可贸易和不可贸易基本上作为外生固定的,特别是如果这两个部门是 C-D 加总的话,份额是给定的。但事实上,中国一开始从农业到工业这个过程中,因为制造业的可贸易程度是很大的,所以相当于因为内生的结构转型,可贸易部门就会变大。标准的 Balassa-Samuelson 模型没有考虑结构变迁,所以这里面就会有一系列的问题。我觉得你可以在考虑结构的时候,把其他的比如可贸易/不可贸易放进来,这可能对于我们从结构的角度来理解汇率是一个新的视角。

林楠: 王老师说得非常对,我们现在考虑的还非常粗浅,主要是一些大的机制上的东西。然后我想简单说一下,我们在这里想突出的是实体经济增长的行业最终是会决定长期轨迹的,而短期的周期是要跟随长期而去的,这就与 DSGE 不太一样,DSGE 可能更多的是谈短期冲击。实际上在研究的过程中还可以做很多细化的、实证的工作,下一步我们也想再继续往下深入挖掘。

问: 我想问下一篮子货币是选了哪些国家,是怎样的比例?刚才您好像是说这个比例是有调整的。

林楠: 大家看央行的货币政策执行报告很多都是参考 BIS 的数据,而 BIS 的数据又分宽的和窄的,分别是多国组别和一个小范围的国家样本,按照某一个国家和它的贸易伙伴国之间的贸易占整个贸易量的权重来进行加权平均。实际上,为什么要选择实际有效汇率作为研究的变量?因为实际有效汇率是参与到经济运行当中的,而且它衡量的是这个国家整体的对外竞争力的水平。

简单再说一句,我的想法是这样的,在这个过程当中,它并不像 Balassa-Samuelson 效应,或者说有一个先行,是中心国和发展中国家的一个追赶过程。它更强调的是中国作为一个开放的经济大国,很朴素地把汇率理解为这个经济体在涉外过程中的一个信号的反映。大国经济的开放,应该跟自身的经济运行相适应,也就是说,汇率是一个国家的经济主权,它应该维护的是自身的国家利益。

3.7

新结构经济学在环境经济领域的新视角与新应用

王坤宇：新结构环境经济学理论与实证研究探讨

我的发言是在林毅夫教授的新结构经济学框架的指引下，回顾环境经济学的发展，并提出关于新结构环境经济学的构想。研究环境经济学的文献浩如烟海，我将简单介绍基本模型的基本假设和重要结论，主要探讨各种学说假设的成因，结合新结构经济学，提供新的研究思路。环境经济学论题也包罗很广，我主要从三个角度来讨论新结构经济学是怎么和环境经济学结合起来的。第一个是环境经济增长模型，第二个是环境库兹涅茨曲线，第三个是资源禀赋与经济增长。

在宏观经济学当中，我们经常面对的一个问题是，经济增长是不是有极限的？经济学家主要通过两个方面来思考：第一，自然资源的稀缺性和有限性。自然资源分为可再生资源和不可再生资源，例如矿产资源、土壤资源这些经济增长所必需的生产投入要素，很多都是不可再生的，这一类资源耗竭之时是不是就是经济增长的尽头？第二，自然环境的承载能力。工业革命以来，世界经济飞速增长，但是工业的发展往往伴随着环境的破坏。自然环境是一个循环系统，其污染的承载能力是有限的。很多环境的破坏，例如臭氧层的破坏是不可逆的。当自然环境超出了其承载能力，是不是就是经济增长的终结？

在20世纪的经济史上，环境问题变得越来越突出。我们对环境问题进行一个简单的历史回顾。人们开始意识到环境问题是在20世纪30年代大萧条时期,大家开始关注土壤侵蚀;50到60年代,农药的使用和空气污染受到关注;20世纪的最后二三十年,我们才认识到环境退化对整个经济增长进程的根本挑战。在21世纪,环境问题将是塑造全球经济发展的决定因素。

环境经济增长模型

首先,我们来看环境经济增长模型。环境经济增长模型是在新古典的经济增长模型的基础上,加入环境变量和环境限制条件,分析最优的绿色发展路径,以及研究相关的环境产业政策。现有的文献主要用三种方法把环境问题进行模型化。第一个是排污技术,就是把排污技术和新古典经济学中的技术剥离开来,这类文献主要认为污染减排是由外生的排污技术的进步决定的。第二个是消费者的效用函数,就是在效用函数当中加入对环境质量的偏好。第三个就是"干中学"模型,这个模型在研究宏观经济学的文献中非常流行,用在这里就是企业会通过"干中学",使得排污成本不断下降。

这些环境模型极大地拓展了新古典的经济增长模型,也加深了我们对环境和经济增长复杂关系的认知,但是上述文献都没有考虑生产结构变迁对环境的影响。而新结构经济学认为生产结构是内生的,是随着经济体的发展不断变迁的。事实上,生产结构对环境有着重要影响。这里我借Brock和Taylor(2010)中的绿色Solow模型的结论来分析生产结构对环境政策的影响。

模型假设每单位的经济生产活动会产生Ω单位的污染物。污染物被排放到大自然之前,可以通过排污技术进行处理。如果减排技术是A,那么最终排放的污染物为$\Omega \times A$。和Solow增长模型一样,作者假设科技和治污技术的进步都是外生的。经济总量中的固定份额θ被用来作为治理环境污染,这个假设如同在传统的Solow模型中假设储蓄率s是固定的一样。他们的模型演算得出,排放的增长率是$g_E = g + n - g^A$,其中g指科技增长率,n指人口的增长率,g^A指排放技术的增长率。$g + n$是经济总量的增长率,其代表排放的规模效应;g^A代表了排放的技术效应。因此,要实现经济的可持续发展,必须满足以下两个条件:$g > 0, g^A > g + n$。由于人口规模的增长,排污技术的增长速度必须超过科技水平的增长速度。模型中 θ 的高低可以代表一国的环境政策的宽松程度。θ 越高,更多的 GDP 会拿来治污,环境政策也就越严厉。如果我们用更多的 GDP 治理污染的话,人均消费就会受到影响。c 指人均单位消费,可以用来测量环境政策的成本。我们假设宽松的环境政策要求 $\theta = 1\%$,而严厉的环境政策要求 $\theta = 10\%$。我们用人均单位消费来测量环境政策的成本,来看生产结构对环境政策的成本影响。如果用 C-D 生产函数,其中 a 代表资本的份额,人均单位消费在严厉的环境政策和宽松的环境政策之间的比率为 $\dfrac{c_w}{c_s} = \left[\dfrac{1-\theta_w}{1-\theta_s}\right]^{\frac{1}{1-a}}$。我们可以做如下测算,如果 $a = 0.3$,人均单位消费之间的差别有 15%;如果 $a = 0.7$,人均单位消费之间的差别则为 37%。很显然,不同的生产结构所带来的人均单位消费的差别是巨大的!从上面的模型的基本结论我们不难看出,生产结构是决定环境政策成本的重要变量。一旦我们考虑生产结构的优化问题,那么最优的环境政策也必将随之改变。

环境库兹涅茨曲线

第一部分主要是从理论的角度来看待经济增长和环境之间的关系。下面这个主题主要是一些相关的实证研究。在 50 年代,Kuznets(1955)提出了经济增长和收入不平等之间关系的假说,他观察到经济增长和收入不平等之间存在非单调的关系。收入分配的不平等在经济发展的早期较高,但是随着经济增长,收入不平等会逐步下降,总体呈现倒 U 形关系。Grossman 和 Krueger(1991)在分析经济增长和环境污染之间的关系时,也发现两者之间存在一种倒 U 形关系。

我们简单地看两个例子。第一个是美国 1950—2000 年的历史数据,我们如果把 GDP 的增长、二氧化碳排放量和二氧化硫排放量放在一起,就会发现两个污染都是随着 GDP 的飞速增长先上升后下降,都是一种倒 U 形的关系。再看德国的同期数据,污染物和经济增长也呈现类似的关系,非常明显。根据这样的观察,很多环境经济学家就提出环境库兹涅茨曲线的假说,环境污染和经济增长存在倒 U 形关系,即自然环境随着经济增长的长期变动轨迹是"先恶化、后改进"。环境库兹涅茨曲线的文献中所使用的基础模型一般采用二次型的计量模型:

$$\ln(E/P)_{i,t} = a_i + \gamma_t + \beta_1 \ln\left(\frac{\text{GDP}}{P}\right)_{i,t} + \beta_2 \ln\left(\frac{\text{GDP}}{P}\right)_{i,t}^2 + \beta_3 X_{i,t} + \varepsilon_{i,t}$$

其中,E 代表污染物的排放量,P 代表人口总量,下角标 i 代表地区,t 代表时间,X 代表其他和环境污染有关的控制变量。我们还能通过模型来计算环境库兹涅茨曲线的转折点,也就是环境污染达到最高点时,相应的国民收入水平:$\exp\left[-\frac{\beta_1}{2\beta_2}\right]$。大量的计量模型得出结果:$\beta_1 > 0, \beta_2 < 0$,证实了环境库兹涅茨曲线的假设。此外,我们之前看到一些环境增长模型,也是支持这个结论的。

那么如何解释这种曲线?下面我列举了一些传统文献当中的解释。第一,环境质量需求的收入弹性。伴随着一国经济增长,人们收入水平提高,对于好的生活环境质量的需求也逐步提高,这就是"收入效应"。第二,体量效应和技术效应。随着经济的增长,一国的经济体量大幅度提高,会带来污染物增加,但是随着排污技术的进步,旧的污染型技术被新的环保型技术所取代,污染又会渐渐下降。第三,外国直接投资。发达国家环境的改善可能是以牺牲了发展中国家的一部分环境为代价的。由于发展中国家的环境标准和排污的税率往往相对较低,发达国家的污染密集型企业会把工厂转移到发展中国家去。

最后,我们结合新结构经济学来考虑产业结构对环境的影响。新结构经济学强调的这种结构要素对环境的影响,我认为应从两方面进行考虑。第一,投入要素结构,即传统能源和清洁能源的投入结构比例。第二,产出结构,即各个污染程度不同的产业占 GDP 的比重。此外,开放经济体中,国际贸易可以通过对产业结构的影响进而影响环境。国际贸易通过使各国发挥其比较优势,带来了国际分工。目前的国际分工中,少数经济发达国家成为资本和技术密集型产业国,广大发展中国家成为劳动密集型产业国。劳动密集型产业,如制造业等会消耗大量能源,并导致污染。此外,一国在国际经济体中扮演的产业链角色对环境也有重要的影响。

资源禀赋与经济增长

探讨经济增长与环境之间的关系,我们必须谈到资源禀赋。通过历史数据,我们有两个直观的观察:第一,二战以后,经济发展迅速的国家并不一定是资源富饶的国家。第二,一些自然资源极其丰富的国家,如海湾地区的石油国家,或尼日利亚、墨西哥和委内瑞拉,并没有经历过经济的持续快速增长。Sachs 和 Warner(2001)对这一问题进行了深入研究。他们发现资源出口与经济增长之间呈现负相关。在控制其他对经济增长具有重要影响的变量之后,资源对经济增长的负面影响仍然显著。Sala-i-Martin(1997)把资源归类为在经济增长文献中最稳健的十大变量之一。有着丰富的自然资源的国家往往在经济增长中表现不佳,这就是所谓的"资源诅咒"。这种现象不仅影响着一个国家的发展,很多文献发现它还影响一个国家内的各个地区的发展。例如,Goldberg 等(2008)研究得出,美国各个州也存在"资源诅咒"的情况。"资源诅咒"现象在中国也是存在的。徐康宁和王剑(2006)研究发现,丰富的自然资源并未成为区域经济发展的有利条件,反而制约了经济增长,即自然资源的富裕度与地区经济增长率呈现负相关。邵帅和齐中英(2008)对中国西部十一省能源开发的经济效应进行了研究,他们的研究结果指出能源的开发抑制了这些地区的经济增长。

"资源诅咒"来自何方? 第一,自然资源的开发活动具有挤出效应。自然资源的开发与利用挤出了某种活动,而这种活动是推动经济增长的条件。这些活动包括:制造业,资源产业发展带来一国汇率上升,进而导致制造业萎缩,这种现象也被称为"荷兰病";创业活动或创新,资源产业的壮大会导致资源产业的平均工资上升,而资源产业工资的上升则会吸引潜在的优秀创业者放弃创业活动,进入资源产业工作;教育,即自然资本会挤出人力资本。第二,自然资源具有聚集性和易占有性等特点,容易形成政府的寻租行为。第三,自然资源的价格容易有较大波动,而这种波动会对经济带来冲击,尤其是对于很多金融体系尚未完善的资源国家会带来很多不良后果。第四,在资源经济学当中有一个哈特威克法则,是指消耗不可再生资源时,需要对生产资本进行相应价值的投资。许多资源丰富的国家都偏离了哈特威克法则。也就是说,很多资源丰富的国家都没有很好地利用资源收入来进行有利于经济增长活动的投资。

我认为新结构经济学相较传统文献在解释"资源诅咒"现象上是更加具有生命力的。我提出了另外四点思考。第一,资源禀赋的变迁。我们讨论禀赋结构变迁,资源禀赋也是一国禀赋中非常重要的组成部分。随着经济的发展和我们对资源的开采和消耗,一国或者一个地区的资源禀赋肯定也是在变迁的,资源禀赋的变迁肯定会导致依赖自然资源的行业的最优生产结构的变迁。第二,产业结构的调整。刚才讲的资源产业和制造业之间的一个挤出效应,很明显是产业间不协调的一个结果,政府需要通过产业政策来解决这种产业间的协调失败。第三,隐性比较优势。这个概念应该是林老师新结构经济学很强调的一个概念。我谈一下我的看法,丰富的自然资源本应该成为经济发展的一个比较优势,但是在很多情况下,资源阻碍了经济的发展,失去了这种比较优势。我觉得政府应该通过各种资源产业政策来改善市场,把这个隐性的比较优势发挥出来。第四,新结构经济学下的哈特威克法则。政府应利用资源收入来投资基础设施建设,促进产业结构升级,以促进经济增长。

新结构环境经济学议题

结合我刚才谈到的课题,我提出了几个关于新结构环境经济学的议题,非常不成熟,但是我觉得新结构经济学对传统的环境经济学还是有很多启发的。第一点是在增长模型当中,我们应该考虑结构要素对环境的影响,在研究生产结构的基础上研究最优的能源生产结构。第二点是在经济增长和环境之间关系的研究上,我们应该注重产业结构变迁。尤其是对发展中国家来讲,我们的产业变化是非常迅速的,我们应该看到一个产业的调整及其对环境的影响。而且这种产业结构的变化是多渠道的,例如国际贸易对产业结构的影响。之前张斌教授在演讲中提到第二产业在GDP当中的比重也是先上升、后下降的一个过程,这一点和环境库兹涅茨曲线是完全相符的。我觉得对于发展中国家来讲,产业结构的调整是对环境有非常重要的影响的。第三点就是研究政府如何能把自然资源的隐性比较优势发挥出来,促进一国或地区的经济增长。

有为政府如何在资源环境上有为?

最后,我想谈的是,我们新结构经济学经常提倡有为政府,那么有为政府应如何在环境和资源方面有为呢?如果把新结构经济学和环境经济学结合起来的话,这是一个非常好的切入点。因为环境污染具有典型的外部性,还有之前谈到的资源产业和制造业之间的产业协调失败,这些都是非常典型的市场失败,都是需要强有力的政府干预的。我相信这一点在学界是有共识的,这一点也为我们新结构经济学的有为政府提供了一个非常有利的支持。

政府可以通过很多手段来对环境资源市场进行干预,常见的手段包括碳税、排污管制、产业政策等。具体到我刚才讲的三个方面,我认为作为有为政府,应该做到如下三点:第一,有为政府应该调整能源结构,因为能源结构是从源头上制造污染的,如果我们在生产中考虑环境的要素,就能从源头上减少污染。在优化中,我们需要用更多的清洁能源来替代传统能源。第二,有为政府必须依托产业升级来加强环境保护,这一点之前也谈了很多。第三,政府应该利用资源禀赋,发挥比较优势来发展经济。我认为这一点也是非常重要的。之前大家屡次提到资源禀赋和经济增长,包括中国西部地区的资源问题。中国西部地区是各种资源和能源都非常丰富的一个地区,但是为什么很多地区经济还没有发展起来?这些都需要我们关注和思考,可能跟我上述的一些文献当中提出的某些原因是有关系的。

评论与问答

徐佳君:我觉得你讲得特别好,因为你是紧扣着新结构经济学,展开对环境经济学的思考,然后探讨新结构经济学是如何跟环境经济学结合起来的。我有一个问题和一个评论。

问题是在你的演讲中提到我们可以从最优的生产结构出发,探讨最优的能源结构。我觉得在探讨这个问题的时候,要注重在这背后所隐含的价值判断。当你说最优,它在什么样的一个维度上是最优的?它指的是你帮助这个发展中国家实现经济增长,还是让它最大程度地保护环境?我们所设的目标在你探讨这个问题时是应该作为第一位来考虑的,就是说有哪些权衡,有哪些并列目标?这个问题有非常重要的实践意义。你提到经济增长和环境污染是倒 U 形的关系,那么它的政策含义是什么?是不是说我们通过这样的一种规律的发现来为一些问题提供辩护?例如,一个赶超国家,当它人均收入还不是很高的时候,它是不是就有权利去污染?目前世界银行几乎不允许给发展中国家提供贷款,让它们去建一些煤厂,因为它觉得对这个争议是非常大的。所以我想知道你讲的最优的能源结构的价值判断是什么,它的政策意涵是什么?

第二点是一个评论。你提到"资源诅咒",克服"资源诅咒"的一个途径是把资源收入投入到基础设施建设中去。我觉得目前中国在非洲有一个新的模式的探索,被称为"基于资源的基础设施融资"。具体的模式是和进出口一样,中国政府给当地提供基础设施,当地政府不是直接把钱给中国政府,而是提供相应的资源,因为我们可以预测它在未来的大宗商品市场里,大概的回报是什么样子的。所以我觉得这个模式是很值得去深入探讨的。

王坤宇:非常感谢徐老师的问题和评论。就这个问题而言,我们提到了非常根本性的偏好问题,也就是政府对经济增长和环境偏好的取舍。如果我们考虑最优生产结构的话,很明显政府的目标就是最大化 GDP 的增长,一旦我们把环境要素考虑进来,就要考虑政府的偏好。这个问题更根本,就是在这种权衡下,你更注重经济增长还是干净的水和空气。经济学在这个问题上可能是无力的,在社会学和伦理学中对偏好问题有着更多的讨论,但是经济学家可以做到的是在给定的目标函数和限制条件的基础上,求出最优的能源生产结构。此外,于佳老师介绍过刚果(金)有着大量的清洁能源,如果中国把工厂设在这样的国家,结合它清洁能源的比较优势,那么我们这种增长和环境的权衡就消失了,更多的双赢机会就有可能产生,对社会福利是一个非常大的提高。这种双赢的机会是比较少的,如果它存在的话,我们需要把握这样的机会。但是就你的问题而言,我觉得更多的是人偏好上的取舍问题。

张翼飞：结合徐老师提的意见,包括坤宇的回答,我也给大家汇报一下。很多探讨是把政府目标假定为 GDP 最大化,但是从我们看到的实际结果来说不是这样。实际上,环保部现在推行了非常多的环境政策来治理污染,因为生态环境已经成为一个约束条件了。北京的中国城市规划研究院对于整个新经济的一个规划,已经提出了以气定型:就是以大气环流的情况,其实主要是雾霾的情况,来定城市规划。所以环境保护其实已经在推进。包括浙江省政府排污权交易的制度,环保部也开始在全国推行,这些举措已经跟地区的产业升级结合在一起,比如跟拿地指标等一系列指标联系在一起,而且已经运行了很长时间。所以我觉得其实很多事情已经在地方政府和国家政府层面开始推进了。

林毅夫：我非常同意刚才佳君对你的演讲的评论,我觉得你确实对现有文献思路整理得很好,并且你跟新结构经济学的框架也契合得非常好。我只有一个建议,你在谈环境库兹涅茨的倒 U 形曲线的时候,罗列了几方面的优势,可能有一个因素你还没有考虑进去,就是我们知道经济发展开始是农业,然后进入到制造业,最后到了高收入阶段以后更多的是服务业。不同的产业的能源密度跟排放密度是不一样的,怎么来讲？农业的能源使用密度低,除了用很多化肥、很多农药之外,它的排放密度是低的。进入到制造业以后,它的能源密度跟它的排放密度是高的。然后进入到服务业的话,能源密度和排放密度又是低的。

这个其实对倒 U 形的库兹涅茨曲线是有所暗示的。如果是在制造业阶段,能源密度跟排放密度必然是高的。我想大家把这个问题引进来,跟我最近在国内参加的有关环境问题的讨论有很大关系。很多人认为我们这几年环境污染这么厉害,就是因为我们发展太快了。其实不见得是这样子。因为我们现在是在以制造业为主的阶段,能源密度跟排放密度必然都高。但假如我们放慢经济增长速度,其实是将我们在制造业的时间拖得更长,我们进入服务业的阶段可能更慢,这样会导致我们要容忍更长时间的环境污染问题。

我在这上面也作了一些比较。印度在 1979 年的时候,人均 GDP 比我们高25%,现在印度的人均GDP仅有我们的五分之一。过去三十多年,我国平均每年经济增长9.7%,印度的增长正好比我们低4个百分点,只有5.7%。但实际上印度的污染程度比我们严重。所以并不是像很多人想象的那样放慢增长速度,污染就能够减缓。只要在这个阶段,污染就必然比较严重。

那么中国跟印度为什么污染这么严重?除了处于制造业阶段之外,还有别的原因。首先,发达国家或者说那些新兴的发达经济体,它们在制造业阶段也都是污染比较严重的。美国、欧洲,还有日本、韩国,包括中国台湾,在制造业阶段的时候其实都是有污染的。直到它们进入到高收入阶段,服务业越来越重要以后,环境才得到真正的改观。但是现在中国跟印度的污染程度可能比发达国家或者新兴市场经济体在同一个阶段的污染更严重,我想跟能源结构有关系。因为中国跟印度是以煤炭为主要的能源来源,所以污染必然也更厉害。

此外,对污染的容忍程度也跟认知有关系。我刚刚看到一个比较,北京跟新德里,两个都是两千万以上人口的城市,新德里的污染程度比北京严重10倍以上,但印度人抱怨得比较少,可能是因为美国大使馆没有在那个地方每天公布PM 2.5指数。其实我们开始重视PM 2.5,是跟美国大使馆开始发布这一指数有关。在这之前我从来没有听过PM 2.5,都是听美国大使馆整天在那里批评,说你的PM 2.5超标了。但是为什么新德里要比北京的污染严重10倍,而且美国大使馆设在那里那么久,却不发布当地的PM 2.5指数呢?所以我觉得这跟认知可能也有关系。

问:我有两个问题。第一个就是您说的资源和经济增长之间的这种反比关系,可能是阶段性的,它其实跟产业结构也有关系。一个国家的农业经济时代,自然资源越丰富,它就会越富裕,但是随着经济的发展,当人本身所创造的财富比例越来越大的时候,它就可能会跟资源产生相反的关系。

第二个是我觉得您刚才提到的有些逻辑关系可能是有问题的。比如说你说存在"资源诅咒",资源出口越多的国家越穷,但是我们看到美国的资源很丰富,难道美国也很穷?反过来我们也可以考虑,比如说你举的一些例子,有些国家资源出口很多,但是很穷,假如我们把同样的资源放在欧洲或者放在中国、放在美国,它们也会很穷吗?事实上我觉得你的逻辑关系可能刚好是相反的,不是因为资源出口越多越穷,而是因为穷所以必须出口更多的资源。假如这个国家在拥有很多资源的同时,又很富裕,GDP 很高,资源可能就不会出口了,而是自己用掉了,可能还需要进口。所以说这不是因为"资源诅咒",而是"GDP 诅咒",不是因为资源丰富而穷,而是因为穷所以出口比较多。

林毅夫:你的第一个观察是有一定道理的,比如说中国在 90 年代前是出口石油的。当时中国是低收入国家,对制造业没有比较优势,农业跟自然资源产业在那种低收入阶段还是我们的比较优势,所以在 90 年代以前中国是出口石油的。现在我们的石油是大量进口的,但是我想你说的对,坤宇说的也对,因为你看中东石油国家,它收入水平很高,但还是出口石油;澳大利亚收入水平非常高,也还是出口矿产资源。并不是说收入水平高到一定程度以后,你对你的自然资源就一定要全部消耗掉。如果你是自然资源绝对丰富的国家,那你还是会出口,以自然资源为主。

但是像美国、加拿大、澳大利亚这些资源丰富的国家,为什么没有"资源诅咒"呢?其实坤宇在刚才的演讲中已经回答了,就是哈特威克法则。如果你把自然资源的财富所创造的收入用来补贴结构转型,去发展非自然资源的产业,那部分产业可能创造很多就业,而且那部分产业的技术升级台阶很多,你通过不断的技术升级,不断的劳动生产率提高,那你就不会有自然资源诅咒了。假定你的自然资源财富被贪污掉了,没有用来促进结构转型,并且实际上造成收入分配的差距扩大,就像我之前讲过的,这些钱不会在国内投资,一定是流到美国去,或者是瑞士银行,那这个国家就一定会遇到资源诅咒。

王冬:能源结构转型与经济结构变迁建模方法探讨

新结构经济学研究结构变迁,关注比较优势,强调资源禀赋结构在经济发展中的基础性作用,并创造性地将结构内生化,为发展经济学开辟了新的道路,也为发展经济学与资源经济学提供了新的沟通桥梁。更进一步,这种新的连接经济发展与自然资源禀赋的思考框架有可能帮助资源和环境经济学家重新思考自己的学科体系、理论架构与方法论。本文将以能源结构转型与经济结构变迁为例,探讨新结构经济学在资源领域的应用及其重构传统资源经济学的可能性。当然,新结构经济学所讲的自然资源不仅仅是指能源,它还包括土地和其他自然资源。对能源结构转型的探讨将有助于我们进一步将其他形式的自然资源纳入到统一的思考框架中。

能源结构为什么重要

能源转型问题的直接指向是能源结构的改变,近年来成为能源经济学和政策研究的热点。这不仅是因为能源生产和消费结构与环境污染和气候变化紧密相连,同时也是因为能源使用结构与产业结构调整升级关系密切。人类从柴薪到化石能源,再到新能源的使用,总体上是一个能源结构不断变迁的历史过程,这个过程在直觉上与经济结构的变迁存在着某种同步性。同时,近年来在能源转型和应对气候变化的实践中,政府的作用已经是显而易见的了,而考察政府在产业结构转型和能源结构转型中的作用也正是新结构经济学的题中之义。

下图可以直观地表达这个观念,沿着中线从能源结构出发往下走,如果从供给侧来考虑这个问题,它跟产业结构升级是相联系的;往上走,如果从

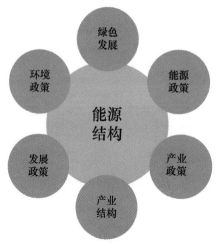

需求侧来看这个问题,它又跟我们的绿色经济、环境保护和可持续发展相联系。围绕着这条主线的,我归纳为四大类政策,就是能源政策、产业政策、环境政策和发展政策,这是我们思考能源结构问题的一个基本框架。

什么是能源结构转型

从历史的角度来看,人类社会的能源结构大概经历了怎样的一个过程?人类最早使用的能源其实就是我们人自己的力量,也就是人力或畜力,然后我们经过了一个很漫长的阶段,才过渡到了可再生能源,也就是非商品生物质能源(non-commercial biomass),比如柴薪,那是在远古时代了。这些都是非商品能源,就是大家自己家里面用的。进入到化石能源时代,我们先后经历了煤炭、石油、天然气,现在基本上进入了水能、核能以及一些新能源等这样一个阶段,这是一个历史的过程。

很多学者都对这个历史过程进行过归纳:有人认为,这个过程是经历了从可再生到不可再生,再到可再生;有人认为是经历了从清洁到非清洁,再到清洁;也有人从经济学的角度来讲,认为是经历了一个从非商品能源到商品能源的转型。我觉得相对来讲比较触及本质的是化学家们的结论,他们从分子式的角度讲,是经历了一个从低碳氢比到高碳氢比,再到低碳氢比的过程,也就是英文所讲的碳化(carbonization)和低碳化(decarbonization)的含义。还有一些人归纳,说是从非网络能源转移到了网络能源,比如说电能、天然气这些都属于网络能源;也有人说是从固体到液体再到气体。

我在这里提出一个相对比较完备的对于能源结构转型的定义。我认为当我们谈到能源结构转型的时候,首先是总量要变,总量变化是其他结构变化的基础,总量不变,恐怕很难谈得到能源转型的问题。但是如果总量变了,但各个组成部分的比例不变,同比例扩张或收缩,那也不叫能源转型,所以第二点是比例要变。比例变了还是不够的,接下来就是不同能源品种之间的关系要变。什么关系呢?就是所谓的替代或者互补关系,比如说我们在古代用煤,但是从农业社会过渡到工业社会初期的时候,煤和电是一种替代关系,因为用电可以替代掉散烧煤炭;但是随着工业社会的继续发展,我们发现煤和电又成了互补关系,因为要用煤发电,所以用电越多,煤的消耗量也就越大。所以这是第三个方面,就是它们之间的关系一定要变。第四个方面是技术要变。很多人认为技术变化指的就是效率或者生产率的提升,但是我想在这里强调的是技术变化的另外一重含义,就是我们使用这种能源的方式改变了。举个例子,比如说前几天我在学院里吃玉米,碰见一个湖南的同学,他说王冬,你怎么能吃玉米,这东西在我老家都是喂猪的。我当时就说这东西在美国还做生物质燃油呢! 你看,从喂猪到喂人,再到做燃油,我说的就是这个意思。同样一个东西,当技术发展了之后,我们对它的使用方式变了。再比如说煤炭,我们以前直接燃烧,后来拿它发电,现在搞煤制气、煤制油,就是说明技术的进步,不仅带来效率的提高,更重要的是我们使用这种能源的方式发生变化了。

以上所有这些的落脚点,就是能源对于经济社会发展的作用的变化。比如说在快速工业化过程中,能源是作为一种重要的要素投入来支撑经济发展的,但是当成为发达经济体以后,能源就主要作为一种重要的消费品了,这就是说它在整个经济社会生活中的作用发生了变化。这五个方面如下图所示,相互关联构成一个比较完备的能源转型的概念。

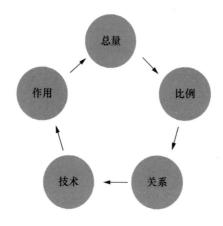

能源结构和产业结构之间的关系

从新结构经济学的观点看来,经济发展是一个产业结构不断升级的过程,同时这种升级也是禀赋结构(资本劳动比)不断提高的过程;而从能源经济学的观点看来,能源转型是一个能源效率不断提高的过程,也是一个能源中碳氢比不断改变的过程。另外需要注意的是，能源，特别是化石燃料，是工业化的主要支撑力量。对于工业化进程中的国家而言，由于能源是工业化的主要支撑力量，因此一定的产业结构内含地要求一定的能源结构与之适应；反过来，一定的能源结构也潜在地支撑了一定的产业结构。通过对跨国历史数据的观察，我们发现不同能源的比例结构变化，非常类似于产业结构升级的潮涌过程，这也是考察能源结构与产业结构关系的直觉来源。

能源结构转型的主要理论

迄今为止，能源结构转型问题究竟有哪些理论？我大体归纳了一下，文献里面，第一个理论就是能源阶梯理论（Energy Ladder），讲的是当收入逐渐增加的时候，人们倾向于消费更多的新能源和清洁能源，所以基本上来讲，如果我们把能源转型定义为向更清洁高效的方向转化的话，它跟经济发展水平应该大体上是一个线性的关系，至少是一个单调非减的关系。第二个理论就是环境库兹涅茨曲线。当然环境库兹涅茨曲线原本讲的是污染（Pollution）的问题。第三个理论叫作碳锁定（Carbon Lock-in）。碳锁定的意思就是说，因为一些资产具有专用性，还有一些制度黏性和利益集团的因素，会造成在能源的使用过程当中存在路径依赖，使得能源转型受阻。

新结构能源经济学研究的方向

一是对现有理论的检验和综合，二是基于跨国比较的案例研究，这两个方面都可以为新结构能源经济学提供直接的实证支撑，也非常有助于我们深化对理论的认识。三是对替代或互补关系的研究。关于自然资源结构的分析起初来自于对不同种资源间替代弹性的计算，尤以农业与能源方面的文献见多。Berndt 和 Wood（1975）提出了两层次的弹性计算思想，从那以后，能源经济学家们往往在考察"能源内"替代时讨论能源结构问题，而在考察"要素间"替代时讨论能源对经济增长的作用问题。然而，仅有的此类分析也尚未将能源结构与经济结构变迁的问题联系起来。另外一篇最近的文章是 2014 年瑞典龙格大学的 Kander Astrid 教授和澳大利亚国立大学的 David Stern 教授合写的一篇文章，他们是在 CES 生产函数里面把能源分解成两个部分,以 M 代表现代能源(modern energy),以 B 代表传统生物质能源(traditional biomass),然后去测算能源结构的变化并计算替代弹性的问题。

但是替代弹性方法的主要问题是生产函数依然是先验的;考虑了能源结构,但没有考虑到产业结构;较少考虑到不同产业间以及某一产业内部不同技术水平的影响,从而估计结果不够稳健;在计算的过程中附加了弹性是常数、稳态水平、完全竞争等假设。结合新结构经济学,这个方向上还有许多可以拓展的空间。还有一些诸如最优开采、生物多样性之类的问题,不再赘述。

结语

管子在《轻重甲》里面有一段话:"山林、菹泽、草莱者,薪蒸之所出,牺牲之所起也,故使民求之,使民藉之,因以给之,善者乡因其轻重,守其委庐,故事至而不妄,然后可以立为天下王。"就是说"山林、菹泽、草莱"这些自然资源都是柴薪的来源(柴薪是古代最重要的能源);"牺牲之所起",是说这些自然资源也是祭祀的贡品的重要来源。自然资源这么重要,该怎么办呢?管子说,那就让老百姓去开发它,让老百姓去打猎,然后政府再把这些东西提供给老百姓。虽然最后这句话有计划经济的嫌疑,但也算是供给侧吧。本文以此做结想表达的是:这是老祖宗的智慧,我们老祖宗在春秋时期就认识到自然资源、产业发展和国家治理之间的密切关系,那么如果今天我们能够发展好新结构资源(能源)经济学的话,我们就会像管子说的,"故事至而不妄,然后可以立为天下王"。

评论与问答

张翼飞:非常感谢王冬博士,研究非常落地,非常细致。因为能源结构确实是现在发改委整体规划的重点,煤电将削减70%,也提到了1 000万矿工、2 000万煤电行业人员,还有1 000万家属的安置问题,所以我觉得其实就业问题是我们所有模型中最大的问题。因为经济发展的最终目标就像王冬博士谈到的,其实是在增进个人的福利,不能以平均值的福利将个体的福利削减。

于佳：我从王冬博士的发言中学到很多，能源是我的本行，所以我有一个评论一个问题。

先问问题，你刚刚谈到能源结构，有没有考虑到现在大家都在思考，比如说水、食物、土地和能源之间，它们有一个互相抢夺资源的关系？比如说这块土地可以建发电厂，也可以种庄稼来提供食物，那到底要做什么？还有你刚才举的玉米的例子特别好，我既可以吃，也可以拿它去发电，而且现在全球的食品供应是面临很大的挑战的，那这些食物到底是用来发电，还是吃掉，这个你是怎么考虑的？

然后是评论，我在世界能源理事会里担任中国区的代表，他们现在大谈特谈的是能源的三难困境，就是在能源的可获得性、环境保护和公平三个点里面，要找到一个最优的匹配结构，我觉得这一块要放到你的研究里面，可能会特别有现实的意义。

王冬：对于三难困境最优解的问题，我没有很深入的研究，但是直观来讲，我觉得这个最优解是很难找的。我今天讲的一个核心的意思，就是说能源结构是根据发展阶段和产业结构的不同，有不同的规律的。当然下一步我们也应该讨论，在能源结构和产业结构之间，这个因果关系或者说决定机制到底是什么样的？谁决定谁，或者在什么阶段谁决定谁？这个问题我现在还没有答案，是下一步需要做的。

问：我有个问题，因为现在全世界正在发生能源革命，前几天高盛公司发的一个报告说，石油的价格再也不会涨了，第一，你对于能源的判断是不是跟高盛一样？第二，你认为新能源革命对于你的分析结果会不会有什么影响？

王冬：这是个很好的问题，也是我刚才想讲但是没有讲到的，我想提一个关于逆转型的问题。能源转型的这个过程，有可能会和产业结构转型是不一样的，产业结构转型有可能是一直往上走的，但是能源结构转型有可能会有反复，这就是所谓的逆转型问题。我注意到这个问题最近一段时间是国内的企业界首先提出来的，他们认为在"十三五"期间，我们非常有可能出现能源的逆转型。为什么？因为我们现在出现了"双降"。什么是"双降"？

一方面经济增速在下降，另一方面国际原油价格在下降，这些都导致我们对新能源的消费可能没那么多激励了，会不会整个系统又转回到煤炭了？而且我前两天看了一个数据，现在世界主要产油国的主要油品的生产成本，基本上全都在30美元以下，而且主要分布是在15美元以下，也就是说下降的空间还是有的。那么假设我们的原油价格掉到20美元了，甚至是掉到15美元了，我们国内的能源结构转型是不是还能够那么平顺地转到天然气，或者转到新能源上？另外一个问题，我刚刚看到一个数据，我们国家燃煤电厂的平均发电小时数已经跌破了4 000小时。4 000小时是什么概念？就是跌破200天了。但是在这个情况下，我们目前的火电投资增速还在25%，也就是说我们新建了这么多的火电，然后火电厂的发电小时数又降了这么多。要是在"十三五"期间，我们发生了能源逆转型的话，那么我们前些年大规模的新能源投资存量怎么办？如果从新结构经济学的观点讲，这是不是说我们能源转型的步子迈得太大了，是不符合产业结构发展阶段特点和比较优势的？我们是否需要往回退一退？我觉得这是一个需要思考的问题。

3.8 新结构经济学在制度经济领域的新视角与新应用

张乾：产业政策实施的机制设计讨论

我从博弈论与机制设计的角度为大家简单介绍一下设计一个政策的具体过程。这里的政策不仅包含宏观经济政策，也包括具体的、微观的政策。我的演讲将分为以下几个部分。

研究动机

读林毅夫老师的著作，我强烈感受到一种激情和动力，同样的激情和动力曾促使我走上博弈论研究的道路。在经济理论或其他任何社会科学的理论中，真正重要的并不是模型本身。因为模型的设计相对自由，它只是一个工具。真正重要的是背后的逻辑，是模型带来的直觉，以及模型想要给他人传达的故事。因此一部分宏观政策所存在的争论及问题，往往是由于其过度依赖，或侧重于某些现象和变量的数理模型。数理模型解出来的结果，如果不考虑其所带来的激励的变化而直接应用于现实的话，有可能是灾难性的尝试。当然我相信问题不仅在于经济学家，也在于理解这些成果的人往往各取所需。但从理念上讲，我相信，只要现实背后的逻辑和故事清晰，就一定可以找到合适的模型和合适的方法，做出一个简单的模型去解释并预测一个问题。金刻羽老师的展示便是模型化非常成功的一个例子。

为什么需要机制设计？

接下来我将简单介绍,为什么有必要运用博弈论与机制设计来分析问题。在现实中可以观察到,很多制度、政策甚至结构的设计所存在的主要问题是:目的很美好,但是方法很粗暴,结果很糟糕。也就是说,尽管目的非常理想,想用理想来改造、发展社会,但是由于方法不得当,经常因为不能够完全考虑到其他重要的社会因素或者是微观因素,而导致结果非常糟糕。生活中常见的一些俗语,比如"上有政策下有对策"、"政令不出中南海"等,还包括微观角度的"好心办坏事"等,都是此类问题的具体体现。那么,为什么要用机制设计来解释这些现象?其又有怎样的优势呢?首先,根本原因在于机制设计能够允许研究者们考虑政策甚至制度本身所处环境的微观基础。在此举一个简单的例子,当谈及华盛顿共识的"休克疗法"所产生的不良后果的时候,早有一些微观解释:既不是因为竞争制度不好,也不是因为市场机制不好,更不是改革方案、未来的目标或理想中的机制的问题,而有可能是因为宏观与微观、经济与社会多层次结构的突然转变,改变了人们原有的习俗与规则,引起不适应,从而导致了个人信念的高度不一致。其结果就是陷入了"囚徒困境"或者是出现了协调问题。因此在制定政策,甚至是比政策简单的规则时,需要尽可能多地考虑微观的市场反应,这里提到的市场反应包括多个层面,例如中央政府与地方政府的博弈、消费者之间的博弈、国际环境、各种各样社会文化,以及意识形态的影响,等等。

当然,一个模型不可能包括所有影响因素。所以一个模型说明的可能是其中的一个直觉和角度,也可以说,机制设计研究的就是在不同的环境下最有效的机制。因此我认为,机制设计可以为政策的制定和实施提供一些参考。

什么是机制设计？

接下来,我将简单介绍一下什么是机制设计。2014年我在参加世界计量经济学会夏令营的时候,来自斯坦福大学的 M. O. Jackson 对其所给出的定义就是"对制度设计的一个系统性的检查,以及之间的相互影响"。机制设计的主要目的有两个：一个是解释某些特定的制度或者机制为什么以及是怎样有效的。另一个是在特定的环境条件下，找到并实施一个最优的机制，以满足某个具体的目的。当然现在机制设计的主要应用还是集中在微观领域，比如拍卖或者是选举理论、匹配理论、契约理论和讨价还价理论等。其中虽然包括政策设计，但是政策设计现在主要集中于环境政策这一领域。

在博弈论和机制设计中，最重要的是问题意识。第一步，首先要找到现实中的问题，然后全面地分析问题，找出导致这个问题的最主要的因素，最终决定主要目标。第二步，找出尽可能多的机制，从历史、理论或者是国外经验等多个渠道，通过数理模型和博弈论的方法寻找到最优解或限定理性下的满意解，同时必须是可移植的机制以达到主要目的。但研究并未就此结束，机制设计的研究者们并不满足于仅仅做出一个模型、一个框架，或者一个机制，还需要进一步检验这个机制是否满足其理论上的优势。一般来说，研究者会具体在实践当中试探性地运用设计出来的机制。现在应用最广的是实验室实验，包括东京大学、麻省理工大学的研究者在内，这个领域的很多研究者进行了各种各样的实验。成果在核心期刊发表时也经常会被要求提供数据或实验的支持。

那么为什么这种思路很重要？一般来说经济学主要有以下三种思想。一种思想是，因为市场整体是有效的，而且由于其复杂性，因此干预是有害的。第二种思想是，因为市场是无效的，所以尽管它复杂，我们还是要进行干预。这种思想正是凯恩斯主义，当然这样简单的表述可能不够准确。最后一种思想是，当我们的技术，包括计算机技术和算法等技术的发展，使得我们可以在一定程度上认识到复杂的市场结构的主要特征时，可以进行一定程度上的尝试。具体的例子就是机制设计。

机制设计应用示例

接下来介绍一个具体的例子——"乡村医生问题"。它指的是很多乡村医院或偏远的医院招不到足够的医生。这个问题属于匹配理论，是一个很棘手的问题，但是一直没有得到很好的解决。这个问题在发达国家如美国、日本，以及发展中国家如泰国、印度、中国都会出现。

中国有很多相似的问题,缺少社区医生,缺少乡村教师,缺少技术工人,等等。目前为止理论上的进展如何呢？首先简单看一下美国的医生分配机制,美国的机制和我国现在的招聘机制相似:首先医学院的学生去实习,在自己可以接受的医院中进行选择,并提交自己的偏好,然后医院选择对自己来说最好的学生,招满为止。这样的一个机制,类似于学生申请的 DA(deferred acceptance)机制(DA 机制是 Alvin Roth 获得诺贝尔奖的主要贡献,鉴于篇幅在此不作展开)。关于乡村医生问题,Roth 在他最近出版的书里面写了这样一个故事:政府和相关咨询机构是否可以解决这个问题？在做了相应的研究以后,Roth 在 1986 年发表了一篇文章,说这个问题解决不了,并提出了一个定理,也就是一般所说的"乡村医院定理",即如果一个医院在某一个稳定的匹配下,其空位没有填满的话,那么它在其他任何一个稳定的匹配下肯定也招不满医生。而关于其中提到的匹配的稳定性,其内涵如下:不存在彼此喜欢却不在一起的人,也就是说,如果一个人或者医院在某个稳定的结果下不受欢迎,那他在其他的结果中——只要结果是同样稳定的——一定还是不受欢迎的。婚姻市场同样存在这样的结果。在乡村医生问题中,只要参与者有自己的愿望、自己的想法,并且有机会调整,那么最终的结果就一定是不稳定的。比如当年的知青上山下乡,改革开放后只要有机会,肯定想要回城,因此之前的状态一定不是稳定的。因此在乡村医生或者乡村教师问题中,光靠宣传是无法提供稳定的匹配结果的。

这一问题的根源在于偏好和自由的选择,我目前正在进行的尝试主要受益于中国的村官制度。中国的村官制度通过赋予参与者未来的期待而重塑现有的偏好,现实中的村官制度保证参与者考研的时候或者正式参加工作的时候有特殊的奖励,以此调整参与者现有的偏好。在论文中我们已经证明这种制度在完全信息情况下的有效性,这种制度可以解决稳定性,可以填补空额,但是当考虑在不完全信息的情况下,怎样提供不同参与者以合适的合约,才能尽可能避免政府补贴和空额扭曲从而达到有效性的时候,如何让参与者如实地表达出自己的偏好可以被怎样填补便成了新的激励约束问题。现实中的村官制度没有考虑后续的激励约束,因此会导致新的效率问题。

在我的尝试中考虑的是多单位形成的偏好，具体解决方案的灵感主要来源于 Jackson、Sonnenschein 和 Xing（2015）的"多单位产品讨价还价问题的效率性"，Jackson 在前文提到过，Sonnenschein 想必大家也很熟悉，尤其是芝加哥大学毕业的林老师和王老师，另外一位作者邢亦青也是北大的毕业生。其核心的想法在于，与其给某种特定的好处或者少数几种这样的好处，不如设定多种好处，通过他们提出的关于多种物品的讨价还价机制，政策制定者可以允许参与者与其进行多次讨价还价，确定其偏好的形成机制，从而制定最为有效的村官待遇制度。

此外，适才提到的这篇文章也是一篇不同寻常的机制设计的论文，它是对讨价还价机制的设计。之前的讨价还价理论基本上以 Rubinstein 提出的讨价还价理论为主，但是这一理论与现实中的讨价还价仍然有较大的出入。2015 年的这篇论文是基于 Sonnenschein 担任芝加哥大学校长时自己的经历设计的：在邀请人才的时候，该人才通常会提出很多要求，比如说收入、住房、科研经费、配偶的待遇等等，但是校方很难全部满足，而且也很难知道对方最重视的是什么，也就是不知道某个人才真正的偏好是什么，因此传统的 Rubinstein 的讨价还价理论存在缺陷。在此情况下，Jackson 等人提出的机制就是通过多轮沟通，让对方说出最重要的一项，并答应在这一项上更多地满足他，根据序贯理性和显示偏好原理，参与者会权衡各项物品对其偏好的构成和影响，最终达到几乎与最优效率相近的结果。

从理念上来说，这个机制设计的模型就是为了明确新结构经济学所提倡的相对价值的观念，但它是通过序贯讨价还价的形式求解出来的。这篇论文就是一篇很典型的机制设计的论文。其来源于现实问题，并加以分析，再结合研究者们的实践经验提出一种可行的机制。当然，对于这一机制在现实中的应用和效果，还需要进一步研究，从而可能产生一系列的延伸研究。

动态机制设计——以中国为例的合理性

最后一个问题是结合中国的发展历程具体谈一下设计和移植产业政策时应予以考虑，但目前仍然没有被充分研究过的因素。一个有效的产业政策需要考虑市场环境、技术条件、执行者能力、失败的代价、社会条件等多方面因素。中国的产业政策在不同历史时期起决定性作用的因素也各不相同。比如,当回顾上个世纪五六十年代中国的产业政策时,一般的观点认为其问题源于对于市场环境和市场因素的忽视,这里市场因素泛指市场规律等可能对结果产生很大影响的微观因素,换言之,当时的政策往往是机械性的产业政策。

然而问题又往往在于市场机制过于复杂,难以全面把握。尽管如此,人类仍然有能力部分地理解复杂的机制。在现实中一般会有两种解决办法。一种是黑盒子理论,也就是说,尽管不完全明白其内在的复杂机制,但是可以通过试错模式积累的直观理解和经验来推导可行的有效机制。例如,80年代开始实行的实验区或者特区制度,就是在积累了经验,摸清了一定的市场规律,并参考了外国先进的制度设计之后,逐步探索出一套适合于中国国情的市场机制。它成功地避免了苏联和东欧出现的问题。通过经验的积累,某些地方政府逐渐学会如何招商引资,如何管理税率和利率等,然后向全国范围进行推广。这样的解决方案的优点在于收效快,但是缺点在于对新问题的应变能力较差,以及对政府的学习能力有较强的要求。用新结构经济学的语言来说,就是当结构发生了根本性或较大变化时,之前积累的经验可能不仅不适用,甚至会给改革带来阻力。在这里政府的学习能力是我最想强调的一点。现有的宏观经济学模型很少将政府的学习能力考虑在内,这主要是技术所限。政府这一概念,既包括中央政府,也包括地方政府,它既不是全知全能,也不是无知无能。在面对新问题、信息不对称和多项任务时,政府通常既扮演了信息收集者和发布者的角色,也扮演了不断学习并更新自己信念和能力的个体的角色。林老师讲政府的失灵和摩擦是结构性的,我认为就可以从政府的学习理论入手来进行模型的建构,在学习理论这一方面,微观经济学中,尤其是演化博弈论中专门有学习理论,王勇老师曾经翻译过的 H. P. Young 就有很多非常有意义的研究,比如"试错模式"(learning by trial and error),我想研究政策设计的宏观经济学可以参考。试错模式是一种有效的学习,因为参与者可以较快地构建正确的信念。与改革开放初期对市场规律的摸索不同,目前中国经济改革的决定因素,同时也是主要制约,在于各级政府的学习以及创新能力。当然,这种方法很适合中国,因为中国历来就有李泽厚所说的工具理性。

另外一种解决办法则是数理算法计算和模拟,亦即模型计算。当然,这种模型计算有一些非常成功的案例,比如美国的肾移植制度,还有学校选择理论、拍卖理论等。尤其是拍卖理论,在实践中有很成功的应用,许多国家的政府都设计出了有效的拍卖机制,比如3G、4G信号的拍卖等。当然,通过这样的数理模型设计机制的缺点在于耗费时间,且可能性太多,需经过多次实验或者实践来验证其正确性。但是,其优点在于如果找到正确的算法,以后都可以应对自如。对于新结构经济学,目前为止最好的一个模型就是鞠老师、林老师和王老师在 JME 上的论文,但是需要进一步的深入和检验。

以中国的情况,我认为非常适合动态机制设计的方法和思想。林老师和付老师在演讲时提出了关于产业政策的时间选择的一个问题。如果我们把根据比较优势设计的政策当作最优的均衡路径的话,那么现实中所观察到的一定不在这条均衡路径上,因为结构性摩擦和扭曲的存在,现实往往是一个非均衡路径。那么,在长期的均衡当中,既然已经不在最优的均衡路径上,就一定要采取措施,及时地、有策略地或者有预见性地调整并升级产业。比如,考虑到未来的人口老龄化和社会保障制度的财政压力,也许不严格遵照比较优势路径,而是提前有计划地进行产业升级可以减少未来可能发生的经济发展摩擦,在新结构经济学的未来发展中我也希望能多考虑非比较优势均衡路径的动态调整机制的设计问题。为什么中国尤其有潜力或者适合这样的发展思路?因为我国的政治制度决定了经济政策和社会政策将是可以持续的,且五年计划制度也有利于及时进行调整。

评论与问答

金刻羽:我想提一个比较根本的问题,在宏观理论中要有一个政策角色,在基本的宏观模型里面,为解决黏性价格或摩擦的问题,需要政策的作用。如果我们要在学术上做出一些贡献,在主流中有持续性的地位,很关键的一点是明确政策的需要是基于什么基础。最关键的扭曲是什么,怎样找到强有力的证据来说服大家这是最重要的扭曲,然后才能够谈到政策,谈到机制设计,谈到福利。我觉得在中国,政策非常重要,包括产业部门的各种补贴,但是首先要在主流经济学中有一个强有力的根据,去谈论政策的角色是什么,主要的扭曲是什么,然后才能讨论机制设计。我想听听大家的意见。

张乾:关于最关键的扭曲是什么,在读了林老师的新结构经济学方面的一些论文和书以后,我觉得其对于造成扭曲这类问题的原因的分析是系统性和内生性的。林老师的逻辑我非常认可。导致政策扭曲的最主要的原因是结构性的,可能在于在设计时没有能够充分考虑到政府的调控能力、学习能力,以及各级政府间的博弈关系。所以我认为如果能够将诸如政府的各种能力和局限这样的结构性因素融入制度设计,并且去解释现象的话,可能会更有效。

金刻羽:你能否更具体地举出一个关于机制设计的宏观的例子?刚才你说的这些例子都是属于微观的问题。

张乾:很遗憾的是机制设计在宏观中的应用不多。因为需要几年的时间去设计并检验一个机制——不是说就不值得设计,但是会花较长时间。要做很多实验和调研,看具体问题是什么,并且去设计一个机制。比如说我跟穆远东博士讨论中国中小企业融资的问题,导致融资难问题的原因有很多,其中有一个原因就是经理都是本地招聘的,因此在面临风险的时候,他更愿意贷给自己的朋友或者亲戚,其实这是一个理性的选择。面对这样的问题,我能够马上想到的是——当然这个机制设计不是数学模型,而是历史上的一个惯例——科举制出来的人是不会回到自己的家乡当官的,因此在研究中就可以考虑诸如此类的制度是否可行以及如何可行。在制度设计的时候,研究者会从多角度、多领域寻找可替代的制度。宏观政策的设计会更加复杂,但是并不是不可能,往往缺少的是第一线的故事。

林毅夫:我觉得刻羽教授提出的这个问题非常好,我们谈政府作用的时候,一定存在摩擦或扭曲,需要政府来发挥作用。对这个问题,我从新结构经济学的角度来看的话,其实现在最大的扭曲就是发展中国家在以发达国家作为参照系,总是看发达国家有什么、能做好什么,然后就按照发达国家已经做好的去做,而忽视了发展阶段不同,其产业的资本需求、风险特性就不一样,需要的制度安排也不一样,那么能够在市场上有竞争力的产业也就不一样。如果你忽视了这一点,就会导致一系列的问题:本来是要解决扭曲,可能却带来更大的扭曲。

那么如果我们抛开发达国家这一参照系,而以发展中国家自己有什么、能够做好什么来作为参照系的话,政府有什么作用?在新结构经济学里面,第一,经济发展过程中技术不断创新,产业不断升级,即使技术创新跟产业升级是按照要素所决定的比较优势推进的时候,它同样有外部性,必须有第一个吃螃蟹的人。而且技术创新跟产业升级能不能成功还取决于很多协调性因素,资本结构必须改变,基础设施、金融的安排等必须改变,这些都不是一个企业家自己能内部化的,所以有协调失灵的问题,必须政府来做,这是国家和政府在经济发展中的第一个功能。

政府的第二个作用是,发展中国家必然由于过去的政策失误造成过很多扭曲,所以实际上发展中国家不是从一个最优世界转型到另一个最优世界,而是在一个存在很多扭曲的环境中,亦即可能是在次优世界或是更次优的世界。在这种状况下,怎样推进经济进步,政府的作用就非常重要了。政府必须真的解放思想,实事求是:一方面推动具有比较优势的产业发展;另一方面逐步解决过去的扭曲所造成的问题。如果没有把扭曲中原来的这些内生性因素考虑清楚,则会像你刚刚讲的那样,"目标很美好,方法很粗暴,结果很糟糕",所以政府的第二个作用,就是怎么去避免"目标很美好,方法很粗暴,结果很糟糕"。

邢海鹏:我回应一下刚才金刻羽老师提的问题,宏观里面有哪些具体的例子?现在美国的一些货币政策研究,其中最典型的就是哥大的 Woodford 老师,因为在早期,美国的货币政策一直是跟随泰勒法则,Woodford 的贡献在于,他从完全标准宏观经济学的框架出发,最后简化成了政府对央行进行调控的时候要有一个成本函数,而这个成本函数正好匹配了金融目标的框架。这就是机制设计在宏观中应用的例子。

王勇:你的报告系统地从机制和微观的角度,说明了如何反思产业政策,然后怎么样做研究。我想提出几点,第一点,其实也是接着林老师的话题,如果我们脱离了发展阶段,或者脱离了具体的环境来谈这个问题,我们就无法发现扭曲存在的内生性。林老师说过,很多扭曲的存在其实是内生的,如果我们没能把内生的源头抓住的话,即使想要设计出更好的政策,也可能会导致你所说的那种初衷和结果的差异。我对博弈论也非常喜欢,但有很多时候为了抽象问题,没有把发展阶段这个条件很好地纳入模型里面。也就是说,这样的一个分析基本上对于发展阶段是中立的——不管是强国还是弱国。对于很多微观的问题的确可以这样考虑,但是一旦碰到发展阶段的问题、宏观的问题,就必须要把这个视角加进来,所以需要考虑怎么样纳入的问题。

第二点,更重要的是,你提出了很好的问题。我们在研究产业政策、政府角色的时候,基本上都是围绕林老师的框架里提出的出发点,亦即政府还是有能力推行它所设计的政策的,所以首先要把政策弄对。但是现实中,我们做产业政策的时候,审稿人经常告诉我们,如果认为需要产业政策只是因为市场失灵,那我可能就要拒绝你这篇文章。市场当然有失灵,这不是我拒绝你的原因,而是我认为政府失灵更严重,所以与其让政府涉足,还不如不让它涉足。现在的问题是怎样避免政府失灵。所以,我们在做产业政策的时候,首先要把扭曲、发展阶段纳入模型中考虑清楚。其次在现实中会观察到地区差异,各国的确也有执行上的各种问题,所以最后如果政府的产业政策失败,到底是因为这个政策设计的本身失败,还是因为实施过程的失败?也许原本政策是好的,也就是说,它的确是符合当时的发展阶段的规律的,但是结果不理想,可能是因为执行上的问题,最好能够在实证研究中把这些问题也纳入。这并不意味着原来的产业政策不符合新结构经济学原理,而可能是执行过程中出现了其他的结构性扭曲,所以我相信机制设计对于这些问题的确有很大的潜力,而且这和新结构经济学的整个思路是互补的,是实施的问题,是激励的问题,是信息的问题,是市场设计的问题。

第三点,我认为这和林老师提到的整个新结构经济学的哲学非常有关系。我们要强调的是,先说有什么,然后考虑我能做好什么,这样在增量发展的过程中就把很多制度问题逐渐解决掉,约束越来越少,预算越来越松。这是一个发展的观点,不是说一开始就拔苗助长。比如说,中国很成功的一个经验就是试错模式。我有幸翻译过 Peyton Young 的一本书,叫作《演化博弈论》,它里面介绍的学习理论,其实也就是邓小平讲的"摸着石头过河"。其整体思路为,不一定需要很清楚地知道全貌,但是可以在过程中边干边学,在挫折中不断学习,用经验累积的办法,当然这需要政府比较强势,才能允许失败。这就是为什么经济特区首先是在印度发明出来,但在中国执行得最好,因为中国允许试错,然后政府在这个过程中边干边学。

很多对产业政策的批评、对新结构经济学的批评,包括对林老师本人的批评,都认为似乎我们不承认政府的失灵。很多人认为林老师假定政府一定要比市场更加有力量,更加高明。但事实上参照我国的发展经验,政府在发展过程中扮演的是因势利导的角色,所以并不需要一开始就比市场看得远。政府在这个过程中主要是学,然后逐渐实验、试错,结果按照比较优势发展的就比较成功。正如林老师说的,不是所有东西都一定要按照发达国家有什么就努力去补充,如果什么都做不好,信心就会减少。但是逐渐地做好了,试对了,加以推广,以点带面,就能推动整个经济的发展。我认为中国在过去这几十年就是这样发展的,所以可以观察到在这个过程中学习的作用,整个市场在升级,政府在升级,各自的角色也在演变。一些小的问题,包括医疗改革里面的机制设计问题、教育制度的设计问题,都是很重要且与改革相联系的。我觉得你的视角很好,但是如果能够把新结构经济学和博弈论互补的地方结合在一起的话,它既可以在经济学理论上成立,同时又能在实践中推动和维持改革与发展。

张乾:我非常赞成王老师的意见,当谈到制度设计的方法时,首先是分析问题、分析结构,也就是分析这个制度的扭曲或者问题具体是怎么样的。具体谈到中国的情况,政府行为就是现阶段最重要的一个因素。如前所述,政府也是一个学习的主体,因此在模型化过程中,我们就应该参考政府之前的学习能力。我们下一步在进行制度设计的时候,可以把以前或者是现有的政府执政能力或学习能力作为结构的一部分内化到模型中,考虑政府在这种学习能力的情况下,能够实施的最好的机制是什么样的。这个观点其实是我在此次发言中最想强调的观点,因为只有这样才能真正将政府这一主体内生地嵌入到经济发展的结构中去,在这一点上我跟王老师的想法是一样的。

3.9

新结构经济学在转型经济领域的新视角与新应用

徐朝阳:发展战略、休克疗法与经济转型①

林老师新结构经济学思想的基础,就是内生产业结构理论,而这是建立在要素理论结构前提下的。一个国家的产业结构内生于该国的要素禀赋结构,要素禀赋结构的变化会引起产业结构的变化,当然在产业结构升级过程中会有一些外部性和信息协调的问题,可能就需要政府政策的一些干涉。王勇教授在这方面做了一些研究,我自己的研究相对肤浅,就不展开来说了,我想重点谈两个问题。

首先,赶超这一社会思潮怎么影响经济?对于赶超社会思潮,林老师说了很多次,就是落后国家都想模仿发达国家的产业结构,因为它们觉得这对增长是最重要的。但是发展中国家的产业结构是内生于其自身的要素禀赋结构的,实行赶超战略去模仿发达国家的产业结构,会偏离那一国内生的最优产业结构,这样,经济发展绩效就变差了,这是我们写的一篇文章。发展绩效变差了以后,发展中国家领导人可能就意识到自己错了,然后就放弃了赶超的战略,开始转型,这又涉及了怎么样去转型的问题。我重点就讲这两方面的内容。

---

① 徐朝阳、林毅夫,《发展战略、休克疗法与经济转型》,《管理世界》,2011 年第 1 期;徐朝阳、林毅夫,《发展战略与经济增长》,《中国社会科学》,2010 年第 3 期。

第一个方面,我是怎么去模型化赶超思想的。我定义了一个政府的特殊偏好,这个偏好就是政府喜欢某些重工业产品。由于这个偏好,政府有动力去发展重工业,使得重工业在经济中的比重超过内生的最优水平。但要实现这个偏好,政府需要一些政策工具去调控产业结构。怎么样模型化政府的这个过程?我们用 Ramsey 税收问题的框架,去研究这个最优化问题。

首先看看基本的框架。这个基本的框架类似于金教授讲的那个模型,但我们简化了很多。这里有两个部门的产品,一个劳动密集型 $y_1 = A_1 K_1^{\alpha_1} l_1^{1-\alpha_1}$,一个资本密集型 $y_2 = A_2 K_2^{\alpha_2} l_2^{1-\alpha_2}$,还有两个国家,所以我们的模型是两部门两国家模型,但是这个模型在本质上是一个封闭经济,没有贸易。两个部门生产的重工业品和轻工业品,或者说资本密集型和劳动密集型产品,它们都是中间品,复合成为最终品,这跟金教授的设定也是一样的。但是我们的模型更简单,金教授设定的是 CES 复合品,我们这个是 C-D 复合品 $y = y_1^{\gamma} y_2^{1-\gamma}$。然后我定义了一个常数相对风险规避(CRRA)的居民效用函数,这是比较常见的。

这里最关键的就是政府效用函数 $\int_0^{\infty} [U(c)]^{1-\omega} [v(y_2)]^{\omega} e^{-\rho t} dt$,政府效用函数里面有两块内容:一块是代表性消费者的效用,另一块就是政府对本国资本密集型产品相对于外国资本密集型产品比重的偏好,比重越高,政府就越高兴。这个效用函数上面还有一个 ω,它越大,代表政府越看重资本密集型产品相对于外国产品的比重。如果 ω 等于 0,政府效用函数就等于代表性消费者效用函数,这个模型就可以简化成一个两部门的 Ramsey 模型。如果 ω 大于 0,模型的意义就不太一样,ω 越大,代表政府的赶超意愿越强。

再看政府政策工具。政府对劳动密集型部门征税,然后对资本密集型部门进行补贴。政府政策工具就是补贴或者征税。政府如何制定最优的补贴率或税率?我是在一个分散经济框架下做的,政府通过制定最优的补贴率(或者税率),可以影响消费者的储蓄和投资决策,影响企业的生产决策,即影响市场竞争均衡。所以说竞争均衡实际上是政策变量的一个映射,政府通过选择这个政策变量,去挑选一个对于政府而言最优的竞争均衡。最后结果应该是比较直观的。

$$\tau^* = \frac{\alpha_1 \gamma \omega (1-\beta)}{(1-\gamma)[\alpha_2 \omega(1-\beta\theta) + \beta(1-\beta)(1-\theta)(1-\omega)]}$$

这个 ω 就代表了政府的赶超意愿,它越大,赶超意愿就越强。可以看出,当 ω 从 0 到 1 变化时,政府对资本密集型产品的补贴是越来越高的,对应的结果就是消费、投资和产出都在下降。

因为政府对重工业部门偏好越强,其制定的税率和补贴的扭曲程度就越高,对最优产业结构的偏离也就越远,最终储蓄就会越来越低,增长速度也会越来越慢,到稳态时的消费和资本增长速度都会越低。

但是我们来看一下重工业部门的产量。可能大家觉得随着赶超的程度越来越强,重工业品的产量应该是越来越高的。但是我们证明了,当赶超到了一定程度以后,重工业品产量反而有可能会下降,因为稳态的资本产量变少了。

我再说一下这篇文章的发表情况。这篇文章有两个版本,一个中文版,一个英文版。中文版发表在了《中国社会科学》上,英文版我投给了 JEG,收到了三个审稿意见,三个意见总共十多页,全部都是正面的,大部分问题我可以处理,但是其中有一个意见提了一个技术问题,涉及微分动力系统。我的这个模型比较复杂,微分动力系统是四维的,要证明四维动力系统的稳定性比较难,因而我在某个特殊条件下将四维动力系统降成三维,但这个审稿人要求我证明这个四维系统的稳定性,这个很不好证明,我试了很多年,一直没能成功,结果这个稿子一放就是六年。最近林老师有一个 2006 级的硕士,从美国拿了博士学位回来,成为我的同事,他在美国学宏观,技术很牛,我就让他来帮我做,结果他花了三个月,就把我的技术难题给解决了。现在我们正在考虑如何处理这个稿了,如果 JEG 不再受理,我们可能重投其他杂志。

现在再来看第二个方面。刚才讲的那一篇论文是政府追求赶超,然后把经济体搞得更差的故事。现在我们假设当前的领导人没有那么强烈的赶超思想,于是就想转型,把扭曲的产业结构给调整过来。从宏观的角度来看,大部分文献把转型定义为私有化,即转型就是生产要素从低效率国有部门转移到高效率私有部门的过程。在这一点上,林老师的思想跟他们就不太一样。林老师讲得很清楚,我们在计划经济时代,所有的扭曲其实是服务于产业结构的赶超的,即使建立很多国有企业,其实也是为了更好地赶超,在计划经济时代,经济发展得更差,并不是因为有更多的国有企业,而是因为我们的产业结构是高度扭曲的。那转型,最后实际上转的是什么?其实它并不完全是国有企业向私有企业转化的一个过程,而更多的是产业结构的转型。在高度扭曲的产业结构中,资本密集型部门太多了,偏离了要素禀赋结构决定的内生产业结构,政府要研究怎么样把它调回到符合要素禀赋结构的那个产业结构,这就是我们定义的转型。

在这一点上,我被林老师完完全全说服了,我觉得转型就是这样的。我们可以来看东欧和前苏联一些国家转型以后 GDP 的增长情况。大家都知道的是,这些国家从 1989 年和 1990 年转型开始,GDP 就开始下滑,一直到 1995 年左右,下滑到了最低的位置,然后开始回升。我们再看这些国家转型的绩效跟它们的产业结构的关系,结果是显著负相关的。转型之前,制造业占的比重越高,转型效果越差,当然中国和越南是例外的,这跟中国和越南没有采用"休克疗法"有关。

仔细研究一下俄罗斯工业部门在"休克疗法"后产生的剧烈变动。机械和装备制造业在 1991 年占的比重是 30%,到 90 年代中后期一下子降到了 15%,轻工业从 12% 降到 1.8%,产业结构是剧烈调整了,那么什么上升了?主要是能源行业。所以我们可以看出,转型的过程中不光是私有化的问题,产业结构还是有剧烈调整的,这一点至少可以部分验证林老师的想法。

我们又做了一个将转型定义为产业结构调整的模型。怎么去做呢?还是建立在两部门模型基础上,一个资本密集型,一个劳动密集型。资本分成两块,一块是固定资本,一块是流动资本。固定资本和流动资本是按固定比例来使用的,以里昂惕夫形式生产一个部门的资本。这里有一个假设,就是流动资本可以在两个部门之间任意流动,但是固定资本是不能随便流动的——你用来生产资本密集型产品的固定资本,是不能用来生产劳动密集型产品的。在转型的过程中间,资本密集型产品的比重过高,对这些产品存在扭曲性补贴,现在就是要把这个补贴降下来,这是政府面临的最优化问题。政府在把补贴降下来的过程中,重工业部门失去了保护和补贴,肯定是要赔钱的,有一些要关闭,于是流动资本立刻会从重工业部门或者资本密集型部门流到轻工业部门,但是有一部分的固定资本实际上就被迫闲置,没有办法使用了。

我们做出来的结果是什么?结果就是补贴率的减少,会对重工业部门实际可用的固定资本产生负面影响。补贴率越低,重工业部门可用的固定资本就越少,最后实际可用的总资本就越少。这样,重工业部门的产量就有一个下降的过程,如果政府用非常激进的办法去做转型,那么重工业部门立刻就有一部分企业关门,而轻工业部门的产量增长不够快,经济就有可能下滑,这就是转型面临的问题。

在这个过程中是不是有一个最优的关门速度?补贴应该是慢慢地降下来。这个模型主要想解决的问题就是那个慢慢下降的速度,或者说最优转型路径。我没有把它求出来,这中间稍微有一点复杂,所以这篇论文就放在那儿,但我还是想利用这篇论文,就做了一个简化版,并定义了"休克疗法",就是把补贴率一次性降到0。于是,资本密集型部门一次性关闭一批企业,重工业部门一次性闲置一部分资本,这个经济随后的增长就完全可以使用两部门Ramsey模型来刻画了。

最后看看结果。可以看出,当补贴率一次性取消后,资本存量会直接降下来,GDP也直接降下来,然后再恢复。产业结构在这个过程中会剧烈调整,轻工业相对于重工业,或者劳动力密集型产品相对于资本密集型产品的产量比重也一下子上升,然后随着重工业的恢复逐步回落。这个数值模拟结果跟前面苏东国家的事实大致是吻合的。但是我没有去做更多的数据工作,这只是一个数值的例子。我们还可以看出赶超前的产业结构的扭曲程度对转型后经济发展绩效的负面影响,这也是符合经验事实的。

这篇论文的最大问题是没有求解出最优的转型路径。最近我跟我的合作者在讨论和研究该问题,我们有信心尽快攻克这个难关。对于这篇文章,如果只是讨论转型的话,是有点低估其贡献的,此文其实还可以用来解释80年代的中国经济。我们看过那一段时间的数据,中国重工业的比重实际上是下降的,产业结构是在调整的,这个产业结构的调整对于中国TFP的改善,对于中国经济增长的贡献,其实国内外并没有予以充分的重视。所以,在把最优转型路径求解出来以后,我们会不再仅仅局限于讨论转型问题,而是重点讨论产业结构调整对于中国经济增长的意义。我们想,这篇论文的发表潜力应该会高于前面那篇关于赶超思潮的文章。

最后谈一下对新结构经济学的认识。我跟着林老师做理论研究很多年了,这么多年下来,我觉得林老师很多思想完全是原创的,他对很多问题有自己独特的见解和思考。如果你做好的话,就是一个新的独立文献,有很大的潜力,可以解决很多重要的问题。但是真要把它做好,是挺难的。我觉得我的模型基本框架设计得还挺好,但老是被中间的某些技术问题卡住了。以前我总是想自己一个人把它搞定,最后发现个人的能力是有限的,像金教授这样单枪匹马就可以搞定所有问题的人太少了。我觉得像我们这样的普通学者,需要有更多的合作者,通力合作才能攻克难关,才能够把林老师的新结构经济学发扬光大。现在我们的新结构经济学研究中心成立了,我们有了更好的资源,有了更好的平台,人多力量大,我们一起努力,推进新结构经济学的发展。

评论与问答

金刻羽:先提几个模型上的问题,第一个是文章说有可能储蓄率会下降,然后对投资有负面的影响,是吧?那么如果在一个开放经济的情况下,可能就不是这样了,因为资本可以流进来,储蓄跟投资的关联就破裂了。

徐朝阳:如果是开放经济,我觉得国内的资本首先就得跑了,因为你这么一扭曲,国内的资本回报率也是低的,就是你说的这个情形。所以我这里是封闭经济,搞计划经济的国家是不会允许资本外流的。

金刻羽:但是资本可以流进来对吧?

徐朝阳:资本流进来也不会帮你去投资资本密集型产品,而是会投资轻工业产品。中国以前在计划经济时代,流进来的资本大部分是来自苏联和东欧国家,是以援助性的目的进来的,然后让政府去用,还是投资于重工业。

金刻羽:但是从学术角度来看,开放经济是一个很自然的拓展,很多国家也的确会让一些资本流进来,尤其是让 FDI 进来,所以,如果有资本流入,你要怎么解释模型的这个变化？你刚才提的这个例子我能理解，但是从纯学术角度来说，你要考虑开放经济在储蓄率低的情况下，资本流入对模型的影响。

林毅夫：在你说的这个问题上，中国是非常聪明的，在资本账户开放时禁止中国的 portfolio 外流，当然也禁止外国的 portfolio 进来。但是在改革开放之后，它是欢迎外国直接投资的，进入到我们劳动力密集型的新开放的产业。这样的话，投资就不会闭门。如果说我们当时资本账户完全开放的话，那其实可能会出现资本外流，就像东欧国家。因为国内的产业结构非常扭曲，尤其当时东欧国家按照华盛顿共识，对新注入劳动力密集型产业的资本不能因势利导，帮它们解决外部性跟协调的问题，结果资本回报率是非常低的。并且，高收入的人经常是通过寻租得来收入。在这种情况之下，资本就会外流。中国政府当时的做法是，经常账户是放开的，对外国直接投资是欢迎的，但是资本外流是要严格控制的。这样外国进来的资本大部分不是进入到重工业部门，而是到了劳动密集型产业。

徐朝阳：但是在计划经济时代，在赶超的过程中，我觉得外资也是不让进来的，因为政府不想发展劳动密集型产业。如果外资进来，它也可能在中国建厂，这样会有一个什么结果？它把你的劳动力吸引到那边去了，而政府是希望我们的技术工人去炼钢。你如果发展很多劳动密集型产业的话，那个部门就会更有优势，比如在贷款方面有更大的优势，在劳动力方面也有更大的优势，这实际上妨碍了政府赶超战略的实现。

金刻羽：所以我觉得，大家的讨论中很有意思的一点，也是我们的模型里面没有做过、讨论过的，就是扭曲跟资本账户开放的关系。以现在的中国为例，为什么开放资本账户，开放什么资本账户，什么时候开放资本账户，这些跟你模型都有关系，所以你可以直接去回答这些问题。

我还想做一个评论。你在偏好方面假定了政府的偏好。有些人会说，你在什么程度上实际上也假定了你的结果？也就是说，你的结果跟你假定的偏好有多大的关系？

徐朝阳：文中的政府偏好直接影响所有的结果，结果肯定是取决于这个偏好，所以文中我花了很大的篇幅去介绍二战以后的发展思潮，比如说引用了尼赫鲁的讲话,引用了毛主席的讲话,引用了孙中山的讲话:我们一定要发展重工业。引用这些伟人的讲话,实际上是想要说明政府是存在这种偏好的,目前审稿人好像还没有对这个问题提出异议。

金刻羽:我想要提一个更一般的问题,就是刚才林老师也提到的目标的根据,或者说扭曲的来源,它是一个内生的东西,是从哪儿来的?在你这里是从偏好来。但是在更一般的意义上,一个很重要的问题是,内生性是怎么造成的会很影响结果。

最后一个评论,关于产业结构的重要性。有一个在实证上必须要回答的问题。现在西方学术界关心的很多是在企业层面,在一个产业之中的企业之间的差异。有可能在中国,部门差异的确要比企业层面的异质性更重要。但是这一点被西方学术界忽略了,他们更重视金融摩擦在产业之中不同企业之间的差别。所以在实证上,如果要强调结构转型的重要性,要证明它比私企/国企之类的问题更重要,就必须更好地在实证上建立产业间异质性比企业间异质性更重要的事实。

徐朝阳:这一点我非常赞同,目前我跟我的合作者在商量做一些扩展研究。但是中国数据,尤其是改革开放前的数据,可能不太好掌握,我们会尽我们的最大努力,把最好的数据拿出来。关于90年代之前部门之间扭曲的数据,我们在这方面还要做一些工作。模型方面我们的主要任务就是解决最优转型路径问题。现在部门间数据的质量是决定我们这篇文章到底有多少贡献的关键。

王勇:我非常同意金刻羽的建议。现在中国做贸易研究的人非常多,但是大家都跟随文献,基本上不太看部门差异和企业异质性。有一个可行的建议,我和林老师、鞠老师的 JME 文章已经分为无限部门,主要差异是在资本密集度上,当然它们的部门生产率也是不一样的。但是我们在里面简化了一些假定,就是每个部门里面的都是同质企业。如果我们把异质企业引入到每一个部门里面,这样的好处是我们既有加总的 GDP 增长,在中观上又有产业升级。因为发达国家跟发展中国家有一个很重要的区别,特别是对中国这样一个快速增长的国家来说,产业升级是非常快的,所以部门转移也是非常大的,不像美国,它是比较稳的,所以发达国家主要考虑的是产业内部。但是对我们来说,跨产业的升级也非常重要,所以我们如果把异质性企业引入到每一个部门,各自有不同的生产率,不同的部门又有不同的资本密集度或其他的要素密集度,这样我们就可以量化,最后在单个产业内加总,再进行跨产业加总。我们无论是从实证角度还是从理论角度都已经可以做到这一点了。

邢海鹏:政策设计中适应性序贯实验的逻辑

我今天讲的并不涉及太多技术性的问题。我们这篇论文的主要想法来源是这样的。2010年我到世行访问林毅夫老师时,碰到张晓波老师,当时他问我一个问题,他说现在很多经济学的研究里面,RCT(随机对照试验)用得特别多,但RCT在实证研究中有一些问题,其中一个是在政策设计当中,没有办法去试很多关键性的但是有一定风险的政策。晓波当时跟我说,很多经济学家强调这是统计科学,他问我的观点,我说这个看法在统计学里是不全面的。所以后来晓波建议我们写一篇文章来阐述这个问题。[1] 另外,查阅文献时我注意到,这个问题其实在60年前统计学家和经济学家就讨论过,但是这个讨论在经济学里似乎没有引起太多重视,所以我今天想讲讲这个问题。引论里是一些标准的关于RCT的文献,以及最近几十年经济学家如何把RCT用在政策设计里面。

关于RCT有不少批评意见,比如说通常是在一个地方做出的结果,可能不能用到另一个地方,通常不会去描述一般均衡,也没有差异性,还有一些其他的约束。这里我想强调的一点就是,其实RCT本身并没有错误,从统计学角度来说,RCT的确是一个很有效的方法。那么,问题是出在哪里?我们看到在很多实证研究当中,实验者一来就直接做RCT。我们想从序贯分析

---

[1] Haipeng Xing, Xiaobo Zhang, "The Logic of Adaptive Sequential Experimentation in Policy Design", FPRI Discussion Paper 01273, June 2013.

的角度来说明一下直接做 RCT 是有问题的。对于政策设计者来说,他们很多时候没有意识到在政策设计的过程中,一个最主要的原则是"无伤害原则",而这一点在我看到的很多的经济学文献里面都被忽视掉了。下面给大家讲几个经济学家可能不太关注的例子。

第一个是关于药物实验的。我们知道在美国,制药业是一个非常大的产业,但是制药业的一个首要问题是药品的安全问题。我先简要地从药品安全的角度介绍一下在美国一种药品从开始研发到生产的过程。首先,美国对其制药业的监管规则的发展过程很大程度上是取决于安全事件的,这跟中国是类似的。其中一个标志性事件就是在 1939 年,有一种药造成了大概 100 多人死亡。几乎是在同期,美国设立了 FDA(食品和药物监管局),来监管药物的生产过程和研发过程。在这个监管机制下,整个过程是分成两大步的:第一步叫作临床前期,第二步是临床期。在临床前期里面,主要任务是找一种有效并且安全无毒的化学成分——这个相对来说是比较容易的。下一步是把这些被认为没有毒的化学成分拿去做实验,通常情况下要在两种动物身上做实验,一种是小一点的,一种是稍微大一点的。比如说小一点的是老鼠,大一点就是猴子、兔子、狗这些动物。然后来看一下这个药品是不是真正无毒。这项实验做完以后,药品公司要交一个报告给 FDA,由 FDA 来决定是否应该把这种药物的研究推进到临床试验阶段。这里要强调的一点是,现在的数据表明只有 4% 的成分能够通过 FDA 的检测并使用到下一阶段的药物研发中。临床试验又分为四个阶段:第一个阶段要找一些身体健康的人来测试这个药,看吃了以后有没有危险。通常情况下有 2/3 经过检测的化学成分能够进入到下一个阶段。到第二个阶段,就要看这个药品是否有效了。这时才会真正找病人做药品检测试验,通常要花四到五年,期间一旦发现有致死的情况,这个药品的研发就立刻停止。只有在相对安全的情况下,为了看治疗效果的好坏,才会逐步扩大试验的范围。第三个阶段是在第二个阶段完成的基础上确定药品的量剂,药品量剂的测算需要花六到八年,平均下来在这个阶段有 27% 的药品能够进入下一个阶段。下一个阶段也不是说就万事大吉了,FDA 的监管并没有停止。在药品流向市场的头两三年,药品还是继续被监管的,一旦发现有副作用的话就会被立刻停止生产。

我讲这个过程的目的是什么？就是希望大家看一下，在临床前期跟临床期的一期、二期里面，其实都没有RCT。所有的步骤当中，只要发现一个动物或者人死亡，这个药品的研发是立刻停止的。唯一出现RCT的做法其实是在第三期，要测试这个药品的剂量的时候才会做随机抽样，而这跟很多经济学的概念是不相符的。

另一个例子就是中国的经济改革了。大家如果读过林老师的书的话，那对中国经济改革的很多政策的出台过程就比较清楚了。这里面有几个大家熟知的人，林毅夫老师、周其仁老师和宋国青老师，当时他们深度参与了中国农村经济改革。除了农村经济改革，还有一些经济特区的建立、双轨制改革、农村选举，说明中国推进社会实验，基本上都是采取这样一种形式，就是先在一个很小的、没有任何影响力或不被大家关注的地方去实验，如果这个实验失败的话就会被立刻停止，这时很多人可能根本都不知道这种实验的存在。但是如果这个实验卓有成效，那么可能就会从乡级单位慢慢扩大到县级，然后是一个市、一个省，最后逐步推广到全国。其实美国总统奥巴马推行医疗改革，也是遵循了这样一个推进模式。

这些实例对大家来说比较容易理解，那我们来看是否可以从理论角度讨论这种机制。

从社会实验的角度考虑，如果说我们的目的是识别出自然状态，那么我们可以考虑这样一个样本空间。这个样本空间是服从这样一个分布的。在这个分布当中，我们的目的是把这个真正的θ识别出来。在这里面，我作为这个实验的设计者，会有一个问题。我去把自然状态估计出来的过程，就是我的一个行动或者政策出台的过程，在做这样一个行动或政策时，需要考虑对应的风险，所以还应该有一个成本函数。在这个成本函数之下，我们要考虑两点：第一点是要去做抽样，这个抽样可以理解成大家通常所说的实验，按照RCT的思路，我要在全空间做随机抽样。我们想强调的是，在全空间做抽样并不是最优的。我们可以计算出它的损失函数，这个损失函数可以看成是设计者做这个决定时所面临的风险，而这个风险是可以具体算出来的。风险算出来以后就会有一个具体的问题，我们真正能够承受的风险有多大？

这里就很明显地看出,如果能够承受的风险大于计算出的风险,那就是没问题的,我们可以在全空间做随机抽样。但是如果能够承受的风险相当小,我们就不能在全空间做随机抽样,而只能在子空间这样做。这里我们具体给出一个简单的机制去寻找这种子空间,如果你设计的政策在子空间里仍然高于你对风险的容忍度,那这个政策或试验就可以放弃了;如果低于你对风险的容忍度,那我们继续用这种机制,并在更大范围内推广。

现在我们从理论层面来讨论一下这个过程,其实早在 60 年前,经济学和统计学界就有对这方面问题的讨论。先说统计学方面。这方面的发展源于二战时美国因为武器的命中率不高而导致了大量的弹药消耗,那么一个关键问题就是如何减少这种消耗。当时美国集中了一批统计学家和经济学家来解决这个问题,具体而言,就是用尽量少的武器弹药消耗来确定武器的命中率,这就是典型 Wald 所提出的序贯分析理论。这方面的统计学文献很多,我就不一一罗列了。在同时期的经济学研究领域,Arrow 几乎同时发现序贯分析中的一个重要原则,但是之后的经济学家似乎忽略了他在这方面的工作。他的这个框架和刚才说的其实是类似的,他也是考虑了一个参数空间、一个行动空间和一个损失函数方式。他在做决定的时候,试验被设计成是序贯的,所以他的这个样本空间要比通常经济学家做实证分析的时候的样本空间要复杂一些。在这种情况下,他就设计出了一个序贯决策规则。从他的角度我们可以写出这个预期损失函数,而且我可以写出包括无限视野的全空间下的风险测度,写出来以后,其实就可以找到一个最优决策程序。这和统计学上的结论是类似的。

结论其实很简单,首先,作为实证经济学家,很多时候一开始就用 RCT 的这个思路是不对的。因为在现实生活中看到的大量案例,都不是在第一步就做 RCT 的,它首先遵从"无伤害原则",在筛选了相当多的政策以后才去做 RCT,这是最主要的一点。另一点是,这个思路可不可以给政策设计者提供一个理论框架?我看到现在大家都在谈政策设计,那么从这个角度来看,是不是政策设计会更有效些?

评论与问答

王勇：非常有意思。为什么制药的这个问题没有应用到经济政策研究上，我觉得可能是因为这里面还是有一些不同的。我归纳了几个。一个是对于制药来说，基本上人并不是那么异质的，对美国人适用的药品对中国人也同样适用。而经济体不像一个人的内生基因那样固定，经济政策的有效性需要整个环境的一系列配套的东西。也就是说，对于像药物那样的抽样，经济体是怎样控制环境因素的，二者是不是有区别的？

第二个是时间上的有效性问题。对药物来说，一旦它是有效的，那它可能一直是有效的。但是经济政策可能只在一个时点、一个发展阶段有效，其他时候可能就不行。

第三个问题，我看到有人在 JED（《经济发展杂志》）上发表产业政策的研究文章，用的是同时抽样，你这里面是序贯抽样。但是现实问题是不同的。有时必须尽快知道一个政策是不是要推行，序贯抽样要求的时间比较长，所以只能同时做，或者是通过机器学习（machine learning）。但总体上来说，我非常喜欢这种"干中学"的思路，中国很多政策的推行就是这样一个过程，所以我在这里只是做一个评论。但是，这些完全基于物理现象或者其他的一些生理、化学现象抽象出来的统计方式，是不是真的要模型化到经济政策的试错、采纳、实施和推行过程中？

邢海鹏：这里首先强调的是，在经济决策过程当中，安全性是第一位的。这是第一点。第二点就是现在的制药业里药物试验的问题也很复杂，比如一种病的产生跟发展也是随时间变化的，你吃药的过程、被治愈的过程也是随时间变化的。第三点就是你刚才提到的机器学习，在统计学里面有"多臂赌博机问题"（Multi-armed Bandit Problem），这方面的文献有很多，但在经济学领域不多。最后一点，我是想强调这种政策设计思路在经济学研究中的重要性，并不排斥其他思路。

张乾：我想问一个技术性的问题，这里面的随机样本服从的是正态分布，如果它是一个多维分布的话，那么损失函数应该是什么样子？或者有哪方面研究?

邢海鹏:你把它变成向量的情况就可以了,损失函数还是保持一维的。

我还想补充一点,刚刚王勇说到从制药到经济改革,这中间是不是有一个沟壑。从微观经济学来讲,有一个案例,是有关商业战略的。美国的很多大公司在进行一些营销策略或者是其他方面改变的时候,基本上也是遵循了这样一个思路。这个案例是说有一家银行,它在设计营业模式转变的时候,设立了一家假银行,普通人并不知道,同样去那里存钱,但这个假银行提供的服务跟其他地方是不一样的,它可以收集信息来去除掉不合适的服务。这在微观经济学里面被认为是一个很成功的案例,曾被《哈佛商业评论》报道过。

问:我想问一下关于 RCT 的一个非常传统的参与问题。我们在社会实验中,很多时候都是按照自愿参与的前提来进行随机化的,所以说愿意参加 RCT 的人可能都存在某种特性,而这种特性可能对最终的研究结果有一定影响,那么我们要如何在社会实验中避免这种自我选择的影响?

邢海鹏:这个不是我的专长,因为我还是做理论出身的,我看到过一些做这种调查的机制,它们会有一些奖励,但是这种奖励机制本身也是一个选择的过程。

付才辉:这个议题非常短,但是在我们整个议程之中应该说有举足轻重的地位。为什么?大家想想发改委的全称是什么,叫发展与改革委员会。按照林老师的表述,发展的本质就是技术不断进步,产业不断升级,即由禀赋结构驱动的生产结构变迁;而改革实际上是去消除结构变迁中产生的扭曲。今天这个议题实际上是直接对应了华盛顿共识的相关问题。对转型经济的一个早期的直观看法是社会主义的计划经济向市场经济转型,这个太狭隘了。其实在新结构经济学对转型过程的研究中,有一个重要的概念就是自生能力。事实上,要消除这个扭曲是有约束的,转型也好改革也好,有一定的成本收益在里面,不能忽略了成本约束,更不能一步到位粗暴地就把它去掉。下面我们就请林老师来讲讲转型经济学、华盛顿共识的反思,为这一议题做一个总结。

林毅夫:转型问题我在之前已经讨论过,那么我就针对今天的这两篇文章。

徐朝阳现在最大的困惑,就是求不出最优转型路径。我想求不出来可能跟你的模型设定有关。假如说你引进的资本密集型的产业是一个谱系。当然引进这个谱系以后,它可能有它的复杂性,但是就有可能求出把扭曲逐渐取消掉的最优路径。为什么原来资本密集型的产业需要保护补贴?因为它里边的企业没有自生能力,没有自生能力是因为它违反了比较优势。可是如果说它是一个谱系,资本就有一个密集度逐渐提高的过程。在这种情况下,如果你要双轨渐进,一开始劳动密集型的产业符合比较优势,发展得比较好,然后它的资本不断积累,随着资本积累,原来很多违反比较优势的产业就有可能变得有优势,既然有了比较优势,那就不需要再用扭曲去补贴它了。比如说我们在八九十年代的时候还是一个比较低收入的国家,当时的装备制造业、汽车产业,更不要说航天产业,都是违反比较优势的。你把补贴取消掉的话,那可能有一个结果,就是它们全部垮台,造成大量失业,失去国防安全。在这样的状况下,最好还是继续给它保护补贴。

但是我们另外一轨放开了,劳动密集型产业发展得非常好,资本就积累得非常快。到现在我们是中等偏上收入国家,资本已经不再那么短缺了,原来在八九十年代违反比较优势的产业也基本上符合比较优势了,那就可以取消这些保护补贴和扭曲了。所以,我不知道你这个模型能不能把资本密集型的产业当作是一个谱系,如果能引进这样的谱系而且还能求解的话,我想你的最优转型路径,也就是最优的取消扭曲的路径就能求解出来了,试试看。当然要解决这个问题可能又引起很多复杂性,因为它变成谱系以后,模型也增加了复杂性。但是引入一个谱系的话,资本积累就慢慢地符合比较优势了,就有自生能力。

第二个问题,对于"休克疗法",你觉得会有一次性的下降,然后逐渐地恢复。这里面你大概没考虑到,一次下降的话,社会结果是什么?一次下降可能导致大量失业,这样能不能维持社会稳定、政治稳定?你这里好像是没有失业问题。如果你引进失业问题,结果可能就不是这样了。休克疗法当时的想法是认为会出现J形曲线,也就是下降以后会慢慢恢复。但实际上在很多转型中国家,下降以后没有恢复。这是因为一次下降以后,造成了很大的社会失业问题,然后就开始社会不稳定、政治不稳定。如果你把那个因素引进来,结果可能跟你那个结果又不一样。

我们做理论的人就是要思考。因为我们的理论模型有其含义。如果你只是为了模型容易处理,却导致有误导性的结果,那可能就是好心干坏事了。当时华盛顿共识为什么有那么多人建议呢?包括像 Summers 那么聪明的人。他在 90 年代就说,一个问题问五个经济学家,一般会有六个答案,谁都不能说服谁;但要从计划经济向市场经济转型,确实主流经济学的共识就是休克疗法。当时对休克疗法的看法是,在休克的时候可能会下降一点,但是很快就会恢复,就像你的模型里面所写的。但实际上不是这样。任何理论模型都没有办法进行定量判断,但是可以判断出曲线的趋势和方向。他们判断会有下降,但是下降不会太多,很快会有反弹。实际上不是这样,而且因为国防安全上的需要,当把原来的补贴取消掉以后,反而引进的是更隐蔽的扭曲,效果更差。

当然,有时候为了发表,我们的模型就只能处理成那样子。但是问题在于,你们大部分人的理论结论是有政策含义的,但这些政策含义有可能是误导性的,这也是我觉得我们应该避免的。因为我们要做得不错,所以能发表;但我们还要做得对,对经济的发展、对社会的发展做出贡献。你总不能说我做得不错,能发表了,但结果却是对社会做了错事。

然后对 RCT,我觉得这是一个潮流,但是我个人觉得,它对经济发展实际上贡献非常小。我们看少数几个成功的国家,它们的政策是通过随机控制试验出来的吗?我想不会。另外,我还是同意王勇的批评,药品的有效性相当大程度上是由基因决定的。人与人之间的基因差异是非常小的,人跟老鼠、跟猴子的基因差异也不是那么大,所以我们可以拿老鼠、拿猴子来做实验。在动物实验的阶段以后,再在人当中做随机控制试验,那么只要试验成功,这个药基本上对绝大多数人都是有效的。

当然,现在也有根据不同人的基因来做药的,但那是非常少的,而且都是针对奇难怪症。我们现在在非处方药柜买的药,对于大部分的病都是有效的。为什么?因为人与人的基因差异并不大,但是社会之间的差异却是非常大的。我觉得 RCT 最大的限制还不在于选择偏向,而是不能扩大规模。

在一个村庄里面合适的政策，拿到另外一个村庄去可能就不一样，因为社会差异性太大。为什么发展经济学的思想演变最早是从结构主义开始的？就是人们看到发达国家有重工业，所以如果你要提高生活水平，也必须有重工业，这是第一波思潮。那波思潮导致的结果就是造成了很多的扭曲，因为违反了比较优势。当时的目标是好的，但是对原因的诊断是错误的。他们认为市场失灵，所以就要政府去动员资源，把重工业建立起来，然后就能发展，包括 Murphy 等人 1989 年的文章其实也是这样的思想：只要把外部性协调的问题解决了，那发展中国家就可以把这些大型的重工业建立起来。其实也是能建立起来的，像苏联就把航天产业那些重工业都建立起来了，而且产品是可以跟美国竞争的，但是因为违反了比较优势，效率是很差的，这在结构主义的模型里面是没有被认识到的。

到了 80 年代就变成新自由主义，他们看到发展中国家有很多扭曲、有很多干预。只要是接受了新古典教育的人，可以很容易地写一个模型，有扭曲、有干预，就有资源错误配置，就有租金和寻租行为，所以效率当然差，因此他们提出的政策建议就是华盛顿共识，把各种扭曲都取消掉。但他们忘记了那些扭曲的内生性，如果扭曲是内生的，没有解决产生扭曲的外部原因就把它取消掉的话，结果就是张乾讲的"目标很美好，方法很粗暴，结果很糟糕"，结果八九十年代就是在这种糟糕的状况之下。国际发展界看到发展中国家的贫困问题一直得不到解决，并且看到宏观的——比如说结构主义的这种宏观的产业改革——发展不成功，因此他们就直接帮助穷人。怎么帮助呢？你要健康，我就给你医疗；你要接受教育，那我就给你提高教育。但是实际上，90 年代以后他们就发现，建了一个学校，老师不见得来，老师来了学生也不见得来，学生来了也不见得上课；或者盖了一个医院，医生不见得来，病人也不见得来，病人来了以后也不见得会吃药。所以国际发展界发现，我花很多钱做人道主义援助，但实际上都没效果。RCT 也是在这种情况下产生的。他们想要知道怎么样能让这些学校真正有老师愿意来上课，学生愿意来听课，或者医院的药开了以后，病人会愿意吃。但即使我们把一个贫困地区的人的教育水平提高了，还是会有推广的问题——我在一个地方设计了激励，让老师愿意来上课，学生愿意来听课，这个机制在这个村子合适了,在另外一个村子不见得合适,在全国就更谈不上合适。即使合适又能怎么样呢？这实际上还是在识别发展的因素,没有抓住发展问题的本质。

所以我在报告里面提到要回归亚当·斯密,任何事情在讨论的时候,要先了解其本质是什么。RCT 实际上是一个潮流,我相信潮流的东西一定会过去。JDE(《发展经济学杂志》)的编辑 Perdam 曾经跟我讲,有一段时间,送到他那边的论文 95% 都是 RCT,这个潮流我相信很快会过去,因为它实际上解决不了发展问题,对不对？看起来好像因果链很清楚,但为什么只是在有限的范围内很清楚,推广了以后就没用了？这实际上就是在浪费我们的时间,浪费我们的资源——每次做 RCT 都要花费大量资源,但对穷人还是一样没有帮助。所以,我觉得我们还是要回归到新结构经济学,去了解发展的本质是什么,发展的挑战是什么,然后在模型化时尽量能够反映出问题的实质。这样,我们就能够发表好的文章。

当然就像金刻羽教授讲,现在发达国家的学者已经开始关注这个问题,逐渐觉得要了解问题必须把结构引进来,但我们是"近水楼台先得月"。因为发达国家的学者难免会以发达国家的经验来看发展中国家的问题,而我们是在发展中国家,只要我们不只是看书,还能了解真实的社会的话,我相信我们就有"近水楼台先得月"的优势,我们做出来的理论就能够解释发展中国家怎么样逐渐跟上发达国家的现象。我们先做好这一点,然后在实证上面也能够做得很坚实,把这个现象描述得非常清楚,那么我们的理论文章就能够发表,我们提出的政策建议也才不会好心办坏事。

3.10

新结构经济学在周期理论领域的新视角与新应用

朱军：技术结构冲击与经济波动的理论与实证讨论

我们讨论的问题主要包括以下几个方面：一个典型的事实，直接讲一些结论，接着按照篇章结构讲一下背景，然后讲一下我们模型的框架和分析，并提出一些思考。我这项研究是基于 DSGE 模型做的。我看到前面好像讲 DSGE 的人不是很多。结合新结构经济学，文章中对技术结构的讨论跟我们这个结构结合在一起，最后，我会谈一谈政府的功能在这个领域中的问题。

典型的事实是，中国没什么基础性、原创性的技术。中国落后发达国家一百年，这个媒体报道是不是有些夸大，我们也不好评价，但是有一些现实中的案例。科技新产品国外一般比中国先有，中国相应的东西会出现得滞后一点。对此 Mansfield(1984) 认为，全球化进程中，有六成的国外专利发明在它们前四年的引导期内是被合法模仿的。虽然我们可以找现实中的案例来展示，但是怎么来做实证？我正在和一些学术界的朋友讨论怎么来合作，用一些比较好的实证方法来验证它。如果说国外没有，但中国有的，那么肯定不是技术的问题，可能是因为制度管制上的一些不足，比如说"互联网金融"。为什么国外的"互联网金融"没有中国这么火爆？因为中国银行业的垄断和过度管制，使得在产业竞争上存在一些问题。这是现实中的产品案例。在科学研究上，这种技术模仿的例子就更多了。比如说，我们在《经济研究》上发文章的人从来都不看《经济研究》，都是看国外的 paper 然后再做中国的文章。有些文章模仿的痕迹过重,受到一些诟病。模仿的程度是高还是低,大家可以对照中英文自己去评价。这个也做不了实证分析。

那么,我们怎么样能通过实证来验证这个典型的事实,即一些技术在各个国家是阶段性呈现的。我们的技术创新,首先有原始创新,这个是比较难的;其次有模仿创新,把别人的东西拿过来改造一下,形成同质的一些东西;再就是"集成创新",它是在模仿创新的基础上,再加上我们自己的一些新东西,比如说中国的高铁,作为集成创新的代表,成就比较突出。我们的研究就是来讨论,在中国经济技术的演进过程中,是模仿与创新并举,是纯创新,还是纯模仿更符合中国的实际情景。

下面是研究的背景,大家也知道中国的大格局——现代化的过程都是向西方学习的过程,洋务运动学技术,戊戌变法学制度,五四运动学文化。在这个方面,林老师也做了很多的总结。在文献方面,有在经济赶超、技术赶超方面的论证,也有对纯粹的技术模仿、创新的讨论,还有技术 R&D 方面的研究。

那么在 DSGE 里面,技术是如何呈现的呢? 目前对技术结构的讨论还比较少。DSGE 的文献我读的比较多,但是跟中国相关的比较少。此外,在开放经济方面,除了我这个模型之外,其他开放经济模型对技术模仿创新展示的也不是很多,开放经济相关研究也主要是贸易方面的一些讨论。很多研究把技术定义为一个中性的过程,一个自发进化的过程。开放经济又集中在贸易、金融方面,对中国的研究不是特别多。因此,我们就建立了一个模型来讨论技术结构和技术存量问题,讨论中国对国外技术的吸收、引进对于本国经济波动的影响。

这个框架是标准的 DSGE 模型框架,有消费者的问题、厂商的问题(分为中间品厂商和最终产品厂商,其中中间品厂商有贸易,有要素的流动,有自用的,有出口的),政府支出有推动技术进步的部分,也有公共投资和公共消费。因为我是做财政政策研究的,所以我这个模型里面除了有技术结构的创新点之外,还有财政的一些东西。具体地,政府的公共消费纳入到消费者的效用中;政府的公共投资纳入到生产函数中。注意,这个投资是流量还是存量? 公共投资的流量容易计算,但是存量估计比较难、争论大。中国财政数据的质量比较差,要做存量的话需要做公共资本存量,需要进一步考虑资本的折旧问题。本来原始数据就不是很准确,你再估计可能更不准确,所以我用了流量。这是财政数据的问题。关于厂商的问题,最终产品是由本国与国外的中间品来生产,厂商面临利润最大化的问题。这不是技术性的东西,厂商的生产函数中有一些本国技术的存量和政府公共支出,这是标准DSGE模型的一些设定。

我这篇文章的核心问题就是技术结构问题,设定国外技术进步是一个标准的一阶自回归过程。中国的技术存量是一个CES形式的积累过程。技术存量中有一部分是自己创新的,另外一部分则是来自国外的。在这个技术存量积累的过程中,中国自主创新跟国外创新的结构比重有多大,这是文章关键的地方。

对于生产函数,我们将其参数变动一下,变成另外一种形式。比如纯粹的自主创新的过程,又如参数再设定一下则是另一个过程,技术纯粹来自国外引进。在这个基本技术函数的基础上,我做了一个扩展。这方面我也参考了王勇老师的一些文章,看他那个模型里面发达国家、发展中国家等三类国家怎么来追赶。目前这方面还没有深入的研究,因为DSGE的许多研究都是有关发达国家的问题,跟我们发展中国家的技术进步没有关系。

这个模型也是受到了王勇老师的一些文献的启发。比如说我看到静态的技术赶超,那么还有没有一个动态的技术赶超过程呢?此外,对于动态的技术赶超,怎么发挥政府的作用以提升技术水平呢?政府研发的投资冲击能够提高赶超的速度吗?我把这些内容也放进去,再来看一看对于不同的模型应该选择哪一个。基于中国的实际数据,我们通过贝叶斯方法选择了一个合理的结果。这是本文最核心的部分。

后面就是一些资源约束方程,涉及政府预算的平衡。关于广义的资产平衡,定义政府的总收入等于政府的总支出。对于广义资产平衡,我的理解是包括货币发行的跨期平衡。整个框架上是两国的模型,一个本国,一个外国,核心的部分是把这个技术链接起来。因为原来的开放经济都是独立的、不相关的,我们通过这个技术函数把它联系在一起。后面的一些技术性问题是做贝叶斯估计。将所有模型全部叠加在一起,得出一系列结果。除了一个模型收敛速度比较慢之外,其他效果都比较好。

下面对结果做一些解释,大体上,不同的模型冲击之后均趋于稳态水平。这也表明,这个模型相对来说还是比较稳健的。我们一共有六个模型,有自主创新的,有结构性创新的,还有一些赶超的,到底哪一个模型跟中国的实际数据相匹配,与实际情形相吻合呢？这个就要通过贝叶斯估计来做一个分析。

用贝叶斯估计方法,可以获得它的边缘数据密度来作比较。这是一些技术性的细节。从最后的结果看,模仿与创新模型是最适宜的,其他的纯模仿、纯创新、静态赶超、动态赶超和研发赶超的模型都不适合实际数据。模仿与创新模型的结果表明：自主创新的技术存量约占43%,这表明在我国的技术存量积累过程中,有57%来自国外的技术,43%来自本国的自主研发技术。因为我们在1978年之前已经建立了工业体系,通过慢慢的进步,也有了自己的一些研发技术。

现在把模仿与创新模型抽出来,对于中国的技术和国外的技术对GDP、消费、劳动等一些变量的波动效应进行分析。(1) 对于社会总产出而言,本国自主创新和国外技术冲击都对其形成了一个"驼峰"形态的经济影响。产出受到冲击后逐步上升,约在第三季度达到顶峰后开始逐步衰弱。国内外技术冲击的持续影响较长,并且本国自主创新的产出影响稍大一些。(2) 对于私人消费而言,本国自主创新和国外技术冲击也对其形成了一个"驼峰"形态的经济影响,但是私人消费的响应水平低于社会总产出的响应水平。私人消费受到冲击后逐步上升,约在第七个季度达到顶峰,然后开始逐步衰减。(3) 对资本存量而言,本国自主创新和国外技术冲击对其的影响形态是不同的,国内自主创新有利于本国物质资本存量的积累,而国外自主创新在短期内减少了国内的资本存量。这可能是因为国外技术创新导致本国进口增加,对本国产品的需求减少,以致本国的投资也会减少,从而不利于本国资本存量的积累。(4) 对劳动供给量而言,本国自主创新和国外技术冲击对其的影响形态也是不同的。国内技术对劳动形成了替代关系,国外技术创新增加了劳动需求。这是因为国外技术创新带动了本国的"新产品"需求,增加了进口,本国劳动者需要增加劳动投入以提升购买力；同时进口的中间品增加后,需要更多的劳动量去生产最终产品。

我们的研究结论就是"模仿与创新"模式更适合中国的现实,技术引进仍然是中国经济发展的动力来源之一。国外技术创新、本土技术创新是推动社会总产出波动的主要力量。从历史的波动问题来看,国外技术冲击的贡献在增加,所以我们的基本结论就是,不能忽视国外技术对中国技术的这种作用。

这里还有一个问题,进一步思考这个框架,是不是存在着一个吸引技术的禀赋结构?抑或是适宜技术问题?因为林老师早就提到了跟本国的资源禀赋相适应的一些技术的观点,我也在思考,国外的技术是不是跟中国的资源禀赋有一个阶段性匹配的特征?譬如说,是不是在一定的资源禀赋条件下,较高地吸收国外技术比较好,在另外一段时期,较低地吸收国外技术比较好?这能否解决我国发展中的一些问题,比如产能过剩的一些问题?

最后,我们这个模型还考虑了政府的功能。政府加快研发投入,是否能缩小与国外技术的差距?我们的实证数据发现,政府的功能没有体现出来。中国政府是"大政府",政府总收入占 GDP 比重大概是 38.5%,其中税收约占 17%,还有一些其他的基金和收费,以及预算外的收入(现在统一了)。那么,政府功能要怎么来发挥才能真正避免资源错配?还有在推动技术创新、产权保护的过程中,各级地方政府如何鼓励创新?一方面,地方保护会有一些问题;另一方面,政府现在投入的资源是不是社会需要的,是否存在信息不对称的问题?我的感觉是,目前存在大量的资源错配和浪费。

我来自江苏,江苏省政府将连续六年,每年给高校拨 30 亿元,名为优势学科、协同创新项目。但是人还是这些人,这样下去没什么效果。这两天,院长天天给我打电话,让我回去讨论如何分配,因为马上到年底了,要赶快满足教师的分钱需要。我 2015 当了一年副院长,分管教学、科研、培训三个大项,对高教管理业务也是非常熟悉了。当全能副院长的一年中,我要经常参与政府项目的争夺。我看到申请到政府项目后,钱很多,但没有起到教学科研提升的效果。在我们江苏省财政厅处室开的课题评审会上,我也提出过质疑和批评:这个钱纯属浪费,人还是这几个人,设备、会议费用以前都有,每个人再加些钱,能搞出什么呢?

所以我在琢磨这个问题，有限的资源由政府主导配置，是不是未来市场需要的？财政科研投入的边际产出如何？如何对市场中的生产率有提升作用？此外，还有其他问题，比如市场个体中微观政府的公共服务。现在国家鼓励大众创业、万众创新来提升技术存量和水平，但是每个人在推进创新、创业的过程中，都会受到一些盖章、审批等程序的约束，会遇到积极性受挫的现实问题，如公务员队伍变相的"吃、拿、卡、要、报"。所以对于政府而言，在引导我们加快技术赶超、激励创新的过程中，基层大众到底能不能有所创造，县、区政府能不能定位好转型升级的功能？这都是我们要思考的问题。

评论与问答

王勇：这个研究非常有意思，就是在开放条件下，研究技术的创新与模仿，并解释经济波动中这些方面的重要性。虽然议程主题是新结构经济学周期理论，其实里面只有一篇文章，而且你这个结构只是一个侧面，但这是非常重要的一个问题。其中有几点建议供你参考，是关于其他方面的结构的。

我建议你还是要引入多部门。因为现在相当于是一个国家只有一个部门，如果引入多部门可能会得到不一样的结果。比如 Vancura 和 Acrad 的一篇文章讲的是在国际贸易背景下，存在发达国家和发展中国家，由于发展中国家用的都是不熟练劳动力，可替代性比较强，从而发达国家的波动性要比发展中国家的大。后来 RES（《经济研究评论》）的主编之一 K. Storesletten 的另外一篇文章反驳了这个观点，认为国际贸易降低了风险，使得波动性变低。这里就涉及了你的这个方面。

如果我理解准确的话，你的技术创新只有两种，一种叫自主的，另外一种是模仿的，然后把它们进行一个加总。技术创新本身是一个自动的、无成本的过程，但是，如果你真的要考虑发达国家、发展中国家的创新、创造的话，最好还是把它内生出来。像 Grossman 和 Helpman 有一系列的研究，1991 年他们甚至出了一本书，叫《全球经济中的创新与增长》。他们说在全球贸易里面，模仿和创新都是内生出来的。我相信，这里适合内生化，否则你此处的研究就只是这部分到那部分的量化。那么你怎么样去定义——这个是创新的,那个是模仿的。这只是你的一个估计,而不是说它是一个实质性的、机制上的一种想法。

还有一个问题是,你引入了政府政策。其实你是可以分析财政政策的,但我不知道你有没有对于基础设施的投资政策,采用反周期的财政政策。这里面有很多值得挖掘的东西。

另外一个方面,不只是说你这篇文章,我还想和大家说的是,新结构经济学的经济周期研究是一个非常重要的主题。我现在在和邢海鹏教授一起讨论一个问题,就是在我们 JME 文章的基础上,如果哪个部门独立、具有不稳定性,那就变成一个随机一般均衡。我们的文章没有不确定性,没有周期,但如果每个产业都有不同的波动性,产业的构成不一样,可能最后加总类型的 TFP 就不一样。

付才辉:2007 年 QJE 上有篇文章就是讲产业的波动性。

王勇:对,所以我的意思是,可以考虑多部门、多角度的,将各种各样的结构引进来。这里面我相信有很多重要的研究议题。

陈昆亭:确实周期这个问题跟结构结合,我觉得是非常有发展前途的一个方向。为什么?其实周期理论及其背后的框架方法,跟 DSGE 这种方法有关联,它现在已经发展得非常深刻、非常复杂了。我们在最初的真实经济周期(RBC)模型、索罗模型的基础上,可以引入一个扰动,把它叫作 GBC 模型,也就是融合的周期模型,这实际上是跟凯恩斯主义的结合。最近我习惯把它叫作广义的而不是一般的周期模型。这代表了一种时代的变化,就是把不对称、市场不完备等都引入进去了,这就彻底改变了 RBC 理论的波动性,改善了这方面研究的一种能力和效果。

又过了一段时间,周期理论又有了新的进展,就是将金融因素嵌入到原来的框架中。从 90 年代开始,Frank Jinter、Kenta Moore 等一批人将信贷约束——我们有时候叫金融加速器——嵌入到了这个 DSGE 模型当中。当时这个理论很火,但实际上经过检验发现,它模拟实际的效果并不好,所以很快就被放弃了。直到 2008 年的金融危机之后,人们不再犹豫了,一下子都不约而同地认为,金融真的很重要。所以大概在 2010 年前后,一大批大牛的文章出来了，都是关于金融经济周期理论，现在可以叫作金融摩擦理论的。

这个发展的过程也是一个结构变化的过程。怎么讲呢？其实在20世纪80年代的时候，周期主要波动的构成中百分之七八十是来自真实因素，我们不知道结果是否稳健，相信是不错的。也就是说，波动的其他方面因素加起来也不会超过30%。但是最新的研究发现，现在经济波动的主要因素是来自金融的贡献，已经超过50%。这就是说，原来真实方面的因素已经下降到不到50%了，所以现在最主要的就是金融。什么叫金融部门呢？就是把金融作为一个独立的部门，嵌入到这个DSGE模型里面，这是最新的一个发展动向。这个框架现在已经做得很完美了，有最牛的文章，已经把资本独立出来了。资本作为一个独立的部门，把银行部门引进去，再把政府、需求、技术、生产等四五个部门都搞在一个框架，已经不再是一个两部门的问题了。

我说的这些都是纵向的发展，但是单纯的纵向发展事实上解释力是有限的，所以就要把结构搞进去。有人可能提出这样一个问题，为什么以前没有人这样做呢？我想很简单。一是原来的问题没有那么复杂。林老师告诉我们，要去直接观察现象，通过现象找到问题。所以在金融危机发生之前，大家对这个问题并没有关注。更主要的方面是，我认为以前的技术不一定支持，但是最新的技术已经可以支持了，那就是我们的计算机技术、信息技术，我们的大数据。现在已经到了这个时代，我觉得技术已经不是问题了，现在每一个人在哪里都可以定位到，每一个企业的信息都可以找到，所以是到了说结构的时候了。我希望有更多的研究者，特别是有精力的年轻博士们，能够从事深入的研究。这些理论有好的框架，主要是在DSGE下，在这个框架下做结构，要比增长容易得多，我们大家可以一起来讨论。

其实周期的发展现在还有很多领域非常好，比如说周期短期的波动性因素对长期的具体影响，这是一个很重要的方面，国际上现在有不少学者在做，国内可能还不多，这是一个。另外一个，结合中国问题的研究，我想像朱晓东、宋铮他们开辟了很好的一个角度，就是如何真正地、很好地捕捉到中国，捕捉到我们自己的特征。这个我想很多人都在做，但是大家都没有找到很好的角度，真正地把中国的特征抓住。林老师也在鼓励我们，说中国的问题是未来关注的焦点。经济学家一定要跟着一个上升的经济研究问题，是不是？

华秀萍：我觉得你最后其实提出了一个很核心的问题，就是在技术冲击和经济发展过程中的政府角色。其实这在中国也是很异质化的。比如江苏的、浙江的、上海的，各地政府的表现都形成很鲜明的对比。应该把这一块放进去。在技术创新、知识产权保护方面，你多做一些工作，肯定是很好的，因为这一块有非常大的潜力。

朱军：我这个模型还没有很好地刻画政府行为。但是实际上，我们政府的出发点是比较好的，想做一些事情，推动经济发展和产业转型升级，但是做法和结果不尽理想。

张一林：我有一个个人理解，我们看到政府做了很多可能结果很坏的事情，但是我们站在事前的角度来看，是不是它的决策有时候就是最优的？政府实际上跟企业一样，也面临不确定性，最后可能是运气不好，没有做成功。但是从前端来看的话，可能已经是它最优的选择。我觉得这个问题也是挺值得研究的。

沈璐敏：围绕政府的话题，我也有一个想法。政府的初衷是好的，比如中央政府的"十三五"规划中，有很多优先产业政策；地方政府也想把产业做上去。但是我们有篇文章表明，它们可能都在跟风中央政府的政策，最终导致地方产业发展雷同，形成一个产业同构的现象。像林老师说的，政府在产业结构中可能要起到一个引导转型升级的作用，但是结果往往是相反的。不知道应该怎么样去评价政府的决策，不知道应该找什么样的切入点。

陶勇：我想问一个问题，刚才陈老师说，如果我们多加几个部门的话，会不会解释得更清楚一些。您解释两个部门的时候说，技术主要是作为外生因素处理的，那么如果我加入几个部门，或者加上政府部门的话，我们得到的是不是永远都是内部的冲击？

朱军：对，刚才王勇老师和陈昆亭老师也说到了。我和许志伟博士另外一篇文章就讨论了多级政府的问题：一个中央、两个地区中的财政政策。如果把一个国家再分成两个地区，一个地区是高资本回报率的，另外一个地区是低资本回报率的，那么就会产生一个部门结构性的差异，其中的技术演化会不一样。

这里面存在一个什么问题呢？我没有把货币政策放进去，因为我当时考虑的是货币政策参数的设定、货币政策冲击的困难。这两个冲击我可以得到相关数据，跟它这个变量的个数能不能匹配起来，我们还在进一步研究。

陶勇：之前林老师的一篇文章是用潮涌现象来解释产业波动的。其实那里面的产业波动，或者说产业过剩，更多的是从内生的角度去解释的。可是我们用 DSGE 做的话，会不会就像王勇老师说的，全都是外生的？

付才辉：其实对于周期，可能需要一种新的定义。2007 年 JPE 上有一篇文章，题目就是"周期即趋势"。周期可能不是一个外生的冲击，而就是一个正常的轨迹。举个简单的例子，后发优势在每个阶段利用了多少，100%、90%？这就是个轨迹的问题，也就是增长潜力实现了多少的问题。

王勇：我觉得这是个非常好的问题，就是各个地方政府之间的协调和中央的作用，是不是放大了经济的波动，而不是减弱了波动？我相信林老师之所以写这个周期，他最侧重的一点就是刚才付才辉提到的潮涌现象。潮涌现象指的就是，发展中国家的投资者和发达国家不一样。发达国家的技术进步主要是通过 R&D，不同的人有不同的 idea，所以风险就比较分散，加总后这个波动就被平滑掉了，除非少数国家的情况。但是对于发展中国家来说，它的技术主要是模仿，是看前人路，比如说中国大陆去看中国台湾，比如说中国台湾去看日本。所以这个时候，当你看到一个产业已经开始日落西山，大家对下一个是什么新型产业就容易达成共识。发达国家完全靠 R&D，不知道"夕阳性"。但是发展中国家越是达成共识，大家就越容易从众，可能是因为理性的"羊群效应"。这样它的经济波动可能就会放大。此外，地方政府有各种各样的考评机制，有公共财政的背景，反正钱是国家发过来的，我争取项目再投出去就行了，又不是私人企业，还关注自己的回报，这样又会进一步放大波动。这些都是非常好的从结构、制度方面来看周期问题的角度。

所以这里面不只是单部门、双部门还是 N 个部门的问题。这只是一方面，还有很多这方面的问题。我们要做的是把发展阶段引进来，而不是看别人怎么做，然后把它变成技术上的复杂点。一定要说清发展阶段，然后去解释问题、现象，这样才能有引用率，才能得到更多的关注。

3.11

新结构经济学在国际发展领域的新视角与新应用

徐佳君:新结构经济学视角下探索国际发展理论与实践的新动向

新结构经济学致力于立足中国和其他发展中国家的发展经验进行理论创新,以引领国际发展的思潮与实践。国际发展在新结构经济学的学科体系中处于战略性地位,因为它搭建起联结理论创新与政策实践的桥梁。本文先从国际发展学科即将在中国迎来历史性的发展机遇期谈起,在反思主流国际发展政策弊端的基础上探讨新结构经济学对国际发展领域的三大潜在贡献,最后落脚到新结构经济学的政策分析工具"增长甄别与因势利导框架"(Growth Identification and Facilitation Framework, GIFF)的研发与应用前景。

中国经济在改革开放以来取得了奇迹般的增长,在减贫领域中取得了举世瞩目的成绩(贫困人口的比例从 1981 年的 88% 下降到 2010 年的 11%)。在赞叹"中国奇迹"的同时,国际学界和政策界越来越希望能扎根于中国转型与发展的第一手经验,探究中国发展经验的世界意义。

虽然国际社会期待立足中国经验进行国际发展理论与实践的创新,国际发展学科在中国却刚刚起步。国际发展是以问题为导向、以发展理论创新为根基、以政策实践为着力点的复合型学科,致力于从国际规则的设定、国家发展战略与政策的制定等入手,帮助发展中国家实现包容性可持续的经济社会发展。虽然牛津大学、伦敦政经大学等国际一流学府在二战后逐步建立起国际发展的学科体系和人才培养基础,但我国高校在国际发展领域尚处于探索阶段(如清华大学参照哈佛肯尼迪学院设有国际发展硕士方向便是早期的努力之一)。

展望未来,国际发展学科将在中国迎来历史性的发展机遇期。2015 年 9 月,习近平主席出席联合国发展峰会,在南南合作圆桌会上宣布成立"南南发展与合作学院"(简称"南南学院")。南南学院将以新结构经济学作为教学和培训的理论基石,从全球和历史的视野出发,立足于中国和其他发展中国家的发展经验,力图在发展理论与实践方面做出原创性贡献。

从新结构经济学的视角出发,主流的国际发展理论的弊端在于以发达国家作为参照系,将政策的着力点聚焦于发展中国家"缺什么"(如先进的产业)和"什么做得不好"(市场制度、民主体制等)。主流的国际发展政策将发达国家的今天看成发展中国家的明天,要求发展中国家以发达国家为范本,推行脱离实际的政策改革。这种做法的局限性在于,它忽视了发展中国家和发达国家在要素禀赋("有什么")等方面的结构性差异,以及不同的发展阶段在甄别增长动力和瓶颈制约因素等方面的重要性。

下面我们将列举三个主流的国际发展政策与规则,评析其背后所隐含的前提假设如何忽视了禀赋结构的差异和发展阶段的重要性。

- **以世界银行为主的多边开发银行所推行的"国别政策与制度评估"(Country Policy and Institution Assessment, CPIA)** 主流的发展理论认为(Burnside 和 Dollar,1997, 2000),援助只有在好的政策和制度环境下才有效。世界银行于是以发达国家为蓝本来定义何谓"好"的政策和制度。由此世行在分配其发展援助时采取了新的规则,将更多援助分给那些采取了"好"的政策与制度的受援国。这种做法的弊端在于,它假定存在"放之四海而皆准"的制度形态,忽视了国家禀赋条件的独特性以及发展阶段的差异性。后来鉴于世行在国际发展领域的影响力以及美国政府的推动,以政策绩效为依据的援助分配规则扩散到了包括亚洲开发银行、非洲开发银行等在内的地区性发展银行。

- **营商环境指数(Doing Business Indicators)** 世界银行自 2003 年开

始发布对各国营商环境的年度评估和排名。其背后的理念是去管制化(deregulation)的重要性(这是新自由主义的要义之一)。但是这个营商环境指数自发布以来遭到了来自中国和印度等新兴经济体的批评。虽然这些新兴经济体吸引了大量外资,带来了经济增长,但是它们在排名中非常靠后(在2015年度的最新排名中,中国排在第84位,印度排在第130位)。这说明了该营商环境指数所采取的标准化评分方式忽视了发展中国家在不同发展阶段所面临的瓶颈性因素的差异,因而不能一味地单纯追求去管制化。

- **国际货币基金组织/世界银行关于债务可持续性的监察规则(Debt Sustainability Surveillance)** 随着中国在内的新兴经济体对低收入国家投资的迅猛增长,发达国家担心这会引发新一轮的债务危机,于是要求国际货币基金组织(IMF)/世界银行加强在债务可持续性方面的监察职能。为此,世行和IMF采取了"一刀切"的债务可持续性分析方法,规定受援国不得借贷"非优惠贷款"超过一定的上限。这一做法遭到了来自非洲国家等政府的严厉批评,他们指出如果借贷资金可以用于促进产业升级和结构变迁,就会带来经济增长,从长远上实现债务的可持续性。后来在多方的努力下,IMF和世行将国别差异性纳入到其债务可持续性的分析框架中。

上述例子表明新自由主义的发展理念在很大程度上塑造了主流国际发展机构的政策和规则的制定。虽然国际上对于这种忽视了要素禀赋和发展阶段重要性做法的批评声不绝于耳,但是改良当前主流发展政策实践的挑战在于我们亟须基于扎实的理论与实证研究,提出一种切实可行的替代方略。

相比主流的以发达国家为参照系的国际发展理论,新结构经济学主张从发展中国家的实际情况出发,聚焦于发展中国家"有什么"(要素禀赋)、"能够做好什么"(比较优势),以及政府如何促进产业升级和经济转型。

新结构经济学有望在国际发展领域做出三大潜在贡献:

第一,在国际发展议程的设定上,新结构经济学鼓励将生产能力的不断提升和产业的不断升级重新列入核心的发展议题。回顾历史,为了纠正上世纪80年代推行新自由主义的结构调整项目所导致的社会不平等的加剧等一系列问题,联合国倡议将人类发展作为国际发展的优先目标。2000年,联合国成员国达成了关于"千年发展目标"(Millennium Development Goals, MDGs)的协议,减贫、教育和卫生等民生领域成为国际发展的核心议题。由此,国际发展合作关系也以发达国家(北方国家)对发展中国家(南方国家)的援助为主要特征。然而,经济增长、基础设施等生产性发展议题被逐步边缘化,没有持久经济增长的减贫是不可持续的。2015年年底,"千年发展目标"即将到期,联合国成员国于2015年9月达成了新的"可持续发展目标"(Sustainable Development Goals, SDGs),将经济增长、基建融资和就业等生产性目标纳入其中。

第二,在理论研究方面,新结构经济学可以在强调"有为政府"与"有效市场"相结合的基础上,进一步拓展政府在培育市场方面的作用。在现实世界中,发展中国家的市场往往是不完备的,甚至是残缺的。培育市场的核心是企业和行业自生能力的建设。以国家开发银行的实践为例,它依托于主权信用在资本市场融资,投资于国民经济的瓶颈性领域,逐步建立起自负盈亏的市场主体。当一国经济进入新兴产业等未知领域时,政府在培育市场方面的作用尤为关键。

第三,在实证研究方面,从新结构经济学视角出发可以开展多项前沿性的国际发展实证研究。一是中非发展合作对于非洲工业化的影响,包括发展融资、国际贸易、工业园区等诸多合作渠道。二是在评析制度有效性的时候,将发展阶段内生到框架当中。换言之,并非有一个"放之四海而皆准"的制度形态,制度的有效性取决于不同发展战略所需解决的发展挑战。三是发展中国家在推行贸易和金融自由化进程中的改革次序和节奏应与其发展阶段相适应,而非一味地遵从新自由主义"越早越彻底的自由化,越有利于经济增长"的教条。

以上只是抛砖引玉地列举出前瞻性的研究议题,从新结构经济学视角开展国际发展理论与实证的研究是一片未被开垦的处女地,期待更多同仁的共同努力。

当前新结构经济学力推的一个政策分析工具是增长甄别与因势利导框架(GIFF)。其目标是帮助发展中国家的中央和地方政府甄别出具有潜在比较优势的产业,进而诊断出阻碍这些产业兴起和升级的制约性因素,最后提出政府如何因势利导以促成产业升级与转型。

具体而言,增长甄别与因势利导框架分为六大步骤:(1) 选取适宜的目标国和目标产业;(2) 化解瓶颈性的制约因素;(3) 吸引国际投资者;(4) 扶持本土产业使其规模化经营;(5) 充分利用好工业园区在小范围内实现"点"的突破,进而起到示范引导作用;(6) 政府采取稳健有效的产业政策,化解风险,克服企业间协调难题,鼓励先行者的开拓性尝试。

增长甄别与因势利导框架提供了一条制定产业政策切实可行的道路,但仍需要在政策实践中日臻完善。我们至少可以从如下三个方面做出改善:(1) 在分析发展中国家或地区的禀赋条件时,除了强调资本劳动比例这一笼统的指标外,还需要更为细分、多维度的要素禀赋分析(包括劳动力、人力资本、资本、资源等内部的结构);(2) 在识别潜在比较优势时,需要更为系统地将区位和地理因素纳入分析框架当中;(3) 在给出切实可行的政策建议时,要采取更为严谨的分析工具来设计好工业园区内部的激励机制(包括土地价格、税收优惠等),以及针对不同部门和行业属性因地制宜的产业政策。

当前增长甄别与因势利导框架正在取得蒸蒸日上的影响力。在国际层面,联合国经济及社会理事会发展政策委员会希望将增长甄别与因势利导框架应用于最不发达国家的发展政策的制定当中。在国内层面,新结构经济学研究中心正在全力推进增长甄别与因势利导框架在地方产业转型与升级方面的应用。

总而言之,国际发展学科将在中国迎来历史性的发展机遇期,新结构经济学研究中心愿携手志同道合的同仁一起努力,成为新一波国际发展思潮与实践的领军机构。

评论与问答

李鲁:徐老师所讲的引发了我以前工作时的一段记忆。我们总是倾向于学习发达国家的经验、理念,比如刚才讲到的新自由主义理念,这些理念进入发展中国家或者后发国家产生影响,其实需要传播的机制、渠道及方式。世界银行、亚洲开发银行等国际性组织有时即扮演了这种中间角色。一些理念、制度等被设计为规范性条款，植入国家贷款或援助计划。举一个例子，亚洲开发银行在给中国基础设施，特别是高速公路贷款时，其中有一个标准条款，要求贷款使用者或者偿还者须是一家公司，这意味着什么呢？就是说，你要使用它的贷款必须要成立一家公司，意思是要推动公众事业的公司化改革。这一点作为一种标准化的条款被植入法律文本，而且它明确告诉中国的谈判方该条款不可更改，因为亚行的贷款跟中国贷款一样都是主权贷款，这一条是必须要有的。

新结构经济学有吸引力之处不仅在其理论的自洽性，也在其政策的致用性。我想，真金不怕火炼，新结构经济学的理念、理论要对世界产生广泛影响力，帮助后发国家实现结构转型和经济起飞，是否也需要借鉴先发国家的一些做法，或者借助类似世行和亚行等国际组织，将核心理念或方法标准化处理，触发制度变革？徐老师所讲的是许多国际组织的理论、政策和工具，并且您曾有国际组织的任职经历，您怎么看待国际组织的上述做法，对新结构经济学的推广有何考虑？

徐佳君：我觉得您这个观察其实是很犀利的。的确，目前在学界里面有这样的讨论，为什么这些发达国家已经有了自己的双边援助机构，还要把钱给这些国际组织，绕个圈子再给这些发展中国家？其中有一个观点就是，因为这些国际组织看似专业中立，所以让它们再去向这些发展中国家实行援助附加条件，这些政策建议可能更容易被受援国所接受。

第二个理由是，双边关系可能会受到地缘政治的影响。比如说，美国希望乌干达能够采取一些经济的改革，而乌干达刚好当选了联合国安理会的理事国，美国希望在安理会表决时得到乌干达的支持。这个时候如果美国说你不改革我就不给你双边援助了，这样的威胁在乌干达眼里可能就是不可信的。但是，世行是一个多边的机构，所以当世行威胁乌干达不改革就不给援助时，这样的威胁更为可信，更有可能推进乌干达进行国内经济改革。所以我觉得你这个观察非常有洞见性，对于你提出来的问题，我想分两个层次来回答。

第一，中国现在的确是在越来越多地主动运用这种国际组织的平台，其中既包括现有的也包括我们新近建立的亚投行和金砖国家新开发银行。就在 2015 年 12 月中旬的时候，欧洲复兴开发银行理事会通过接受中国加入该行的决议，这也是一个地区开发银行。同时中国现在在世行也是一个捐助方，在非洲开发银行也是一个捐助方。这些都说明中国现在开始越来越主动地去参与国际治理。

第二个层面的问题我是这样想的，我不是很认同中国应该通过这些国际组织去推行"以援助来换取受援国国内政策改革"的这样一种做法，因为大量的学术文献表明，这种做法是行不通的。怎么讲？如果你具体分析一些国家就会发现，它们的政府在很多时候跟你签订了一项协议，但这只是一个纸面上的协议，在现实当中协议中的约定有时很难落实到实际政策当中。所以援助附加条件在实践当中的实施效果并不好，这是一个原因。

第二个原因是，中国跟很多发达国家相比，有一个很大的不同。我觉得在中国，实用主义是一个非常鲜明的特点，所以说它不会像西方国家那样通过这样的援助，是希望能够在全球范围内推广一种理念。中国人没有像传教士那样的一种愿望，而更多的是看重一些务实的方面，也就是希望通过援助，能够在现实当中实现一些目标。比如说，在一些风险大的投资领域和地区中国私人企业很难涉足，通过援助我们可以先化解一些风险，然后吸引更多的私人资本投向这些高风险的领域和地区。

张一林：前几天尼泊尔有一个队伍来到北京，我的一个朋友负责陪同。他们来北京做什么事情？他们需要中国政府给他们提供一些资金去发展他们当地的特色手工业。尼泊尔原来主要是靠旅游，地震之后旅游业很难发展，所以想发展一下手工业。我的朋友问我怎么看这个问题，我就用了我自己认为的新结构经济学的分析框架，我说这可能是有问题的。为什么？外国的游客到尼泊尔旅游时，可能会买一些当地的特色手工艺品，但是当这些手工艺品出口之后，可能就是卖不出去的。这种特色旅游产品只有在当地才能卖得出去，否则可能就会有困难。我的建议是，为什么不去发展那种成熟的产业，比如说给耐克、阿迪达斯制造鞋？我朋友听完觉得挺有道理，我想问问您怎么看我这个分析。

林毅夫：我回答一下张一林同学的问题，我觉得你的观念非常对，尼泊尔如果要发展这些手工业,然后卖给游客的话,当然这个市场是有的,也不是不能发展,但是不能够创造出更大的产业,不能解决就业问题,以及产业结构不断升级的问题。这其实是过去在发展思路上的一个很大的误区。我在世界银行时,他们集中讨论的就是怎么去发展当地的产业,满足当地的市场。但是,非洲国家目前有55个,它所有的GDP占全世界的1.9%,也就是说,它的购买力只占全世界的1.9%。但欧洲是23%,美国是21%,中国是14%,这些才是大的市场。而且,非洲还分成了55个国家,每个国家的份额其实更少。如果你的产业发展只是为了满足当地人的需求、当地人的消费,包括旅游产品,其实这个产业非常小。

我想尼泊尔跟不丹是同样的情形,真正大的市场是在国际上。所以,发展中国家必须转变过去的思维。以前都是先把当地的事情做好,再来看国际市场,其实,只要你早做符合你比较优势的产业,并且有足够的因势利导的话,你的市场将是当地的市场跟全世界的市场。具体来说要发展什么样的产业,刚才佳君教授已经谈了。实际上,我们说比较优势是劳动密集型产业,但是劳动密集型产业里面又细分为很多不同的产业,在各种产业当中,你要专注于哪种产业?这就必须要根据自己国家的具体情形,做一些初步的研究,提出一个比较可行的建议。如果建议得对,我相信是可以快速建立起来的。这几年我老跑非洲,主要是希望在一年创造一个成功的例子,两年创造两个成功的例子,这些成功的例子被创造出来以后,当地很快就会学会,然后就会有星星之火可以燎原的效果。

孙瑾:徐老师你好!您这个框架我不知道现在做到了什么程度,我当时是完全按照林毅夫老师书上的六步法,用了行业的数据,选了一些国家,然后选一个它们可以参照的国家,按照不同的区域分类,最后选出排名前十位的具有潜在比较优势的行业。我这篇文章是发在《国际贸易》上,现在只是做到这个程度。我想问的是,在实际操作中,比如说我选出了前十位的具有比较优势的行业或产品,这些产品你们是都推荐当地去模仿,还是下一步让政府去主导?我也可以只选前三位、前五位,有没有一个什么标准?另外,这些不同的行业您都建议采用工业园区的方式,会不会还有不同的形式?

还有一个问题,我也在WTO下面的一个国际组织做过非洲的项目,我参与的是一个有关中小企业贸易融资的项目。我们当时做项目是有一个周期的,一般一个项目的周期是两年,我们会搭建一个非官方的在企业和银行之间沟通的桥梁。两年以后,我们就会认为这给中小企业在银行内搭建了一个很好的信用系统,等这个项目撤离了以后,它们就可以很好地进行贸易融资了。您刚才讲到乌干达这个具体项目的例子,它有没有一个周期的设定?还有您这个项目做完了以后,什么时候能够形成产出?

徐佳君:这个问题特别好,我也希望能够看一下你做的案例。你谈到了三个子问题。第一个子问题是,当我们在选择目标行业的时候,可能在初步分析的时候有一个特别长的清单,这个时候我们怎么样选择最优先发展的行业?我们知道政府的能力通常都是有限的。所以我们一定要把能力放在最重要、最有战略意义的作用上来。我想有这样两步,第一步,核心就是看它的增长潜力,第二步,就是看它的可行性,也就是说,我们要做一个详细的比较优势价值链分析。这样就不仅仅是看一个行业甚至是子行业,而是落到产品层面,看目标国跟赶超国,在这个产业里面对竞争力做分析,然后去看一下哪些最有潜力去发展。这是第一个子问题。

第二个子问题是,一旦我们选定了行业,然后怎么去发展,工业园区是不是唯一的一个方式?我们可以更有创造性地来思考这个问题的答案。工业园区其实只是其中的一个方式,我们要看你选择的这些行业对这个地方来说是新兴的,也就是以前没有人做过的,还是已经有私人部门介入而且在蓬勃发展的行业。根据行业属性的不同,我们提出的解决方案也是不一样的。

第三个子问题是,我们是不是应该把项目周期考虑进去?我觉得这个点非常好。为什么?我们回到新结构经济学的一个核心理念,就是对自生能力的建设。所以,在我们政策设计之初的时候,应该有一个退出机制的设计。也就是说,政府的补贴不应该是持续不断,甚至越来越多的,而是应该有一个退出机制,明确在什么情况下,比如说当这些企业或者产业发展成熟的时候,政策支持就要退出。

高蓓：新结构经济学对多边开发银行发展理念的影响①

我今天的演讲分为几个部分：首先，梳理多边开发银行的发展理念；其次，提出对亚投行的一些认识；最后是新结构经济学对多边开发银行发展的指导作用。

关于多边开发银行的发展理念，大体分为三个阶段：第一阶段是20世纪40年代，此时的多边开发银行主要是世界银行，它的主要任务是资助西欧国家恢复被战争破坏的经济，部分承担了"马歇尔计划"的职能。当时的世界银行向西欧国家输出的治理理念是发展市场经济，也可称为国家资本主义。但这一阶段的时间其实非常短暂。

第二阶段是20世纪五六十年代。在此阶段，虽然有欧洲投资银行、泛美开发银行、非洲开发银行和亚洲开发银行等相继成立，但世界银行仍然是最主要的多边开发银行。此时世界银行的主要职能已经由资助欧洲国家恢复经济转变为促进发展中国家经济和社会发展。世界银行认为，发展中国家之所以落后，主要是因为其经济结构不合理，缺乏重工业，因此世界银行这一时期的贷款以对发展中国家的重大项目投资为主。后来经济学家将世界银行这一阶段的治理理念总结为结构主义。虽然国家资本主义和结构主义针对的对象不同，但两者均在强调国家对经济干预的同时，不主张废除市场。

第三阶段是20世纪八九十年代。在此阶段，多边开发银行基本保持了原有格局，仅有东南非贸易与开发银行成立。此时世界银行在促进发展中国家经济和社会发展的同时，增加了许多与减贫有关的紧急援助贷款，例如自然灾害、冲突后重建等。世界银行的治理理念也发生了巨大变化，认为发展中国家经济落后的原因是政府干预过多，市场不够开放，将"新自由主义"

---

① 本文由张骞代为演讲。

和"华盛顿共识"作为经济发展的唯一模板。其中最著名的例子是1997年亚洲金融危机时IMF对韩国提供援助的改革要求。新自由主义与国家资本主义和结构主义完全不同，单一强调自由市场的重要性。

20世纪90年代，华盛顿共识被广为传播，将美国的经济发展模式推向全球其他国家，包括减少政府干预、促进贸易和金融自由化等。但实际上，由于华盛顿共识简单教条，没有考虑到具体国家发展的不同阶段，导致在具体实践过程中，实际结果与预期目标相差甚远。例如，拉美国家由于推行华盛顿共识导致一连串经济和金融危机的爆发，经济增长率大幅下滑；前苏联国家在苏联解体后采取了以新自由主义为理论支持的"休克疗法"，但实际结果也并不理想。目前，前苏联与东欧国家中，只有捷克、匈牙利和波兰经济尚可，俄罗斯虽是军事大国，但经济上却是二流水平。

两次金融危机的爆发表明世界需要新的经济理论和治理理念。1997年亚洲金融危机的爆发很大程度上是由于亚洲国家在自身金融体系还不健全时对外开放了国内金融市场；2008年美国次贷危机爆发的微观原因是国家对金融体系监管与金融市场发展水平的不匹配。由此可知，不区分具体情况地一味促进金融自由化将给国家带来重大灾难；同时，政府合理的干预对市场经济的健康发展具有不可替代的作用。这两点都与华盛顿共识完全不同，因此在新的经济形势下，急需新经济理论对包括多边开发银行在内的全球金融治理提供理论支持。此次金融危机后，欧洲很多学者，比如著名经济智库Bruegel的学者，提出宏观审慎政策对金融监管的重要性，这应该也是一种有为政府的理念。

关于亚投行的认识，分为两个方面：亚投行设立的背景及运营模式的特点。

关于亚投行设立的背景：第一，亚洲基础设施投资不足，经济增长乏力。根据OECD的估算，直到2030年，每年基础设施的投资需求都将占到全球GDP的3.5%。但实际上，危机爆发后，很多大型经济体的基础设施投资占比都处于历史低位。亚洲开发银行的报告显示，亚洲目前还有14亿人没有用上电，12亿人没有通畅的交通，将近10亿人没有洁净的水，这些触目惊心的数字背后，是一些我们亟待改变的现状。但在基础设施投资上，我们面临两层挑战,一是资金需求,二是收益率偏低。2010 年到 2020 年,亚洲每年在能源、交通、通信、水利和卫生设施上的投资需求约为 7 470 亿美元,这是一个庞大的数据体量,这个资金缺口从哪里来？而且投资基础设施一般需要 15 到 25 年才能收回成本,因此仅仅依靠市场是无法满足实际需求的,需要政府去做这些事情。第二,国际金融体系改革遭遇阻力。2008 年全球金融危机的爆发,使国际社会充分认识到当前国际金融体系的内在不稳定性,因此包括 G20 在内的许多研究都提出应该对现有国际金融体系进行改革。例如,推进危机管理的政策协调和风险防范能力的建设;加强国际金融体系对全球经济格局变化的适应;以及对国际货币体系进行制度性变革,包括特别提款权改革、全球多边金融机构的治理等。但由于受既得利益者的阻挠,这些改革都遇到了阻力,因此迫切需要对国际金融体系进行改革的新兴经济体不得不另谋出路。由中国倡议发起的亚投行和由印度倡议发起的金砖银行都反映出新兴经济体希望以建设性态度参与全球金融治理的强烈诉求。第三,中国在区域经济治理中可以承担更大责任。近些年,中国在全球的经济地位发生了明显变化,除了是全球第二大经济体外,2013 年之后的出口贸易总额也跃居全球第一。这些都表明中国在全球话语权的提升,以及中国的政策可能会对世界各国产生的溢出效应。所以中国可以承担更大的责任,而筹建亚投行则具有里程碑式的意义。第四,中国巨额外汇储备的投资渠道单一。我国的外汇储备从 1990 年的 110 亿美元一路增长到现在的 3.56 万亿美元,目前中国外汇储备约占全球外储总量的 30%,比排名第二的日本高出 2 万多亿美元。目前,虽然外汇规模显著增加,但外储的投资模式却没有变化,即在保证持有一定量的外储用于居民与企业汇兑、国际清偿和危机防范以外,大部分外汇储备都投资于美元资产,且以美国国债为主。把外汇储备集中投资于收益率很低的美国国债,不仅有违于"投资分散化"的风险管理原则,也限制了外汇储备的使用范围,降低了投资效益。因此,近年来中国政府积极推进外汇储备的多元化运用。亚投行和金砖银行的建立,正是中国政府拓宽外汇储备使用渠道的大好机会。

关于亚投行运营模式的特点:第一,开放。根据协定规定,亚投行的贷款项目可以在全球范围采购,而不限于成员国采购,这充分体现出了开放和包容,将使得所有受援国能够在项目实施中购买到最适合自己的产品,获取最大的利益。此外,中国作为亚投行发起国和最大股东国,在投票权中不谋求长期拥有一票否决权,这是其开放性的最重要体现。根据协定确立的股权结构,中方实占亚投行股权30.34%,但为了体现团结共筹之诚意,中方对投票权作了适度削减,实有投票权26.06%。虽然目前在重大事项上拥有否决权,但考虑亚投行一直将对国际社会持开放的态度,如果再有某些发达经济体加入,中国的投票权将会显著下降,从而不再具备一票否决权。第二,精减。亚投行在吸取已有多边开发银行经验及教训的基础上,进行了改革创新。首先,亚投行不设常驻董事会,在中国之外仅设几个办事处,员工人数只有五六百人,大约为亚行和世行员工人数的1/6和5%,这一措施将扭转多边机构过于臃肿的痼疾,降低亚投行的运营成本。其次,亚投行在贷款审批流程上将进行简化。亚投行在成立初期,已经深刻意识到现有国际金融机构繁琐苛刻的规则对其长期发展的不利影响,因此在项目审批方面将进行改革,包括缩短项目审批流程、提高审批效率等,从而将亚投行建成一个架构简单、运作高效的机构。虽然这些改革招致了一些反对意见,例如不设常驻执董会将影响股东国之间的及时沟通,中方也将以此增强自身控制力。事实上,在通信手段极其发达的今天,除了面对面的交流外,还可以有视频会议、电子邮件、电话等有效方式。遇到重要问题,董事们也可以快速地从世界各地聚集到一起。任何一项改革政策都不会是十全十美的。不设常驻执董会,对于精简成本、提高运营效率是有显著效果的,而其负面影响可以控制在极其有限的程度内。第三,灵活。首先,在投资模式上,除去传统的主权信用担保贷款外,根据协定亚投行还将进行直接投资,即有可能学习世界银行下属国际金融公司的模式,对私人部门进行股权投资。这一模式的灵活度高,能够在承担较高风险的同时获取较高的回报,此外还可作为担保人,提供中间业务。三种模式配合使用,将大大增强亚投行的市场影响力,同时通过推进PPP模式,整合市场资源参与基础设施建设,发挥亚投行的杠杆效应。其次,亚投行的贷款标准也将更为灵活。与其他多边金融机构一样,亚投行将要求项目合法透明,保护社会和环境利益,但不同的是,亚投行不会坚持华盛顿共识所崇尚的单一自由市场政策,不会要求借款国以私有化或放松管制等方式换取贷款。

虽然亚投行的框架更适合新兴经济体,但未来还有一些问题亟待解决。例如贷款标准的具体设计。贷款标准体现了一种发展理念,同时也将引导投资路径,所以它的重要性不容忽视。新结构经济学包含了中国等发展中国家的发展经验和智慧,将对未来多边开发的发展理念提供理论支持。2015年由中国倡议、发展中国家主导的亚投行成立并投入运行,其发展理念必将不同于之前的多边开发银行。第一,随着以中国为代表的发展中国家的迅速崛起,世界经济出现多元化发展,实践证明,即使不完全遵从华盛顿共识经济模板,也可以得到长期高速发展。基于此,提出亚投行的第一个发展理念:尊重经济发展的多样性,即不刻板要求所有国家完全遵从单一经济模式。第二,2008年金融危机的爆发再次向世人揭示"市场并非完美",以及政府对市场监管的重要性。在危机中,欧美国家政府对市场进行了大量的干预和救助;危机后,政府在拉动经济增长中也起到积极的作用,这些都表明市场无法完全替代政府在经济发展中的作用。基于此,提出亚投行第二个发展理念:强化市场型政府,即强调政府在市场经济中的作用,例如对市场秩序的维护和对个人产权的保护。

最后,关于新结构经济学对多边开发银行的指导作用,还是应该以适合自己国情的方式,即以现阶段的资源禀赋,寻找比较优势,设计一种不冒进的、适合目前产业状况的政策。此外,是否能够利用多边开发银行的职能,使之成为有为政府的有力补充?比如林老师讲到最优金融结构,要建立适合地区性发展,尤其是中小企业发展升级的金融组织结构,在这一点上,寻找在亚投行职能上的对接很有必要。

评论与问答

孙瑾:我对你刚才最后的那个思考做一点评论。多边开发银行确实在很多层面起到了政府的作用,例如我们在做贸易融资项目的时候,中国政府也倡导银行贷款给中小企业,但实际上,银行有自己的利益和风险考虑,因此在实践中,一般不会愿意主动这样做。那么怎么促使银行贷款给中小企业?当时我们提供给银行免费评估中小企业的风险管理和控制的软件,同时我们也给中小企业家尤其是创业者们提供向银行申请贷款的培训以及相关的软件。它实际上代替政府做了一个政策措施。所以如果多边开发银行能够在技术、培训以及具体的实际操作环节上起到这样的作用,我觉得还是可以作为政府的有力补充的,因为政府不可能在实际上派人、派技术,或者做这些细枝末节的事,它只能是发起倡导。然而目前的状态是政府提倡之后,根本达不到实质的效果,对中小企业的融资并没有起到真正的作用。

金刻羽：你谈到了很多关于亚投行的问题。我一直在想,基础建设回报是一个很重要的问题,它毕竟叫"亚投行",不得不在乎回报。但是基础建设回报怎么去计算?有的基建比较好计算,比如说修一条路,或修一座桥,我们可以收费等等。但也有很多的基础设施,比如对水的治理,这种机制设计怎么去计算回报?所以我觉得你说的很多关于亚投行的问题,实质上是怎么保证一定的回报,怎么计算这个回报,这一点我一直都没有想得很清楚,不知道大家有没有这方面的想法?最后一个小的观点,关于所谓的营销策略,亚投行是给各国提供了一个公平竞争的平台,谁有优势谁就可以参与竞争,因此不能说中国设立亚投行的目的就是转移过剩产能。

徐佳君：对,当很多人说亚投行跟中国的"一带一路"倡议密切结合时,财政部的官员会马上更正说,亚投行跟"一带一路"没有关系,亚投行是多边机构,要实现的是成员国共同的目标,大家要去多边协商,而"一带一路"是中国政府的一个倡议。

张翼飞：金教授,您刚才提到治理水的回报问题,我就是做生态资产价值评估的。现在对于生态服务的价值评估,全球环境基金已经在西南开始进行大量的资助,中间有一块就是对整个流域的生态多样性和价值进行评估,然后进行生态补偿。包括接下来生态资产的运作,可能也将进入整个国家的发展战略。

林毅夫：我有两个评论,一个是关于新结构经济学是一个理论还是一个标签的问题。我知道在网上有很多评论,在回答这个问题之前,我们先了解一下什么叫理论,什么叫理论体系。理论是你观察到了一个社会经济现象,然后去说明它背后的逻辑因果关系。比如说金刻羽教授的那篇文章,她看到一个现象,卢卡斯之谜,然后她去构建背后的一个因果逻辑,来说明为什么发展中国家的资本会流向发达国家,这就叫理论。

那么什么叫理论体系？就是你观察到同一个时代或是不同时代里面的很多现象,据此提出很多的理论,这些理论如果都能够叠加在一起,内部逻辑不冲突,假设也不冲突,并把这些现象都解释清楚了,这就构成了理论体系。那么理论体系怎么会形成？通常,如果抓住一个时代、一个社会里面最基本的参数,或者是给定的、外生的变量,来解释你所观察到的现象,那么你就有可能从那个最基本的切入点出发,谈很多问题。每个问题都是一个现象,它背后都有因果逻辑。而我所谈的所有问题基本上内部都不会有逻辑矛盾。

比如我谈中国转型。中国转型有很多现象,我在《中国的奇迹》里面对每个现象的解释,内部逻辑都是很严谨的,背后的假设也是一以贯之的。从新结构经济学角度来讲,很多人批评"有为政府、有效市场",却从来不看我怎么推出有为政府、有效市场,就认为我所提的不是理论,尤其是没有数学模型。这次会议上,我讲了关于新理论的洞察,这里面包括宏观理论、金融理论以及劳动经济学理论,演讲时间很短,但我相信我谈论每个现象的时候,背后的逻辑还是很清楚的。那么这是不是一个理论体系？如果你愿意接受我的观点,可以说这是一个理论体系。但是为什么现在有很多人,一看到我讲有为政府,马上就说你这是凯恩斯主义,因为政府要干预。这叫断章取义,甚至是断句取义。他在一个句子里只摘出他想要的,然后就开始评论。一个人这么评论以后,其他人看到也跟着人云亦云。你可以去看看那些评论的人,有没有真正看过我所写的东西。

第二个评论是关于多边开发银行的。你提出它应该是有为政府的补充,我觉得更好的说法应该是有为政府的示范。因为一个国家的政府不可能由其他外部机构替代,公共政策必须由当地政府自己来执行。但是对于一个新的发展理念,一些发展中国家不熟悉怎么操作,这时多边开发银行就是比较好的方式,先做出几个示范,如果成功,再由这些国家的政府自己来做。

我举一个具体的例子,世界银行在中国的一个很大的贡献是高速公路。

我们1986年代第一条高速公路,从北京经天津到成都,就是靠世界银行的贷款建成的,自此,它让我们知道了修建高速公路的标准是什么,如何融资来建,融资怎么偿还,怎么收费,怎么管理,等等。当那条高速公路成功了以后,马上全国各个地方都来学习,所以我们现在变成全世界高速公路里程最长的国家,已经达到十几万公里。目前的管理方式基本上都是在第一条高速公路的成功经验上去学习的。所以多边开发银行如果要对发展中国家起作用,不是作为政府的补充,而是示范。

比如说孙瑾举的那个例子。我们常说要给中小企业贷款,但是现在多边开发银行推广的几种模式做不到这一点,因为它推广的是大银行、股票市场或者是债券市场。大银行不给中小企业贷款,这些企业自己也没办法发债,从而不能进行股权融资。比较适合给中小企业贷款的应该是地区性中小银行,可是现在的世界银行和国际货币基金组织都认为地区性中小银行是落后的,不应该发展。即使现在要求大银行必须给中小企业贷款,它也不愿意提供。为什么?因为大银行的管理费用太高了。大银行目前有很多成绩,但是贷款权却不能下放得太低,否则可能会出现道德风险问题。但如果贷款权放得比较高的话,又会发现中小企业的信息太多,而且没有资产可以做抵押,于是上层领导没办法了解这个企业能不能贷款,这是一个信息不对称问题。

另一个问题是,对大银行来讲,做一笔一亿元人民币的贷款,和做一笔一百元人民币的贷款,其实交易费用一样多,所以它给中小企业贷款,单位资金成本和交易费用高,风险大,自然就不愿意给中小企业贷款。所以不管给中小企业做多少培训,都没什么效果。但多边开发银行可以帮助发展一个地区性的中小银行,然后由这个地区性的中小银行给地区性的中小企业贷款。成功之后,这个国家就会跟着做了。所以重要的是,在正确的发展理念下,多边开发银行可以先去帮一个国家做一个成功的例子,并证明其行之有效,进而推广,这样是比较好的。多边开发银行对一个国家来说不是补充,而应该是示范。

徐佳君: 我觉得你选了一个非常重要的选题,因为多边开发银行的确在国际发展领域中起到了非常重要的作用。它不仅仅是一个资金的提供者,更重要的是，刚才林教授讲了，它是一个新的发展理念和发展模式的探索者、示范者和推广者，这是在中国和世界银行过去30年的合作中非常典型的一个体现。在世行和中国的合作过程中，推进了很多中国国内的制度改革，包括我们项目的招投标。中国在改革开放之初，对这些程序都是不知道的，但是世行通过做一个试点，并取得了成功，继而慢慢地再在其他的地方推广开来。所以我认为包括亚投行在内，多边开发银行更重要的一个作用是能够寻求发展的理念和模式的创新，去解决一个具体的发展问题。

于佳：新结构经济学视角下的中非合作案例

由于长期工作在"走出去"的第一线，直接负责项目调研、商务谈判以及政府和项目所在地的公共关系，我有机会了解到很多被投资国尤其是非洲最不发达国家的真实情况和发展瓶颈，深刻体会到一个国家的经济发展结构对其经济增长的影响，以及政府对于积极转型的渴望和实施起来的艰难。本案例分析将结合我的切身经验和思考，借助新结构经济学的观点，找到答案。

大印加河（Grand Inga）位于刚果（金）西部刚果河口上游，距首都金沙萨225公里。刚果河流量之大，世界少有，拥有巨大的发电潜力。但是直到今天，面对非洲严重的电力短缺瓶颈，即便备受国际社会关注，国际组织也承诺提供融资支持，多国政府也都就此签署了相关的合作协议，跨国500强公司也纷纷表示愿意加入开发，然而，该项目仍未得到任何实质性启动。本案例分析将结合新结构经济学中关于发展中国家基础设施发展的相关理论，探索大印加水电尚未得以实质性开发的真实原因，并尝试结合增长甄别和因势利导政府的理论，以及林毅夫老师倡导的"对基础设施投资的协调（政府、基础设施服务的提供者以及工业企业）"，给出解决之道。

大印加项目开发面临的挑战

- **资源储量巨大,却长期得不到实质性开发**　大印加水电得以全部开发,其装机能力将是三峡水电的两倍,将能为整个非洲及欧洲南部提供电力。法国人早在 50 年以前就对大印加水电开发为法国供电做过详尽的可行性研究,但是直到今天,即便备受各国投资者关注,然而,大印加河仍在那里,河水每天湍流不息,水电站建设却迟迟不能动工。此外,大印加水电的一期和二期大部分机组老化、关停,亟待修理和维护。拥有如此丰富水力发电资源的刚果(金)本国,却因为严重缺电,导致众多大型矿业公司不得不限电减产,人民生活贫困,经济发展落后。

- **基础设施建设落后,经济发展恶性循环**　由于缺少足够的基础设施,尤其是电力供应不足,即便包揽"世界原料仓库"、"中非宝石"和"地质奇迹"之称,全国蕴藏着储量可观的多种有色金属、稀有金属和非金属矿藏,但是刚果(金)对于外商投资仍然不具有吸引力。由于当地基础设施匮乏,电网建设落后,能源供应极其不足,从而导致经济发展缺乏活力,长期维持在低水平。而另一方面,经济发展落后又加重了私人资本不愿前来投资的情况,久而久之,全国经济陷入恶性循环。

- **非洲整体电力供应不足,周边国家对大印加水电报以很高期望,同时给予很大压力**　对于整个非洲大陆而言,尤其是撒哈拉以南非洲,电力短缺成为制约各国经济发展的主要瓶颈。而处于非洲大陆中部的刚果(金),由于蕴藏着丰富的水电资源,很多国家都希望能够依赖大印加水电的开发解决自身的供电不足问题。然而,输配电的成本远远高于发电的成本,尤其在基础设施落后的非洲地区,其电网的运营和维护成本更高,加之远距离输电的损耗,这一想法虽然在理论上可行,但专注于投资回报的开发商都不报以乐观态度。

新结构经济学理论指导下开发大印加水电的可行性分析及政府政策建议

- **保证市场回报,激发投资者动力**　对于大印加河的开发,虽然讨论激烈,参与各方实力也很强,但迟迟未得到实质性进展的真正原因在于水电类项目一次投资成本巨大,投资风险高。在这样的情况下,一个有力的投资回报保障至关重要。而由于刚果(金)政府国家信用评级差,政府的主权担保对于吸引项目投资者而言也影响甚微。从而,只有一个稳定的庞大的电力消费市场,即从客户端保证了电力的消纳,才是投资者的定心丸。在投资回报得以保证的前提下,投资者才有动力前来投资,从而改善当地的基础设施发展水平;而基础设施的不断完善,电力的充足供应,将会吸引更多的投资者前来投资,这样,经济才会逐步走上发展的良性循环。

- **利用当地丰富的清洁能源优势,引入更多的能源消耗产业,刺激本国及周边地区基础设施的不断完善**　较之远距离输电而言,如果发出的电力能在当地消耗,在短期将更能满足投资者回报的要求。比如考虑鼓励发展当地的本国或外国大型矿业企业或者高耗能企业,甚至可以考虑将周边国家的高耗能产业转移到当地进行生产,同时鼓励高耗能生产商自身参与投资建设电力基础设施,这样既能快速满足自身用电需要,同时足够大的电力消纳市场也能够为电费回收提供保障。此外,从节能减排和环境保护的角度考量,大印加水电资源是清洁能源,能够减少周边高耗能企业的火电装机,更符合可持续发展的目标。在先带动本国经济发展的基础上,待经济重返良性运转的轨道之后,再逐步考虑向周边国家供电。随着本国基础设施水平的不断完善,更多的投资者会主动前来,这样,之前不符合当地要素禀赋的远距离跨国输电的设想,将随着该国基础设施的完善和比较优势的动态变化,而变得符合当前的发展需要。那时,政府再进行因势利导,随着供电基础设施范围的扩大,将产业链延伸,跨国输电的投资回报率将大幅提高,从而可以有效地帮助周边国家解决用电短缺问题,实现共同发展。

- **随着基础设施的不断完善,协调多种产业共同发展,创造就业**　就刚果(金)政府而言,虽然能源基础设施的短缺是当前制约其经济发展的主要瓶颈,但是当能源类基础设施建设通过政府和社会资本共建模式产生一定效果之后,一个因势利导的政府要迅速甄别出其具有明显比较优势的领域,围绕该领域鼓励多产业协调发展。对于刚果(金)这样的富矿国家而言,开采自然资源可以创造很大的收益,但因矿业投资多属于资本密集的活动,只能创造有限的就业机会,如果其他产业发展滞后,则会导致社会不平等程度加大，人类和社会发展指标得不到提高，反而进一步恶化。为了避免上述情况的发生，国家应该鼓励其上下游产业协同发展，这样才能更好地通过矿业的发展以及道路、住宅、通信等基础设施的全面发展，带动周边矿产品加工业、农业、服务业、金融业以及快速消费品等行业的发展，同时抓住像中国这样的劳动力密集型产业向外转移的窗口期，在各个行业创造大量就业机会，减少贫富差距，达到共同发展的目的。

对于中国政府而言，大印加水电这样庞大的项目不是一个企业甚至不是一个国家的企业能够单独完成的。政府要鼓励有能力的企业抱团出海，不仅投资在水电领域，还可以参与刚果(金)具备其他比较优势的领域的投资，比如矿业、林业和与之配套的上下游产业。同时，将国内某些已经不具备生产优势但仍具备很强的技术优势的高耗能产业转移到刚果(金)进行生产，再将终端产品运回国内。这样，原本高耗能的产品就变成了高储能的产品，既缓解了国内节能减排的压力，又可为自身在刚果金能源领域的投资提供更大的电力消纳市场，保障投资收益。

对于两国政府而言，应加强对话和沟通，发挥因势利导型政府的合力，根据各自的比较优势和发展阶段，制定相互呼应的招商引资和海外投资政策，共同引导具备技术优势的中国企业进入到刚果(金)最需要也最具备比较优势的领域，最大化两国互补优势的发挥，在国际大循环中使各自的资源得到最高效的配置。

第4部分
思索与前瞻

王勇:新结构经济学对一般均衡理论的新启示

我在第 2 部分已经讲了一些关于新结构经济学特别是增长理论建模方面的启示,这里我只讲讲我对阿罗-德布鲁模型的思考。

前文里我用了两个例子,都是跟林毅夫老师合作的文章,其中跟林毅夫老师和鞠建东老师发表在 JME 上的文章,讲到在处理产业结构调整过程中有什么技术上的难点。主要是因为总体生产函数形式并不是外生给定而是内生变化的,而这体现的是潜在产业组成的内生变化,是由要素禀赋结构不断改善和产业结构不断变化导致的。所以求解动态模型最后变成了求解一个汉密尔顿系统,状态方程由于函数形式是内生变化的因而也在内生调整,这也是最大的难点。

现在我们需要系统地从技术层面上反思,在多大程度上继承阿罗-德布鲁(AD)模型,同时在多大程度上这个模型可能对于一些关键问题强调得不够。AD 模型是现代经济学的基础模型和框架,它有几个非常好的性质。首先,我们对于整个经济系统福利的判断是基于 AD 系统,两个福利经济学定理是用来做效率分析的最基础的框架,也是现代微观经济学、宏观经济学的基础框架。其中有几个关键要素,从最微观的个体出发,家户定义了偏好,企业定义了技术,而且不同个体有不同的约束,同时也有不同的市场结构的潜在假设。比如可以假定所有市场都是完全竞争的,那就是市场经济。如果商品空间是固定的,商品的种类不会增加,那么 N 维的商品空间就对应 N

个价格，最后形成一系列的分析，无论是宏观还是微观分析都可以在这个框架里进行，这是最本质的现代经济学的范式。而且在阿罗-德布鲁最早的框架里又引入了金钱；引入了动态，所以不同时间点的同一个产品可以看成是不同的产品；同时还引入了不确定性。

如果我们发展新结构经济学，要与现在的框架有所区分，那就必须要对现在的框架的特征有所把握。事实上，现在的 AD 框架之所以这么强大，是因为它已经做了很多的扩展，包括 DSGE 也是这个框架的扩展。像刚才说的，如果一个 N 维的商品空间仅仅有 $N-1$ 个价格，那就是一个不完全竞争的市场。其实在一般均衡框架中也已经引入了不确定性，比如说 Robert Townsend 的一系列研究就引入了道德风险和逆向选择问题。博弈论和一般均衡框架并不是两张皮，而是已经在逐渐结合。在这个基础上，还可以有外部性、贸易以及异质性个体。所以这个一般均衡框架是非常强大的，而且是一个主流范式。因此，我们不能轻易地说这个框架有局限，不能在不了解的情况下批判和推翻 AD 模型，而是必须反思它到底还有哪些不足。要从新结构经济学角度来反思 AD 框架，看有哪些是在传统上大家不怎么强调，而新结构经济学特别强调的地方。

我认为，第一点考虑是一般均衡从微观基础的发端是原子式的个体，比如独立家户是不考虑性别的，而企业仅仅用技术表示。但是新结构经济学强调的关键是结构，比如产业结构。AD 模型最开始并没有将其作为一个重要的假设。现有的宏观经济学模型基本都把产业结构、大小银行组成的金融结构等作为外生给定的并且是不随时间变化的，但现在做新结构经济学就要考虑原来的 AD 模型在多大程度上可以涵盖内生结构和演化结构。其实现在考虑的很多产业结构、金融中介结构的变化，也是建立在 AD 模型的基础上。但我们要系统考虑怎么把这个结构做得更加丰满，并得到一些可以检验的预测。至于研究结构的方法，就像邢教授说的，很多对于经济学还很新的东西在统计学等理科学科里已经非常成熟了。我对此了解有限，但我认为确实可能存在一种更易于刻画的拓扑结构，并且可以看看它是否真的有相应的演化。

固然有根据当时的现象经归纳就提炼出来的理论，但分析工具的重要性是非常大的。比如宏观经济学七八十年代开始的理性预期革命就是卢卡斯等人从芝加哥大学、明尼苏达大学那里引出来的，其中非常关键的就是把贝尔曼方程（Bellman equation）系统地引入到了宏观经济学的分析中。在此之前，凯恩斯的系统都是建立大量的联立方程组，最后求解出的宏观变量都是一个数字。但是卢卡斯引入了贝尔曼方程，那就是一个泛函，最后求出来的是一个最优的函数，这就是理性预期。如果只是联立方程组，政策只会改变最后的数字，但卢卡斯认为政策会改变整个经济结构，所以每个人的行动必须是一个政策函数，而不只是一个数字。在这一点上，大家对于宏观经济学的认识被颠覆了，这就是卢卡斯批判。而事实上贝尔曼方程在六七十年代被系统引入经济学时，在工程学里已经非常成熟了。现在经济学又要把工程学的稳健控制（robust control）引入到自己的学科里。目前的宏观经济学范式是，假定建模的人知道真实的模型是怎样的，假定模型是真实的，然后得出假说。但稳健控制是假定决策者，比如央行，不知道现实中的正确模型是什么，但有几个可选的模型，所以相当于一个假想的自然神力在和决策者作对，会尽量把决策搞得更糟糕，因此作为决策者，必须要做出一个最小化最大可能损失的决策（min max）。这也是最近几年 Lars Peter Hansen 和 Thomas J. Sargent 的想法，他们希望把稳健控制引入到宏观经济学，因为这相当于放松了理性预期的假设，将理性预期变成一个特例。现在也有一些人试图将其引入到资产定价中，把这些工具运用到央行的决策系统，但是这个推进是非常难的，即便 Hansen 和 Sargent 都是诺奖得主，推进起来也非常难，但是也许有一天这将会变成主流。

  我以这个作为例子是想说明现在很多其他学科掌握的工具，也许并不是从经济现象和问题出发，但新结构经济学特别鼓励跨学科的对话，就是想看看有什么问题和工具可以进行对接。比如邢教授是斯坦福大学的统计学博士，但他对经济学、金融学感兴趣，他也许不知道经济学上有什么问题，而我们也没有意识到其他学科里有一些成熟的技术可以拿过来用，所以这样的一个互补是非常重要的，这也是我们头脑风暴的一个很重要的目的。如果有一天正好发现有个技术引进后能够从根本上改变我们对于经济结构的看法，那就应该接纳它。但是绝对不能在我们实际不知道的时候就说要推翻 AD 模型，这是不成熟的表现。而且我们必须把 AD 模型现有的工具用好，如果有朝一日 AD 模型的确限制了我们的思考，这时我们再引入新技术。当然，这仍然是一个开放式的问题。

另外，我觉得现有的 AD 框架中，政府的作用大家考虑得还不够。目前宏观上通常的做法是根据模型把外生的政策放进来，不同政策产生了不同的分配效果。然后按照某种排序方法，比如帕累托有效的原则，对所有结果做个排序。再根据不同的排序，倒推出来之前输入的外生政策哪些是好的，哪些是不好的，最后给出建议。但这里面有两个问题，首先政策本身并不是外生的，如果忽略了政策的内生性，给出的建议就很可能具有误导性，这是林老师一直在强调的。其实政府的决策很多也是内生的，为了问题的简化，我们有时候把这些割裂开来。但在发展的过程中有很多问题，比如林老师讲的政府的发展战略可能产生一系列的政策扭曲，如果不把源头去掉，而直接去掉中间的扭曲，就是把原来的次优变成了更差。

其次，发展中国家的政府通常都扮演了一个积极主动的角色。政府并不是做了一件事情后就游离了这个市场，然后市场告诉结果，政府再进来安排一下。相反，政府一直都在积极地进行适应性学习，比如中国的地方政府是一直在学习的，这是一个贝叶斯更新的过程。就像林老师讲的思潮，政府的领导人也在进行贝叶斯更新。Dixit 以前给世界银行写过的一篇文章，总结过去的发展过程，每十年就会冒出一个经济增长的英雄，比如日本曾经就是一个英雄榜样，这时世界各国学习这个国家的经验，认为这是最好的，因为从政者容易使自己的同僚信服学习这个榜样是正确的。但是过了十年又换了一个经济增长的榜样，然后大家又拼命学新榜样，所以很多时候这是一个贝叶斯更新。林老师也说，很多时候领导人的信息更新过程非常重要，但这些东西在目前的模型中是不考虑的，目前的模型把政府放到非常被动的位置。当然我也是在芝加哥大学受的训练，有时要考虑到政府有很多无用的行为，比如一个调侃的比喻说，政府收税后就扔到大海里。但事实上，林老师也提到超越凯恩斯，政府可以做一些长期投资，比如中国政府就一直在进行积极主动的适应性学习。同时，林老师也在鼓励中非合作，徐佳君老师也在参与进来。非洲国家政府的官员是非常渴望学习的，而且非常想学到中国的经验。那么,怎样把政府的学习过程模型化?特别是如果我们考虑产业政策,就必须考虑这个执行过程。我们要考虑政府的政策是怎么来的,怎样执行的,并且在不同的发展阶段是怎么不一样的,这个必须要适应于不停进行结构转变的环境。这一点我觉得在现有的模型里面强调得不多,也是做产业政策时要考虑到的。

JEP 曾经举办过一个研讨会,邀请发展经济学的领军人物每人写一篇反思,Rodrik 写了一篇文章,想要归纳中国成功的经验,特别反对现有理论的一种做法——在诊断前给药方(prescription before diagnosis)。这种做法是指,学了一个主流的理论后就跑到其他国家,在还不知道这个国家到底是什么特性的时候就给出药方,典型的失败的例子就是华盛顿共识。在中国,很多时候是必须先考察实际情况再给出药方的。我觉得林老师倡导的新结构经济学正是基于这个哲学,先看看有什么,再从这个基础上总结比较优势,再看到底有什么问题并找到对策。所以必然是先诊断,再给建议。但这并没有结束,给了药方,有了药材,还有执行的问题。好的政策不等于好的执行,所以必须进行机制设计,把激励问题处理好,做完以后还需要进行评估。James Heckman 做了很多与评估相关的事情,在 *Econometrica* 杂志上也有发表。这个问题在中国的政治体系中就是怎样考核和激励官员的问题,这些都可以更好地运用到这个框架里。

最后我想再宣传一下这篇 JME 的文章,这是我和林老师、鞠老师花了很长的时间终于发表的。林老师肯定不满意,因为林老师认为这应该发表在最好的五本期刊上。但不管怎么说,有越来越多的人在引用这篇文章,特别是在结构变迁的领域里,这已经是主流的文献。我们不仅建立了一个模型,还花了大量的时间来总结实证结果,考察产业升级的状况、不同资本密集度的部门的差异;不仅有美国的长期时间序列数据,还有 UNIDO 的跨国数据。这篇文章并不需要原来的只有一个部门的 TCI 的衡量,因为模型有无穷个部门,所以只要数据可得就可以做得非常细致,比如可以精细到 12 位产业甚至精细到每个工序。因此,可以充分利用微观数据,来看差异和整个的模式,而且不只是像很多常规的横截面回归控制一些静态特征,还有动态的预测,因为从动态模型中可以得到产业周期的长度以及什么时候产业该出现的信息。以上这些我们都可以检验,所以对于实证研究感兴趣的研究者不妨认真看一下文章的第二部分,这是我们花了很久的时间做的。

这个模型是一个比较好的出发点。首先,这里有一个新的导致产业结构升级的机制,就是禀赋导向的产业结构升级,这是核心所在。结构转型的文献中有各种各样的机制,但我们在这篇文章中把其他机制的影响都控制住了,仅仅看我们强调的这个机制的独立作用。当然新结构经济学的禀赋结构除了产业结构可能也有更好的表现形式,但这是我们这篇文章的出发点。其次,这个模型非常易于处理,因为有闭式解可以做非常干净的比较静态分析,所以可以知道如何在这个没有摩擦的最完美的状态的基础上加各种各样的东西。比如可以拓展到开放市场,可以加入冲击,这也是我和邢教授刚准备讨论的,也可以加入金融市场,可以考虑外部性和相应的产业政策,可以考虑异质性劳动力和人力资本市场,可以考虑部门之间不同的生产率,等等。所以我觉得这个东西虽然是非常高维的,但也是易于处理的。

陶勇:新结构经济学的数学基础:泛函微积分

我很赞同王勇师兄说的新结构经济学在阿罗-德布鲁一般均衡体系中的建构问题。不过,在讲这个之前我还是想反问大家一个问题:我们如何能够把林老师的思想传承下去? 一个好的思想到底如何才能够传承下去,这是一个值得反思的问题。在阅读了一些经济史料后,我发觉一个经济学思想要想传承下去首先需要和主流经济学家们有一门共同的语言。在当今世界上,这门共同的语言应该就是一般均衡。所以在这里我想说的是,林老师的思想在一般均衡的框架里到底能不能找到一个位置? 这就是下面我首先想要说明的问题。

我们不妨先来看一下阿罗-德布鲁一般均衡模型是一个什么样的体系?这个体系应该源自于休谟和亚当·斯密的思想——称作"功利主义"。这一功利主义的思想后来导致马歇尔、杰文斯、门格尔和瓦尔拉斯一起发起了边际主义革命。边际主义所导致的后果就是一般均衡系统的建立。这个一般均衡系统有三个要点:第一是生产者要利润最大化,第二是消费者要效用最大化,第三是市场出清。这三个要点可以通过一门数学语言来很好地表述出来,当然工作是由阿罗和德布鲁完成的,而这个数学语言是纳什发明的,被称为"非合作博弈论"。

那么在一般均衡体系下,阿罗和德布鲁到底设置了什么样的条件,从而使得我们可以去论证这三大要点能够同时满足,即一个社会上所有的人相互作用后,最终会达至每个企业利润最大化、每个消费者都得到最大满足、各个市场没有浪费的状态?这就是阿罗和德布鲁提出的九个条件:首先消费者方面有五个条件,其次生产者方面有四个条件。这些条件我都不去解释,因为在高级微观经济学教材里大家都可以找到。但在这里,我想说明的就是:生产者方面实际上是具有很大操作空间的。阿罗-德布鲁条件只限定了生产集是一个闭凸集,而对拓扑学熟悉的同行可能知道,这个闭凸集实际上是有极大的操作空间的。比如我们可以随意地加入"可加性条件"而不会损害闭凸性。可加性条件其实最早是由德布鲁提出来的,这个条件说的是,对于一个行业,企业可以随意地进入该行业,而没有行业壁垒。与可加性相对应的就是竞争性行业,比如菜贩子卖菜,进入这个行业是没有壁垒的。此外,公共技术条件也是可以加进去的,这是说企业间可以共享技术。这两个条件加上阿罗-德布鲁的九个条件就形成了十一个条件。这十一个条件将导致多重一般均衡,我把这些均衡称为长期均衡。它有什么特点呢?特点就是长期均衡中消费矢量是固定的,但是生产者的生产分配却是不定的。简单点说,就是存在很多的社会分配可能,且根据福利经济学第一定理,每种分配都是帕累托最优的。

功利主义是从休谟开始的,然后亚当·斯密极大地汲取了他的思想,近代又被萨缪尔森、阿罗等人发展到了极致。阿罗在 20 世纪 50 年代的时候就提出了一个问题:如果存在很多的一般均衡,每个都是帕累托最优的,又该怎么办?萨缪尔森想到一个办法,加总所有社会成员的效用以得到社会总效用函数,利用它就可以从所有均衡中找到一个最好的。刚开始大家都相信萨缪尔森是正确的,不过遗憾的是,后来阿罗证明了一个定理,叫作"阿罗不可能定理",它讲的是社会总效用函数不可能被找到。

休谟的功利主义认为放任每一个社会成员达到自己的效用最大化,社会就是最好的状态了。但由上述讨论,如若均衡结果是不定的,根据阿罗不可能定理,功利主义就没有办法从众多均衡中选出最好的。这其实就为"政府干预"或者是哈耶克"自发秩序"的思想进入一般均衡体系找到了一个可能的位置。也就是说,现在出现两条路了。我自己之前做了一个关于自发秩序的工作,发表在 JEE(《演化经济学杂志》)上,不过这是另外一个故事。①现在我想讲的故事是,"政府干预"进入一般均衡系统是不是有可能?既然生产矢量是不定的,那么政府可不可以通过要素禀赋确定最好的生产矢量,在一般均衡系统中有没有这种可能?显然,在阿罗-德布鲁体系里这是不可能的,因为他们用的是欧氏空间。但如果脱离欧氏空间,我们就必须要寻找到另外一个空间。那个空间在哪里?这就是我下面想要介绍的内容。

新古典经济学之所以能够流传下来,特别要归功于马歇尔和瓦尔拉斯用数学语言描述了边际主义。边际主义的恰当数学语言是微积分,使用这个语言,效用最大化和利润最大化就是简单的求导问题,这个当然是新古典经济学的主要范式。现在我们来看另外一个问题,这个问题源于王勇师兄的一篇 JME 论文。这个论文说的是"AK 增长机制"与"相对价格剔除产业机制"可以促发产业升级。后来我把这个模型推广到了 RD 模式,在这里劳动力被我分为两个部门:研发部门 R 和劳动部门 D。由此,我用庞特里亚金极大值原理可以解出最优生产函数 $f(t)$,这个生产函数既包括初始时刻 t_0 的研发人员和劳动人员的人数,也包括在 t 时刻的研发人员和劳动人员的人数。显然,这个生产函数是由未定的两部门劳动力分配来决定的。那么劳动力分配能不能在这个函数里面被确定下来呢?

首先我们来考虑一个均衡。研发人员和劳动人员的工资是相同的。这时如果研发部门工资高的话,我就跳槽到研发部门,从而把那里的工资拉低;如果劳动部门的工资高,我就跳槽到劳动部门,把这个部门的工资降低,

---

① Yong Tao, "Spontaneous Economic Order", *Journal of Evolutionary Economics*, 2015, pp. 1—34.

这样就可能达到一个均衡。要想在数学上实现这个均衡似乎也很简单,让两个部门的边际生产率相等就行了。但是这个在数学上正确吗?可能是不正确的,因为研发人员数目 LR(·)和劳动人员数目 LD(·)的具体函数形式我们是不知道的。那么有没有一种方法可以把它们确定下来?如果想通过边际生产率相等的法则来确定 LR(·),按普通微积分其实是行不通的。因为微积分只能计算数,这个方法并不能简单地把函数当作自变量来进行求导。这是个很大的问题,特别是 LR(t)的函数形式还会影响 LR(t_0)的取值,所以微积分肯定不行。那么接下来,我们用变分法,也就是将函数当成自变量来进行变分行不行?显然也是不行的。因为我们知道泛函的定义是把一个函数映射为一个数,这里的最优生产函数 $f(t)$不是一个数,而是一个函数,所以这个问题应该叫泛函的函数,而不是泛函。那么能不能引入一种新的微积分来计算呢?当然是可以的。数学、物理学界有一种新的微积分,我们把它称为泛函微积分,这个微积分就是把函数作为自变量。利用这个新的微积分,一个函数在两个不同的坐标点求导,就得到一个狄拉克函数。这个狄拉克函数是大数学家施瓦茨所定义的广义函数。根据这样的求导法则我们立马可以知道,边际生产率相等可以被推广到一个广泛的空间。也就是说,我们可以把泛函微分作为新的边际主义法则。

大家看到,由泛函微积分替代新古典经济学的微积分,我们就能够得到劳动力分配的结构方程。不过这个方程有个问题:如果检查初始条件 $t=t_0$,最终得到的是 LR(t)=0,即研发人员数目为0。我最早跟林老师汇报这个工作的时候,林老师说这是有问题的,他认为劳动者收入和研发者收入不可能是相等的,所以应该是错的。正当我准备放弃这个想法的时候,却突然想通了。为什么?其实确实只有 LR(t)=0 才有可能,因为研发人员数目不等于0的话,按林老师的说法,研发人员的工资会总是大于劳动人员的工资,所以是不可能有均衡的,唯一的均衡只能是研发人员的数目为0,因此泛函微积分事实上是有效的。这个泛函微积分最早被费曼等物理学家用到量子场论中,我现在把它用到经济学中,觉得可以很好地描述林老师的结构思想。经济结构是未知的,每一种结构都对应一个函数,每一种结构都是可能的,现在我要从中取一种结构下来。怎么取?通过泛函微分极大值就取出来了,而泛函的约束就是要素禀赋结构。

我在这里想提一下杨小凯先生,他创立了新兴古典学派,这个学派最主要的工具应该是非线性凸规划,这个学派用的数学语言在实际分析中有个专门的术语叫 Dini 导数。现在一般说到这种间断型的导数一定会想到新兴古典学派,而一说到微积分就一定会想到新古典学派。如果以后某一天说到泛函微积分的话,我希望大家首先想到的是新结构学派。事实上,对泛函微积分的了解,我们跟物理学家是处在同一起跑线上,他们不会比我们多了解多少,所以这个东西还要继续发展。不过,大家可以看到,泛函微分的计算法则是相当简单的。而研究过杨小凯先生新兴古典经济学的人都知道,计算角点解相当繁冗。为什么?因为涉及的是 Dini 导数,并且是非线性结构,很多时候可能人是计算不了的,只有利用计算机。但是泛函微积分却不存在这个问题,它只是引入了施瓦茨定义的狄拉克函数,把这个狄拉克函数引进来之后我们就可以描述广义函数空间的形态。更重要的是,泛函微积分这个新的计算工具跟牛顿的微积分是差不多的,只要能把这种工具推广出去,学生学起来是非常容易的。之所以新古典学派能够发展得这么快,我想微积分计算方式的简单可操作性居功甚伟。我觉得泛函微积分也具有同样的特点,这种工具对于推广新结构经济思想是很具有吸引力的。

在这里我还想谈一点东西。那就是科斯的交易成本在经济学里提了很久,但是没有谁真正知道什么是交易成本,比如它可以度量吗?但是如果有了泛函微积分的话,情况就大不一样了。刚刚我提到阿罗-德布鲁经济中厂商的生产分配可以是不定的,并且这时我们没有办法从欧氏空间中去取出一个最优分配来。因为在欧氏空间中,阿罗不可能定理已经把它堵死了。唯一的破解之道是突破欧氏空间进入到另一个空间,这个空间就是泛函空间,那里有无穷无尽的结构。进入泛函空间也为寻找交易成本提供了可能,因为我们求一个泛函微分的时候,大家需要注意,这里的微分并不是欧式距离,而是广义距离,这个距离叫作范数。这种范数描述的不是我们普通空间的长度,而是另外一种长度,这种长度是抽象的。那么交易成本会不会由这种抽象的长度来度量呢?实际上我们取泛函微分极值可以对应于节约交易成本。由这个程序,我们最终找到的应该是耗费交易成本最少的那个生产结构。如果我们从泛函空间退化到阿罗-德布鲁的欧氏空间,就回到了新古典一般均衡的结果。引入泛函微积分的额外好处是可能把交易成本纳入进来,因为传统交易成本不可度量,但是在另外一个很抽象的泛函空间却很可能是可以度量的。这就是我在这里建议引入泛函微积分的另一个重要原因。

最后我还想做一点畅想。事实上人类历史上的科技进步有几次重要的革新都和微积分有关系。最早的一次革命是牛顿力学,这源自牛顿发明的微积分,第二次革命源自爱因斯坦引入了一种新的微积分——黎曼空间的微积分,被称为协变导数,它导致了广义相对论的产生,从而革新了人类对时空的认识。最后就是杨振宁先生引入了另外一种与几何上的纤维丛相关的导数,也被称为协变导数,它导致了粒子物理的革命。反观经济学也是一样,引入牛顿微积分以后成就了新古典经济学派,现在我的建议是引入泛函微积分来捕捉林老师的新结构思想。我们现在来看这个泛函微积分理论框架,其实就是在要素禀赋约束下,在泛函空间中去抓住那个结构函数。这是我的一点想法。尽管这个运算的初步结果挺让人满意,但是我们仍旧需要在数学分析上去证明每个运算法则的严格性。也许刚开始时,泛函微积分运算可能会存在一点瑕疵,不过这并不要紧,因为微积分刚刚出现的时候也有一点瑕疵,所以才会有牛顿和贝克莱主教的争论。我相信泛函微积分方法出来之后也会有争论,但是只要我们努力地去坚实其数学基础,就一定可以克服瑕疵。泛函微积分语言有极大的潜力可以去描述经济结构,这就是我这篇报告的一个想法。

评论与问答

问:我想请教一个问题,结构这个东西在实践中已经有很多人做过了,那您怎么体现您这个是新的?是不是有这样一个可能,就是有一个系统的范式出来,然后一看就是新结构经济学的典型范式,这样我觉得更好一点。

陶勇:刚才我只是把王勇师兄的 JME 论文模型推广到了 RD 模式来进行求解,这只是特殊问题。事实上我的意思是,在新古典模式中,比如进行利润最大化时我们是对产量进行求导,这是牛顿的微积分计算;但在新结构模式中,同样是利润,我们不对产量求导,而是直接对生产函数求泛函导数,从而找到最优生产函数。找到最优生产函数后再代回原来的利润函数,再对要素求牛顿微分,就得到了最优要素分配。实际过程就是这样的,新结构经济学是先求泛函微分,再求牛顿微分,这个不妨看作新结构模式的特有步骤。简单来说,新古典模式中生产函数是先验给定的,它直接对要素求导找到最优要素分配;而新结构模式中生产函数是未定的,我们需要利用泛函求导去先找到最优生产函数。你提到很多结构,当然可以有很多的结构,不过我只要用这种方法就可以找到最优结构。不管是生产函数,还是产业结构,都可以人为定义,只要我们有了恰当的数学语言,就可以定义无数结构,不一定只是产业结构,当然这种数学语言仅仅只是一种工具。

问: 您的这个工具很好,我的困惑是我们谈了很多结构,都是在理论上进行讨论,但是在实证上如果我们引入很多结构,比如说人均 GDP,其实做二次型或者是交叉项都能体现出结构的变化,而且这已经有很多人都做过了。

陶勇: 我想在这里提一句,实际上做实证的结构和我现在用这种方法去求结构是不一样的思路。我觉得应该用第一性原理先求出一个结构,然后再看实际数据是否拟合。因为数学上有一个定理,叫作魏尔斯特拉斯定理,说的是闭区间上的任意连续函数一定可以用多项式函数完美地进行拟合。这意味着,对于任何数据集我总可以通过多项式函数把它完美拟合出来,那么这可以算是一个结构吗?没有严格的经济理论基础,拟合出来的结构总不那么真实。所以我认为从第一性原理出发,先找到这个结构,再看和现实数据是否拟合,如果不拟合,则说明我的目标函数有问题,我就要修改我的目标函数,直到找到一个和现实数据吻合的结构。

车宏安: 你刚才讲变分法失效了,是什么地方失效了?而且这个失效了之后你这个泛函怎么解释?我没有听懂。

陶勇: 我来解释一下。泛函的定义是把函数映射到一个实数空间,现在我们是把一个函数映射到函数空间,这就和我们之前的泛函定义不一样了,实际上这是泛函的函数。古典变分法在求变分的时候,我们要固定线性算子的两个边界,边界固定下来我们才能求极值。如果边界是不固定的,我们就要寻找其他方法进行求解。我之前给的 RD 的例子,其边界是完全开放的,所以古典变分就会失效。这其实是因为泛函的定义已经发生了变化。事实上,古典变分法很像最早数学分析中的费马定理。现在泛函微积分对变分法所做的事情类似于当年把费马定理扩展为牛顿微积分。

付才辉:新结构经济学的理论原点:最优(总量)生产函数理论

我这个报告不是成熟的研究,还只是一个初步的猜想。陶勇从数学方法论上讨论了新结构经济学可能的数学基础突破。我非常支持他的这些想法,但我与他对新结构经济学基本问题的表述以及求解思路有所不同。我在前面关于在最基本的新古典增长模型中引入结构的思路的讨论中,已经指出了从禀赋结构内生生产函数的六个步骤。这里我想更加抽象地讨论这一新结构经济学的理论原点。刚才王勇老师对一般均衡理论的评论,我也非常同意。虽然目前的一般均衡理论是经济学的共识,甚至用陶勇的话讲,是大家听得懂的共同语言,但这并不意味我们就不敢对其基本框架妄加非议。下面我讲讲新结构经济学在理论上可能对一般均衡理论的突破之处。

众所周知,由美国经济学会主办的《美国经济评论》创刊于 1911 年,是在美国影响最大,也是世界知名的经济学期刊之一。为纪念创刊 100 周年,期刊特邀了阿罗、伯恩海姆、费尔德斯坦、麦克法登、波特巴与索罗等六位著名经济学家,成立了"20 篇最佳论文"评选委员会,在该刊 100 年来刊登的数千篇文章中,甄选出对经济学发展与实践产生深远、重大影响,且富有创造性的 20 篇最佳论文。[①] 2011 年第 1 期《美国经济评论》出版了百年纪念特

---

① Arrow, K. J., et al., "100 Years of the 'American Economic Review': The Top 20 Articles", *American Economic Review*, 2011, 101(1), pp.1—8.

刊,开辟了百年论坛专栏,并公布了中选结果。膺选论文都名重一时,代表了每一时期经济学的最高学术水平,同时整体再现了百年来在经济学领域艰辛跋涉、不断探索的历史发展轨迹,反映了美国主流经济学的基本走向。其中,12篇论文为诺贝尔经济学奖得主独著或合著的经典论文,入选论文中发表时间最早的便是柯布-道格拉斯生产函数诞生的那篇发表于1928年的论文。[①]

该文研究了1899—1922年间美国制造业的资本、劳动与产出的关系,分析了这一时期劳动与资本两类要素对产出的影响,首次提出并使用了此后以其名字命名的不变弹性柯布-道格拉斯(C-D)生产函数,该函数以其简单的形式描述了人们所关心的一些性质,被最广泛地用于表示生产、效用函数以及理论与实证经济学其他方面。他们用机器、工具、设备与建筑量测资本,以制造业工人数表示劳动,经过对1899—1922年间有关经济资料的分析与估计,得到美国制造业以1899年为基准的不变价格的产量、资本和劳动投入量的数据,并总结出生产函数$Y=1.01L \times 0.75 K \times 0.25$。该函数表明这一期间的总产量中,劳动与资本所得的相对份额分别为75%与25%,如图1所示。可以说,在这张图中,柯布和道格拉斯拟合了整个经济学中最著名的生产函数。

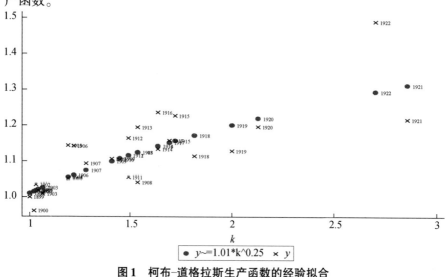

图1 柯布-道格拉斯生产函数的经验拟合

---

① Cobb, Charles W., and Paul H. Douglas, "A Theory of Production", *American Economic Review*, 1928, 18(1), pp.139—165.

上述柯布-道格拉斯生产函数的经典拟合例子实际上代表了目前经济学的欧几里得世界观和方法论。现在翻开任何一本经济学教科书,大家都能看到如下一些经济学最基本的耳熟能详的定义:

- **生产可能性集** 所有工程技术上可行的生产计划的集合,以 n 维欧几里得空间 R^n 中的一个子集 Y 来表示,集合 Y 描述了所有工程技术上可行的投入和产出的模式,它给出了对生产者所面临的工程技术可能性的一个完整的描述。

- **生产计划** 各种物品净产出的一个一览表,以 n 维欧几里得空间 R^n 中的一个向量 $y \in Y$ 来表示,其中如果分量第 j 项物品是用来做净投入的,那么 y_j 就是负的,如果分量第 j 项物品是用来做净产出的,那么 y_j 就是正的,它给出了投入品和产出品的符号约定。

- **生产计划的有效性** 如果在 Y 中不存在 y',使得 $y' \geq y$ 并且 $y' \neq y$,那么在 Y 的生产计划中 y 就是(工程技术上)有效的。也就是说,如果没有同样的投入生产出更多的产出或者更少的投入生产出相同的产出,那么该生产计划就是(工程技术上)有效的。

- **生产函数** 如果只有一种产出,定义生产函数:

$$f(x) = \{y \text{ 在 } R \text{ 中};y \text{ 是与在 } Y \text{ 中的 } -x \text{ 相联系的最大产出}\}$$

- **变换函数** $T:R^n \to R$,用来描述工程技术上有效的生产计划的集合,其中当且仅当 y 有效时,$T(y) = 0$。正如生产函数选出最大的纯量作为投入的函数,变换函数则选出了最大化的净产出向量。例如以上述 C-D 函数为例,令 $0 < \alpha < 1$,那么 C-D 投入产出关系可定义如下:

$$Y = \{(y, -x_1, -x_2) \in R^3 : y \leq x_1^\alpha x_2^{1-\alpha}\}$$

$$f(x_1, x_2) = x_1^\alpha x_2^{1-\alpha} \quad T(y, x_1, x_2) = y - x_1^\alpha x_2^{1-\alpha}$$

如图 2 所示的常见的生产函数。一般均衡理论,以及绝大多数经济学涉及生产者理论的模型,都是在这样的设定下求解最优资源配置。

然而,我们还可以采取另外一种新的视角来重新认识这一经典拟合。如图 3 所示,我们不再认为 1899—1922 年每年的投入产出组合散点都拟合在同一条生产函数上,而是认为其中每一年的投入产出组合都落在不同的

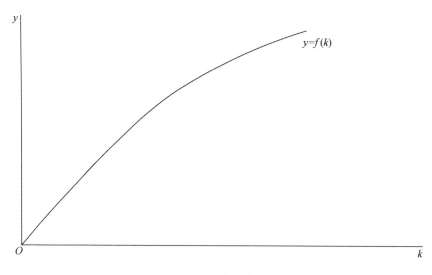

图 2　生产函数

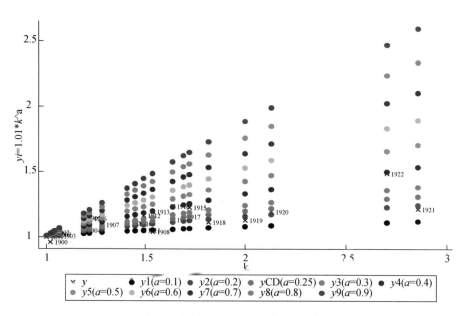

图 3　柯布-道格拉斯生产函数的重新经验拟合

生产函数上。换言之,美国每一年都有一个生产函数,而不是在这些年只有一个不变的生产函数。因此,新结构经济学的基本问题就可以表述为,为什么某一年会选择那一个不同的生产函数？用数学语言表述这一问题就是,在禀赋结构的约束下如何从生产函数空间中选择最优生产函数,如图4所示。

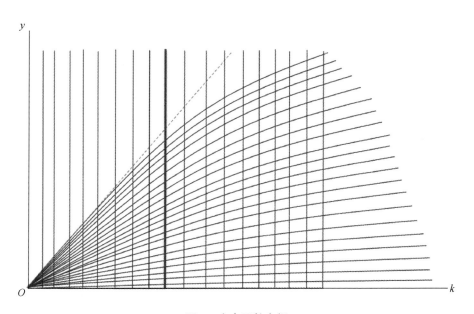

图4　生产函数空间

这种视角的转变是具有革命性的,如果对比数学和物理学这两门自然科学的发展历史就不会怀疑这一点。物理学在20世纪初就已经从使用古典微积分的牛顿力学发展到了使用泛函变分法的量子力学,而主流经济学的基本范式目前依然停留在使用古典微积分的新古典经济学上。整个20世纪,"选择的科学"(the Sciences of Choice)是新古典经济学最主要的内核。正如琼·罗宾逊对经济学最著名的定义:"经济学是一门研究具有不同用途的稀缺资源与目标之间关系的人类行为的科学。"目前经济学最基本的选择理论包括在预算约束和相对价格之下选择消费束最大化效用的消费者行为理论,以及在生产可能性约束和要素成本与产品价格之下选择投入产出组合束最大化利润的企业理论。与将企业视为生产函数黑洞的新古典企业理论不同,新制度经济学将企业视为治理结构,开创了缔约的科学(the Sciences of Contract)(威廉姆森,2002)。类似地,新结构经济学可以被称为"结构的科学"(the Sciences of Structure)。

我个人认为，作为结构科学的新结构经济学，其理论原点一定是在禀赋结构的约束下，从生产函数空间中选择最优生产函数。这个表述应该是非常简单干净的，极具一般性，没有其他条件。我再重申一遍，这种具有划时代意义的理论突破体现在：现有的经济学基本范式核心是给定生产函数求解利润最大化的投入组合与产出供给，而新结构经济学则是给定禀赋结构求解最优的生产函数，在思想与体系上大大拓展了一般均衡理论，即阿罗-德布鲁一般均衡体系只是新结构经济学的一个理论特例而已。

对于这一理论问题，我同意陶勇的建议，先证明最优生产函数存在，然后再求解，即"先证后解"。对于如何证明与求解我们目前还处于探索阶段。在这一点上，我与陶勇的思路正好相反。他主张先求最优生产函数，再求最优投入组合，而我主张先给定生产函数求最优投入组合，再求最优生产函数。为什么？理由涉及新结构经济学最基本的思想——禀赋结构的供求决定生产函数。按照前面林毅夫老师阐述的新结构经济学基本分析框架，禀赋结构在给定时点是给定的，但会随时间变化。换言之，在给定时点禀赋结构的供给是固定的，那么禀赋结构的需求面就来自于生产函数的选择。

与之前我讨论的在基本的新古典增长模型中从禀赋结构内生生产函数的步骤一样，下面是一个初步的求解思路：第一步是给定可变生产函数和要素价格，选择要素投入组合求成本最小化问题，得到禀赋结构需求；第二步是给定某个时点禀赋结构的供给，要素市场出清时得到禀赋结构的相对价格算子；第三步是由相对价格算子得到成本算子和收益算子以及利润算子；第四步就通过陶勇所说的泛函微分法求解最优生产函数谱系。但是在具体的情况下怎么求解，大家是可以探讨的。总之，这种分析范式已经跳出了求解最优投入产出组合的欧几里得空间，全面进入到了从禀赋结构出发求解最优生产函数以及其他最优结构安排函数的函数空间。这些思考还不太成熟，大家可以继续尝试。

评论与问答

龚强：原来的新古典主义和林老师的新结构主义的主要差别在哪里？我们在传统上进行最优化计算的时候，实际上是把技术给定的，但是林老师说得很清楚，技术是随着禀赋结构变动的。如果是用柯布-道格拉斯生产函数来讲，就是 α 随着 K 比 L 的结构的变化而不断在调整。我不知道你这个是怎么解出来的，因为实际上计算起来非常困难。

付才辉：思路是差不多，但是那里的 α 只是生产函数的一个维度而已，这里的讨论就更加抽象化了，不管是产出弹性还是替代弹性，生产函数所有的一切特性都囊括进去了。

龚强：我觉得再怎么抽象也很简单，如果能把它最核心的东西拿出来的话。

付才辉：一切尽在不言中——这就是图 4 所描述的问题，在禀赋结构的约束下在生产函数空间中选择出最优的生产函数。我再补充一点，通过这样的视角与分析空间的切换，这不是像王勇老师所说的是对阿罗-德布鲁的颠覆，而是一个拓展。新结构经济学可以退化回去，不是颠覆，是更一般化。换言之，阿罗-德布鲁一般均衡届时将是新结构经济学的一个特例。就经验直觉来讲，由于结构变迁是一个连续的动态过程，每一阶段都是这条连续谱上的一点，因此，处于结构变迁前沿的发达经济体的结构安排实际上只是整个连续谱的一个特例。尽管人类社会经济发展的本质相同，但是处于不同发展阶段的国家，由于禀赋结构不同（最重要的约束条件），相应也会有不同的生产结构（最优生产函数）及其对应的其他经济结构安排。林老师阐述的这个新结构经济学最核心的理论应该是非常简洁的，对应的理论数学形式化表述应该也是非常简洁的，这样的分析工具值得大家继续努力寻找。

结　语

付才辉：新结构经济学学科建设的意义与建议[①]

经过长足的发展,我国经济学学科建设和人才培养成就斐然,在社会科学领域独占鳌头。按照教育部最新的学科分类目录,我国目前的经济学学科建设涵盖了理论经济学和应用经济学两个一级学科和十六个二级学科,建立起了相对完备的经济学学科体系。然而,与我国经济建设和经济学人才培养现状形成鲜明反差的是,我国经济学家对现代经济学的思潮和发展方向的影响还很有限。现有的学科架构和人才培养体系主要源自马克思主义政治经济学学科传统和西方经济学学科传统,尚未形成基于我国以及与我国具有类似特征的广大发展中国家经济发展与转型经验的自主创新学科体系。然而,随着我国成为世界上最大、最有影响的经济体,在经济学研究和教育上形成自主创新学科体系的需求和条件也将日趋成熟。在这样的背景下,林毅夫老师开创的新结构经济学对推进我国经济学学科建设有着重要的潜在贡献,值得深入发掘!

新结构经济学的形成过程与代表性著作

新结构经济学的雏形出现于林毅夫、蔡昉和李周于1994年出版的《中国的奇迹:发展战略与经济改革》一书。该书系统阐述了新中国成立以后我国重工业赶超战略与当时经济发展的禀赋特征之间的政府干预矛盾,揭示了扭曲价格的宏观经济政策、资源计划配置与剥夺微观主体自主权三位一

[①] 本文系新结构经济学系列笔谈,原文刊载于2015年12月财新网财智研究。

体的计划经济体制的内生形成机制,用比较优势战略对东亚奇迹进行了重新解释,分析了改革开放之后发展战略转轨为比较优势战略与当时劳动力相对资本富裕的禀赋特征之间的相容,总结了发展战略渐进式转型的经验。事实上,差不多与西方主流内生增长理论与新自由主义发展理论处于同一时代,《中国的奇迹》一书建立起了一个完整的以禀赋结构的供给与需求、企业自生能力为核心内容的一般均衡理论框架。已被翻译为十多国语言的《中国的奇迹》一书成功地预见到了中国近二十年来所取得的成绩和面临的问题以及改革的路径。

新结构经济学理论体系的第二个里程碑式著作是根据2007年英国剑桥大学的马歇尔讲座出版的《经济发展与转型:思潮、战略和自生能力》,该书以《中国的奇迹》一书的理论框架为基础,将基于中国经验提炼的理论推广到全球历史背景下,以发展战略遵循还是违背比较优势为出发点,提出了发展与转型一系列可验证的假说,并用二战以来发展中国家的经验数据对各个假说做了经验检验,绝大部分实证结果符合理论预期。

2012年,林毅夫老师在世行的工作结束前将新结构经济学的有关论文结集为《新结构经济学:反思经济发展与政策的理论框架》(New Structural Economics: A Framework for Rethinking Development Policy)一书,系统阐述了新结构经济学的核心概念、理论逻辑、方法框架与政策主张。基于在世行的工作经验以及对广大发展中国家的观察,林毅夫老师又出版了《繁荣的求索:发展中经济如何崛起》一书,对新结构经济学原理与应用进行了深入浅出的系统阐述。

在上述几部新结构经济学的代表性作品之外,在新结构经济学框架中目前也展开了大量翔实的理论与实证研究,基本上形成了一个一以贯之的理论体系。

新结构经济学的研究范式与学科特点

在刚刚步入21世纪的时候,世界银行组织了几代发展经济学先驱们对发展的思想进行了回顾与反思,其中阿德尔曼在《发展理论中的误区及其对政策的含义》一文中深刻地指出:"没有哪个经济学领域像经济发展那样在其主要范式上经历了那么多意外的变化。发展经济学的曲折经历对发展政策产生了深刻的影响。特别是,主要的发展范式决定了与政府在经济中的理想作用、政府干预的程度、干预的形式和方向以及政府—市场互动的实质等问题有关的政策处方。""发展经济学的主要范式之所以存在很多突然的变化,其根本原因一直就在于人们总是想为不发达找出一个单一的原因(从根本上说,这是错误的),并由此找到一种单一的解决办法,即发展理论。根据'简单,否则就是愚蠢'的原则,一种特殊的论证方式被创造出来了,而且这种方式基本上不曾变化,即不发达是由于要素 X 的制约;解决了 X,发展就是必然的结果。但是随着时间的推移,对从过去的失败和成功中吸取的历史经验和教训不同,以及对上面所列的范式变化的其他根源所做出的反应也不同,因此对什么是要素 X,答案是大不同的……人们关于最佳形式的国家—市场互动关系和一些主要的政策杠杆建议也是如此。寻找发展的唯一法宝从根本上说是错误的,因为它的基础是一种简单的机械主义发展观和体制观。但是在过去半个世纪中,人们像术士寻找点金石一样寻找着要素 X,这种现象一直左右着经济发展中的理论和实证研究……X 等于有形资本(1940—1970 年)、X 等于企业家精神(1958—1965 年)、X 等于不正确的相对价格(1970—1980 年)、X 等于国际贸易(1980 年—)、X 等于强有力的政府(1980—1996 年)、X 等于人力资本(1988 年—)、X 等于无效政府(1997 年—)。"实际上,这种 X 理论如今依然主导着关于发展的前沿学术文献和主流教材。例如,对于如何解释为什么有的国家富裕有的国家贫穷这一基本的问题,一些标准化的 X 要素就至少包括物质资本、人力资本、技术与效率等直接要素,以及政策、法律规则、腐败、制度、文化、地理、气候、运气乃至一些最新前沿文献强调的遗传基因等间接要素。然而,在包含了这些长变量集合的跨国回归中几乎没有什么变量是特别稳健的(Levine 和 Renelt,1992)。

上述 X 理论的思维方式有一个共同的特征:都是以发达国家作为标杆,分析发展与转型的要素与结果。例如,发展经济学的前两波思潮也都是以发达国家作为参照系,来看发展中国家缺什么(如第一波结构主义思潮所强调的现代资本、技术密集产业),或发展中国家做得不好的地方(如第二波新自由主义思潮所强调的治理,即华盛顿共识所推动的私有化、市场化、自由化),并以此作为改造发展中国家的依据。与之相反,新结构经济学主张应该从发展中国家现在有什么(即其要素禀赋)出发,看在此基础上能做好什么(即其比较优势),并规划把现在能做好的做大做强,以实现逐步赶上甚至超越发达国家的目标。以发达国家作为标杆所主张的最优的关于发展与转型的要素与结果并不适合于发展中国家,甚至可能还会出现"好心干坏事"的恶果。换言之,传统的 X 理论由于缺乏结构的概念而导致了"一刀切"式的主张。在新结构经济学的研究范式中,上述这些 X 要素是分门别类地嵌入到不同的结构安排之中的,因此变量 X 不是越高或者越低就越好的线性判断。在新结构经济学的这种研究范式看来,既然结构变迁是一个连续的动态过程,每一阶段都是这条连续谱上的一点,那么基于整个连续谱结构变迁前沿的发达经济体这一特例的西方主流理论就不具有普遍性,而只是一个理论特例,而新结构经济学就试图构建一门具有普遍意义的结构科学,来理解人们在结构变迁过程中观察到的、关于持续增长的各种特征事实背后的因果关系。因此,从更一般的意义上讲,现有的主流研究范式其实是新结构经济学研究范式的退化特例。所以说,新结构经济学并不是被许多人误解的"以中国特色否定西方理论"的意识形态教条。

  当然,当今的主流学界也日益意识到结构的重要性,也涌现了不少关于结构的研究文献。西方主流内生增长理论大家 Aghion 和 Howitt 就在其最新的教科书《增长经济学》中引入了"前沿距离",大篇幅串通性地阐述了适宜于不同发展阶段的适宜技术、适宜制度和适宜教育等适宜政策的重要性。然而,诸如此类的许多结构研究却并未强调结构的内生性。基于库兹涅茨特征事实的多部门非平衡增长理论也涌现了大量文献,不过大都从偏好(恩格尔法则)和技术进步差异(鲍莫尔法则)来内生解释产业结构的变迁。这些强调结构的重要性以及内生结构变迁的研究范式与新结构经济学研究范式的区别在于,后者是从要素禀赋结构出发来内生生产结构以及其他的结构安排变迁。尽管不同国家之间的人们在偏好上确实可能存在不同,但禀赋结构的差异性更大、更显著,也更容易改变;虽然技术变迁差异确实重要,但其也可能是内生于禀赋结构的。所以从禀赋结构差异出发更具有根本性。

　　林毅夫老师将新结构经济学概括为"关于经济结构及其变迁的新古典分析框架",显然其学科的两大基石是"结构"与"新古典"。"结构"是新结构经济学的研究对象。新结构经济学牢牢抓住经济发展的牛鼻子——禀赋结构,由其内生出生产结构,进而牵出就业结构、金融结构、区域结构、开放结构、周期结构、环境结构、制度结构等经济社会结构现象;禀赋结构在任何特定时点是给定的,但随着禀赋积累而不断升级,产业结构以及上述其他结构也随之变化,因此又涉及结构动态调整问题。

　　"新古典"是新结构经济学的研究方法。最基本的新古典方法是关于理性和最大化或最小化的一般性法则,即理性选择。任一特定时刻一个经济总的资源禀赋,也就是该经济的总预算约束,与资源禀赋的结构,同家庭的偏好和企业的生产技术,三者共同决定了经济中要素和产品的相对价格。总预算约束和相对价格是经济分析的两个最基本的参数。与此同时,任一特定时刻,资源禀赋是给定的,但会随时间变化,这使得资源禀赋及其结构成为经济发展分析的最佳出发点。当然,"结构"的理性选择只是结构变迁价格理论的第一步。新结构经济学分析方法的第二步是由"结构"的供给与需求构成的一般均衡理论。如前所述,作为分析的起点或状态变量,在某个状态下禀赋结构的供给是给定的,生产结构的选择产生了对禀赋结构的需求;生产结构的选择也产生了对就业结构(包括人力资本结构)、金融结构、区域结构(包括地区与城市化)、开放结构(包括贸易结构与外资结构)、周期结构、环境结构、制度结构的需求,供给与需求的匹配便产生了均衡的相对价格和结构状态。当然,这其中也涉及了结构扭曲以及消除扭曲的方法。第三步则是作为状态变量的禀赋结构发生动态变化之后,其他结构安排随之变迁的动态一般均衡理论。总之,新结构经济学是一门关于经济结构的科学。相对于新古典经济学的"选择的科学",2009年诺贝尔经济学奖得主威廉姆斯将新制度经济学称为"缔约的科学",那么顺理成章,新结构经济学也可被称为"结构的科学"。

　　总之,可以说新结构经济学融合了传统马克思主义"经济基础决定上层建筑、上层建筑反作用于经济基础"的基本原理和传统西方经济学理性选择的现代经济学基本分析方法。相对于马克思主义经济学学科传统范式,新结构经济学操作化了马克思主义的基本原理,使之成为可以被证伪的经济科学。在新结构经济学研究范式中,最重要的经济基础就是禀赋结构及其内生决定的生产结构,最重要的上层建筑则是由生产结构内生的各种结构安排。相对于西方经济学学科传统范式,新结构经济学将最基本的理性选择原则应用到各种经济结构及其决定因素的分析上,拓展了被主流理论忽略但对发展中经济体而言极为重要的研究领域。

新结构经济学的理论要点与学科体系

就具体的理论要点而言,新结构经济学基本原理旨在揭示三条基本规律:结构变迁的规律,结构转型的规律,结构变迁与转型中政府作用的规律。

新结构经济学最重要的原理就是结构变迁原理,即解释经济结构及其变迁的决定规律。包括:(1)禀赋结构的供给原理——在给定时点,任何分析单位的禀赋要素及其结构是给定的,但会随时间而变化。这一原理看似简单,却道出了生产方式选择最为重要的约束。(2)禀赋结构的需求原理——不同生产结构(产业结构与技术结构)的选择会产生不同的要素禀赋及其结构需求。例如,资本相对劳动更密集型的产业结构以及发明创新相对模仿创新更多的技术结构对资本相对劳动的需求就更多。(3)禀赋结构的相对价格原理——禀赋结构的供求均衡决定了禀赋结构的相对价格,其与禀赋结构与生产结构存在对应关系。例如,禀赋结构水平越低、生产结构中资本相对劳动越密集,禀赋结构的相对价格就越高。(4)最优生产结构原理(或新结构经济学的比较优势原理)——生产结构水平越高,边际产出越高,但是在禀赋结构约束下其边际成本也越高,最优生产结构的条件是生产结构选择的边际价值等于其边际成本。最优生产结构(产业结构与技术结构)原理在一般层面便是新结构一般均衡理论与新结构增长理论以及新结构产业经济学与新结构创新理论领域的内容。(5)生产结构的供求原理——除了不同生产结构对禀赋结构的需求不同之外,由于不同生产结构的金融需求特征(如风险特征、资金规模、投资期限等)、人力资本需求特征(如教育、经验、技能等)、空间布局需求特征(如城市化、集群、区域布局等)、开放需求特征(如国际贸易结构、国际资本流动等)、周期需求特征(如不同产业的波动特征不同、模仿创新与发明创新的随机冲击不同)、制度需求特征(如不同产业或技术的资产专用特征或契约密度不同)、人口资源环境需求特征(如在不同产业活动中劳动与闲暇以及生育的机会成本不同、不同产业的污染排放强度不同等)等等不同生产结构性质的维度是不同的,从而对对应的结构安排的需求也是不同的。给定这些供给面的结构安排,其相对价格也就随生产结构的不同而不同。在供求均衡时,便产生了最优金融结构、最优人力资本结构、最优区域结构、最优开放结构、最优周期结构、最优制度结构、最优人口资源环境结构等等最优的结构安排。这些最优金融结构原理、最优人力资本结构原理、最优区域结构原理、最优开放结构原理、最优周期结构原理、最优制度结构原理、最优人口资源环境结构原理的展开便是新结构金融学、新结构劳动经济学、新结构区域经济学、新结构国际经济学、新结构周期理论、新结构制度经济学、新结构人口资源环境经济学等领域的研究内容。(6)结构变迁循环累积因果原理——禀赋结构与生产结构互为循环累积关系,禀赋结构促进生产结构,生产结构促进禀赋结构;经济发展的本质便是禀赋结构与生产结构相辅相成的结构变迁推动劳动生产率不断提高的过程。在快速的结构变迁阶段,即生产结构对禀赋结构富有弹性时,禀赋结构的回报率不会随禀赋结构积累而降低,从而出现高储蓄、高投资高速推进禀赋结构升级,进一步推进生产结构升级,快速的循环累积实现超高增长。该原理有着极为重要的政策主张:充分发挥比较优势利用后发优势循序渐进、小步快跑地实现最优的结构变迁——这便是少数成功经济体的秘诀,也是绝大多数失败经济体的病根。

前述结构变迁的新结构经济学原理不但突破了战后旧结构主义的发展思想,也改写了现代西方主流增长模型,而且也改写了基于华盛顿共识的旧转型经济学。事实上,任何经济体在任何时间在结构变迁过程中不可能严格遵循最优结构变迁轨迹,违背比较优势的结构变迁情景是普遍存在的。有许多因素影响一个经济体采取违背比较优势的战略,比如历史因素(被殖民、战争经历)、社会思潮、领导人的偏好、文化习性、国家的大小,等等。过去最优的结构安排在新的禀赋结构条件下已经不是最优安排了,均需要转型调整。结构变迁违背比较优势就不可避免会产生扭曲,结构扭曲阻碍结构升级成为发展的根本障碍。这就延伸出一条至关重要的结构转型原理:(7) 自生能力原理——能够在开放、自由的完全竞争市场上获得正常利润的生产者具备自生能力,但违背比较优势(或偏离最优生产结构)的生产结构中的生产者则不具备自生能力。不具备自生能力的生产者只有靠外部的扭曲保护才能生存,这就是扭曲的根本原因。生产结构中缺乏自生能力的生产者的多寡是结构转型最重要的约束条件。因此这就延伸出转型规律最基本的一条原理:(8) 最优转型速度原理——消除结构扭曲便是转型的收益,然而由于扭曲的生产结构的生产者是没有自生能力的,消除扭曲会迫使其破产并引发相关代价,这便是转型的成本。最优的转型速度是转型的边际成本与其边际收益的权衡结果。这实际上是新结构经济学关于如何消除扭曲的一般原理:首先,结构变迁要时刻遵循比较优势才能避免结构扭曲,但这很难做到;其次,如果偏离了最优结构变迁路径,那么需要采取渐进转型方式消除扭曲。这便是老转型经济学中"休克疗法"破产的根本原因。近十多年来,资源误配学派重新强调了增长与发展中的配置效率,但对于资源误配的根源以及消除误配的策略,新结构经济学结构转型原理可以在这些领域得到广泛的应用。

在一个完全竞争的自由市场里,任何违背比较优势的政府干预均会对结构变迁产生扭曲。然而,在存在具有外部性的公共禀赋结构、具有溢出效应和协调困难的生产结构以及具有各种障碍的其他结构安排的结构变迁过程中,市场自身难以处理这些问题。这些问题不加以有效解决,就会成为结构变迁的障碍。新结构经济学除了为政府解决结构变迁中的市场失灵问题提供依据之外,也为政府在纠正公共禀赋结构外部性、生产结构溢出效应、先驱者效应与协调问题的政策设计上提供了重要原则。与此同时,新结构经济学也将结构问题引入了增长中的最优政府税收与公共支出,重新发现了政府政策的结构特征,能够改写公共财政的最优税收和最优公共支出设计。因此,新结构经济学关于结构变迁中政府作用的一般原理亦可以应用到这些领域。因此,这便得到:(9) 结构变迁与转型中政府作用的定位原理——与前述结构变迁不可能自始至终按照最优结构变迁轨迹行事一样,由于市场自身不能够在每一阶段都充分利用连续但不一定平滑的结构变迁的后发优势,现实中的政府往往需要越过在结构变迁与转型过程中的理想定位,激励市场充分利用后发机会,但也可能引起不良后果。因此,这便得到:(10) 结构变迁与转型中政府作用的最优干预原理——与前述消除扭曲的新结构经济学结构转型原理一样,最优的政府干预程度和最优干预结构也是其边际收益与边际成本权衡取舍的结果。现实中的政府在结构变迁中的行为是复杂的,不能够想当然地判断其该还是不该,需要运用最优政府干预原理逐一弄清楚政府在决策时面临的具体约束条件和面临的权衡取舍问题,尤其是结构变迁与转型不同阶段的特殊情况。

新结构经济学的研究难点与深化方向

上述旨在揭示"结构变迁的规律、结构转型的规律、结构变迁与转型中政府作用的规律"三条基本规律的新结构经济学十大原理及其在新结构产业经济学、新结构创新理论、新结构金融学、新结构劳动经济学、新结构区域经济学、新结构国际经济学、新结构周期理论、新结构制度经济学、新结构人口资源环境经济学等领域的展开便构成了一个完整的学科体系,基本上可以对我国理论经济学和应用经济学两个一级学科和十六个二级学科都做出潜在的贡献。新结构经济学之所以能够对如此多的领域做出新的潜在贡献,是因为几乎任何经济学领域都存在结构性问题,而且新结构经济学从禀赋结构出发的推理方法恰到好处。正是由于新结构经济学学科的这一特殊性,使得许多读者对新结构经济学存在误解。新结构经济学不是树一杆大旗去自以为是地颠覆其他大部分理论,而是为绝大部分理论引入结构概念并从最重要的禀赋结构约束出发将其一般化。这其实也是新结构经济学未来的深化方向,但不可避免会遇到理论与实证方面的重要挑战:首先,理论挑战方面是如何定义新的均衡使得现有理论中的均衡是新结构经济学体系中的特例。换句话说,新结构经济学可以退化到过去的理论。例如,通过从禀赋结构内生最优生产函数(或投入产出关系)这一极其简单的问题便可以将阿罗-德布鲁一般均衡体系视为新结构经济学的一个特例。这样的理论进阶不但符合人类社会认识世界的一般规律,也符合前沿发达经济体只是全球结构分布连续谱系中的特例的经验事实。其次,实证挑战方面是指如何测度结构安排的不同维度、如何识别一种结构安排随前置结构安排变迁而变迁、如何识别最优结构安排及其变迁轨迹、如何识别对最优结构安排及其变迁轨迹的偏离或扭曲及其前因后果，以及对不同消除扭曲策略的优劣识别。换言之，如何将新结构经济学十大原理公理形式化并对其理论命题进行实证识别，是新结构经济学迈向一门成熟学科不可不逾越的门槛！

当然，一门学科的形成需要历经从核心概念的提出到体系形式化再到广泛应用的漫长过程，不可一蹴而就！新制度经济学从科斯1937年提出交易费用这一核心概念到1991年科斯、1993年诺斯以及2009年威廉姆森相继获得诺贝尔经济学奖走过了漫长的半个多世纪，从曾经的边缘全然跻身于当今主流。然而，新结构经济学却依然"养在深闺人未识"。基于整个连续谱系结构变迁前沿的发达经济体这一经济特例的西方主流理论只是一个理论特例而不具有普遍性，其开创者及其拥趸也没有经历过像中国这样跌宕起伏的快速结构变迁，自然很难理解新结构经济学的要义。不过，这并不会影响新结构经济学这一场经济学的结构革命在中国的爆发，并运用到广大发展中国家。

林毅夫：新结构经济学大道上后来者需要注意的事项

我特别高兴看到大家积极参加了四天安排密集的首届新结构经济学冬令营，下面由我来做个总结发言。总结其实是很难做的，因为这四天的时间里讨论的东西非常丰富，每个人心里都会有各自的心得体会和总结。我借此机会来谈谈我对新结构经济学的几点思考，供大家参考。

新结构经济学的内涵

我首先回答一个问题：是不是在研究当中放进了结构就是新结构经济学？对这个问题我的回答是："不是。"因为我对新结构经济学有一个明确的定义，就是用新古典的方法来研究在经济发展过程当中结构和结构演变的决定因素（包括影响劳动生产力的产业和技术结构，以及影响交易费用的基础设施和制度安排结构），并通过这些研究来理解发展中国家的经济怎样才能得到更好的发展。只有这样的研究才叫新结构经济学。如果一个研究不是研究结构是怎么决定的，是怎么演变的，也就是没有把结构内生化，即使在模型中放进结构，也用新古典的方法来研究结构可能产生的影响，这样的研究也不是新结构经济学。以第一代的发展经济学——结构主义为例，在其理论中发展中国家的产业结构跟发达国家的产业结构也不一样，但是在模型中结构没有内生化，只是被当作外生给定的，所以，结构主义的理论模型中虽然有发达国家和发展中国家结构的差异，但是，这样的理论分析不是新结构经济学的分析。同样，即使在新近的经济学文献中，也可能有些论文以新古典的方法来研究发达国家和发展中国家的结构差异所产生的影响，但是只要结构是外生给定的，没有内生化，就不算是新结构经济学的研究。我再强调一下，新结构经济学的研究中必须把结构内生化，也必须把结构的演化内生化。所谓内生，指的是一个变量是模型中各个决策者选择的结果，而不是决策者做选择时不可改变的参数。当然这个定义是比较窄的，但是我采取这样的定义是有目的的。这是第一点。

新结构经济学以要素禀赋及其结构作为研究的切入点

第二点思考，在现代的经济学文献里当然也有学者以新古典的方法来研究结构的内生化，比如有些经济学家用家庭偏好来推导出产业结构随着收入的提高而内生变化，但新结构经济学强调的是用要素禀赋及其结构来内生产业结构及其变化。为什么要用要素禀赋结构来内生产业结构及其变化？因为我们研究的是发展经济学，不仅要研究结构如何内生决定和演化，还要由此内生收入水平的变化。要达到这个目的，从家庭偏好则做不到，它可以说明由于收入水平变化，家庭的需求会不同，内生出产业结构的差异，但收入的变化则被外生给定，同时，在开放的经济中产品可以贸易，那就没有办法决定随着收入增加产业结构如何演变。

以要素禀赋及其结构作为切入点来内生化产业结构，并且由此推动结构的变迁是一个比较好的方式。为什么呢？原因是发达国家的要素禀赋结构和发展中国家的要素禀赋结构差异是明显的,而且在每一个时点上是给定的。我们做任何研究分析,必须以一个给定的参数作为切入点,才能去内生那个时点的其他变量。如果这个参数本身对各个决策者来说不是给定的、不可改变的,那就不能作为切入点来内生出其他变量。每一个时点的要素禀赋是一个总量的概念,做决策的人不管是政府、企业还是家庭,都只能将其作为给定的参数,无法进行改变。

前面有人讨论,是不是国际资本可以流动以后,要素禀赋给定这个假定就被推翻掉了?我认为不能推翻。虽然发达国家的资本可能往发展中国家流动,但绝对不会流动到使发达国家的人均资本和发展中国家的人均资本一样多的程度。发达国家的资本一定是有人拥有的,他在配置资源上的目的是使回报最大化。如果资本流到发展中国家来,怎么样能实现回报的最大化?一定是流向发展中国家具有比较优势的产业,也就是劳动密集型的产业。所以,即便发达国家的资本拥有者愿意让资本流动到发展中国家,也不会让发展中国家的人均资本和发达国家的一样多,因为这是违反理性的。我知道现在有很多理论模型假定了国际资本可以流动以后,人均资本就不重要了;可是,这样的一个假定本身就违反了新古典经济学最基本的理性原则。实际上,即使资本可以在国际上流动,相对于发展中国家的禀赋来说,这也是可以忽略的,是不可能改变发展中国家和发达国家禀赋结构差异的本质特性的。就像伽利略为了验证重力加速度,在比萨斜塔做实验的时候假定没有空气阻力,相对于他做实验时所用铅球的质量密度和塔顶到地面的距离而言,空气阻力所产生的效果是可以忽略不计的。我们现在从一个国家的要素禀赋及其结构出发,来研究产业技术选择,即使有国际资本的流动,也不会从根本上改变不同发展程度的国家要素禀赋结构的不同,所以,在研究产业结构时,国际资本流动对产业结构的影响可以给予舍弃,不用考虑。

此外,理论的目的是认识世界和改造世界,我们研究的是发展,很需要这个被作为分析切入点的参数。它在每一个时点上是给定的,但是随时间是可以变化的,如果不能变化,那么即使这个变量对所要解释的现象非常重要,对改变世界来说,决策者也将是无能为力。例如,在研究拉丁美洲和北美的发展绩效差异时，Acemoglu 的理论模型的切入点是，四五百年前，欧洲对美洲开始殖民时，拉丁美洲天气炎热，去那里的白种人死亡率很高，白人在那里活下来的概率非常小，所以在殖民开始的时候就要大量掠夺，形成了掠夺性的制度安排。北美天气较温和，到那里的白种人大多活了下来，在那里工作，慢慢形成了社区性的、相互帮助的、权利界定清楚的制度安排。他写了一个很严谨的理论模型把制度内生化并做了实证检验，好像很有说服力。假定他是对的，拉丁美洲的人就永远没希望了。因为现在没有一个时光机器可以倒回到四百年前，而且还要说服上帝把拉美的天气改一改。你说有办法吗？如果没办法知道了也没用。

新结构经济学从要素禀赋结构作为切入点来分析，因为要素禀赋及其结构在每个时点上，对一个经济体中所有的决策者，不管是家庭、企业，还是政府来说，都是给定且不能变化的，但是，随着时间变化，资本是可以积累的，劳动力随着人口的增长也是可以变动的，这就让我们有了一个抓手，来改变禀赋及其结构。

要素禀赋及其结构是新古典经济分析的最基本参数

第三点思考，以要素禀赋及其结构作为分析的切入点，不仅是因为要素禀赋及其结构在每一个时点上给定，随着时间可以变化，而且是因为此两者是经济分析中最根本的参数。经济学家分析经济问题时，无非是从收入（预算）效应和替代（相对价格）效应来分析决策者的选择。张五常先生常说他研究问题时只考虑替代效应，也就是相对价格效应。这是因为他研究的不是经济动态发展的问题，所以，他在分析经济现象时只要看替代效应就可以了。我们研究的则是经济动态发展的问题，除了替代（相对价格）效应，有时还要有收入（预算）效应。其实，除了做统计学或是经济计量之类的方法论研究，所有经济学家所提出的理论即使再复杂，到最后不是讲收入效应，就是讲替代效应如何影响决策者的选择。要素禀赋在每一个时点上决定一个国家在这一时点上可支配的资本、劳动力和自然资源的总量，也就是这个国家在这个时点的总预算；在每个时点上要素禀赋的结构由各个要素在那个时点的相对稀缺性决定，这个相对稀缺性就决定了各个要素的相对价格（在一般均衡模型中,还需要考虑生产技术和家庭需求的特性)。所以,要素禀赋及其结构是新古典分析中的两个最基本的参数。

新结构经济学继承和发展了新古典和马克思主义经济学

我想说明的第四点是新结构经济学借鉴了新古典经济学的分析方法,其思想来源则是马克思主义经济学。马克思主义强调经济基础决定上层建筑,上层建筑如果不适应经济基础也会反作用于经济基础。什么是经济基础?马克思主义指的是生产的方法和方式,也就是产业的技术、资本、规模、风险等产业结构的内涵。马克思以生产方法、方式为经济基础来研究制度结构等一系列上层建筑的决定和变化,但是生产方法和方式及其变化是怎么决定的?在马克思主义经济学中这些是外生给定的,没有解释生产方法、方式的决定和变化的机制是什么,在新结构经济学中则内生决定于要素禀赋及其结构的变化。也就是说,新结构经济学是以比经济基础更基础的要素禀赋及其结构作为切入点把生产方法、方式及其上层建筑都内生化了。所以新结构经济学既继承了新古典经济学,也继承了马克思主义经济学;既发展了新古典经济学,也发展了马克思主义经济学。

把结构内生化的重要性

为什么把结构内生化很重要?因为如果不把结构内生化,那么一个理论模型即便再漂亮,也不能真正解释经济发展现象背后的因果机制,还经常会误导改变世界的努力。回到结构主义的例子,把发达国家和发展中国家产业结构的差异当作外生给定,那么,就会试图用重工业优先发展或进口替代的方式直接在发展中国家采用发达国家的产业结构。同样,新自由主义把发达国家和发展中国家的制度差异当作外生给定,所以,也就会试图用"休克疗法"的方式要发展中国家直接去采用发达国家的制度安排。结果是好心没有好的结果。另外,像解释卢卡斯谜题一样,如果在模型中没有将产业结构内生化,而是把发达国家和发展中国家的产业结构直接当作外生给定,发达国家产业的资本密集度高,所需要的资本多,发展中国家产业的资本密集度低,所需要的资本少,随着发展中国家的资本积累,资本就注定会流到发达国家去。根据这种模型,除非发展中国家改为采用和发达国家一样的资本密集型产业,否则发展中国家永远赶不上发达国家。不过,如果真按照这种模型来做,结果将和原来的结构主义的政策一样。其实这样的模型并没有真正解释发展中国家资本流动的现象。实际上,发展好的发展中国家,不仅没有资本外逃,而且有资本流入。只有发展得不好的国家,资本才会流出到发达国家。原因是发展好的国家,随着资本积累,产业结构不断升级到新的具有比较优势的资本更为密集的产业,资本的回报高,资本就不会外逃。如果按照结构主义去进行赶超,资本被配置到不符合比较优势的产业,不仅资本回报低,而且,为了保护补贴不符合比较优势的产业,就会有许多扭曲,创造了扭曲的租金和寻租的机会,寻租的不法所得就会有外逃的积极性。把产业结构内生化,才能解释在什么情况下一个发展中国家资本会流入,在什么状况下资本会外逃。

一个理论只有在根据这个理论的逻辑所做的所有推论都不被经验事实所证伪时,才能暂时被接受,经不起这个考验的理论通常是因为这个理论把内生的现象外生化。经济学家容易做出好心干坏事的事来,一般是因为忘了所要改变的现象是内生的。

内生化应该以最根本的决定因素作为内生化的起点

另外,要内生化就要从最根本的决定因素出发,不要把由这个最根本的因素所决定的果的中间变量作为出发点。从禅宗的语言来说,就是要从"第一义"出发来观察现象,而不要从第二义、第三义出发来观察现象。在现实世界中,一个最根本的因会产生果,这个果又会变成因,产生下一个层次的果,这个果又会变成因去产生下下个层次的果,如此因因果果生生不息。如果不是从最根本的因出发来观察世界,而是从中间的果作为因出发来观察世界,似乎也能解释现象,但是按这种理论的政策建议来做的结果经常会事与愿违。例如,在20世纪80年代发展中国家进行经济转型前,经济效率很低,政府对市场有许多干预和扭曲,不难构建一个理论模型来说明这些干预扭曲会导致资源错误配置和寻租行为以致经济效率低,新自由主义就是根据这样的模型建议转型中国家按华盛顿共识把各种干预扭曲以"休克疗法"

的方式取消掉。但是,这样的模型忽略了转型前政府的干预扭曲是政府违反比较优势,出于保护补贴在赶超产业中缺乏自生能力的企业的需要而内生的制度安排,推行这种忽略扭曲内生性的转型方式的结果是经济的崩溃、停滞和危机不断。

然而,从最根本的决定因素出发来观察社会经济现象所构建的理论就能够逻辑自洽地解释最多现象。比如在《中国的奇迹》一书中,我以中国转型前的要素禀赋结构作为切入点讨论了中国转型前后的各种制度安排和政策措施的形成及其效果,探讨的问题很多,我自信整本书的逻辑是一以贯之的。2007年的马歇尔讲座,我以同样的切入点把观察的范畴扩大到整个发展中国家第二次世界大战以后60年的发展成败,探讨的问题更多,整个逻辑也是一以贯之的。我不仅讨论了各种扭曲及其效果,如何转型才能达到稳定和快速发展,同时还讨论了市场的作用、政府的作用、产业政策的作用,以及最优金融结构、教育结构、潮涌现象,等等。每个现象都可以写一个很严谨的数理模型,并且这些模型到最后都是可以加总的、内部逻辑自洽的,因为这些模型都是以同一个最根本的因作为出发点,所以能够形成一个逻辑自洽的理论体系。

要素禀赋及其结构内生决定了经济基础,后者又内生决定了上层建筑,遗憾的是,现在的主流经济学里,除了研究国际贸易的人在上世纪六七十年代的赫克歇尔-俄林模型里还从要素禀赋结构来解释国际贸易的产生和流向,其他的理论包括宏观经济学、金融经济学、劳动经济学等,都没有结构的概念,不区分发达国家和发展中国家。即使是国际贸易理论到了80年代转向以专业化来解释国际贸易以后,也忽视了要素禀赋及其结构的重要性。例如,现在的国际贸易以异质性企业(heterogeneity firm)来解释贸易的产生;不管在哪种发展程度的国家,每一个产业中确实都有企业异质性的现象,其中只有比较好的企业才会出口,这个我同意。但是,在一个资本相对短缺的发展中国家的资本很密集的产业里,不管企业如何优秀,也没有可能对资本相对丰富的发达国家出口资本很密集的产品,发达国家和发展中国家的国际贸易实际上还是决定于禀赋结构的。克鲁格曼提出的专业化也是这样。其实克鲁格曼自己说得很清楚,专业化谈的是同一个发展程度的国家之间的贸易,不同发展程度的国家之间的贸易还是必须用赫克歇尔-俄林的理论来解释。我们研究的是发展中国家怎么逐步地趋向发达国家,需要了解发展中国家的产业结构怎么决定和演进,怎么逐渐地变成发达国家。以要素禀赋及其结构作为切入点来研究最有说服力,而且,这个切入点可以逻辑一贯地解释最多的现象。

现代的主流经济学界由于忽视了不同发展程度的国家的产业技术和作为其上层建筑的各种结构的差异,导致按主流经济学来做政策的发展中国家没有一个成功的,我希望经由新结构经济学的努力,能把不同发展程度国家的结构差异性引进主流经济学各个子领域的理论模型中,这样不仅发展了主流经济学,而且,能够使现代经济学真正可以帮助我们认识世界,真正帮助我们改造世界。

新结构经济学未来努力的方向

那么从目前来讲,有志于从事新结构经济学研究的朋友们所要努力的方向是什么?我想主要有两个方面的工作:一个是把新结构经济学体系中的各种理论数理模型化,另一个是用数据来检验各个数理模型的推论。张乾在之前的报告中说过,一个理论只要逻辑清晰,都应该可以被数理模型化。新结构经济学对各种问题、现象的分析,逻辑是清晰的,所以应该都是可以模型化的,无非是有没有找到好的数学形式罢了。当然,我们要将结构引进经济学的数理模型并将其内生化,确实是不容易的。

我同意我跟王勇和鞠建东老师做的这篇论文并不完美,模型中做了很多特殊假定(ad hoc assumption)。但就目前来说,可以作为新结构经济学的一个基本模型。因为至少它表达了新结构经济学最核心的观点,即不同发展程度的国家有不同的产业结构,一国在某一特定时点的产业结构是由该国在那一时点的要素禀赋结构决定的,产业结构的变化是由要素禀赋结构的变化来推动的。这个模型基本上是马歇尔的体系,即假定是信息完全的、不存在摩擦的完美世界。如果把信息不完全、有摩擦等引进来,就可以讨论政府、产业政策等在产业升级中的作用;如果再引进家庭进行储蓄提供资金,企业进行投资提供回报,以及风险和信息不对称等,就可以讨论金融的作用;等等。所以我觉得 JME 这篇文章的模型可以作为一个新结构经济学的基本模型,在此基础上来模型化新结构经济学讨论的其他问题。

但是,我觉得我们的野心也可以大一点。我跟才辉、陶勇讨论过,可以在阿罗-德布鲁(AD)的一般均衡体系里引进要素禀赋结构以及产业和其他结构,并让产业和其他结构的决定和变化内生于要素禀赋的结构及其变化,使没有结构的 AD 体系成为这个更为一般的均衡体系的一个特例。我知道要引进结构并将其内生化很难。但是,阿罗当初要把从亚当·斯密到马歇尔发展起来的新古典体系用数学很简洁地表示出来也是很难的,所以,他找了数学家德布鲁和他合作,虽然阿罗自己的数学也非常好。他们对从亚当·斯密到马歇尔的整个体系、整个机制是什么都很了解,然后他们找了一个合适的数学形式把这个体系、机制表示出来。AD 一般均衡体系的一个最大的问题是没有结构,我们现在认为经济发展的表层现象是收入水平的不断提高,表层之下则是决定劳动生产率水平的产业技术结构和决定交易费用的基础设施、制度安排结构的不断变迁,而不同发展程度国家的产业、技术、基础设施和制度结构及其演变则是由要素禀赋及其结构的差异和变化所决定的,要素禀赋结构的变化又是由家庭的生育选择所决定的劳动力增减和家庭的消费和储蓄选择所决定的资本积累的相对速度所推动的。

目前,我们还没有一个在最一般的条件之下的新结构经济学的一般均衡模型,我们能暂时接受 JME 的那个有很多特殊假定的模型作为基本模型,但是,最后的目标是要把这些有特殊假定的约束都放松掉。我同意张乾讲的,只要思路清楚,一定可以用数学模型表示出来,无非就是还不知道哪个数学方式合适。既然如此,我们就要有意识地去寻找。当年卢卡斯推动理性预期革命时就是这样。他发现凯恩斯主义的理论不能解释滞涨的现象,他对这个现象产生的原因和机制有了新的认识,必须有一个新的数学方式才能表示出来,他就去找,最后找到了贝尔曼方程。同样的道理,我们现在知道研究发展问题,结构非常重要,而且结构的决定因素和演化必须由要素禀赋结构来决定和推动,那用什么样的数学方式能够表述出来?目前的微积分不能达到这个目标。陶勇提出的泛函是不是能达到这个目标?努力看看再说。在这一点上,我同意才辉和陶勇说的,困难是不可避免的,但万一成功了呢？而且，若泛函不行我们就再找另外一种数学方式。既然逻辑这么清楚，一定能用数学模型表达出来，对此我们一定要有信心。

但是，努力必须有长远目标和短期目标。长远的目标到最后，当然是使阿罗-德布鲁体系变成我们提出的新的一般均衡体系的一个特例——不是推翻。在这个体系中，我们可以把不同发展程度国家的每个发展阶段的结构特征都表示出来。这个目标不是一年两年的功夫可以实现的，单单JME那篇文章就用了六七年时间，也许要六七十年以后才能做成。虽然你们现在都还年轻，六七十年以后呢？在这种状况下，我接受鞠建东老师的建议，每年应该先有五到十篇使用模型有特殊假定的理论文章和实证研究文章在杂志上发表。这是我们大家共同努力的目标。文章不用追求完美，只要逻辑上没有漏洞，即使有特殊假定也没关系。这个认识是我在芝加哥大学学习时，我的导师舒尔茨教授跟我说的。他说，如果要等到一篇文章完美再发表，那他可能一篇也发表不了。这是他在已经拿到诺贝尔奖后讲的话。我的意思是，我们要尽力去做，有特殊假定没有关系，有时即使犯错误也没有关系，有几位拿到诺贝尔奖的经济学家，后来发现使他拿到诺贝尔奖的那篇文章的数学是有问题的。例如，James Mirrlees 就是这样。但这并不影响他们的贡献，因为经济学理论最主要的贡献是提供新的观点，只要观点是对的、重要的，即使所用的数学有点问题，后来的学者也可以改进，但是当大家都不知道那个观点时，你先把那个观点提出来就是一个很大的贡献。

新结构经济学研究中心的工作

现在新结构经济学研究中心成立了。中心的任务是什么？徐佳君老师有很多好的构想。我在此说明一下我的想法，新结构经济学研究中心将是一个平台，这个平台将用来推动新结构经济学理论模型的构建，这个中心会有几位核心的、在中心工作的教授和研究人员，但是希望能以这个中心搭建一个网络来联系志同道合者，推动大家一起进行合作研究。大家可以经常在中心开会，经常来中心交流、辩论。这是第一点。

第二，这个中心应该收集尽量多的数据，以支持大家做实证检验。目前的学术规范要求在理论模型的文章里，必须至少用经验数据把特征事实描述得很清楚。一个理论模型应该有很多可检验的推论,即使没有数学模型,也可以根据因果逻辑推出许多可检验的假说,有了数据就可以做实证检验。现在学术期刊上发表的绝大多数是实证检验的文章,而不是数理模型的文章。

新结构经济学中心还肩负有推广新结构经济学应用的任务。我深受王阳明的影响,一向是一个行动主义者:"知为行之始,行为知之成。"如果认为我们倡导的这个理论是对的,我们就要将之付诸行动,而且,行动产生的结果必须是和行动前的预期一样,才能说这个理论是正确的。现在佳君和才辉都在努力,运用这些理论去帮助地方政府、帮助我们国家、帮助其他发展中国家做政策,来看按照新结构经济学的理论框架所了解的结构及其变迁是由什么因素决定的,政府、企业、市场应该扮演什么角色来助推结构变迁、经济发展。如果我们能实际做出结果来展示给社会看,这样,可以让更多人关注和接受新结构经济学,同时,这也是我们从事新结构经济学研究所要达到的目的,也就是认识世界和改造世界。如果一个理论不能改造世界,那这样的理论就是无用的理论。如果一个理论不能改造世界,通常是因为提出这个理论的学者并没有真正认识世界,这样的理论模型只是逻辑游戏。新结构经济学中心希望成为一个实践的平台,在能力许可范围内,尽力和大家一起合作来推动实践。

这几天有人跟我提到成立一个学会,出一本新的杂志。这些是应该努力实现的目标。但是,我觉得在这个阶段,可能比较好的还是按照华秀萍教授的意见:不是一下子自己出一个杂志,封闭性地进行内部讨论,而是应该打出去。所以,我们要两条腿走路,一方面,我们每年选一些主题,开一些研讨会,找一些在国际上有影响的杂志来出专刊。我发现,在学界里面看专刊的人比较多,在有影响的杂志出版,这些文章的观点和发现大家比较容易接受。另一方面,我们还要有勇气,直接投稿到前五、前十的杂志。因为愿意出专刊的杂志通常不会是顶级的。我们应该有勇气去建模、做严谨的实证研究,直接瞄准主流的顶级杂志,接受匿名评审的考验。新结构经济学还处于新创阶段,可以做的重要题目很多,如果我们每年能够在顶级杂志发表五到十篇论文,这样经过五年、十年在学界已经有了影响,再出自己的杂志,学界就不会说我们是关起门来自说自话。

组织学会也要再过几年。这个学会的成员不能只是中国经济学家,如果朝着上面的方向去努力,十年后新结构经济学就在经济学界立住脚了。从亚当·斯密以来世界经济的中心就是世界经济学的研究中心,十几二十年后中国有可能成为世界经济的中心,在这个世界经济中心出现了新结构经济学的理论创新,这个新理论体系是做研究的金矿,国外学者也会乐于以新结构经济学的视角来做研究,那时研究新结构经济学的就不会只有中国经济学家了,届时再成立学会也就水到渠成。目前可以把成立学会作为目标,尽量去建立同盟,鼓励更多的经济学家参与新结构经济学的研究,但暂时还是把这个目标放在心里面,不是马上去做。

新结构经济学与诺贝尔经济学奖

一直有很多人提及诺贝尔经济学奖的问题,我相信新结构经济学应该得诺奖。我相信不仅是新结构经济学应该得诺奖,新结构经济学衍生出来的很多领域也该得诺奖。首先,最优金融结构理论,这是在现有的金融理论里面没有的,最优金融结构理论可以解决发展中国家广大的农户、微小中型企业的金融问题。过去的金融理论都建议发展中国家按发达国家的金融安排来发展其金融体系,解决不了发展中国家广大的农户、微小中型企业的融资需求,导致这些国家经济发展不好,贫困问题不能解决。虽然孟加拉国出现了小额贷款,但是小额贷款是出于人道主义,贷款金额太小,不能解决发展问题。金融存在的目的是为实体经济服务,不同发展阶段的实体经济,它的资本需求和风险特性不一样,合适的金融安排当然也不一样。我觉得这是一个诺奖的题目。其次,潮涌理论,它对现有的宏观货币政策、财政政策有很多新的思考,是对现有的主流宏观理论的扩展,使宏观理论和发展中国家的宏观现象能够进行比较好的结合,这样的理论能够帮助发展中国家实现经济的稳定发展。这也是诺奖的题目。接下来是超越凯恩斯主义,目前的宏观经济理论是周期理论,发展中国家的政府可以把应对周期和促进增长的政策结合在一起考虑,对财政政策、货币政策都有新的洞见。这也是诺奖的题目。

我们要努力,不要醒得早,起得晚。这些题目都是我常讲的,从要素禀赋及其结构出发,内生决定产业、技术结构和基础设施及制度结构,随着要素禀赋结构的变化,这些结构都会变化;在结构演变过程中,都会对人力资本、金融、宏观的作用有许多新的认识和政策思考,这些题目都能够有严谨的数学模型和实证检验。在第2部分的报告中,我总结了十几个目前国际经济学界争论不清的问题,从新结构经济学来看,这些问题都是一清二楚的,都可以用严谨的数理模型来回答,以及用数据做检验。我希望大家可以尽快把这些研究做出来,不管是做理论模型还是做实证。

我相信沿着新结构经济学的方向去做研究,可能得到的不是一个诺奖,而是三个五个,甚至是十个诺奖。但是我知道不会是我得到,肯定是在你们这一代或是在你们下一代。如果你们努力的话就是在你们这一代,要不然就是在下一代。这是很显然的,因为我知道诺奖的评审过程。每年诺奖的评审过程都是由诺奖委员会邀请大约1 500名著名的经济学家做推荐人,这1 500个人包括北欧四国经济相关院系的正教授、先前诺奖的获得者,再加上国际主流经济学界有影响的经济学家。我了解到这1 500名经济学家中有一半的人会推荐自己,因为有名的经济学家通常都觉得自己的贡献很大,有一半会推荐其他人,被推荐的人中相对比较集中的也就只能得到十几二十个人的推荐。被别人推荐的,推荐他的通常是自己的学生。即使得到十几二十票,进入了前五名,也不是第一次进去就可以获奖,通常要连续几年才有机会。

那么,中国经济学家要得诺奖,前提条件是什么?我们不是北欧四国,我们现在也没有人得诺奖,所以,中国经济学家要得到诺奖,必须先教出50名能进入国际排名前1 500名的经济学家来。这不容易,因为现在所有顶尖杂志都是由西方主流经济学家所控制。我们现在关心的问题——以JME那篇文章为例——为什么难发表?因为目前的主流经济学家不了解发展中国家的现象,所以就要花很多时间去解释。如果我们写的论文是沿着他们的话语体系,按照他们的思路去写他们关心的问题,这样就相对容易发表。沿着新结构经济学的新的理论体系写,他们老是半信半疑,而且也不认为这些问题有多重要。所以,即使现在有100个、200个经济学家沿着新结构经济学的理论框架来做研究,要有50人进入国际前1 500名大概也很难,而且等你们进去了以后,也有可能推荐自己嘛。王勇也可能觉得自己对这篇文章的贡献最大,因为数学部分大多是他写的啊。

既然不可能得诺奖,我为什么还那么努力呢?

作为一名学者,首先,我还希望给经济学界引进一个新的视角,就是结构的视角。因为现代的主流经济学理论基本上没有结构,最近开始有人关注结构问题,但是还是很少。绝大多数的主流经济理论和模型还是没有结构,所以无法区别发展中国家和发达国家。我希望经济学界在研究经济问题时,大家先天地就会考虑到发展中国家和发达国家的结构差异。我希望给经济学界带进这个新的视角。

有了这个视角品牌后,我还希望为经济学家研究结构时带进一个切入点。我刚才讲了,很多带有结构的模型是以更根本的因所决定的果作为研究的前提的,这样的结构模型并不能帮助我们真正地认识世界和改造世界。我希望经济学家在研究结构问题时能够以要素禀赋及其结构作为切入点。我很确信要素禀赋及其结构是各种结构的最根本的决定因素。马克思主义所说的经济基础已经够根本的了,但是马克思主义并没有讲生产方式的决定因素是什么,其决定的机制如何,也就是没有把生产方式内生化,只说是生产力演化的自然结果。以要素禀赋及其结构作为切入点可以把生产方法、方式内生化,而且,要素禀赋及其结构自身的变化机制也是清楚的。

接下来,我希望给经济学理论体系留下一个概念——企业的自生能力。企业自生能力指的是一个正常管理的企业在开放竞争的市场环境中获得社会可接受的利润率的能力。我希望企业的自生能力能够变成经济学家讨论问题时的一个通用概念。我从出版《中国的奇迹》一书以后,讨论的发展和转型问题很多,之所以能够自成体系、一以贯之,而且讨论问题时能够很快抓住问题的核心,是因为我脑子里有一个企业自生能力的概念。有了这一概念,就容易找到现实世界中许多现象的微观基础,知道那些制度或扭曲是不是内生的,那些政策变动是不是会有预期的效果。企业的自生能力实际上是整个新结构经济学理论体系的微观基础。

最后,我有一个愿望。我希望经济学的理论能够帮助所有发展中国家发展经济，消除贫困，实现共享和繁荣。以现有的主流的经济学理论来说明发展中国家的问题似乎头头是道，但是，二战以来尚无根据主流经济学的理论制定政策而取得成功的发展中国家，少数几个在发展和转型过程中获得成功的国家和经济体的主要政策在推行时，从现有的主流理论来看都是错误的。我希望经济学理论有一天不仅能够作为批评的利器来说明发展中国家的问题，而且，更重要的是，也能够作为解决问题，推动发展中国家社会经济繁荣、共享的指南针。

我希望一个视角、一个切入点、一个概念、一个愿望能够成为经济学界的共识和共同努力的目标，如果这个目标能实现，我就心满意足。

非常感谢大家花了至少四天时间，有人如果参加了前两天的国际会议就是六天时间，在这里交流切磋新结构经济学。这么密集的智力交流是非常辛苦的。早上8点开始，晚上9点多结束。我相信这样密集的讨论对大家会有很多帮助，包括对我自己。

附　录

第一届新结构经济学冬令营参会者名录[①]

（按姓氏拼音排序）

安　烨	东北师范大学	韩永辉	广东外语外贸大学
白仲林	天津财经大学	郝小楠	北京大学出版社
车宏安	中国科学院上海分院	华秀萍	诺丁汉大学
陈斌开	中央财经大学	黄　昊	北京大学
陈　岗	北京大学	焦翠红	吉林大学
陈蒋辉	香港中文大学	金刻羽	伦敦政治经济学院
陈昆亭	浙江工业大学	鞠建东	上海财经大学
陈　曦	北京大学	李　鲁	上海财经大学
戴　觅	北京师范大学	李晨昕	北京师范大学
都　阳	中国社会科学院	李子昂	中国人民大学
冯芷栋	北京师范大学	林君秀	北京大学出版社
付才辉	北京大学	林　楠	中国社科院
付雪晴	北京大学	林　炜	中国人民大学
高　蓓	中国社会科学院	林毅夫	北京大学
高思悦	中央财经大学	林志帆	厦门大学
苟　琴	中央财经大学	刘贯春	复旦大学
郭琨研	北京大学	陆　毅	新加坡国立大学
郭　悦	东北师范大学	茅　锐	浙江大学

---

① 部分临时参会或者旁听者名单未收录。

穆远东	对外经济贸易大学	余昌华	北京大学
潘治东	浙江大学	余淼杰	北京大学
彭 波	商务部研究院	曾剑宇	中国人民大学
申广军	中央财经大学	张 斌	中国社会科学院
随晓芹	中央财经大学	张丹丹	北京大学
陶 勇	西南大学	张静雯	中央财经大学
汪 鑫	北京师范大学	张 骞	中国社会科学院
王 冬	西澳大利亚大学	张 乾	东京大学
王坤宇	加拿大渥太华大学	张 翔	中国人民大学
王麒麟	中山大学	张晓波	北京大学
王雅洁	中国人民大学	张一林	西南财经大学
王 勇	香港科技大学	张翼飞	上海对外经贸大学
席天扬	北京大学	赵 方	上海财经大学
夏俊杰	南加州大学	赵秋运	北京大学
邢海鹏	纽约州立大学石溪分校	赵瑞丽	复旦大学
徐朝阳	对外经济贸易大学	智 琨	北京大学
徐佳君	北京大学	钟廷勇	重庆工商大学
杨奇明	浙江理工大学	周传豹	上海财经大学
叶 颖	中国人民大学	周亚雄	杭州电子科技大学
于 佳	中国电力集团	朱 军	南京财经大学
于文爽	北京师范大学	祝 武	北京大学